D1687034

Jutta Baumann, Klaus Grabska,
Gudrun Wolber (Hrsg.)

Wenn Zeit nicht alle Wunden heilt

Trauma und Transformation

Klett-Cotta

www.klett-cotta.de
© 2020 by J. G. Cotta'sche Buchhandlung
Nachfolger GmbH, gegr. 1659, Stuttgart
Alle Rechte vorbehalten
Printed in Germany
Cover: Bettina Herrmann, Stuttgart, unter Verwendung der Abbildung von
© Torsten Maul, Ohne Titel, Öl auf Karton, 2011, Detail
Gesetzt von Kösel Media GmbH, Krugzell
Gedruckt und gebunden von Friedrich Pustet GmbH & Co. KG, Regensburg
ISBN 978-3-608-98233-6

Bibliografische Information der Deutschen Nationalbibliothek
Die Deutsche Nationalbibliothek verzeichnet diese Publikation in der
Deutschen Nationalbibliografie; detaillierte bibliografische Daten
sind im Internet über http://dnb.d-nb.de abrufbar.

Inhalt

Vorwort 9

A Der Traumabegriff
Zur traumatheoretischen Perspektive
in der Psychoanalyse 19

Klaus Grabska
Trauma und Transformation
Zur traumatischen Verfassung des Ichs 21

Ilka Quindeau
Trauma als Übersetzung 47

Joachim Küchenhoff
Trauma der Sprache, Sprache des Traumas
Repräsentationstheoretische Gedanken zu Trauma und
Traumatherapie 62

B Zur Transformation traumatischer Erfahrungen
Einzelfall und klinischer Prozess 79

Joshua Durban
**»Dolor Perpetua« und die Zerstörung des Jetzt: Trauma,
Zeitlosigkeit und Unmögliche Objekte in der frühen Kindheit** 81

Luise Bringmann und Ralf Scheuern
In der Welt des stummen Traumas
Die Verwendung des Analytikers als Transformationsobjekt
zur Annäherung an das Unsagbare 106

Norma Heeb
Der vernichtende Gott
Klinische Illustration traumatisierender Wirkungen
christlich-fundamentalistischer Dogmen auf die
Subjektkonstituierung 122

C Zur Transformation traumatischer Erfahrungen
Theoretische Reflexionen des klinischen Prozesses 139

Eckehard Pioch
**Frühes Trauma und Traumatisierung durch sexuellen Missbrauch:
Zur Rolle des primären Objekts** 141

Wulf Hübner
»Denn die Rosen der Schande glühen in alle Ewigkeit«
Überlegungen zur Metapsychologie der Scham 157

Thomas Reitter
**Ein anderer Blick auf die negative therapeutische Reaktion
und den Wiederholungszwang – warum bessere Erfahrungen
vermieden und negative wiederholt werden** 173

**D Transformation traumatischer Erfahrungen in Kultur,
Gesellschaft und psychoanalytischen Organisationen** 189

Ursula Kreuzer-Haustein
Trauma und die innere Arbeit des Analytikers
Zur Verdinglichung des Traumabegriffs und zur Anerkennung
des Traumas 191

Almut Rudolf-Petersen
Homosexualität in der Psychoanalyse 216

Dominic Angeloch
»A sense of disaster, past and impending«
Wilfred Bions Jugend und Schulzeit 1905–1915 233

Lutz Garrels
Die Macht der Narbe
Über Verletzen, Reparieren, Wiederaneignen oder Was der
Künstler Kader Attia der Psychoanalyse zu zeigen hat 253

Suzanne Kaplan
Überlebende Kinder des Völkermords in Ruanda von 1994 –
Extreme Traumatisierung, Rachephantasien und Gegenkräfte 265

Klaus Poppensieker
Kann das Subjekt bestehen, wenn Erzählungen fehlen?
Überlegungen zur Bedeutung sinnstiftender Narrative in der
globalisierten Welt 289

Autorinnen und Autoren 303

Die Herausgeberinnen und der Herausgeber 307

Vorwort

»Wenn Zeit nicht alle Wunden heilt...«, diese nahezu poetische Formulierung verweist darauf, dass seelischen Verletzungen und Beschädigungen etwas Unvergängliches anhaften kann. Selbst wenn sie oberflächlich vergangen und verheilt erscheinen, können sie doch weiterhin in der Tiefe unserer Seele wirken.

Wir haben Angst vor ihrer Wiederkehr und bauen deswegen ganze Abwehrorganisationen dagegen auf, die unsere Persönlichkeit und unseren Charakter weitgehend prägen können. Insbesondere gilt dies für Verletzungen und Beschädigungen, die in der frühen Kindheit erfahren wurden, wenn sich unser Ich erst entwickelt und organisiert, aber es gilt auch für spätere Verletzungen und Beschädigungen als Erwachsener.

Einerseits sollen diese psychischen Abwehrorganisationen uns vor erneuter Verwundung und Ich-Schädigung schützen, uns psychisch weiter funktionieren lassen und emotional beim Lieben, Hassen und Arbeiten im Gleichgewicht halten. Andererseits können sie uns in unserem persönlichen Leben erheblich einschränken und durch innere Gefühlskonflikte oder äußere Belastungs- und Versagungssituationen wieder aufbrechen und uns erneut mit der Gefahr von Verwundung und Beschädigung konfrontieren.

Wenn sich auf diese Weise frühe, meist in der Kindheit erfahrene Verwundungen und Beschädigungen mit späteren als Jugendlicher und Erwachsener verbinden, dann ist die Wahrscheinlichkeit groß, dass wir in persönliche Krisen und Ängste vor Zusammenbruch geraten und psychotherapeutischer Hilfe bedürfen, wie sie zum Beispiel die Psychoanalyse bietet.

Dies ist besonders dann der Fall, wenn den seelischen Verwundungen und Beschädigungen eine traumatische Qualität zu eigen ist. Bei einer akuten Traumatisierung braucht es erst einmal eine psychotherapeutische Nothilfe, die das geschockte, zusammengebrochene oder beschädigte Ich stützen und stabilisieren kann. Danach braucht es die psychische Verarbeitung des Traumatischen. Hier kann die Psychoanalyse helfen.

Psychoanalytikerinnen und Psychoanalytiker versuchen, das Traumatische der erlittenen Schädigung und Verletzung sowie die tiefsitzenden Ängste vor Zusammenbruch in etwas zu transformieren, das das Ich als traumatische Erfahrung so weit wie möglich integrieren kann. Das Traumatische muss dann nicht mehr aus Angst vor seiner desaströsen Wiederkehr abgespalten, verleugnet, in sich abgekapselt oder gegen andere ausagiert und weitergegeben werden. Das ergibt die Chance, aus retraumatisierenden Wiederholungen und transgenerationeller Weitergabe herauszukommen und *mit* dem Traumatischen zu leben. In diesem Sinne sind »Trauma und Transformation« für die Psychoanalyse eng miteinander verbunden.

Das vorliegende Buch »Wenn Zeit nicht alle Wunden heilt. Trauma und Transformation« umfasst Beiträge, die auf überarbeiteten Vorträgen der gleichnamigen Jahrestagung der Deutschen Psychoanalytischen Gesellschaft (DPG) 2018 in Hamburg beruhen. Es verfolgt die Absicht, in vier Abschnitten das psychoanalytische Verständnis von psychischem Trauma erneut zu befragen und aufzuzeigen, wie Psychoanalytikerinnen und Psychoanalytiker mit dem klinischen Konzept des psychischen Traumas heutzutage therapeutisch arbeiten und wie sie es auch dafür gebrauchen, um traumatische Erfahrungen im Kulturellen und im Gesellschaftlichen sowie in der Psychoanalyse als Institution tiefer gehend zu verstehen und darüber aufzuklären.

Der erste Abschnitt »Der Traumabegriff – Zur traumatheoretischen Perspektive in der Psychoanalyse« wird durch *Klaus Grabska* mit seinem Beitrag *Trauma und Transformation. Zur traumatischen Verfassung des Ichs* eingeleitet.

Wenn über Traumatisches mithilfe von Konzepten der psychoanalytischen Wissenschaft nachgedacht wird, dann besteht die Gefahr, den leibhaftigen Bezug zum persönlichen Erleben des Traumatisierten zu verlieren. Daher beginnt der Autor mit der exemplarischen Darstellung der subjektiven Erfahrung von Traumatisierung am Beispiel einer Vergewaltigungserfahrung, die Édouard Louis in seinem autobiographischen Roman »Im Herzen der Gewalt« darzustellen und damit auch zu verarbeiten versuchte.

Als Kern des Traumatischen wird eine in Sprache und Vorstellung kaum übersetzbare, unerträgliche ›pure‹ Vernichtungsangst bestimmt. Danach beschreibt der Autor sechs Dimensionen der traumatischen Verfassung des Ichs. Diese Dimensionen kennzeichnen potentielle Bruchstellen des Ichs. Es wird angenommen, dass sie die Art und Weise, wie spätere Traumatisierungen psychisch verarbeitet werden können, wesentlich prägen.

Ilka Quindeau nimmt in ihrer Arbeit *Trauma als Übersetzung* eine etwas anders zentrierte Perspektive ein. Sie betont, dass die Erfahrung des Traumatischen nicht ohne eine damit verbundene und nachträglich ausgestaltete psychische Übersetzung – man könnte auch sagen: ohne eine subjektive Antwort auf das traumatische Ereignis – verstanden werden kann. Begründet wird diese Perspektive mit einem Rückgriff auf die Allgemeine Verführungstheorie des französischen Psychoanalytikers Jean Laplanche und seiner kritischen Rekonstruktion des Freud'schen Werkes unter dem Primat des Anderen und der unbewussten Botschaft.

Damit bringt die Autorin die Konzepte von Trauma, Konflikt und Trieb bzw. Begehren wieder zusammen, die in der gegenwärtigen Traumaforschung und Traumatherapie oft auseinander fallen, und rückt die psychische Verarbeitung ins Zentrum des Verständnisses von Trauma. Eine Fallvignette aus der eigenen psychoanalytischen Praxis der Autorin verdeutlicht diese Perspektive.

Eine weitere Perspektive entwickelt *Joachim Küchenhoff* mit seiner Arbeit *Trauma der Sprache, Sprache des Traumas. Repräsentationstheoretische Gedanken zu Trauma und Traumatherapie*. Ihm geht es darum, das Paradox genauer zu erforschen, dass, wo im Trauma die Sprache versagt, das Trauma gleichwohl ›spricht‹ – oder anders ausgedrückt: Wie kann das Nicht-Repräsentierbare und Nicht-Mitteilbare des Traumas sich gleichwohl repräsentieren und anderen mitteilen?

Zur Beantwortung dieser Fragen verknüpft der Autor repräsentationstheoretische und psychoanalytische Gedanken mit klinischen Fallvignetten. Darin zeigt er auf, wie das Traumatische durch körperliche Somatisierungen, durch die Induktion unerträglicher Affekte im Gegenüber, durch interaktionelle Inszenierung und Externalisierung von Traumatischem in aktuellen Beziehungen mit anderen als Sprache des Traumas ›mitgeteilt‹ wird.

Diese Sprache des Traumas sieht er als kreative Leistung der Traumatisierten. Sie bedarf allerdings eines anderen, zum Beispiel einer Psychoanalytikerin oder eines Pychoanalytikers, der diese Sprache des Traumas verstehen und dabei helfen kann, das Traumatische in die Sprache der Worte und ins Feld des Erzählbaren zu überführen – bei gleichzeitiger Anerkennung, dass nicht alles am Trauma sprachlich darstellbar und psychisch bearbeitbar sein kann.

Im zweiten Abschnitt, »Zur Transformation traumatischer Erfahrungen. Einzelfall und klinischer Prozess«, stellt *Joshua Durban* in seinem Beitrag »*Dolor Perpetua*« *und die Zerstörung des Jetzt: Trauma, Zeitlosigkeit und Unmögliche Objekte in der frühen Kindheit* die langjährige, im Alter von zweieinhalb Jahren begonnene Analyse eines Jungen vor, der frühen Traumatisierungen ausgesetzt war. Er fokussiert dabei das repetitive Zeiterleben des Patienten und sein Festhalten an inneren mörderischen Objekten, das Lernen durch Erfahrung und Entwicklung verhindert. Der Autor konzipiert den Aufbau von Zeit-Wahrnehmung, indem er zwischen *Körper-Zeit, Selbst-Objekt-Zeit* und *Historischer Entwicklungszeit* differenziert, und stellt dar, wie ein Trauma das Zeiterleben beeinträchtigt und bei zu großer Todesgefahr zum Erleben von »Nicht-Zeit« führt. Er beschreibt, wie im psychoanalytischen Prozess »Zeit erschaffen wird«, wie Kontinuität, Gleichzeitigkeit und Gemeinsamkeit hergestellt werden und wie sein Patient Lebendigkeit und Zeiterleben erlangen kann. Dabei muss anerkannt und betrauert werden, dass Zeit wie auch Objekte nie ganz wiedergewonnen oder rekonstruiert werden können, es Wunden gibt, die nicht heilen werden.

Mit dem Film *Manchester-by-the-Sea* veranschaulichen *Luise Bringmann und Ralf Scheuern* in ihrem Text *In der Welt des stummen Traumas. Die Verwendung des Analytikers als Transformationsobjekt zur Annäherung an das Unsagbare* das Erleben eines »stummen Traumas«, das nach außen hin weder auffällig noch lärmend, sondern unauffällig und hinter Normalität verborgen ist. Die traumatische Erfahrung ist hier hermetisch abgekapselt oder im Fall von frühen Traumatisierungen sogar bild- und sprachlos. Mit einer Fallvignette zeigen die Autorin und der Autor, wie dies im interaktiven Feld von Übertragung und Gegenübertragung erscheinen kann. Sie enden mit einer Reflexion behandlungstechnischer Herausforderungen und der Beschreibung von zwei Transformationsschritten im »Prozess der Transformation vom Stummen des Traumas hin zur Sprache des analytischen Paares«.

Norma Heeb gibt in ihrem Beitrag *Der vernichtende Gott. Klinische Illustration traumatisierender Wirkungen christlich-fundamentalistischer Dogmen auf die Subjektkonstituierung* einen Einblick in die psychoanalytische Behandlung einer 29-jährigen Patientin, deren Entwicklung durch den christlich-fundamentalistischen Glauben ihrer Herkunftsfamilie bestimmt war. In Anlehnung an Beland, Küchenhoff, Press und Whitebook entwickelt die Autorin ihre These, dass es aufgrund der Wiederherstellung der von Whitebook beschriebenen »Position der Omnipotenz« und in Folge der vom Subjekt erlebten Omnipräsenz eines verfolgenden, Vergeltung übenden und zugleich Gnade gewährenden Gottes zu schweren Beeinträchtigungen in der Subjektkonstituierung kommt.

In den Beiträgen des dritten Abschnitts »Zur Transformation traumatischer Erfahrungen. Theoretische Reflexionen des klinischen Prozesses« steht die Entwicklung und Reflexion theoretischer Konzeptionen in der Behandlung von Traumatisierungen im Vordergrund.

Im Artikel *Frühes Trauma und Traumatisierung durch sexuellen Missbrauch: Zur*

Rolle des primären Objekts formuliert *Eckehard Pioch* von seiner klinischen Erfahrung ausgehend die Hypothese, dass der Traumatisierung durch sexuellen Missbrauch häufig eine Enttäuschung am primären Objekt, ein frühes Bindungstrauma, vorausgeht. Der Autor untermauert seine These mit psychoanalytischen Konzeptionen von Freud zum möglichen realen Mangel an Mütterlichkeit, von Hirsch zur frustrierenden Mutterbeziehung im Kontext von Inzesterfahrungen sowie von Rohde-Dachser zum »strategischen Ödipuskomplex«. Mit drei Fallvignetten zeigt er, wie sich in der psychoanalytischen Arbeit neben durch Missbrauchserfahrungen evozierten Übertragungen auch solche von traumatischen Bindungserfahrungen mit dem primären Objekt erkennen lassen.

Mit der Frage, was uns antreibt, beginnt *Wulf Hübner* seinen Artikel »*Denn die Rosen der Schande glühen in alle Ewigkeit*«. *Überlegungen zur Metapsychologie der Scham*. Er bezieht sich auf die von Freud nie ganz aufgegebene Traumatheorie, sieht das Traumatische im »Schuldigbleiben einer bestimmten Beziehungsform durch die Eltern«, und das, was uns antreibt, sind »Selbstfindung und Selbstbehauptung angesichts widriger Beziehungsangebote«. Im Folgenden fokussiert der Autor auf den in psychoanalytischer Theorie und Praxis oft zu wenig beachteten Affekt der Scham, zeigt am Beispiel einer Alkoholikerfamilie, wie Schamkonflikte entstehen, und reflektiert, weshalb Scham gemieden wird. Er unterscheidet fühlbare, sprachlich ausdrückbare Scham von einer namenlosen tiefen Scham, die durch Beschämung von traumatischer Qualität entsteht. In Behandlungen muss Scham vom Analytiker auch als eigener innerer Zustand ausgehalten und in Sprache gebracht werden, um ›unaussprechliche‹ Scham zu benennen und die Dynamik von Schamangst und Beschämung zu durchbrechen.

Thomas Reitter reflektiert in seinem Text *Ein anderer Blick auf die negative therapeutische Reaktion und den Wiederholungszwang – warum bessere Erfahrungen vermieden und negative wiederholt werden*, wie Phänomene des Scheiterns, negative Übertragung und Wiederholungszwang verstanden werden können. Seine erste These ist, dass die Konzepte von Wiederholungszwang und negativer therapeutischer Reaktion zu kurz greifen und die Tatsache zu wenig beachtet wird, dass das Vermeiden von Schmerz und das Zurückweichen vor der Schmerzquelle zur conditio humana gehören. Gute Erfahrungen werden möglicherweise vermieden, weil sie insbesondere bei traumatischen und frühen, nicht repräsentierten Erfahrungen zu einem Stimulus für die Aufhebung der Amnesie und zum Schmerzreiz werden. In weiteren Kapiteln diskutiert der Autor die negative therapeutische Reaktion in Anlehnung an Meltzer als Zurückweichen vom ästhetischen Konflikt, sowie auf Freud zurückgreifend als Opfer-Ritual im Sinne einer Selbst-Opferung und in einem letzten Abschnitt als Form von aufrechterhaltener Erinnerung, als »lebendes Mahnmal«, welches das Vergessen erlittener Traumata verhindern soll. Der Artikel schließt mit Überlegungen zu den Konsequenzen für die Behandlungstechnik.

Ursula Kreuzer-Haustein eröffnet mit ihrem Beitrag *Trauma und die innere Arbeit des Analytikers. Zur Verdinglichung des Traumabegriffs und zur Anerkennung des Traumas* den vierten und letzten Abschnitt »Transformation traumatischer Erfahrungen in Kultur, Gesellschaft und psychoanalytischen Organisationen«.

Ihre Arbeit gliedert sich in zwei Teile, einen historischen und einen klinischen. Im ersten zeichnet die Autorin die Spuren nach, die das »Zerbrechen« (Kafka) der psychoanalytischen Kultur im Nationalsozialismus bis heute hinterlassen hat. Sie beschreibt das langjährige, konflikthafte Bemühen um Aufarbeitung im Wechsel mit Widerständen und schließlich die transgenerationale Weitergabe von Schuld und Scham. Die Autorin richtet ihren Blick dabei auf beide Fachgesellschaften (DPV und DPG) und auf ihre Beziehungsgeschichte. Im zweiten, dem klinischen Teil wird die Behandlung einer traumatisierten Patientin dargestellt. Anhand der Trias »Erinnern, Rekonstruktion und Anerkennung des Traumas« beschreibt die Autorin die innere Arbeit der Analytikerin als Mitglied einer Fachgesellschaft, die um die Aufarbeitung der Nationalsozialistischen Wunden ringt, und der Analytikerin als Behandlerin einer traumatisierten Patientin, die sie mit Hilfe ihrer Gegenübertragung zu verstehen versucht. Im historischen wie im klinischen Teil geht es zentral darum anzuerkennen und sich davon erfassen zu lassen, dass das Grauen stattgefunden hat.

Auch *Almut Rudolf-Petersen* schaut in ihrem Text *Homosexualität in der Psychoanalyse* auf die psychoanalytischen Fachgesellschaften, ihre Perspektive gilt dem Umgang der psychoanalytischen Institute mit homosexuellen Bewerbern und Bewerberinnen. Die Autorin gibt zunächst einen historischen Rückblick über die ausgrenzende Zulassungspraxis der vergangenen Jahrzehnte. Wichtige Wendepunkte sind dabei die Streichung der Diagnose »Homosexualität« aus dem Amerikanischen Klassifikationssystem 1973 und die Antidiskriminierungserklärung von 1991 der Amerikanischen Psychoanalytischen Vereinigung. Die Autorin zeigt den unterschiedlichen Charakter der Einstellungsveränderung in amerikanischen und europäischen Instituten auf: »kontrovers und hitzig« auf der einen, »zögerlich und stumm« auf der anderen, der europäischen Seite. Sie wirft dann die Frage auf, ob der jahrzehntelange Ausschluss homosexueller Bewerberinnen und Bewerber vor dem Hintergrund pathologisierender psychoanalytischer Theorien als individuelle, möglicherweise aber auch kollektive oder kollektivierte Traumatisierung zu betrachten ist. Und ob dies im aktuellen Umgang mit Intersexualität eine Fortsetzung findet.

Dominic Angeloch geht in seinem Beitrag von dem Gedanken aus, dass das Trauma, wie das Unbewusste, sich nicht beweisen lässt. Am Text eines Autobiographiefragments des achtzigjährigen Wilfred Bion über seine Zeit als zunächst achtjähriges Kind, das von seinen Eltern in Indien getrennt und nach England zur Schule geschickt wird, dort mit dem britischen Schulsystem den Kampf um einen Platz in der sozialen Hierarchie erlebt, erscheinen Spiele und Schulsport als perverses Präludium zum dann folgenden Kriegseinsatz, der sich seinerseits als schmutziges, unendlich trauriges Spiel zeigt. Angeloch stellt dar, wie das Erleben des Traumatischen sich »zwischen den Zeilen« mitteilt. Der Autor lässt uns erleben, wie es möglich ist zu hören, »was in und mittels der Sprache beredt wird, in ihren Mikrostrukturen und dazwischen«. Er nimmt uns in *»A sense of disaster, past and impending«. Wilfred Bions Jugend und Schulzeit 1905–1915* mit auf eine Reise in das Innere des Erlebens und der Sprache Bions.

In dem vierten Beitrag dieses Kapitels betrachtet *Lutz Garrels* die Perspektive der bildenden Kunst auf traumatisches Erleben. Mit dem Titel *Die Macht der Narbe. Über Verletzen, Reparieren, Wiederaneignen oder Was der Künstler Kader Attia der Psychoanalyse zu zeigen hat* beschreibt der Autor Narben als sichtbare Zeichen und Vergegenwärtigung der Vergangenheit – in der Kunst, beispielhaft in den Werken Kader Attias, und in dem Versuch eines Patienten, seinen »sprachlosen inneren Zustand kommunizierbar zu machen«. Der Künstler beschäftigt sich mit den Verwundungen, die das machtvolle Eindringen, Enteignen und Besetzen des Kolonialismus hinterlassen. Die Wunden der Enteigneten können dann, durch Wiederaneignung, »Reappropriation«, zu Narben werden. Garrels zeigt auf, wie in therapeutischen Behandlungen innere, kolonisierte Räume aufgesucht, wiederangeeignet und in das eigene Leben integriert werden können.

Der Autor nimmt dann eine weitere Perspektive ein und beschreibt auch solche Verletzungen, die innerhalb der Psychoanalyse geschehen: durch Ausgrenzung oder Ideologien, in der Ausbildung an Kandidaten und Kandidatinnen oder auch in den Therapien. Der Artikel endet mit einem Beispiel aus der Praxis, in dem eine Verletzung und ein dann anschließender reparativer Moment beschrieben werden.

Suzanne Kaplan stellt in ihrem Beitrag *Überlebende Kinder des Völkermords in Ruanda von 1994 – Extreme Traumatisierung, Rachephantasien und Gegenkräfte* Interviews mit 12 Waisenkindern aus Ruanda vor. Die Traumatisierung der Kinder wird als ein »Zu-Tode-Erschrecken« benannt, und mit dem Konzept des Perforierens, der ›Durchlöcherung‹ des psychischen Schutzschildes, beschrieben. Die Autorin geht dann vertiefend auf das von ihr entwickelte Modell des Affektpropellers ein, der es ermöglicht, affektive Reaktionen zu systematisieren und zu verstehen. Sie beschreibt zwei Konzeptionen psychischer Prozesse bei traumatisierten Menschen: die Traumabindung und das generationale Einbinden. Am Beispiel des Affekts ›Rache‹ zeigt sie auf, welche unterschiedlichen Wege dieser Affekt einschlagen kann und unter welchen Bedingungen es möglich ist, Rache aufzugeben.

Den Abschnitt beschließt *Klaus Poppensieker* mit einem Essay über das Unbehagen, mit zunehmendem nationalistischem Denken in vielen westlichen Staaten konfrontiert zu sein, und einem Entwurf, diesem Denken als Psychoanalytiker zu begegnen. Unter dem Titel *Kann das Subjekt bestehen, wenn Erzählungen fehlen? Überlegungen zur Bedeutung sinnstiftender Narrative in der globalisierten Welt* beschreibt er zunächst die Halt gebende Funktion von Erzählungen als psychische und soziale Kohärenz fördernde Narrative. Werden sie und der damit verbundene Halt mit der Realität konfrontiert, wird die Erzählung relativiert, und das Halt gebende Moment irritiert. Der Autor vermutet, dass dies zu Verunsicherungen führt, die insbesondere in Zeiten extrem schneller Verwandlung (Globalisierung, Digitalisierung) eine Gegenbewegung weckt: Narrative werden dann zur inneren Stabilisierung nicht mehr als Erzählung, sondern als Realität verstanden. Anhand theoretischer Überlegungen zu Kristevas »Psychospiritueller Arbeit« und Whitebooks »Funktionalem Äquivalent für Religionen« fragt der Autor, wie die Psychoanalyse säkularen Glauben, im Sinne von Halt gebenden Verbindungen, vermitteln kann.

Die Verbreitung des Traumatischen in unserer Gesellschaft, die sich an der Oberfläche im verstärkten Auftreten der diagnostizierten posttraumatischen Belastungsstörungen zeigt und sich in den Dunkelziffern des sexuellen Missbrauchs und der sprachlosen Opfer von Gewalt, Terror und Vertreibung versteckt, lässt erahnen, wie viele Menschen Traumatisches durchleiden müssen und davon geprägt werden. Entsprechend häufig begegnen wir dem Traumatischen in vielen Patientinnen und Patienten, auch wenn sie sich nicht alle selbst als traumatisiert begreifen. Dann sind wir als Psychoanalytikerinnen und Psychoanalytiker herausgefordert, Angst, Ohnmacht und Sprachlosigkeit zu halten.

Von daher erscheint es uns äußerst lohnenswert, das Thema des Traumas auch psychoanalytisch immer wieder zu durchdenken und konzeptionell sowie behandlungstechnisch weiter zu entwickeln. Wir danken allen Autorinnen und

Autoren dafür, mit ihren Arbeiten in diesem Buch dazu beigetragen zu haben. Ebenfalls möchten wir dem Klett-Cotta Verlag, Herrn Dr. Beyer und Herrn Oliver Eller, der das Lektorat dieses Buches übernommen hat, für die hilfreiche und professionelle Zusammenarbeit danken.

Jutta Baumann
Klaus Grabska
Gudrun Wolber

TEIL A
Der Traumabegriff

Zur traumatheoretischen Perspektive in der Psychoanalyse

KLAUS GRABSKA

Trauma und Transformation

Zur traumatischen Verfassung des Ichs

Wenn über Traumatisches mithilfe von Konzepten der psychoanalytischen Wissenschaft nachgedacht wird, dann besteht die Gefahr, den leibhaftigen Bezug zum persönlichen Erleben des Traumatisierten zu verlieren. Ich werde daher in einem ersten Teil mit Gedanken zu einem autobiographischen Roman *Im Herzen der Gewalt* (Louis 2017) beginnen, um damit in die subjektive Erfahrung von Traumatisierung einzuführen. In diesem Roman versucht Édouard Louis sowohl eine eigene traumatische Vergewaltigungserfahrung darzustellen als sie auch zugleich auf eine literarische Weise zu verarbeiten. Als Kern des Traumatischen wird eine in Sprache und Vorstellung kaum übersetzbare, unerträgliche »pure« Vernichtungsangst bestimmt.

Danach werde ich 6 Dimensionen der traumatischen Verfassung des Ichs beschreiben. Sie kennzeichnen Bruchstellen des Ichs, deren übermäßige Belastung durch spätere Erfahrungen zu einer Reaktualisierung früher Traumata führen und die Art und Weise prägen kann, wie auf spätere Traumatisierungen psychisch geantwortet werden kann. Abschließend werde ich mit Rekurs auf die Erfahrungen von Édouard Louis auf die analytische Behandlung von Traumatisierungen eingehen.

1. Im Herzen der Gewalt

Das Trauma transformiert

Édouard putzt und desinfiziert wie besessen seine Wohnung. Dieser Geruch muss unbedingt verschwinden und damit das, was atmosphärisch den eigenen Raum so bedrängend besetzt und ausfüllt.

»Ich atmete tief durch, in Wirklichkeit schnüffelte ich, ich schnüffelte wie ein Tier, ich war zum Tier geworden bei der Suche nach diesem Geruch, der nicht verschwinden zu wollen schien, trotz all meiner Mühen, sein Geruch ging nicht weg […]. Das Problem kam aus mir […] es war, als hätte Redas Geruch sich in mich hineingefressen, tief hinein, zwischen Fleisch und Epidermis, und ich kratzte mich am ganzen Körper, schliff meine Glieder ab, mit aller Kraft, besessen um die tieferen Hautschichten zu erreichen, sie von seinem Geruch zu befreien, ich fluchte, *verdammte Scheiße*, aber der Geruch blieb, verursachte mir immer stärkere Übelkeit und Schwindel. Ich schloss daraus: Wahrscheinlich sitzt der Geruch in deiner Nase. Wahrscheinlich riechst Du das Innere deiner Nase. Der Geruch sitzt darin fest« (Louis 2017, S. 9 f.).

Weder der Chlorreiniger für die Wohnung noch die Kochsalzlösung für die Nasenlöcher können Abhilfe schaffen. Ohnmächtig, hilf- und schutzlos bleibt er diesem Geruchsobjekt ausgeliefert. Es steht nicht nur für den traumatisierenden Anderen. Noch mehr droht es nun, durch die gewaltsame Penetration und die erzwungene Introjektion ein Teil von ihm selbst geworden zu sein. Auf sensorische Weise mit ihm verschmelzend, infiltriert es ihn und droht, sich ihm gänzlich und dauerhaft zu verinnerlichen und seine Eigenstruktur zu verändern. Das Trauma transformiert die Persönlichkeit, ist selbst ein transformativer Wirkfaktor.

Auf einer psychisch elementaren Körperebene wiederholt sich das Ausgeliefertsein der durchlittenen traumatischen Erfahrung zwanghaft. Es bleibt hartnäckig als Infiltrat gegenwärtig, selbst wenn der traumatisierende Andere schon nicht mehr präsent ist, die äußere Realität schon von ihm gereinigt und alles normalisiert erscheint. Der verzweifelte Abwehrkampf dagegen, dass das Trauma olfaktorisch bis in die psychische »Ur-Höhle« des Mund-Nase-Bereichs (Spitz 1987, S. 79 ff.) eindringen und alles Gute darin auslöschen könnte, kann vom Traumatisierten nicht gänzlich gewonnen werden. Ein jederzeit wirkmächtiger Rest davon bleibt.

Er muss unbedingt diese kontaminierte Wohnung verlassen, raus aus der immer noch traumatisierenden Situation, sie abspalten, sie hinter sich lassen, sie am besten kapselartig versiegeln. Sich distanzieren, sich emotional entlasten, unbedingt einen Freund finden, dem er sich in einem maßlosen Rededrang anvertrauen kann, einen guten Anderen, der dafür steht, dass die verlorene Liebe wiedergefunden und das zerstörte Grund- und Weltvertrauen wiederhergestellt werden kann. Aber, allein gute Freunde zu haben, reicht nicht.

Dem Trauma eine Stimme geben

Zum Glück kann Édouard schreiben und versprachlichen, was ihm angetan wurde. Er kann dem Trauma, das ihm widerfuhr, eine autobiographisch-schriftstellerische Verarbeitungsform geben. Dafür muss er sich eines auch der Traumarbeit eigenen Darstellungstricks bedienen, der ihm erlaubt, einerseits mit dem Trauma im Kontakt zu bleiben, anderseits von ihm nicht erneut überwältigt zu werden und wieder in den Abgrund eines konkret gewordenen Alptraums hineingesogen zu werden. Die Darstellung kann nur in Form einer notwendigen Dissoziation als einer die unmittelbare Not abwendenden Ich-Spaltung durchgehalten werden.

In seiner Schwester findet er die Gestalt, durch die seine Erfahrung der traumatischen Situation eine erste Stimme bekommen kann. Anders als Édouard kann sie frei vom unmittelbaren Überwältigtsein sprechen, während er selbst als ein heimlich lauschender Beobachter zuhört, wie sie ihrem Mann erzählt, was er ihr vom Trauma schon vorher berichtet hatte. Es ist eine nachträgliche Erzählung des Unerträglichen, das eigentlich nicht erzählbar ist, aber auf diese Weise der Aufspaltung in zwei Personen doch erzählbar wird.

Die Schwester erscheint darin wie eine Art dissoziiertes Doppelgänger-Selbst, ähnlich einem Analytiker, der dem Traumatisierten zuhört und zu einer Art »Double« (Botella & Botella 2005; Roussillon 2013) wird, indem er das Unerträgliche am Trauma in seiner Gegen-Übertragung emotional spiegelbildlich, zwar sprachlich vermittelt, aber doch im Wesentlichen bildhaft-imaginär, auch angereichert durch Eigenes, aber alles in stärker dosierter und proportionierter Form innerlich an- und aufnimmt. Er hält es in sich, um es emotional ›vorzuverdauen‹, bevor er es dann in ›vorverdauter‹ Form als sein mitfühlendes Verständnis zurückgeben kann. Auf diese psychisch transformative Weise kann der Analytiker helfen, das Unerträgliche am Trauma psychisch überlebbar zu machen und es so weit wie möglich zu integrieren.

Etwas vom Trauma miteinander teilen

Wie der Analysand auf der Couch den Analytiker sieht der lauschende Édouard seine Schwester und ihren Mann nicht. Letzterer signalisiert einem gängigen Analytiker-Stereotyp entsprechend sein Zuhören durch gelegentliches »hm, hm«, während die Schwester ihre narrative Version des Traumas kommuniziert und so die traumatische Erfahrung auf ihre subjektiv verzerrte Weise mit Édouard und ihrem Mann teilt. In dieser Szenerie wirkt Édouard wie ein sich in der ödipalen Position befindendes Kind, das das Elternpaar urszenenhaft neugierig und ängstlich zugleich ausspioniert, um herauszufinden, wie er und seine traumatische Erfahrung in ihrem dialogischen Verkehr miteinander repräsentiert sind. Dabei ist er selbst noch ganz verunsichert und durcheinander und weiß noch nicht, wie er das, was in ihm präsent ist, als etwas Eigenes repräsentieren könnte.

So gesehen bekommt die Schwester auch eine mütterliche Qualität und Funktion. Bereits mit der Annahme des von Édouard berichteten Traumas gewährte sie ihm eine Holding-Funktion im Sinne Winnicotts und bot durch ihr Zuhören einen Auffang-Container für die traumatische Erfahrung im Sinne Bions. Wie der Analysand durch die Deutungen seines Analytikers, die nach Winnicott auch immer offenbaren, was er nicht weiß, so erfährt der lauschende Édouard nun allerdings auch, wie seine Schwester seine traumatische Erfahrung nicht nur deutet, sondern auch missdeutet, ihn zugleich versteht und verfehlt.

Sie vermischt das Eigene seiner traumatischen Erfahrung mit ihrem vorgängigen Édouard-Bild, macht sich den traumatisierten Édouard damit verdaubar, aber für Édouard selbst bekommt dieser andere ›Édouard‹ in ihr wiederholt einen falschen Zug. Psychisch überlebenswichtig für ihn wird, dass er ihre Erzählung beim Zuhören stumm und nur für sich berichtigen kann. So kann er seine Wahrheit und sein wahres Selbst in einem gewissen Incommunicado (Winnicott 2001e) gegen die Tendenz behaupten, aus Anpassung an die Sichtweise der mütterlichen Schwester – oder in der analytischen Situation des Analytikers – ein falsches Selbst (Winnicott 2001d) zu entwickeln.

Insbesondere wenn sich etwas von der traumatischen Erfahrung in der therapeutischen Beziehung höchst lebendig aktualisiert, kann es dem Analytiker ganz ähnlich wie der mütterlichen Schwester von Édouard gehen. Er will bewusst verstehen, aber unbewusst stößt auch er an Grenzen dessen, was er vertragen und verdauen kann. Wenn er sich diese Begrenztheit als Analytiker nicht übelnehmen und nicht vor ihr flüchten muss, dann hat er gerade in diesem speziellen Moment eine Chance, etwas von dem Traumatischen des Analysanden als eigene spürbare Erfahrung, etwas Fundamentales nicht bewältigen zu können, im Hier und Jetzt mit ihm zu teilen.

Sich dem Trauma erneut aussetzen: Ins Herz der Gewalt zurückkehren

Erst nachdem eine dissoziativ-narrative Darstellungsform gefunden wurde, die eine Halt gebende Distanz zum Geschehen erlaubt – im Idealfall, ohne das Traumatische daran verleugnen, bagatellisieren oder auslöschen zu müssen –, kann der Traumatisierte sich an eine direktere Darstellung wagen, in der auch der traumatisierende Andere als Person mit einer eigenen Lebens- und Problemgeschichte auftauchen kann. Erst jetzt,

- wenn sich innerlich eine gewisse ödipal trianguläre Ich-Struktur reetabliert hat und damit ein gewisser Schutz vor einer ich-zersetzenden Regression gegeben ist,
- und erst jetzt, wenn ein außerhalb des traumatischen Zusammenhangs stehender Anderer gefunden wurde, mit dem etwas von der traumatischen Erfahrung geteilt werden kann,
- erst dann kann die entgleiste Beziehungsentwicklung bis hin zum traumatischen Ereignis emotional ansatzweise noch einmal durchlebt, erinnert und szenisch geschildert werden.

Der Kern dieser Schilderung besteht darin, wie eine Liebesszenerie zwischen Édouard, dem damals 20-jährigen Schriftsteller, und Reda, einem jungen Marokkaner, in eine von Morddrohungen und Todesängsten begleitete traumatisierende Vergewaltigung kippt. Beide hatten in Édouards Wohnung sexuell miteinander verkehrt und waren sich persönlich näher gekommen.

Als Édouard bei der Verabschiedung merkt, dass Reda ihn bestehlen will, und ihn darauf anspricht, reagiert Reda so entblößend beschämt, gedemütigt und gekränkt, dass er sich vom One-Night-Stand-Liebhaber zum mörderischen Vergewaltiger verwandelt. Er drangsaliert Édouard, bedroht sein Leben, unterwirft und penetriert ihn schließlich mit roher Gewalt.

Diese traumatisierende Vergewaltigung kann Édouard nun beschreiben und sie damit nicht nur uns Leser-Zeugen, sondern auch sich selbst vor Augen führen. In der Situation selbst gelingt ihm die Befreiung, als er die Schwächung Redas im Orgasmus dazu nutzen kann, ihn von sich ab- und damit Reda aus der Vergewaltigungsszenerie hinauszuwerfen. Dieser wirkt nun selbst hilf- und fassungslos. Für einen Moment verspüren beide Vernichtungsangst voreinander, »als wäre sie ein Gespenst, das von einem zum anderen übergeht« (Louis 2017, S. 146).

Trauma überträgt sich

In dieser Angespanntheit sagt Édouard: »Jetzt gehst Du, oder ich schreie«. (ebd., S. 147). Einerseits verschwindet Reda nun wirklich, andererseits bleibt er in Édouard wie ein böser Dämon existent, von dem er panisch befürchtet, er könnte jederzeit wiederauftauchen, sich an ihm rächen und alles noch einmal mit ihm wiederholen. Überall vermutet er ihn nun. In jedem arabisch aussehenden Mann sieht er einen Wiedergänger: »Ich senkte den Blick oder wandte den Kopf ab und flehte stumm *Tu mir nichts, tu mir nichts*« (ebd., S. 204). Zugleich entwickelte er, der aufgeklärte Anti-Rassist, gegen seinen Willen einen emotionalen Rassismus, der ihn gefühlt in die Nähe von Fremdenhass brachte.

Selbst seine beiden hilfreichen Freunde, der Soziologe Didier Eribon und der Philosoph Geoffroy de Lagasnerie, geraten in den Bann dieser paranoid-schizoiden Übertragung. Der Analytiker kennt dies Phänomen aus der Psychoanalyse Traumatisierter, wenn er auf einmal als derjenige erlebt wird, auf den das frühere Trauma übertragen und mit dem es zugleich noch einmal wie ein aktuelles Trauma durchlebt wird. Beide versuchen nachdrücklich, Édouard zu einer Anzeige bei der Polizei zu bewegen, was ihm aus Scham und Schuldgefühl unendlich widerstrebt: »Sie sind wie Reda, sie sind wie Reda. […] ebenso wie Reda flehst Du sie an, Dich zu verschonen. Du flehst sie an, aufzuhören, aber sie hören nicht auf, sie erwürgen dich, ersticken dich, du flehst sie an, aufzuhören, aber sie hören nicht auf« (ebd., S. 176).

Einerseits ergreift ihn eine stumm bleibende Wut, anderseits folgt er ihnen und setzt sich der kalten, technischen Befragungsprozedur der Polizei aus, die einem Über-Ich gleicht, dem es weniger um Verständnis als um die materielle Realität des Faktischen geht. Dennoch oder gerade deswegen hat die kriminaltechnische Untersuchung seiner Wohnung einen beruhigenden psychischen Effekt. Es sind keine Spuren vom Vergewaltiger mehr zu finden. Der Innenraum erscheint nun sauber. Das Über-Ich mag nun Ruhe geben.

Wiederfinden eines guten Liebesobjekts

Am Ende wacht sein Freund Geoffroy über ihn wie ein liebevoller Vater über seinen Sohn oder wie ein Liebhaber über den Geliebten: »Er sagte, dann werde er bei mir bleiben, bis ich eingeschlafen war. Danach würde er gehen, ganz leise, ganz sacht, auf Zehenspitzen, ohne dass ich die Türen hören würde, und morgen würde er wiederkommen, zusammen mit Didier« (ebd., S. 217). Am Ende scheinen die guten Liebesobjekte wieder in Édouard eingekehrt und die Gewalt der Liebe gewichen zu sein.

Aber genauso wie der Kenner von Horrorfilmen weiß, dass einem scheinbar guten Ende nicht zu trauen ist, wissen wir aus der analytischen Erfahrung, wie trügerisch diese erst einmal wiedergewonnene Stabilität sein kann. Das Gefühl, nun endlich alles überstanden zu haben, entspricht zumeist nachvollziehbarem Wunschdenken. In der Regel sieht der Analytiker traumatisierte Menschen als Erwachsene oder Heranwachsende daher in seiner analytischen Praxis oft erst, nachdem sie bereits andere therapeutische Versuche unternommen haben, die sie zwar stabilisierten, aber in denen das Traumatische oft nicht ausreichend durchgearbeitet werden konnte.

Nicht in allen, aber in doch sehr vielen Fällen braucht es dafür die Möglichkeit langjähriger, hochfrequenter und auch wiederholter Analysen, damit sich in der Tiefe des Ichs überhaupt wieder ein Grundvertrauen (Erikson 1966) regenerieren und das wiedergefundene gute Objekt (Brenman 2014) einigermaßen verlässlich reetablieren oder als ein gutes Objekt neu geschaffen werden kann.

Wie elementar wichtig diese Wiedergewinnung des Grund- und Weltvertrauens und wie gefühlt unverzichtbar das Wiederfinden eines guten Objekts ist, zeigt sich auch daran, dass viele traumatisierte Patienten Probleme haben, offen aggressive Gefühlsentwicklung im Rahmen einer negativen Übertragung zuzulassen (Reerink 2003). Ihre Angst vor einer Rückkehr des psychischen Zusammenbruchs und eines erneuten vernichtend erlebten Verlusts des guten Liebesobjekts kann lange und manchmal leider für immer das Zentrum ihrer psychischen Überlebensökonomie bleiben (Schmid-Gloor & de Senarclens 2017).

2. Trauma und Gewalt: Vernichtungsangst als Kern des psychischen Traumas

Trauma meint zunächst ein uns schädigendes Überwältigtsein von etwas, egal woher es kommt, gefühlt oft aus dem Nichts. Allerdings ist Trauma viel zu oft eine Gewalterfahrung des Menschen durch den Menschen. Eine traumatische Situation entwickelt sich daher insbesondere im Rahmen politischer, gesellschaftlicher und geschlechtlicher Konflikte und in Machtverhältnissen, in denen Menschen von anderen Menschen in einer hierarchischen und lebensnotwendigen Weise abhängig sind (Eltern/Kinder, Lehrer/Schüler, Chef/Untergebener, Therapeut/Patient usw.) oder in diese existenzielle Abhängigkeit hinein gezwungen werden und diese gegen sie gerichtet ausgenutzt wird (z. B. Verfolgung, Folter, Genozid, Holocaust). Dies kann, wie uns das Beispiel der sogenannten Extremtraumatisierungen (Varvin 2003) zeigt, bis zu ihrer psychischen Vernichtung geschehen.

Im Trauma geht es letztlich um Leben oder Tod. Durch die mit der Gewalterfahrung induzierte Angst wird das Trauma ein psychisches Trauma. Die panische, das Ich auflösende Vernichtungsangst ist der affektive Kern des psychischen Traumas. Sie kennzeichnet nach Baranger, Baranger und Mom (1988) das pure psychische Trauma.

Sie ist psychisch nicht wirklich und nicht gänzlich repräsentierbar. Wer sie überlebt, ist schon nicht mehr der, der voll und ganz von ihr erschüttert und durchdrungen war. Wer sie überlebt, aber nicht oder kaum mehr ins Leben zurückfindet, lebt die Existenz eines lebenden Toten, wenn nicht gänzlich, so wie der dafür paradigmatische Fall des in Agonie umherwandelnden KZ-Häftlings, des »Muselmann« (Agamben 2003), so doch in abgestorbenen Teilen seiner Persönlichkeit als ein Leben als Schatten, wie Durban (2009) es formulierte.

In der Nichtrepräsentierbarkeit des puren Traumas verdoppelt es sich daher zugleich auf negative Weise. Das psychische Trauma besteht in der nicht repräsentierbaren Angst, in Vernichtung zu sein, und im Loch der Nicht-Repräsentierbarkeit (Laub 2000; Levine u. a. 2013) zugleich. In diesem Sinne sprach Winnicott (1989) von der undenkbaren Angst. Und Bion, selbst kriegstraumatisiert (Szykierski 2013), fand dafür die einschlägige Formel von der namenlosen Angst oder dem namenlosen Grauen (Bion 1963).

Das psychische Trauma bildet insofern den negativen Referenzrahmen einer humanwissenschaftlichen Psychoanalyse. In ihm geht es um die Frage der De-Humanisierung und des psychischen Überlebens angesichts des existenziellen Bedrohtseins durch körperliche Auslöschung und psychischen Tod. Die Psychoanalyse hat sich dieser destruktiven Dimension, in der die Arbeit des Negativen, der Desobjektalisierung und der Entsubjektivierung (Grabska 2004; Green 2001) dominiert, erst relativ spät durch die intensivere Beschäftigung mit psychotischen Erkrankungen und schweren Borderline-Fällen sowie den Überlebenden des Holocausts und anderer Extremtraumatisierungen als paradigmatischen Fällen zugewandt (Bohleber 2012). In ihnen bildet die traumatische Vernichtungsangst das psychische Zentrum des Selbst- und Welterlebens.

3. Die traumatische Verfassung des Ichs

Die traumatische Verfassung des Ichs I:
Vernichtungsangst – Der paradigmatische Fall der Geburt
und das Modell der Zäsur

Die Vernichtungsangst begegnet uns wahrscheinlich bereits in dem Moment, in dem wir das Licht der Welt erblicken. Sie bildet eins der sechs Elemente, die aus meiner Sicht »Die traumatische Verfassung des Subjekts«, so eine prägnante Formulierung von Peter Widmer (2016), ausmachen.

Man muss nicht das ganze System des Gedankengebäudes von Otto Rank akzeptieren, wenn man den Kerngedanken seines Werkes *Das Trauma der Geburt* (1988) etwas abgewinnen kann. Rank formulierte darin die Idee eines Ur-Traumas, das nicht nur quantitativ durch die beim Geburtsakt erzeugte Erregungssumme, sondern im besonderen Sinne qualitativ definiert ist. Die Geburt wird als eine abrupte existenzielle Transformation angesehen, die den Fötus aus seiner intrauterinen ›paradiesischen‹ Existenz gewaltsam herausreißt und in der Folge des Geburtsprozesses zum Säugling transformiert. Aus diesem Herausgerissenwerden ins existenziell Ungewisse entspringt sowohl ein regressives Ur-Begehren, in den Mutterleib zurückzukehren (Meyer 2004), als auch eine primärtraumatische Vernichtungsangst, die auf lebensgeschichtlich nachfolgende Ängste eine formative Wirkung hat (Meyer 2005).

Ein wesentlicher Kritikpunkt Freuds (1926d, S. 165) an Rank war, dass der Fötus/Säugling für die mit einer Geburt gegebene objektive Lebensgefahr noch keinen psychischen Inhalt hat, der für die Lebensgefährdung stehen und sie repräsentieren könnte. Aber genau das wäre aus heutiger psychoanalytischer Sicht das für die traumatische Angst Spezifische, nämlich, dass es noch keine Repräsentanz gibt. Sie bricht in einem Zustand vollkommener Ungewissheit aus. Da dieser nicht repräsentierbar ist, wird er als vernichtend erlebt. Erst nachträglich werden eine Repräsentanz und die dazugehörige Signalangst für ein analoges traumatisches Erleben entwickelt werden können.

Unserer Geburt kommt eine traumatische Qualität zu. Sie ist die erste grundlegende Zäsur, aus der heraus wir unsere Subjektwerdung beginnen und sich Anfänge eines primordialen Ichs bilden. Als Transformation stellt sie ein paradigmatisches Modell dar, wie aus Bekanntem und Vertrautem durch eine Zäsur etwas Neues entstehen kann, vor der wir aber aus einer traumatischen Angst vor dem Ungewissen am liebsten zurückweichen wollen, weil wir dann in etwas Unübersetzbares, Unvorhersehbares und Unkontrollierbares hineingeraten (Bion 2009).

Ängste vor Desintegration und Zusammenbruch, die Winnicott (1991) beschrieb, aber auch Ängste vor katastrophischen Veränderungen, von denen Bion (1965) sprach, können dann verhindern, dass auch die Chancen des Ungewissen wahrgenommen und ergriffen werden. Letztere versuchte Winnicott (1979) mit den Ideen des Möglichkeitsraums, des Spiels und der Kreativität zu formulieren.

Die traumatische Verfassung des Ichs II:
Hilflosigkeit und das Modell des Exzesses – Der paradigmatische Fall
des Säuglings

Freud (1926d) antwortete Rank in seiner Arbeit *Hemmung, Symptom und Angst* mit einer Anerkennung des Säuglings als paradigmatischem Modellfall für das Traumatische und entwickelte eine darauf basierende zweite Trauma-Theorie (Bokanowski 2005, 2013).

Darin gab er der Vernichtungsangst eine spezifische Wendung, indem er sie nun in eine Angst des Ichs vor seiner eigenen – von außen wie von innen stammenden – exzessiven Erregbarkeit verwandelte, zu deren Bewältigung noch keine eigenen psychischen Mittel zur Verfügung stehen. Verschiedene Analytikerinnen haben diese Verbindung von Trauma und Erregungsexzess in den heutigen psychoanalytischen Diskurs wiederaufgenommen (Benjamin 2018; Perelberg 2017).

Die Hilflosigkeit des Ichs angesichts eines Erregungsexzesses bildet nun den Kern der traumatischen Erfahrung, in der das noch rudimentäre Ich von objektloser und unbestimmter Angst überflutet wird. Insofern es dem Ich nachträglich gelingt, das traumatische Erlebnis durch eigene seelische Aktivität in eine antizipatorische Erwartung und die automatische Angst in Signalangst zu verwandeln, wird es möglich, die traumatische Erfahrung psychisch zu integrieren und sie zu bewältigen.

Allerdings können Kleinkinder und Säuglinge nicht in diesem Sinne, wie wir es von Erwachsenen kennen, realitätsangemessene Erwartungen bilden – und selbst denen gelingt es oft nur ungenügend und in der Regel mit Angst- und Wunschphantasmen vermischt. Stattdessen sind Kleinkinder und Säuglinge darauf angewiesen, dass sie das traumatische Erleben über ihre eigene träumerische Phantasietätigkeit affektiv binden, psychisch repräsentieren und in einem transformativen Übergangs- oder Möglichkeitsraum auf spielerische Weise zugleich ausdrücken und gestalten können.

Was Freud (1905d) als psycho-sexuelle Phantasiebildungen, die durch die Triebentwicklung vom Oralen zum Genitalen hin bestimmt werden, und Melanie

Klein (1997) als aggressiv-destruktive Phantasiebildungen des Kindes beschreiben, in denen ein Kind emotional primär lebt, kann aus meinem traumatheoretischen Blickwinkel heraus auch als Bewältigungsformen ansonsten traumatisierender psychischer Konstellationen von Hilflosigkeit gegenüber dem eigenen Trieb- und Affektleben verstanden werden.

Etwas potentiell Traumatisierendes in etwas psychisch Konflikthaftes zu transformieren, kann dann eine Halt gebende Funktion haben. Melanie Klein (2000) hat dies bereits für den Säugling beschrieben. In seinem Ursprung seiner eigenen Destruktivität und Vernichtungsangst hilflos ausgeliefert, muss er sie nach irgendwo außen projizieren, um die Grundlage dafür zu schaffen, dass das Destruktive nun in einem ersten Konflikt zwischen einem guten und einem bösen Objekt gebunden und als Konflikt weiter hin und her gehend ausgetragen werden kann.

Wenn es diese Möglichkeit der Integration traumatischer Erlebnisse gibt, dann ist es nachvollziehbar, dass der späte Freud (1939a) zusammenfassend konstatiert, dass es eine positive und eine negative Wirkung des Traumas gibt. Im positiven Sinne wirkt die bewältigbare Traumatisierung psychisch strukturbildend, ist sogar ein notwendiger Motor der kindlichen Ich-Entwicklung (als Angst vor Hilflosigkeit, dann vor Objektverlust, dann vor Kastration, dann vor dem Über-Ich), um sich aus der ursprünglichen traumatischen Verfassung herauslösen zu können. Sie mündet letztlich in eine strukturierte Persönlichkeit, deren innerseelische Struktur und psychische Funktionsweisen Freud (1923b) mit dem Modell von Es, Ich und Über-Ich auf eine komplexe Weise zu fassen versuchte (vgl. auch Schmidt-Hellerau 1995).

Im negativen Sinne wirkt die nicht zu bewältigende Traumatisierung psychisch entstrukturierend oder strukturell deformierend oder noch extremer – wenn es frühste Traumatisierungen betrifft, produziert sie strukturelle Löcher in der sich bildenden Ich-Struktur. An deren Rand bewegt sich das Subjekt zwischen Sein und Nichtsein in einer panischen Angst vor dem Verlust des psychischen Existenzgefühls und des psychosomatischen Zusammenhalts und vor einem Fall ins Leere und Nichtsein (Tustin 2008). Autistische Ein- und Abkapselung des Traumatischen stellen dann zusammen mit anderen frühen Abwehrmechanismen wie z.B. der adhäsiven Identifikation (Bick 2002; Meltzer 1994) elementare Versuche dar, psychisch zu überleben (Mitrani 2008; Nissen 2006).

Die traumatische Verfassung des Ichs III:
Liebesbedürftigkeit und das Modell des Mangels – Der paradigmatische Fall der ungenügend guten Mutter

Ein hilfloser Säugling kann nicht ohne die Hilfe einer Pflegeperson, in der Regel seiner Mutter, existieren. Er ist existenziell hilfsbedürftig. Insofern Lieben und Helfen am Lebensbeginn eins sind, ist er zum Überleben auf Liebe angewiesen. Freud gab dieser Tatsache in seiner Trauma-Theorie keinen größeren konzeptionellen Stellenwert, außer dass er darauf hinwies, dass wir ohne die Liebe unseres Über-Ichs psychisch nicht leben können (Freud 1923b).

Erst Sándor Ferenczi öffnete konzeptionell dafür den Weg, indem er die einzigartige Relevanz der mütterlichen Liebe für das psychische Überleben betonte und zum Ausgangspunkt seines Denkens und seiner Behandlungstechnik machte (Bokanowski 2018). Es ist nicht mehr nur ein Zuviel, wie im Exzess, sondern auch ein Zuwenig, eine Absenz oder ein emotionaler Mangel, was traumatisiert. Das Trauma wird wesentlich ein emotionales und narzisstisches Trauma (de Masi 2015).

Aus Ferenczis Sicht entsteht ein von ihm so genanntes »Ur-Trauma«, wenn die Mutter nicht ausreichend fähig ist, »Geliebtwerden, Mittelpunkt der Welt zu sein« (Ferenczi 1988, S. 131) als den natürlichen Gefühlszustand des Säuglings durch ihre Liebe zu garantieren, und zwar so lange und in der emotionalen Qualität, wie es das Kind braucht. Sofern ihr das allerdings gelingt, kann sie als ein Liebe spendendes Objekt introjiziert werden und als gutes Introjekt oder Liebesobjekt im kindlichen Seelenleben als die entscheidende emotionale Basis wirken, auf die sich das Kind psychisch und emotional ein Leben lang verlassen kann. Das Kind kann gut mit und in ihrem Schatten leben, wenn es mit der Introjektion der Mutter auch deren Fähigkeiten zur Besorgnis und zum Holding (Winnicott 2001a, 2001b) sowie zum Containing und zur psychischen Verarbeitung (Bion 2006) verinnerlichen und als eigene Ich-Fähigkeiten ausbilden kann.

Ein Mangel an primärer Liebe der Mutter führt dagegen zu einer narzisstischen Wunde und Schädigung im Aufbau des Ichs, die Michael Balint (1970) später als Grundstörung konzeptualisierte. Auch Freud (1939a) ging in seinen letzten Bemerkungen zum Trauma davon aus, dass narzisstische Kränkung eine traumatische Wirkung mit entsprechenden Schädigungen des Ichs hervorrufen kann.

Eine stabile Form der Selbstliebe kann sich im Falle der Ich-Schädigung nicht entwickeln, was später insbesondere in der auf Kohut (1973; 1987) basierenden Selbstpsychologie und deren intersubjektiven Weiterentwicklung (Jaenicke 2006;

Orange u. a. 2006) eine zentrale Rolle spielt. Die objektbeziehungstheoretische Sichtweise betont dagegen, dass Abhängigkeit, Getrenntsein und Andersartigkeit nicht verkraftet werden können. Schwer erträgliche Gefühle von Ausgesetztsein und Verlassenheit, von Zurück- und Abgewiesensein sowie heftige narzisstische Enttäuschungs- und Kränkungswut bringen das Ich an seine Grenzen, so dass sein Zusammenbruch droht (Winnicott 1991).

Wut und Hass können sich wiederum in Form eines vernichtenden, archaischen Über-Ichs gegen sich selbst richten und das Ich mit gnadenloser Beschämung, vernichtender Verurteilung sowie Desintegration und Fragmentierung bedrohen. Die ganze innere Situation kann in einen negativen oder destruktiven Narzissmus kippen und einen lebenserhaltenden positiven Narzissmus bedrohen (Green 2004; Rosenfeld 1990). Vernichtender Hass auf das eigene Selbst wie auf das enttäuschende Liebesobjekt wirken dann psychisch vernichtend innerlich dort, wo Selbst- und Objektliebe für unser psychisches Überleben und das Überleben des guten inneren Objekts in uns sorgen sollte. Das gute Objekt selbst erscheint letztlich innerlich gänzlich zerstört und nicht mehr auffindbar.

Die traumatische Verfassung des Ichs IV:
Ausgeliefertsein und das Modell der Einschreibung von unbewussten
Botschaften – Der paradigmatische Fall der traumatisierten Mutter

Die intensive Beschäftigung mit den Folgen des Holocausts, sowohl bei den Überlebenden als auch bei deren Kindern, hat eindrücklich vermittelt, dass es eine transgenerationelle Weitergabe des Traumatischen gibt (Grubrich-Simitis 1979; Faimberg 2009; Kogan 2007, 2011; Laub & Auerhahn 1995). Die Kinder wachsen in einer emotionalen Umwelt auf, die atmosphärisch und psychisch vom elterlichen Trauma durchdrungen ist.

Dies führt zu einer identifikatorischen Verwicklung in die lebensgeschichtliche Historizität der Eltern. Sie bleibt oft psychisch unauflösbar, weil die traumatische Erfahrung hinter einer Schweigemauer von emotionaler Nichtbedeutung, Nichtbezogenheit und Teilnahmslosigkeit abgespalten bleibt. Dadurch entsteht ein Bereich, in dem die Eltern und deren traumatisierter Seelenbereich interpsychisch nicht mehr erreichbar sind und wie psychisch tot erscheinen. Das nicht vergangene, nicht integrierte Trauma der Eltern wird so zum unbewussten psychischen Organisator in der Ich-Bildung ihrer Kinder. Letztere werden in diese psychische Konstellation hineingeboren und sind ihr erst einmal ausgeliefert.

In gewisser Weise betrifft dies Ausgeliefertsein jeden Menschen. So gesehen können wir sagen: Die transgenerationelle Transmission von Traumatischem berührt als destruktive Extremform ein allgemeines Ausgeliefertsein. Wir alle werden in die unbewusste psychische Realität unserer Eltern und damit auch in deren Grad an psychischem Geschädigt- oder Traumatisiertsein hineingeboren. Sie liegt vorgeburtlich schon den unbewussten Wurzeln des Kinderwunsches zu Grunde und prägt nachgeburtlich das elterlich vermittelte Spektrum an Bahnungen für das, was an weiterer psychischer Entwicklung und für die unbewusste Ich-Bildung des Kindes möglich ist. Was Freud (1939a) in seinen letzten traumatheoretischen Gedanken noch evolutionsbiologisch als ein vererbtes Trauma denken musste, kann nun auf interpsychische Weise transgenerationell vermittelt gedacht werden.

In Anlehnung an Laplanche (2006), aber doch von Freuds letzter Konzeption der grundlegenden Bedeutung des Verhältnisses von Lebens- und Todestrieb für unser psychisches Überleben ausgehend, können wir hier von rätselhaften Botschaften sprechen, durch die das sich bildende Ich des Kindes noch unübersetzbar etwas davon erfährt, ob und wie es von seinen Eltern und da insbesondere von der Mutter unbewusst gewünscht oder nicht gewünscht wird. Als verinnerlichte würden die rätselhaften Botschaften dafür stehen, wie sich Lebens- und Todeswünsche im elterlichen, insbesondere im mütterlichen Unbewussten als Lebens- und Todesneigung in die Psyche und in die früheste Ich-Bildung des Kindes transplantiert einschreiben.

Das willkommene Kind, sein Lebenstrieb und die damit verbundene Vitalität, aber auch »Das unwillkommene Kind und sein Todestrieb« (Ferenczi 2004b) und der damit verbundene Bruch im Lebenwollen bilden so gesehen ein ambivalentes Zentrum von unbewussten Botschaften, denen wir ausgeliefert sind. Das Überwiegen von Todestrieb-Botschaften – Joshua Durban (2012) nennt es Thanatisierung – führt zu einer Traumatisierung, wie wir sie von psychisch absterbenden oder abgestorbenen Kindern mit einem Vernachlässigungstrauma (Durban in diesem Band; Spitz 1987) her kennen.

Die traumatische Verfassung des Ichs V:
Vulnerabilität und das Modell des Übergriffs – Der paradigmatische Fall der enttäuschten oder gekränkten Mutter

Eine emotionale Vernachlässigung resultiert zumeist aus einem emotionalen Besetzungsabzug und einer psychischen Abwendung der von sich selbst oder vom Kind enttäuschten oder gekränkten Mutter. Dies geschieht insbesondere dann, wenn das Kind eine unbewusste mütterliche Rolle oder Funktion nicht erfüllen kann, die für das emotionale und narzisstische Gleichgewicht der Mutter bedeutsam ist.

Deren eigene Liebesbedürftigkeit kann sich in einer unbewusst motivierten Übergriffigkeit äußern, die störend in das emotionale Selbsterleben des Säuglings hineinwirkt und das Gefühl des Seins beim Kind traumatisch angreift (Winnicott 2001c). Die emotionalen Bedürfnisse des Kindes werden dabei missrepräsentiert und mit der eigenen Liebesbedürftigkeit vermengt, so dass sich eine falsche Bezogenheit einstellt, in der das Kind immer wieder verfehlt wird.

Der emotionale Besetzungsabzug und die psychische Abwendung der Mutter trifft das Kind an seiner vulnerabelsten Stelle, da es auf die emotionale Bezogenheit und auf eine Mutter, die sich auf seine emotionalen Beziehungsbedürfnisse einstellt, überlebenswichtig angewiesen ist (Jaenicke 2006). Er wird vom Kind psychisch äußerst schmerzhaft erlebt und kann dazu führen, dass das Kind die eigenen Liebes- und Beziehungsbedürfnisse als psychotoxisch für die Mutter und sich selbst als schuldig an ihrer Abwendung und Zurückweisung erlebt.

Eine besonders maligne Form nimmt diese Konstellation an, wenn es zu einer Rollenumkehr kommt und das Kind emotional für die Mutter da sein muss, um diese von unerträglichen Affekten zu entlasten, deren narzisstische Defizite zu kompensieren oder mit kindlicher Vitalität als mütterliches Antidepressivum zu wirken. Einerseits wird dadurch die Entwicklung eines falschen Selbst (Winnicott 2001d) auf Kosten einer authentischen Selbstentwicklung gefördert. Andererseits wird das Kind unter eine ständige Drohung gestellt, zu versagen und schuldig zu werden, so dass es zu einer falschen Wiedergutmachung (Winnicott 2008) und dazu neigen wird, sich selbst für das mütterliche Objekt zu opfern.

**Die traumatische Verfassung des Ichs VI:
Sprachlosigkeit und das Modell des Missverstehens –
Der paradigmatische Fall der uneinfühlsamen Mutter**

Es kann und darf nicht vergessen werden, dass die Mutter – wie später auch ein Analytiker gegenüber dem unbewussten Ich seines Analysanden – selbst vor einer eigentlich unmöglichen Aufgabe steht, die sie nie und nimmer auf ideale Weise wird lösen können. Konfrontiert mit der Sprachlosigkeit des Säuglings ist sie selbst einer fundamentalen Ungewissheit ausgeliefert, von der sie vorher nicht wissen kann, wie sie diese bewältigen wird. Deswegen ist sie extrem auf den Rückhalt eigener verinnerlichter Liebesobjekte angewiesen.

Viele Körpersensationen, mit denen sich das Kind anfangs ausschließlich zeigen kann, haben eine zuerst verstörende, irritierende und vor allem diffuse Ausstrahlung. Es kann also nicht ausbleiben, dass es auch der besten Mutter nicht gelingt, eine nur gute transformative Mutter im Sinne Bions zu sein, die es schafft, die unterschiedlichsten Körperempfindungen und -zustände des Säuglings in Gefühle, Gedanken und Sprache umzuwandeln, die dem Säugling und seiner Körperlichkeit entsprechen und angemessene emotionale Antworten darstellen.

Wenn sie dabei notwendigerweise, was Aulagnier (2016) betont, diese Körpersensationen als originäre Botschaften eines liebesbedürftigen, aber sprachlosen Lebewesens aufnehmen und behandeln muss – auch um sich selbst erfahrungsgeleitet ein inneres Bild und eine innere Repräsentation des Kindes und ihrer Beziehung zu ihm aufbauen zu können, von dem ausgehend sie weiter metabolisierend und transformierend wirken kann –, dann wird sie ebenso notwendigerweise das Kind immer wieder auch verfehlen, missverstehen und in sich missrepräsentieren.

Ob diese notwendige primäre Verfehlung integrierbar ist und das Kind das Bild einer einfühlsamen und zur Umwandlung fähigen Mutter verinnerlichend in sich aufbauen und verankern kann, oder ob diese notwendige primäre Verfehlung eine katastrophale Wirkung auf die transformative Dimension der Mutter-Kind-Beziehung hat und die primäre Begegnung zwischen Mutter und Kind in die traumatische Erfahrung einer primär uneinfühlsamen Mutter münden wird, hängt entscheidend davon ab, ob die Mutter Schuld und Scham tolerieren und ihre notwendige Fehlbarkeit wahrnehmen, anerkennen und betrauern, aber auch ihre Wünsche nach Wiedergutmachung sowohl körperlich-gestisch als auch durch eine veränderte psychische Haltung und emotionale Einstellung für das Kind spürbar umsetzen kann.

Andernfalls wird das Kind nicht nur eine uneinfühlsame Mutter verinnerlichen, sondern wird in dieser originären körpernahen Beziehungsdimension in seinem Ich nicht repräsentierte Zonen von Unberührbarkeit ausbilden. Emotionale Berührungen werden dann zukünftig als etwas Traumatisierendes und psychisch Penetrierendes gefürchtet, so dass das Kind mit Leblosigkeit oder Unlebendigkeit als Abwehr darauf reagieren muss. Oft wird diese tiefe Schicht der Persönlichkeit erst über eine konkordante Gegen-Übertragung des Analytikers erfahrbar (Ogden 1998).

Zur traumatischen Verfassung des Ichs – Ein Resümee:
Leben im unsichtbaren mütterlichen Schatten, der perverse Vater und die Frage des Matrizids

Ich möchte das, was ich bisher ausgeführt habe, in folgendem Schema zusammenfassen:

Elemente der traumatischen Ich-Verfassung	Modell	Paradigmatischer Fall
Vernichtungsangst	Zäsur	Geburt
Hilflosigkeit	Exzess	Säugling
Liebesbedürftigkeit	Mangel	Ungenügend gute Mutter
Ausgeliefertsein	Einschreibung	Traumatisierte Mutter
Vulnerabilität	Übergriff	Enttäuschte oder gekränkte Mutter
Sprachlosigkeit	Missverstehen	Unempathische Mutter

Vernichtungsangst, Hilflosigkeit, Liebesbedürftigkeit, Ausgeliefertsein, Vulnerabilität und Sprachlosigkeit können als 6 Elemente verstanden werden, deren Bewältigung die traumatische Verfassung des primordialen Ichs ausmacht und ihm seine jeweilige persönliche Form gibt. Gleichzeitig stellen sie 6 interdependente Dimensionen einer psychotraumatischen Gefährdung dar, in denen sich im Verlauf der weiteren Ich-Bildung beim heranwachsenden Kind und Jugendlichen ein kumulatives Entwicklungs- und Beziehungstrauma herausbilden kann oder in denen im Falle des bereits gebildeten Ichs des Erwachsenen ein Trauma psychisch strukturell zersetzend wirken kann[1].

Um die traumatische Verfassung des originären Ichs und die damit verbundenen Vernichtungsängste bewältigen zu können, benötigt das Kind psychisch eine Mutter, die es ihm anfangs ermöglicht, sowohl ein Gefühl von Allmacht und allseitigem Gutsein als eine eigene Potentialität seines primordialen Selbst als auch ein Gefühl zu entwickeln, von einem allmächtigen und allseits guten Mutterobjekt getragen, geliebt und geschützt zu werden, das sein Überleben angesichts von traumatischen Vernichtungsängsten garantiert.

Wir müssen das mit Winnicott (1994) als eine überlebensnotwendige Illusion des primordialen Ichs ansehen, deren Verunmöglichung bereits primärtraumatische Einrisse im Fundament des sich bildenden Ichs verursachen kann. Sie kann und muss mit der weiteren Entwicklung des Kindes und seines Wirklichkeitssinns (Ferenczi 2004a) als Phantasma entdeckt werden und es muss ein Prozess der Desillusionierung stattfinden können. Im Rahmen dieses – oft ein Leben lang anhaltenden und meist schmerzlichen – Desillusionierungsprozesses werden wir bestenfalls entdecken können, in welchem Ausmaß wir eine genügend gute, gesunde, narzisstisch stabile und empathische Mutter und in welchem Ausmaß wir zugleich eine ungenügend gute, selbst traumatisierte, kränkbare und unempathische Mutter erfahren haben und als dieses doppelgesichtige Liebesobjekt tief verankert in uns tragen.

Wenn allerdings bereits der Prozess der überlebensnotwendigen Allmachts-Illusion in der Bildung des primordialen Ichs gestört und verunmöglicht wird, wird es primärtraumatische Einrisse im narzisstischen Fundament des sich bildenden Ichs geben. Dessen weiterer Ausbau gründet dann auf äußerst instabilen psychischen Verhältnissen und wird durch eine als unstillbar erlebte regressive Sehnsucht nach dem für das Überleben notwendigen mütterlichen Schatten, dem allseits guten mütterlichen Liebesobjekt, immer wieder aus sich selbst heraus infrage gestellt.

Einerseits zeigt sich darin ein psychischer Überlebenswille, der den emotionalen Anspruch auf diese mütterliche Grundliebe nicht aufgeben mag und sie weiterhin in den späteren Liebesbeziehungen mit und auch trotz aller wiederkehrender Enttäuschung und Verzweiflung im vom Wiederholungszwang gesteuerten Enactment des Traumatischen sucht. Andererseits bietet diese Liebessehnsucht leider viel zu oft auch das Einfallstor für diejenigen, die aus der mächtigen Position eines für die triangulierende Ablösung stehenden Vaters heraus die ihnen entgegengebrachte Liebessehnsucht und das Kind, den Jugendlichen oder den abhängigen Erwachsenen selbst sexuell, narzisstisch und emotional missbrauchen.

Die Figur des perversen Vaters, die den Kern der ersten Trauma-Theorie Freuds (1986) unter objektbeziehungstheoretischer Perspektive ausmachte, findet hier bedauernswert oft auch heute noch ihre reale Bestätigung. Eine äußerst destruktive Wirkung kann der pervertierende Missbrauch des kindlichen Liebesverlangens insbesondere dann entfalten, wenn die Figur des perversen Vaters sich mit einer institutionalisierten Position von realer Macht verknüpft. Das Phantasma eines allmächtigen, im Kern tyrannisch-narzisstischen Vaters – wie er von Freud in seinen kulturtheoretischen Arbeiten (1912/1913a, 1939a) thematisiert wurde – kann dann im Täter wie im Opfer wieder aufleben und missbräuchlich ausagiert werden.

Wie sehr die unbewusste Identifikation mit einem archaisch allmächtigen Vater-Bild die Internalisierung einer guten, psychisch integrierenden und symbolisch strukturierenden Vaterfunktion verunmöglicht und eine auf Gewalt basierende männliche Identitätsbildung fördert, hat Rosine Perelberg (2015) aufgezeigt. Die Identifikation mit dieser tyrannisch-narzisstischen Vater-Imago kann dann einer männlichen Destruktivität zugrunde liegen, die sich in traumatisierenden Vergewaltigungshandlungen niederschlägt. Zugleich kann sie als pathologische Abwehr gegen die Sehnsucht nach dem guten mütterlichen Liebesobjekt und gegen den Schmerz verstanden werden, die notwendige primäre Liebe nicht genügend erfahren zu haben und tief in sich vermissen zu müssen.

Traumatisierende Gewalt stellt so gesehen nicht nur einen Akt affektiver Entlastung oder einen perversen Triebdurchbruch dar, sondern kann psychoanalytisch darüber hinaus als personale Weitergabe vorangehender Traumatisierungen an den Nächsten und an die nächste Generation verstanden werden. Dabei bleibt es eine in tiefe Abgründe von Patrizid, Infantizid und Matrizid führende Frage, ob es sich bei der traumatisierenden Gewalt nicht im Kern und letztlich immer um einen Mord an der primordialen Mutter handelt, die als die erlebt wurde, der wir physisch wie psychisch in der Frage von Leben und Tod anfangs ausgeliefert waren und die maßgeblich für das Mischungsverhältnis von Lebens- und Todestrieben verantwortlich ist, in das jeder Einzelne von uns hineingeboren wurde.

In diesem Sinne verortet Ehlert-Balzer als tiefste Quelle von posttraumatischen Schuldgefühlen bei Traumatisierten den »Mord an der guten Mutter« (1996, S. 305). In ihm vermischt sich die Destruktivität des Traumatisierenden nachträglich mit dem archaischen Hass des Traumatisierten auf die Mutter, die in ihrer Funktion, das psychische Überleben zu garantieren, versagte, zu einer unbewussten Komplizenschaft.

4. Reaktualisierung der primären traumatischen Verfassung des Ichs durch akute Traumatisierung und seine analytische Bearbeitung

In der Folge dieser unbewussten Komplizenschaft besteht die Gefahr, dass der Traumatisierte den Traumatisierenden, den er anfangs wie ein invasiv-intrusives Objekt (Williams 2005) und die traumatisierende Erfahrung mit ihm wie einen Fremdkörper (Freud 1986) oder ein Implantat (Ferenczi 1988) erleben musste, nun selbst auf introjektiv-identifikatorische Weise so internalisiert, dass er – wie bei dem bekannten Stockholm-Syndrom – den Platz der psychisch ›gemordeten‹ Mutter als derjenige einnimmt, der nun das psychische Überleben allmächtig garantieren und dadurch pervertiert als gutes Objekt erscheinen kann, ohne es wirklich zu sein.

Es ist dieses Kippen einer invasiven Intrusion in eine introjektive Identifikation, die sich für Édouard im Geruchsobjekt ›Reda‹ verkörpert. Dagegen kämpft er mit radikaler Vehemenz an. Es soll sich in ihm keine traumatisierte Persönlichkeit »wie ein Staat im Staate« (Freud 1939a, S. 525) ausbreiten. In seiner Angst, mit Aids angesteckt worden zu sein, vermischen sich Realängste mit der Angst, dass sein Ich auf pervers-destruktive Weise durch den traumatisierenden Reda in ihm – das Reda-Virus-Introjekt – umgebildet und dass der alte Édouard ausgelöscht werden könnte.

Deswegen muss er am Morgen danach unbedingt für eine Notfallbehandlung das menschenleere Krankenhaus Saint-Louis aufsuchen. Nach einer kurzen Wartezeit trifft er hier auf eine menschlich zugewandte Krankenschwester. Sie gibt ihm etwas Wasser: »Ich weinte. Ich erzählte meine Geschichte mehrmals hintereinander und weinte. Sie legte keinerlei Anzeichen von Ungeduld oder Genervtheit an den Tag. Sie blieb unverändert, professionell, unerschütterbar« (Louis 2017, S. 151). Und sie deutete: »Sie sind mutig gewesen. Außerdem ist das fast wie eine Todeserfahrung« (ebd.).

Diese mütterliche Zugewandtheit tut Édouard gut. Aber sie ist zu kurz. Nachdem sie ihn in die Ungewissheit verabschiedet hat, dass bald ein Arzt kommen würde, gerät er innerlich – wie ein von der Mutter abgelegtes Kind – in einen kindlichen Schreizustand wilder Raserei. Als das Warten unendlich und hoffnungslos zu werden scheint, erfasst ihn Übelkeit und Erbrechen. Schließlich stellt er fest, dass jemand, die er für eine zweite Krankenschwester gehalten hat, die Ärztin ist, die sich eigentlich um ihn hätte kümmern sollen, aber stattdessen in vollkommener Gleichgültigkeit gegenüber seiner seelischen Not und ohne geringste Anteilnahme Patiencen am Bildschirm im Nachbarraum legt. Sie ist ausschließlich mit sich selbst beschäftigt, während er sich in Todesangst befindet.

Wir finden hier eine Aktualisierung eines primärtraumatischen Verlustes des guten mütterlichen Liebesobjekts wieder, die durch die akute Traumatisierung induziert wurde. Aus den psychoanalytischen Behandlungen ist dem Analytiker diese Aktualisierung vertraut. Er wird als gutes Objekt gefunden, geht aber immer wieder als solches traumatisch verloren, um in der Übertragung erneut die Gestalt des traumatisierenden Objekts anzunehmen. Diese zyklische Wiederbelebung des Traumatischen in der analytischen Situation ermöglicht seine schrittweise analytische Bearbeitung in der Beziehung zwischen Analysand und Analytiker. Sie zielt auf eine Reintegration des Traumatischen, das Wiederfinden eines guten Objekts und seine stabile Verinnerlichung im genügend gut genesenden Ich.

In der klinischen Praxis gestaltet sich dieser Prozess als eine komplexe Gratwanderung im Ungewissen und durch seelische Abgründe hindurch. Wie Schmid-Gloor und de Senarclens (2017) betonen, muss dabei im analytischen Prozess das gute Objekt oft in wesentlichen Aspekten erst durch die Internalisierung des Analytikers dort konstruktiv erschaffen werden, wo ,primärtraumatisch bedingt nichts von einem guten Objekt existiert, was wiedergefunden werden könnte.

Die analytische Arbeit des rekonstruktiven Erinnerns wird dann um die Konstruktion des Nicht-Erinnerbaren ergänzt, die desto mehr ins Zentrum rückt, je stärker das analytische Paar mit der primärtraumatischen Verfassung des Ichs in Berührung kommt. Schmid-Gloor und de Senarclens (2017) wählen dafür das Bild des Analytikers als Architekten in Absetzung vom Freudschen Bild des Archäologen. Ich denke, wir können es im Sinne Ferros (2008) um das weitere Bild des Analysanden als Erzählenden und des Analytikers als Dichter ergänzen. Wie in einer Schreibwerkstatt arbeiten beide in gemeinsamer Autorenschaft an einer persönlich authentischen, subjektiv wahrhaftigen und psychisch wahren Geschichte, die ansatzweise eine symbolisch vermittelte und narrativ strukturierte Selbstheilung des traumatisierten Ichs und die Wiedergewinnung einer traumatisch enteigneten oder gar zerstörten Lebensgeschichte ermöglichen kann.

Der Schriftsteller Bodo Kirchhoff (2012, S. 178), der selbst von sexuellem Missbrauch betroffen war, hat dies sehr treffend beschrieben:

»Der sogenannte Missbrauch hinterlässt – [...] – ein ungeheures Sprachloch [...]. Es ist ein Loch, das weder die Zeit heilen kann noch ein Gerichtsverfahren, nur ein Prozess, den man mit sich selbst führt.« Und: »Nicht ein auspackendes Erzählen davon hat heilende Wirkung, sondern das Übertragen in die Fiktion: eine Geschichte, die das Meine enthält, aber es nicht bloßlegt. Ich bin, was ich erzähle, und bin es nicht« (ebd., S. 179).

Eine Psychoanalyse wäre dann die mitmenschliche Möglichkeit, in diesem Prozess, den man mit sich selbst führt, nicht alleingelassen zu werden, sondern einen auf die traumatische Verfassung bezogenen Analytiker zu finden. Er kann gerade dann transformativ wirken, wenn er sich seiner letztlich primärmütterlichen Funktion als erste Wortgeberin (Aulagnier 2001) für das Unversprachlichte und Unbewältigte im interpsychischen Austausch mit seinem Analysanden überlassen kann, ohne eine allzu starke Abwehr des Traumatischen in sich mobilisieren zu müssen.

Anmerkung

1 Bezugnehmend auf meinen vorliegenden Beitrag verweist Schneider (2019) auf eine wichtige Differenzierung. Gehen wir, wie ich in Anlehnung an Widmer (2016), von einer basalen traumatischen Verfassung des Ichs aus oder handelt es sich, wie Schneider meint, um eine mit Lebensbeginn gegebene »Anfälligkeit des Subjekts« für Traumatisches? In seiner Perspektive wäre das Traumatische in der Ich-Bildung vermeidbar und es müsste nicht zwangsläufig Teil der frühen Ich-Bildung sein. Dagegen gehe ich davon aus, dass traumatische Erfahrungen von Lebensbeginn an notwendigerweise in die Ich-Bildung eingehen und dass, psychisch gesehen, deren spezifische Bewältigung in der frühesten Lebenszeit die Grundlagen für die besondere Ich- und Persönlichkeitsentwicklung des Einzelnen schafft.

Verkürzt gesagt: Man muss »Vernichtung« als psychische Qualität durch- und überlebt haben, um Vernichtungsangst und ein Ich entwickeln zu können, das diese zu tolerieren und auch beim anderen ansatzweise nachzuempfinden lernt. In diesem Sinne steckt in jedem von uns etwas von frühester »Vernichtungsangst«. Darin bei sich anknüpfen zu können, ermöglicht dem Analytiker einen affektiven Zugang zum Traumatischen und eine emotionale Verbindung mit dem Analysanden über das Kognitive und das Deuten hinaus.

Literatur

Agamben, G. (2003 [1998]): Was von Auschwitz bleibt: Das Archiv und der Zeuge. Homo sacer III. Übers. S. Monhardt. Frankfurt/M. (Suhrkamp).
Aulagnier, P. (2001 [1975]): The Violence of Interpretation. From Pictogram to Statement. Hove, East Sussex (Brunner-Routledge).
Aulagnier, P. (2016): Geburt eines Körpers, Ursprung einer Geschichte. In: Mauss-Hanke, A. (Hrsg.), Internationale Psychoanalyse, Band 11, Gießen (Psychosozial-Verlag), S. 15–51.
Balint, M. (1970 [1968]): Therapeutische Aspekte der Regression. Die Theorie der Grundstörung. 6. Aufl., Stuttgart 2018 (Klett-Cotta).
Baranger, M., Baranger, W. & Mom, J. M. (1988): The infantile psychic trauma from us to Freud: pure trauma, retroactivity and reconstruction. Int J Psychoanal 69, 113–126.
Benjamin, J. (2018): Beyond Doer and Done to. Recognition Theory, Intersubjectivity and the Third. Oxford, New York (Routledge).
Bick, E. (2002 [1986]): Further considerations on the function of the skin in early object relations. In: Briggs, A. (Hrsg.), Surviving Space. Papers on Infant Observation, London (Karnac), S. 60–71.
Bion, W R. (1963): Eine Theorie des Denkens. Psyche – Z Psychoanal 17, 426–435.
Bion, W. R. (1997 [1965]): Transformationen. Übers. E. Krejci. Frankfurt/M. (Suhrkamp).
Bion, W. R. (2006 [1970]): Aufmerksamkeit und Deutung. Übers. E. Vorspohl. Tübingen (Edition Diskord).

Bion, W. R. (2009 [1977]): Raster und Zäsur. Zwei Abhandlungen. Übers. E. Vorspohl. Frankfurt/M. (Brandes & Apsel).
Bohleber, W. (2012): Was Psychoanalyse heute leistet. Stuttgart (Klett-Cotta).
Bokanowski, T. (2005): Variationen über den Begriff »Trauma«. Jahrb Psychoanal 50, 11–30.
Bokanowski, T. (2013): Trauma, Analyseprozess und Umformung. EPF-Bull 67, 86–98.
Bokanowski, T. (2018): The Modernity of Sandor Ferenczi. His Historical and Contemporary Importance in Psychoanalysis. Oxford, New York (Routledge).
Botella, C. & Botella, S. (2005): The Work of Psychic Figurability: Mental States without Representation. Trans. A. Weller. Hove, East Sussex (Brunner-Routledge).
Brenman, E. (2014 [2006]): Vom Wiederfinden des guten Objekts. Übers. a. Vaihinger. Stuttgart-Bad Cannstatt (Frommann-Holzboog).
De Masi, F. (2015 [2012]): Working with Difficult Patients. From Neuroses to Psychosis. Trans. H. Graham and others. London (Karnac).
Durban, J. (2009): Schatten, Geister und Chimären – über frühe Modi des Umgangs mit dem psychogenetischen Erbe. In: Psyche – Z Psychoanal 63, 717–747.
Durban, J. (2012): Vergänglichkeit und die inneren Beziehungen zum Todesobjekt. In: Nissen, B. (Hrsg.), Wendepunkte. Zur Theorie und Klinik psychoanalytischer Veränderungsprozesse, Gießen (Psychosozial-Verlag), S. 107–133.
Durban, J. (2020): »Dolor Perpetua« und die Zerstörung des Jetzt: Trauma, Zeit und Unmögliche Objekte in der frühen Kindheit. In diesem Band, S. 81–105.
Ehlert-Balzer, M. (1996): Das Trauma als Objektbeziehung. Veränderungen der inneren Objektwelt durch schwere Traumatisierungen im Erwachsenenalter. Forum Psychoanal 12, 291–314.
Erikson, E. H. (1966 [1956]): Identität und Lebenszyklus. Übers. K. Hügel. Frankfurt/M. (Suhrkamp).
Faimberg, H. (2009 [2005]): Teleskoping. Die intergenerationelle Weitergabe narzisstischer Bindungen. Übers. E. Vorspohl. Frankfurt/M. (Brandes & Apsel).
Ferenczi, S. (1988 [1932]): Ohne Sympathie keine Heilung. Das klinische Tagebuch von 1932. Frankfurt/M. (S. Fischer).
Ferenczi, S. (2004a [1913]): Entwicklungsstufen des Wirklichkeitssinnes. In: ders., Schriften zur Psychoanalyse, Band I, Gießen (Psychosozial-Verlag), S. 148–163.
Ferenczi, S. (2004b [1929]): Das unwillkommene Kind und sein Todestrieb. In: ders., Schriften zur Psychoanalyse, Band II, Gießen (Psychosozial-Verlag), S. 251–256.
Ferro, A. (2008 [1999]): Psychoanalyse als Erzählkunst und Therapieform. Übers. K. Laermann. Gießen (Psychosozial-Verlag).
Freud, S. (1905d): Drei Abhandlungen zur Sexualtheorie. In: GW 5, S. 27–145.
Freud, S. (1912/1913a): Totem und Tabu. In: GW 9, S. 1–207.
Freud, S. (1923b): Das Ich und das Es. In: GW 13, S. 235–289.
Freud, S. (1926d): Hemmung, Symptom und Angst. In: GW 14, S. 111–205.
Freud, S. (1939a): Der Mann Moses und die monotheistische Religion. In: GW 16, S. 101–246.
Freud, S. (1986 [1985]): Briefe an Wilhelm Fließ 1887–1904. Frankfurt/M. (Fischer).
Grabska, K. (2004): Die Desobjektalisierung des Psychoanalytikers. In: Rohde-Dachser, C. & Wellendorf, F. (Hrsg.), Inszenierungen des Unmöglichen. Theorie und Therapie schwerer Persönlichkeitsstörungen, Stuttgart (Klett-Cotta), S. 187–209.
Green, A. (2001): Todestrieb, negativer Narzissmus, Desobjektalisierungsfunktion. Psyche – Z Psychoanal 55, 869–877.

Green, A. (2004 [1983]): Die tote Mutter. Psychoanalytische Studien zum Lebensnarzissmus und Todesnarzissmus. Übers. E. Wolff u. E. Kittler. Gießen (Psychosozial-Verlag).
Grubrich-Simitis, I. (1979): Extremtraumatisierung als kumulatives Trauma. Psyche – Z Psychoanal 33, 991–1023.
Jaenicke, C. (2006): Das Risiko der Verbundenheit – Intersubjektivitätstheorie in der Praxis. Übers. E. Vorspohl. Stuttgart (Klett-Cotta).
Kirchhoff, B. (2012): Legenden um den eigenen Körper. Frankfurt/M. (Frankfurter Verlagsanstalt).
Klein, M. (1997 [1932]): Die Psychoanalyse des Kindes. In: dies., Gesammelte Schriften, Band 2, Stuttgart-Bad Cannstatt (Frommann-Holzboog).
Klein, M. (2000 [1946]): Bemerkungen über einige schizoide Mechanismen. In: dies., Gesammelte Schriften, Band 3. Stuttgart-Bad Cannstatt (Frommann-Holzboog), S. 1–41.
Kogan, I. (2007 [1995]): Der stumme Schrei der Kinder. Die zweite Generation der Holocaust-Opfer. Übers. M. Looser. Gießen (Haland und Wirth im Psychosozial-Verlag).
Kogan, I. (2011 [2007]): Mit der Trauer kämpfen. Schmerz und Trauer in der Psychotherapie traumatisierter Menschen. Übers. E. Vorspohl. Stuttgart (Klett-Cotta).
Kohut, H. (1973 [1971]): Narzißmus. Eine Theorie der psychoanalytischen Behandlung narzißtischer Persönlichkeitsstörungen. Übers. L. Rosenkötter. Frankfurt/M. (Suhrkamp).
Kohut, H. (1987 [1984]): Wie heilt die Psychoanalyse? Übers. E. v. Scheidt. Frankfurt/M. (Suhrkamp).
Laplanche, J. (2006 [2000]): Die rätselhaften Botschaften des Anderen. Zur Metapsychologie von Sexualität und Bindung. In: Altmeyer, M. & Thomä, H. (Hrsg.), Die vernetzte Seele. Die intersubjektive Wende in der Psychoanalyse, 3. Aufl., Stuttgart 2016 (Klett-Cotta), S. 259–281.
Laub, D. (2000): Eros oder Thanatos? Der Kampf um die Erzählbarkeit des Traumas. Psyche – Z Psychoanal 54, 860–893.
Laub, D. & Auerhahn, N. C. (1995): Der zweite Holocaust: Das Leben ist bedrohlich. Psyche – Z Psychoanal 49, 18–40.
Levine, H., Reed, G. S. & Scarfone, D. (Hrsg.) (2013): Unrepresented States and the Construction of Meaning. Clinical and Theoretical Contributions. London (Karnac).
Louis, E. (2017 [2016]): Im Herzen der Gewalt. Übers. H. Schmidt-Henkel. Frankfurt/M. (S. Fischer).
Meltzer, D. (1994 [1974]): Adhesive identification. In: ders. Sincerity and Other Works, London (Karnac), S. 335–350.
Meyer, G. (2004): Geburt, Angst, Tod und das Begehren nach dem Mutterleib. Frankfurt/M. (Brandes & Apsel).
Meyer, G. (2005): Konzepte der Angst in der Psychoanalyse. Band 1: 1895–1950. Frankfurt/M. (Brandes & Apsel).
Mitrani, J. A. (2008): Framework for the Imaginary. Clinical Explorations in Primitive States of Being. London (Karnac).
Nissen, B. (Hrsg.) (2006): Autistische Phänomene in psychoanalytischen Behandlungen. Gießen (Psychosozial-Verlag).
Ogden, T. (1998): Analysieren von Formen der Lebendigkeit und der Leblosigkeit. Psyche – Z Psychoanal 52, 1067–1092.
Orange, D. M., Stolorow, R. D. & Atwood, G. (2006): Zugehörigkeit, Verbundenheit, Betroffenheit. Ein intersubjektiver Zugang zur traumatischen Erfahrung. In: Altmeyer,

M. & Thomä, H. (Hrsg.), Die vernetzte Seele. Die intersubjektive Wende in der Psychoanalyse, 3. Aufl., Stuttgart 2016 (Klett-Cotta), S. 160–177.
Perelberg, R. J. (2015): Murdered Father, Dead Father. Revisiting the Oedipus Complex. Oxford, New York (Routledge).
Perelberg, R. J. (2017 [2015]): Exzess, Trauma und Hilflosigkeit: Wiederholungen und Transformationen. In: Münch, K. (Hrsg.), Internationale Psychoanalyse, Band 12: Neues zu vertrauten Konzepten. Ausgewählte Beiträge aus dem International Journal of Psychoanalysis, Gießen (Psychosozial-Verlag), S. 125–154.
Rank, O. (1988 [1924]): Das Trauma der Geburt und seine Bedeutung für die Psychoanalyse. Frankfurt/M. (S. Fischer).
Reerink, G. (2003): Traumatisierte Patienten in der Katamnesestudie der DPV. Beobachtungen und Fragen zur Behandlungstechnik. Psyche – Z Psychoanal 58, 121–139.
Rosenfeld, H. (1990 [1987]): Sackgassen und Deutungen. Übers. M. Looser. München, Wien (Verlag Internationale Psychoanalyse).
Roussillon, R. (2013): Die ursprüngliche Abhängigkeit und die primäre Homosexualität im Double. ZPTP 28, 192–212.
Schmid-Gloor, E. & de Senarclens, B. (2017): Psychoanalyse zwischen Archäologie und Architektur. Gießen (Psychosozial-Verlag).
Schmidt-Hellerau, C. (1995): Lebenstrieb und Todestrieb. Libido und Lethe. Ein formalisiertes konsistentes Modell der psychoanalytischen Trieb- und Strukturtheorie. Stuttgart (Verlag Internationale Psychoanalyse).
Schneider, G. (2019): Trauma as monstrous quasi-object. Int J Psychoanal 101.
Spitz, R. A. (1987 [1965]): Vom Säugling zum Kleinkind. Übers. G. Theusner-Stampa. 12. Aufl., Stuttgart 2004 (Klett-Cotta).
Szykierski, D. (2013): The traumatic roots of containment: the evolution of Bion's metapsychology. In: Levine, H. B. & Brown, L. (Hrsg.), Growth and Turbulence in the Container/Contained, Oxford, New York (Routledge), S. 25–52.
Tustin, F. (2008 [1990]): Der autistische Rückzug. Die schützende Schale bei Kindern und Erwachsenen. Übers. E. Vorspohl. Tübingen (edition diskord).
Varvin, S. (2003): Extreme traumatisation: strategies for mental survival. International Forum of Psychoanalysis 12, 5–16.
Widmer, P. (2016): Die traumatische Verfassung des Subjekts II. Unfassbare Zeitlichkeit. Wien (Turia & Kant).
Williams, P. (2005): Einverleibung eines invasiven Objekts. Psyche – Z Psychoanal 59, 239–315.
Winnicott, D. W. (1979 [1971]): Vom Spiel zur Kreativität. Übers. M. Ermann. 15. Aufl., Stuttgart 2018 (Klett-Cotta).
Winnicott, D. W. (1989 [1969]): The mother-infant experience of mutuality. In: ders., Psycho-Analytic Explorations, London (Karnac), S. 251–260.
Winnicott, D. W. (1991 [1963]): Die Angst vor dem Zusammenbruch. Psyche – Z Psychoanal 45, 1116–1126.
Winnicott, D. W. (1994 [1988]): Die menschliche Natur. Übers. E. Vorspohl. Stuttgart (Klett-Cotta).
Winnicott, D. W. (2001a [1960]): Die Theorie von der Beziehung zwischen Mutter und Kind. In: ders., Reifungsprozesse und fördernde Umwelt, Gießen (Psychosozial-Verlag), S. 47–71.
Winnicott, D. W. (2001b [1963]): Die Entwicklung der Fähigkeit zur Besorgnis. In: ders., Reifungsprozesse und fördernde Umwelt, Gießen (Psychosozial-Verlag), S. 93–105.

Winnicott, D. W. (2001c [1965]): Ich-Integration in der Entwicklung des Kindes. In: ders., Reifungsprozesse und fördernde Umwelt, Gießen (Psychosozial-Verlag), S. 72–81.

Winnicott, D. W. (2001d [1965]): Ich-Verzerrung in Form des wahren und des falschen Selbst. In: ders., Reifungsprozesse und fördernde Umwelt, Gießen (Psychosozial-Verlag), S. 182–199.

Winnicott, D. W. (2001e [1965]): Die Frage des Mitteilens und des Nicht-Mitteilens führt zu einer Untersuchung gewisser Gegensätze. In: ders., Reifungsprozesse und fördernde Umwelt, Gießen (Psychosozial-Verlag), S. 234–253.

Winnicott, D. W. (2008 [1958]): Wiedergutmachung und ihre Beziehung zur organisierten Abwehr der Mutter gegen Depression. In: ders., Von der Kinderheilkunde zur Psychoanalyse, Gießen (Psychosozial-Verlag), S. 229–235.

ILKA QUINDEAU
Trauma als Übersetzung[1]

In meinem Beitrag möchte ich die unbewussten Dimensionen im traumatischen Geschehen hervorheben und die Konzepte von Trauma und Konflikt, Trieb oder Begehren wieder zusammenzubringen, die in der Traumaforschung und -therapie der letzten 20 Jahre oft auseinander fallen. Wollte man dies in der mittlerweile veralteten psychoanalytischen Terminologie ausdrücken, könnte man sagen: Die Gewalt trifft auf die Triebstruktur des Subjekts und wird in sein Triebschicksal miteinbezogen. Statt vom Trieb spreche ich heute lieber vom *Begehren*, denn der ursprünglich elaborierte Triebbegriff wurde leider viel zu oft missverstanden, als dass man ihn heute noch verwenden könnte. Das *Begehren* meint aber im Prinzip den von Freud – in seiner frühen Theoriebildung – konzipierten Triebbegriff. Trauma und Begehren sind also keine völlig voneinander getrennten Dimensionen, sondern können erst in ihrem Zusammenwirken verstanden werden.

Ich werde mich in meinen Überlegungen wesentlich auf die Arbeiten von Jean Laplanche (2011a) und dessen Primat des Anderen beziehen. Er hat die Psychoanalyse Freuds kritisch rekonstruiert und ihr in Gestalt der Allgemeinen Verführungstheorie neue Grundlagen verschafft.

1. Erstens skizziere ich die frühe Traumatheorie Freuds, die er zur Erklärung der Hysterie entwickelte. Zentral war dabei der Gedanke, dass »der Hysterische [...] an Reminiszenzen« (Freud 1895d, S. 86) leide. Traumatisch wirksam ist daher eine Erinnerung, bei der die Nachträglichkeit eine konstitutive Rolle spielt.
2. Daran schließt sich zweitens eine Darstellung der Allgemeinen Verführungstheorie Laplanches, die den Primat des Anderen und die Nachträglichkeit als zentrale Strukturmomente des Psychischen ausweist. Die universelle Verführungssituation zwischen Erwachsenem und Säugling wird als Urbild, als Prototyp des Traumas verstanden.
3. Daraus werde ich drittens meine Hypothese vom Trauma als Übersetzung ableiten und begründen, dass sich die Urverführung strukturell in einer trau-

matischen Situation reproduziert und nachträglich erst Bedeutung erhält und in aller Wucht gefühlt wird.
4. Abschließend werde ich in einem vierten Punkt danach fragen, was dies für unsere therapeutische Arbeit mit traumatisierten Patienten und Patientinnen bedeutet.

1. Die Nachträglichkeit des Traumas

Im Rahmen seiner Forschungen zur Neurosenätiologie, insbesondere der Hysterie, entwickelte Freud in seiner sog. Verführungstheorie ein komplexes Traumakonzept, das die Dichotomie von Innen und Außen, Subjekt und Objekt überwindet. Ein Trauma besteht danach weder in dem äußeren Ereignis, das ihm vorangeht, noch in dem inneren Zustand, der ihm folgt, sondern es entsteht im Zusammenwirken mindestens zweier lebensgeschichtlicher Szenen. Die psychische Verknüpfung, die zwischen diesen Szenen hergestellt wird, die Syntheseleistung, lässt sich als unbewusster Erinnerungsvorgang erkennen. Pointiert formuliert: Der psychische Mechanismus der Erinnerung konstituiert das Trauma. Mit dem Konzept der Erinnerung wird der Akzent der Traumatheorie auf die psychische Verarbeitung gelegt und damit eine genuin psychoanalytische Theorie gewonnen.

Der Begriff der Szene, die im Erinnerungsprozess verknüpft und somit traumatisch wirksam wird, bedarf noch näherer Erläuterung. Eine Szene ist keine einfache Abbildung, sondern stellt bereits eine psychische Verarbeitung einer Interaktion, d.h. deren psychischen Niederschlag dar. Sie umfasst sowohl den situativen Kontext als auch die darin enthaltenen Beziehungsmuster und Handlungsentwürfe einschließlich der unbewussten Wünsche und Ängste. Die Szene beschreibt somit einen intersubjektiven Raum. Diese Intersubjektivität der Szene kommt nun auch bei ihrer Verknüpfung zur Geltung. Wie die Erinnerung, so ist auch das Trauma intersubjektiv konstituiert.

Die Identität von Trauma und Erinnerung findet sich auch im *Entwurf* (Freud 1895) in dem berühmten Satz »der Hysterische leide größtenteils an Reminiszenzen« (Freud 1895, S. 280). Als Trauma, als traumatisch wirksam wird dann eine Erinnerung verstanden, die als innerer Fremdkörper wirkt. Die Bezeichnung *Fremdkörper* verweist darauf, dass etwas Äußeres, Anderes in die psychische Struktur aufgenommen wird, ohne jedoch dort assimiliert werden zu können.

Die Zweizeitigkeit, die Verknüpfung zweier Erlebnisse aus unterschiedlichen lebensgeschichtlichen Zeitpunkten, ist ein entscheidendes Merkmal des freudschen Traumakonzepts, das er am Beispiel eines sexuellen Traumas entwickelt. Paradigmatisch, aber nicht ausschließlich stehen hierfür ein Zeitpunkt in der frühen Kindheit sowie einer nach der Pubertät. Das erste Erlebnis, die Verführungsszene, zeigt noch keine Wirkung, da das Kind weder über die somatischen Voraussetzungen der (genitalen) Erregung verfügt noch über die kognitiven Möglichkeiten, um die Bedeutung dieser Szene zu verstehen. Jean Laplanche formuliert dies folgendermaßen: »Zwar ist das Ereignis an sich sexuell, aber deswegen nimmt es für das Subjekt keine sexuelle Bedeutung an: es ist ›präsexuell sexuell‹« (Laplanche & Pontalis 1992, S. 20). Erst die zweite Szene nach der Pubertät führt zu einem traumatischen Anstieg der Erregung, obwohl sie häufig nicht aus einem sexuellen, sondern aus einem eigentlich banalen, alltäglichen Ereignis besteht. Traumatisch wirksam wird sie durch eine Assoziation mit der ersten Szene – als Erinnerung. Diese Verknüpfung kommt jedoch erst durch erweiterte kognitive, affektive und somatische Reaktionsmöglichkeiten zustande.

Im Rahmen dieser Verführungs- und Traumatheorie entwickelt Freud den Begriff der Nachträglichkeit. Nach Laplanche und Pontalis (1973) werden im Modus der Nachträglichkeit frühere Erfahrungen, Eindrücke und Erinnerungsspuren nach dem jeweils erreichten Entwicklungsstand sowie aufgrund neuer Erfahrungen umgearbeitet. So erhalten sie einen neuen Sinn und eine neue psychische Wirksamkeit.

Freud verwendet das Konzept der Nachträglichkeit insbesondere in seinen berühmten Fallgeschichten. In *Aus der Geschichte einer infantilen Neurose* – dem Wolfsmann – sucht Freud höchst eindrucksvoll, aber vergeblich einen unhintergehbaren, lebensgeschichtlichen Anfang als Ursache der späteren Neurose zu bestimmen, bevor er zu der Einsicht gelangt, dass der Traum des Kindes die Koitusbeobachtung »zur nachträglichen Wirkung bringt« (Freud 1918b, S. 144). In einer ausführlichen Fußnote veranschaulicht Freud die Nachträglichkeit:

> »Wir wollen über die abkürzende Darstellung des Textes die wirkliche Situation nicht außer Auge lassen, daß der Analysierte im Alter von 25 Jahren Eindrücken und Regungen aus seinem vierten Jahr Worte verleiht, die er damals nicht gefunden hätte. Vernachlässigt man diese Bemerkung, so kann man es leicht komisch und unglaubwürdig finden, daß ein vierjähriges Kind solcher fachlicher Urteile und gelehrter Gedanken fähig sein sollte. Es ist dies einfach ein zweiter Fall von *Nachträglichkeit*. Das Kind empfängt mit anderthalb Jahren einen Eindruck, auf den es nicht genügend reagieren kann, versteht ihn

erst, wird von ihm ergriffen bei der Wiederbelebung des Eindrucks mit vier Jahren, und kann erst zwei Dezennien später in der Analyse mit bewußter Denktätigkeit erfassen, was damals in ihm vorgegangen [...]« (Freud 1918b, S. 72).

An diesem Beispiel kann man die vielfältigen Umschriften erkennen, mit denen ein Geschehen zu unterschiedlichen Zeitpunkten des Lebens verschiedene Bedeutungen erhält (vgl. auch Lacan 1975; Hock 2003). Entscheidend dabei ist die Auflösung linearer Zeitvorstellungen; frühere Erfahrungen werden demnach genauso bedeutsam für spätere wie umgekehrt.

2. Die Allgemeine Verführungssituation als Prototyp des Traumas

Der Primat des Anderen ist die große Neuerung, die Laplanche in den psychoanalytischen Diskurs einbringt und die noch nicht wirklich eingeholt ist. Er überwindet damit den subjektzentrierten Ansatz der Psychoanalyse, der bis in die gegenwärtigen Strömungen fortbesteht – wie beispielsweise in der Redeweise von ›Objekten‹, von ›inneren Objekten‹ oder von ›Objektbeziehungen‹. Der Primat des Anderen oder der Alterität bedeutet nun, nicht vom Subjekt aus zu denken, sondern vom Anderen her. Statt um eine wechselseitige Interaktion geht es hier um eine einseitige, asymmetrische Beziehungsstruktur, wie wir sie in der Linguistik etwa in der Form der Anrede finden. So ist jede Anrede mit einem Anspruch verbunden, auf den der/die Angesprochene reagieren muss. Der Anspruch enthält verschiedene Ebenen; psychoanalytisch von Interesse ist die unbewusste Botschaft, die mit jeder Anrede transportiert wird.

In der alteritätstheoretischen Psychoanalyse wird die anthropologische Grundsituation, in der sich das Subjekt konstituiert, als eine solch asymmetrische Kommunikationssituation von Anrede und Antwort beschrieben. Damit wird eine andere Position vertreten als die heute in der Entwicklungspsychologie übliche. Das Kind wird nicht als ›Gestalter seiner Entwicklung‹ betrachtet im geläufigen Sinne des modernen autonomen Subjekts, sondern vielmehr als strukturell dem Anderen unterworfen (als Subjekt im wörtlichen Sinne von *sub-iectum*). Die menschliche Entwicklung wird damit nicht vom Ich aus, sondern vom Anderen und das heißt auch: vom Fremden, vom Unverfügbaren her konzipiert. Diese Blickrichtung – der Primat des Anderen – entspricht dem zentralen Anliegen einer

Psychoanalyse, die das Handeln und Erleben im Wesentlichen vom Unbewussten, also dem Ich nicht Zugänglichen, Unverfügbaren bestimmt sieht.

Von besonderer Bedeutung im Hinblick auf die Entstehung des Unbewussten und seines Kerns, des Sexuellen, ist die Konfrontation mit dem unbewussten Begehren der Erwachsenen. Laplanche bezeichnet dies als *Urverführung* und spricht in diesem Zusammenhang von ›rätselhaften Botschaften‹. ›Rätselhaft‹ sind sie für den Säugling zum einen, weil er sie aufgrund seiner noch wenig ausgebildeten somatischen, kognitiven und affektiven Verhaltens- und Erlebensmöglichkeiten nur sehr unzureichend verarbeiten kann; zum anderen sind sie aber auch für den Erwachsenen nicht zugänglich, ›rätselhaft‹ aufgrund ihres unbewussten Gehalts. Dieser letzte Punkt ist noch einmal zu betonen: In der Beziehung zum Kind werden unbewusste *Phantasien* angesprochen, die als rätselhafte Botschaften fungieren. Die beiden Dimensionen menschlichen Lebens, die Freud in seiner späten Triebtheorie problematischerweise voneinander getrennt hat – die Selbsterhaltung und das Sexuelle –, wirken in jedem Moment des Lebens zusammen, das heißt jede Nahrungsaufnahme des Säuglings, jedes Wickeln oder Baden ist mit unbewussten sexuellen Phantasien des Erwachsenen verbunden. Das macht die grundlegende Asymmetrie in der Beziehung von Erwachsenem und Kind aus.

Die Konfrontation mit dem unbewussten Begehren des Erwachsenen schreibt sich in die entstehende psychische Struktur des Säuglings ein. Laplanche nennt diesen Vorgang *Intromission*, um ihren traumatischen Charakter deutlich zu machen. Die rätselhafte Botschaft richtet sich als Anspruch auf den Säugling, sie wird gleichsam in den Säugling intromittiert, ›hineingeschickt‹. Mit dem Begriff der Botschaft macht Laplanche den Aufforderungscharakter dieses Geschehens deutlich; der Säugling ist der Intromission zunächst passiv ausgeliefert, es werden innere Fremdkörper eingeschrieben, die den Kern des Unbewussten des Kindes, das Sexuelle, bilden.

Dies geschieht durch den Verarbeitungsprozess des Säuglings: Er sucht die rätselhafte Botschaft zu entziffern, zu übersetzen, das heißt sie zu verarbeiten. Dazu ist er aufgrund seines Entwicklungszustands aber noch nicht in der Lage, es bleiben unübersetzte, unübersetzbare Reste – Freud (1986) nannte sie *fueros*, »Reminiszenzen« – zurück.

Wir haben es hier mit einer anthropologischen Grundsituation zu tun: Die Verführungsszene ist universell, sie vollzieht sich strukturell in jeder Interaktion eines Erwachsenen mit einem ausgebildeten Unbewussten und eines Säuglings, bei dem dieses Unbewusste erst im Entstehen ist. Der Säugling ist dem Begehren des Erwachsenen passiv ausgesetzt, die Asymmetrie dieser Beziehungsstruktur ist von entscheidender Bedeutung. Dieser Gedanke produziert manchmal Missverständnisse: Die Passivität und die Asymmetrie sind nicht deskriptiv gemeint, sondern strukturell. Auf der Ebene des Verhaltens gibt es natürlich Gegenseitigkeit und Aktivität, da ist der Säugling nicht passiv, das Konzept des ›kompetenten Säuglings‹ ist damit nicht ausgeschlossen.

Die Asymmetrie und die Passivität, das Ausgeliefertsein sind jedoch zentrale Bestimmungsstücke eines traumatischen Geschehens. Insoweit lässt sich die universelle Verführungssituation als *Urbild* – wie Müller-Pozzi (2008) dies nennt –, als Prototyp des Traumas verstehen.

Mit dem Konzept der rätselhaften Botschaft lässt sich auch noch einmal das Verständnis von Nachträglichkeit präzisieren. Laplanche bezieht sich in seinen Erläuterungen auf eine Anekdote, die Freud in der *Traumdeutung* erzählte:

> »An der Frauenbrust treffen sich Liebe und Hunger. Ein junger Mann, erzählt die Anekdote, der ein großer Verehrer der Frauenschönheit wurde, äußerte einmal, als die Rede auf die schöne Amme kam, die ihn als Säugling genährt: es tue ihm leid, die gute Gelegenheit damals nicht besser ausgenützt zu haben« (Freud 1900a, S. 211).

Dieses Beispiel bringt die Problematik der freudschen Sichtweise auf den Punkt: Es gelingt ihm noch nicht, die beiden zeitlichen Bewegungen zusammenzubringen – einerseits die linear-determinierende, bei der die Vergangenheit die Gegenwart hervorbringt. Es wird in der Vergangenheit ein Keim gesetzt, der dann später aufgeht. Und andererseits die umgekehrte zeitliche Richtung, bei der die Vergangenheit nach dem Verständnis der Gegenwart betrachtet wird, was dem Zurückphantasieren von C. G. Jung entspräche. In dem Beispiel projiziert der junge Mann sein erwachsenes sexuelles Interesse an der Amme in die Vergangenheit.

Die Pointe der Nachträglichkeit ist, dass beide Sichtweisen zusammengedacht werden. Das fehlende Verbindungsstück aus Freuds Anekdote liegt in der Person der Amme und ihrem Begehren, die in das Kind eine rätselhafte Botschaft intromittiert (vgl. die Kritik von Laplanche 2011b). Denn erst diese Botschaft drängt zu fortwährend neuen Übersetzungen bzw. Umschriften, die das Unbewusste und die Sexualität des Kindes entstehen lassen. Nachträglichkeit besagt, dass das spätere Geschehen für das frühere ebenso bedeutsam ist wie das frühere für das spätere. Es ist ein nichtlineares, nichtdeterministisches Verständnis menschlicher Entwicklung.

3. Das Übersetzungsmodell der Traumatisierung

In meinem 3. Punkt möchte ich nun die verschiedenen Bestimmungsstücke zusammenfügen zu einem Übersetzungsmodell der Traumatisierung, bei dem die unbewusste Dimension eine zentrale Rolle spielt, von der eine Botschaft ausgeht, die das Subjekt zur Verarbeitung drängt.

Fassen wir die einzelnen Aspekte der bisherigen Traumatheorien noch einmal zusammen: Zunächst der ökonomische Aspekt des Traumas, der in einer Reizüberflutung des Organismus besteht, die in diesem Moment aus äußeren und inneren Gründen nicht adäquat abgeführt oder psychisch verarbeitet werden kann. Freud spricht von einem Einbruch der hohen Reizquantitäten ins Ich, die in einer Art Notfallmaßnahme eingekapselt werden müssen, um das weitere psychische Funktionieren zu ermöglichen. So kommt es zur Bildung innerer Fremdkörper.

Dies ist zunächst eine ziemlich mechanistische Vorstellung, die jedoch deutlich an Attraktivität gewinnt, wenn man diese inneren Fremdkörper als »Überlebsel«, als *fueros* versteht, wie Freud dies in seinen frühen Schriften getan hat. Sie bestehen also nicht aus reinen Reizquantitäten, sondern sind Reste lebensgeschichtlicher Szenen, die nicht verarbeitet werden konnten. Diese Unmöglichkeit der Verarbeitung kann im Wesen des Ereignisses selbst liegen, bspw. einer lebensbedrohlichen Situation, die mit Todesangst einhergeht, wie eine Vergewaltigung, eine Geiselnahme oder ein schwerer Unfall. Aber es gehören auch äußere Faktoren und Umstände dazu, die ein Ereignis traumatisch machen können, wie objektive soziale Bedingungen, die ein angemessenes Reagieren verhindern. Und nicht zuletzt ist es der psychische Konflikt, der eine Integration der Erfahrung verhindert und sie traumatisch werden lässt. Alle Faktoren wirken dabei zusammen, Freud hat dies als »Ergänzungsreihe« beschrieben.

Der Grundgedanke des Übersetzungsmodells von Jean Laplanche besagt, dass vom Anderen eine Botschaft ausgeht, die vom Subjekt übersetzt werden muss. Eine solche Botschaft geht nun auch von den inneren Fremdkörpern, den *fueros*, aus. Ich finde diese Bezeichnung sehr treffend, es sind Anachronismen in der psychischen Struktur, analog einem früheren Lokal- oder Sonderrecht vor der Durchsetzung einer zentralen Gesetzgebung in Spanien. In der gegenwärtigen psychoanalytischen Terminologie kann man diese Überlebsel auch als »unbewusste Phantasie« bezeichnen (Müller-Pozzi 2008, S. 185). Und noch eine andere Begriffsklärung scheint mir wichtig in diesem Zusammenhang: Mit Bedacht wählte Laplanche den Terminus der Übersetzung und nicht den der Interpretation. Während sich die Interpretation auf die Auslegung von möglichen Sinngehalten einer Äußerung bezieht, werde ich im Falle der Übersetzung unmittelbar von der Äußerung eines Anderen angesprochen, sie bringt mich dazu, etwas zu tun, nämlich die Äußerung in eine mir geläufige Sprache zu bringen. Dieser Aufforderungscharakter, das Drängen, das mich nicht unberührt lässt, ist das Wesentliche am Modell der Übersetzung.

Beziehen wir dies nun auf die Frage nach dem Trauma, lässt sich sagen, dass es nicht lediglich in einem Fremdkörper besteht, der eingekapselt werden muss, sondern dass von diesem Fremdkörper eine Botschaft ausgeht, die dazu drängt, übersetzt zu werden. Im Falle des Traumas werden die Überlebsel in einer zweiten Szene durch ein entsprechendes Ereignis oder Erlebnis wiederbelebt, was zu einem bedrohlichen Anstieg von Erregung führt, die durch erneute Übersetzung nicht gebunden und verarbeitet werden kann. Das äußere Ereignis trifft immer auf eine Phantasie, die es aktiviert. Dies ist dabei allerdings nicht nur als eine Art Auslöser zu verstehen. Zentral ist vielmehr das Zusammenspiel von Ereignis und Phantasie; das heißt, ein Ereignis bleibt nicht äußerlich, sondern erhält Bedeutung für das Subjekt, indem es sich unbewusst phantasmatisch auflädt. Die unbewusste Dimension macht dabei auch deutlich, dass es nicht das Subjekt ist, in dessen Verfügungsgewalt diese Bedeutungsgebung liegen würde, es ist dieser vielmehr passiv unterworfen.

An anderer Stelle bezeichnet Freud eine solche psychische Arbeitsanforderung, wie die eines Fremdkörpers, der zur Übersetzung drängt, als »Trieb«. Das Übersetzungsmodell des Traumas macht daher deutlich, dass Trauma und Trieb oder Begehren miteinander amalgamiert sind.

Für eine psychoanalytische Traumadefinition ist es wichtig, dass das Ereignis keine determinierende Wirkung besitzt. Aus dem Ereignis geht kein Symptom hervor. Das Symptom ist eben nicht die direkte Folge des Ereignisses, sondern das Ergebnis der Übersetzung. Insofern ist es auch problematisch, von Traumafolgen zu sprechen. Vielmehr ist es ein höchst subjektives Geschehen, welche Bedeutung einem traumatischen Ereignis etwa in der Lebensgeschichte des Subjekts zukommt, unter welchen Bedingungen die Gewalt erlebt wurde und mit welchen unbewussten Phantasien sie sich verbindet.

Traumatische Erfahrungen im Erwachsenenalter rühren aufgrund der Ohnmacht und des Ausgeliefertseins an Erfahrungen in der frühen Kindheit, an die grundlegende Passivität, mit der das kleine Kind den Phantasien der Erwachsenen ausgesetzt war, wie dies Laplanche (1988, 1996) in seiner Verführungstheorie beschreibt. Diese überwunden geglaubte Passivität wird in der späteren Gewalterfahrung real. Sie ist allerdings vom Säugling nie gefühlt worden und wird erstmals real, überwältigend spürbar im Trauma.

Obwohl das Trauma als etwas bisher Unvorstellbares, radikal Fremdes in die Erlebniswelt eines Subjekts einbricht, entsteht der »Eindruck eines plötzlichen Aktuellwerdens einer alten unbewussten Angst«, wie Theodor Reik dies sehr treffend auf den Punkt gebracht hat: »Es ist, als ob plötzlich und in unerwarteter Form wirklich real würde, was wir einmal gefürchtet, dann vor uns abgeleugnet und aus unseren Gedanken verbannt haben. Das dunkle Unheil, das wir unbewusst erwartet haben, ist plötzlich da« (Reik 1983, S. 274).

Worin aber nun dieses »dunkle Unheil« genau besteht, ist höchst individuell und kann nur für jede Person spezifisch herausgefunden werden. Aus diesem Grund erscheinen mir auch allgemeine Annahmen über dieses ›Unheil‹ wenig hilfreich, wie man sie manchmal in der Traumaliteratur findet, wie etwa, dass ein Trauma im Kern als primärer Objektverlust erlebt werde oder dass hinter den Selbstvorwürfen der Hass auf die Mutter steht, die das Subjekt nicht schützen konnte (vgl. Ehlert-Balzer 1996). Wenngleich dies durchaus zutreffen mag, ist es für die Verarbeitung der Traumatisierung unerlässlich, den unbewussten Phantasien des Subjekts bzw. dessen Übersetzungen nachzugehen.

4. Folgerungen für die Therapie

Ich komme damit zu meinem letzten Punkt und möchte an einem kurzen Fallbeispiel zeigen, wie sich die verschiedenen Übersetzungsversuche der rätselhaften Botschaften in einem Symptom verdichten und wie es in der Analyse zu einer erneuten Umschrift kommen muss, damit das Symptom gemildert wird. Diese Umschrift kann nur in der Übertragung erfolgen, was insbesondere bei traumatisierten Patient_innen mit besonderen Schwierigkeiten verbunden ist. Denn eine traumatisierende Übertragung anzunehmen, bedeutet in die Position des Täters oder der Täterin zu kommen, wenngleich natürlich im Vergleich zur außeranalytischen Erfahrung in stark gemilderter Form. Aber dies ist für beide Beteiligten, für die Analysand_in ebenso wie für die Analytiker_in nicht leicht zu ertragen.

So wird denn auch nicht zuletzt mit der Entwicklung spezifischer Traumatherapien die Sinnhaftigkeit psychoanalytischen Arbeitens mit traumatisierten Patient_innen infrage gestellt. Etwa Luise Reddemann (2013) formulierte ihren Standpunkt überaus deutlich: »Auch eignet sich die Regressionen fördernde Haltung herkömmlicher psychoanalytischer Behandlungen nicht für die Behandlung traumatisierter Patientinnen und Patienten. Ausdrücklich wird davon abgesehen, die Pathologie in der therapeutischen Beziehung zu entfalten« (Reddemann & Wöller 2013, S. 582).

Ich halte ihre Sichtweise allerdings für nicht unproblematisch, da ich mir nicht vorstellen kann, wie es praktisch möglich sein sollte, die Pathologie aus der Übertragung herauszuhalten. Vielmehr erscheint es mir unausweichlich, dass sie sich in der Übertragung niederschlägt. Daher ist es notwendig, sie zu bearbeiten, denn andernfalls wird sie agiert oder verdichtet sich im Symptom.

In einem kurzen Ausschnitt aus einer Analyse möchte ich meine Schwierigkeiten mit der traumatisierenden Übertragung (Holderegger 2003) darstellen und zeigen, dass sie sich geradezu dazu anbietet, übersehen und agiert zu werden.

Fallgeschichte

Eine Patientin – ich nenne sie Frau B – kam etwa sieben Jahre nach Abschluss ihrer Analyse mit einer gravierenden Arbeitsstörung noch einmal zu mir. Sie ist Mitte Dreißig und beruflich sehr erfolgreich, doch statt zu arbeiten sei sie beinahe fortwährend damit befasst, Fehler in von ihr verfassten Texten zu suchen, manchmal auch in Arbeiten, die schon Jahre zurücklägen.

In der ersten Behandlung war es viel um ihren Vater gegangen, der einer streng religiösen Gruppierung angehörte und seine Kinder geschlagen habe. Er erschien als streng und unnahbar. Für die kleinsten Vergehen habe es brutale Strafen gegeben, so habe sie ohne Essen ins Bett gehen müssen oder sei auch manchmal für mehrere Stunden im dunklen Keller eingesperrt worden. Die Mutter blieb in der ersten Behandlung eigentümlich blass. Zwar habe auch sie die Kinder geschlagen, aber das sei meist spontan gewesen, nicht so geplant und kühl wie der Vater. Doch seien beide Eltern aus religiöser Überzeugung der Ansicht gewesen, dass die Strafen nur »zum Besten der Kinder« seien und notwendig, damit »anständige Menschen« aus ihnen werden.

Ein gutes Jahr vor der zweiten Behandlung sei ihr älterer Bruder ums Leben gekommen. Wir waren auch in der ersten Behandlung oft mit ihm beschäftigt, weil er schwer drogenabhängig war und Frau B. sich viele Sorgen um ihn gemacht hatte. Er habe einige Entzugsbehandlungen gemacht und sei eines Nachts im Winter erfroren. Frau B. machte sich große Vorwürfe, dass sie das nicht habe verhindern können.

Nun möchte ich einen kleinen Einblick in die Zeit geben, in der die Fehlersuche ganz massiv geworden ist: Frau B berichtet am Anfang einer Stunde, dass es schon lange nicht mehr so schlimm gewesen sei. Sie habe ein falsches Datum in einer Publikation gefunden, wodurch die gesamte Arbeit von Grund auf falsch gewesen sei, und sagt: »Manchmal beschäftigt mich, dass offensichtliche Fehler von niemandem bemerkt werden«. Sie macht eine Pause und schweigt länger. Ich fühle mich überfordert, ihr Schweigen fühlt sich so abrupt an und drängt mich, etwas zu sagen. Diese Szene wiederholt sich. Sie spricht über ihre »extreme Schuldigkeit«: »Die Schuld muss endlich aufgedeckt werden und dann ist es gut«. Wir hatten in der Zeit vorher ihre Phantasie herausgearbeitet, dass sie zur Ruhe käme, wenn sie überführt würde. Früher habe ihre Mutter ihr gedroht, dass ihr etwas sehr Schlimmes passieren würde, wenn sie sich von der Religion abwende. Seitdem habe sie immer Angst, dass so etwas passieren könnte. Wenn ihr ein wissenschaftliches Fehlverhalten nachgewiesen würde, wäre jedoch das Schlimme, was sie erwartet, endlich passiert und dann müsste sie keine Angst mehr haben.

Ich frage sie, ob denn nicht das Schlimme schon passiert sei, als ihr Bruder gestorben ist? Sie weint bitterlich und macht sich Vorwürfe, sie hätte das verhindern müssen. Am Abend vorher habe ihr Bruder ihr noch eine Mail geschrieben, dass es ihm nicht gut gehe; aber sie habe das nicht so ernst genommen. Das sei ja oft vorgekommen. In den weiteren Stunden erzählt sie vom engen Verhältnis, das ihr Bruder zu ihrer Mutter gehabt habe. Er sei auch immer der Lieblingssohn der Mutter gewesen. Sie merkt, dass sie früher offenbar oft eifersüchtig auf die Mutter gewesen sei, als sie den Eindruck hatte, ihr Bruder erzähle ihrer Mutter mehr als ihr, sei vertrauter mit dieser. Das scheint ihr im Nachhinein seltsam.

In den nächsten Tagen schimpft sie auf eine Mitpatientin, die ihr Fahrrad immer genau an der Stelle parke, wo sie eigentlich stehe. Ich frage: »Sie nimmt Ihnen den Platz weg?« Sie lacht und meint: »Vermutlich arbeiten Sie auch viel lieber mit ihr als mit mir, die erzählt wahrscheinlich auch mehr«.

In der Stunde werden ihr die Eifersucht und die Wut spürbar, die sie mit der vermuteten engen Beziehung zwischen ihrer Mutter und ihrem Bruder verbindet und die ihr damals aber nicht spürbar war. In Gestalt der Nebenübertragung auf die Mitpatientin entfaltet sie ihre Rachephantasien und wünscht sich, dass deren Fahrrad geklaut würde, damit endlich wieder Platz für sie wäre.

Zwei, drei Wochen später kommt Frau B. einmal äußerst beunruhigt in die Stunde und kann sich nicht erklären, was mit ihr los sei. Es sei nichts Ungewöhnliches passiert, sie habe auch keine verstörenden Träume gehabt, es sei einfach rätselhaft. Die Unruhe hielt jedoch während der ganzen Stunde über an. Erst einige Tage später fiel ihr ein, dass das Fahrrad der Mitpatientin nicht am gewohnten Platz gestanden habe. Sie habe dem erst keine Bedeutung beigemessen, aber dann sei ihr ihr Rachewunsch wieder eingefallen. Sie denkt über griechische Mythologie nach: Hera habe sich an Herakles' Mutter gerächt und Schlangen ausgeschickt, die Herakles töten sollten. Frau B. weint, sollte auch sie sich an ihrer Mutter gerächt haben und ihr daher den Lieblingssohn genommen haben? Hätte sie daher nichts unternommen am Tag vor dem Tod ihres Bruders?

Wir arbeiten noch lange an dieser Rachephantasie, die verschiedene Funktionen besitzt. Uns beschäftigte zunächst, dass sie sich verstehen lässt als Antwort auf das rezente Trauma des Verlusts ihres Bruders. Mit ihrem Schuldgefühl suchte sie ihre Ohnmacht und Hilflosigkeit zu mildern. So plausibel diese Lesart auch ist, sie änderte kaum etwas an ihrem Symptom der Fehlersuche; es ließ zwar für einige Tage etwas nach, kehrte dann aber mit unverminderter Schärfe zurück.

Inzwischen war ich auch einigermaßen ratlos und fühlte mich ohnmächtig gegenüber der Hartnäckigkeit des Symptoms, das die Patientin auch faktisch in massive berufliche Schwierigkeiten brachte. Ich versuche, die Hartnäckigkeit zu thematisieren, mit der sie mich von ihren Fehlern überzeugen will: »Sie bemühen sich ja auch hier immer wieder, mich davon zu überzeugen, was Sie alles falsch gemacht haben in Ihren Arbeiten, aber so recht kommt es bei mir nicht an, oder?« Sie erzählt, dass sie in der letzten Woche ihre Lektüre von Schuld und Sühne abgebrochen habe. Es sei ihr zu nahe gegangen. Die Hauptperson habe auch versucht, die anderen von ihrer Schuld zu überzeugen, und man habe es auf ihre Krankheit zurückgeführt. Ich fühle mich irgendwie ertappt und frage sie: »Und das tue ich jetzt auch?« Sie meint: »Irgendwie schon«. Ich antworte ihr: »Es stimmt, dass ich Ihre Fehlersuche als ein Symptom auffasse. Ich glaube nicht, dass Sie einen schweren wissenschaftlichen Fehler begangen haben. Aber vielleicht können wir die Situation verstehen, die sich gerade zwischen uns abspielt. Sie versuchen mir etwas zu zeigen und ich verstehe nicht, was Sie meinen, sondern sehe es als Krankheit. Kommt Ihnen das vielleicht vor wie ein Verrat?« Sie schweigt eine Weile und meint dann: »Verrat ist irgendwie zu stark. Aber fair ist es auch nicht«. Ich fühle mich unwohl und in dem Dilemma, einerseits ihre Schuldphantasie nicht bestätigen zu können, ihr damit aber auch andererseits die Berechtigung ihrer Sichtweise abzusprechen, sie also zu »verraten«. Erst später wurde mir deutlich, wie sehr ich mich gegen die Rolle einer »Verräterin« in der Übertragung sperrte.

> Einige Zeit danach erinnerte sich Frau B. an Szenen ihrer Kindheit: »Und als Vater dann abends nach Hause kam, hat Mutter ihm berichtet, wenn ich was falsch gemacht hatte. Wenn mir beim Spülen ein Glas kaputt gegangen ist oder so, weil ich zu unaufmerksam war. Und Vater hat mich dann bestraft, dann musste ich vielleicht für den Rest des Tages in mein Zimmer und hab nichts mehr zu essen gekriegt. Und meine Mutter stand dann so da und schaute bedröppelt. Ich krieg 'ne Riesenwut, wenn ich daran denke. Das war so fies, so gemein, wie die mich verraten hat. Das war eigentlich noch schlimmer als der Vater, der die Strafen irgendwie nur ausgeführt hat.«
> Diese Wut über die Mutter konnte sie plötzlich in der Übertragung fühlen, sie war auch in der ersten Behandlung nie Thema gewesen. Als Analytikerin fiel es mir offenbar zu schwer, diese traumatisierende, mütterliche Übertragungslinie anzunehmen und für die Patientin zu einer Verräterin werden.
> Es ging damals ausschließlich um ihren Vater und die Wut auf ihn, die ihr zugänglicher war. Erst der Tod ihres Bruders, an dem sie sich schuld fühlte, führte zu einer erneuten Umschrift der traumatischen Erinnerungsspuren und ihre Mutter rückte in den Mittelpunkt, von der sie sich verraten fühlte und an der sie sich nachträglich rächte durch die Phantasie, dass sie ihr den Lieblingssohn genommen und sie in eine tiefe depressive Krise gestürzt habe.
> Das Ausmaß der Fehlersuche ist mit der Zeit dann deutlich zurückgegangen; während sie früher fast täglich damit befasst war, tauchte sie danach nur noch in besonderen Belastungssituationen in gemilderter Form auf.

Mit dieser kurzen Vignette möchte ich zeigen, wie wichtig es ist, die traumatische Übertragung anzunehmen, auch wenn sie sich äußerst unangenehm anfühlt und man in der inneren Welt der Analysand_in in die Position des Täters oder der Täterin kommt. In der Behandlung formierte sich diese Übertragungslinie nicht etwa durch eine besondere Aggression oder ein anderes problematisches Verhalten meinerseits. Vielmehr habe ich etwas gesagt, das ich auch nach reiflicher Überlegung noch richtig und notwendig finde: dass die Fehlersuche in ihren wissenschaftlichen Texten ein Symptom darstellt, dass sie ganz einfach ›falsch‹, ›ein Fehler‹ ist. Damit habe ich mich allerdings in der Wahrnehmung der Patientin gegen sie gestellt, habe sie ›verraten‹ wie damals ihre Mutter. Der Verrat durch die Mutter stellt eine lebensgeschichtliche Szene dar, die durch den Tod des Bruders nachträglich eine neue Umschrift erfährt. In ihrer unbewussten Phantasie suchte sich die Patientin für diesen Verrat an der Mutter zu rächen, indem sie deren Sohn umbringt. Diese unbewusste Phantasie befeuert die bewussten Schuldgefühle, die sich in dem gravierenden Symptom der Fehlersuche verdichtet haben, die zunehmend selbstzerstörerische Ausmaße annahm.

Die traumatisierende Übertragung stellt nicht einfach eine negative Übertragung dar. Sie unterscheidet sich durch eine nahezu existentiell bedrohliche Dimension, die als Verwirrung und unerklärliche Unruhe auf Seiten der Analysandin spürbar war und sich in meiner Gegenübertragung ebenfalls durch eine massive Verunsicherung bemerkbar machte, bei der ich mich mit heftigen Schuldgefühlen plagte und dem Gefühl, etwas grundlegend falsch gemacht zu haben.

Doch zeigte sich an der deutlichen Milderung ihrer Fehlersuche im weiteren Verlauf, dass die Akzeptanz einer traumatisierenden Übertragung die unbewussten Phantasien, die Überlebsel oder Reminiszenzen, zugänglich macht und Affekte spürbar werden, die bisher noch nie eine Ausdrucksgestalt finden konnten.

Anmerkung

1 Dies ist eine überarbeitete Form der Veröffentlichung im Jahrbuch für Psychoanalyse 79, 2019.

Literatur

Ehlert-Balzer, M. (1996): Das Trauma als Objektbeziehung. Veränderungen der inneren Objektwelt durch schwere Traumatisierung im Erwachsenenalter. Forum Psychoanal 12, 291–314.
Freud, S. (1895): Entwurf einer Psychologie. GW Nachtragsband.
Freud, S. (1895d): Studien über Hysterie. GW I.
Freud, S. (1900a): Die Traumdeutung. GW II/III.
Freud, S. (1905d): Drei Abhandlungen zur Sexualtheorie. GW V.
Freud, S. (1918b): Aus der Geschichte einer infantilen Neurose. GW XII.
Freud, S. (1986): Briefe an Wilhelm Fliess 1887–1904. Ungekürzte Ausgabe. Frankfurt/M. (Fischer).
Hock, U. (2003): Die Zeit des Erinnerns. Psyche – Z Psychoanal 57, 823–840.
Holderegger, H. (2003): Der Umgang mit dem Trauma. Stuttgart (Klett-Cotta).
Lacan, J. (1975 [1953]): Funktion und Feld des Sprechens und der Sprache in der Psychoanalyse. In: ders., Schriften I, 137, S. 71–169, Frankfurt/M. (Suhrkamp).
Laplanche, J. (1988): »Die Allgemeine Verführungstheorie« und andere Aufsätze. Tübingen (edition diskord).
Laplanche, J. (1996): Die unvollendete kopernikanische Revolution in der Psychoanalyse. Frankfurt/M. (Suhrkamp).
Laplanche, J. (2011a): Neue Grundlagen für die Psychoanalyse. Gießen (Psychosozial-Verlag).
Laplanche, J. (2011b). Freud and the Sexual. New York, NY (International Psychoanalytic Books).

Laplanche, J. & Pontalis, J.-B. (1973): Das Vokabular der Psychoanalyse. Frankfurt/M. (Suhrkamp).
Laplanche, J. & Pontalis, J.-B. (1992): Urphantasie: Phantasien über den Ursprung, Ursprünge der Phantasie. Frankfurt/M. (Fischer).
Mentzos, S. (2010): Lehrbuch der Psychodynamik. Die Funktion der Dysfunktionalität psychischer Störungen. Göttingen (Vandenhoeck & Ruprecht).
Müller-Pozzi, H. (2008): Eine Triebtheorie für unsere Zeit. Sexualität und Konflikt in der Psychoanalyse. Bern (Huber).
Reddemann, L. & Wöller, W. (2013): Trauma und Persönlichkeitsstörungen. Ressourcenbasierte Psychodynamische Therapie (RPT) traumabedingter Persönlichkeitsstörungen. Stuttgart (Schattauer).
Reik, T. (1983): Der unbekannte Mörder. Psychoanalytische Studien. Frankfurt/M. (Fischer).

JOACHIM KÜCHENHOFF

Trauma der Sprache, Sprache des Traumas

Repräsentationstheoretische Gedanken zu Trauma und Traumatherapie

Einleitung

Der Titel der vorliegenden Arbeit betont bereits die beiden wichtigen Anliegen des Textes. Zum einen wird gezeigt, wie traumatische Erfahrungen die Sprache im weitesten Sinn, das Denken, die Verfügung über die eigenen Gedanken und Intentionen verändern und beeinträchtigen. Das ist das Trauma, das sich auf die Sprache auswirkt, das Trauma der Sprache. Zugleich aber lässt sich im Gegenzug sagen, dass es gleichwohl eine Sprache des Traumas gibt. Psychoanalytikerinnen und Psychoanalytiker wären sonst gegenüber den traumatischen Erfahrungen machtlos. Aber das sind sie nicht, wie alle aus ihren therapeutischen Erfahrungen wissen. Sie können Traumatisierungen erkennen, weil sie sich anzeigen, sich ausdrücken, und sie können an ihnen arbeiten. Traumatische Erfahrungen sind daher zwar unter Umständen ohne einen semantischen Gehalt, aber nicht ohne Repräsentation. Die Rede von *mental states without representation* (Botella & Botella 2005), von nicht repräsentierten psychischen Erfahrungen, greift zu kurz. Psychotisch erlebende oder psychosomatisch antwortende Menschen ebenso wie traumatisierte Patienten sind zwar in ihrer Welt der Repräsentationen beeinträchtigt, und das nicht nur in ihrer bewusstseinsfähigen Welterfassung, sondern auch in ihren unbewussten Erlebniswelten, weil die psychischen Verbindungen blockiert oder aufgehoben sind und damit auch die Kontinuität bewusster und unbewusster Erfahrung. Aber das bedeutet nicht, dass sie keine Erfahrungen repräsentieren und diese nicht mitteilen könnten. Wir müssen freilich den Horizont erweitern und nicht nur mit einem dritten Ohr hören, also dem Hörgerät, das seit Theodor Reik (1976) ins Unbewusste hineinzuhören erlaubt, sondern gleichsam mit einem vierten Ohr, das es uns erlaubt, in den Bereich der Negativität vordringen, mit einem vierten Ohr, das auf das zu hören erlaubt, das nicht mehr aus Tönen besteht, sondern aus Schweigen, aus Stille, aus der Abwesenheit eines Lautes, mit anderen Worten: das auch die Abschottung und sogar die Zerstörung von Erfahrung als Darstellung, als Repräsentation versteht und das Repräsentation nicht mehr auf den Einzelnen beschränkt, sondern als intersubjektiven Prozess ernst nimmt.

Wo im Trauma die Sprache versagt und wo es gleichwohl spricht, das wird nun darzustellen sein. Dabei wird die Komplexität des Themas reduziert und werden in aufeinander folgenden Schritten verschiedene Aspekte einer Sprache des Traumas dargestellt. Sie beleuchten folgende Dimensionen: zunächst kurz die psychoökonomische Perspektive, dann ausführlicher die semiotische oder zeichentheoretische Ebene, drittens die Zeitlichkeit des Traumas und schließlich viertens die Intersubjektivität. Damit anschaulich bleibt, was theoretisch eingeführt wird, werden zwei kasuistische Vignetten eingefügt. Abschließend wird in einem letzten Teil kurz auf die Sprache des Traumas in der Traumaverarbeitung eingegangen, die zugleich die Therapie anleiten kann.

Die psychoökonomische Perspektive

Kasuistische Vignette 1

Herr A kommt in die Therapie wegen Schlafstörungen und beruflicher Überlastung. Bislang wurde er nie behandelt, er ist immer mit sich selbst klargekommen, hat sich wenig anmerken lassen. Aber nun macht es ihm doch etwas aus, dass er von seinen Vorgesetzten nicht gesehen wird, er fühlt sich von dem neuen Chef, der ihm zusätzliche Aufgaben überträgt, überfordert und nicht gesehen. Im therapeutischen Gespräch mit mir behält Herr A die Kontrolle und das Heft in der Hand, er hält sich im Ausdruck der durchaus spürbaren Affekte sehr zurück. Er berichtet, dass er verheiratet und kinderlos ist, seine Frau und er selbst lebten sehr selbstständig seit über zwanzig Jahren zusammen, jeder gehe seinen beruflichen und privaten Interessen nach, man verstehe sich gut. Mir ist Herr A sympathisch, ein attraktiver Mann um die 45 Jahre, sportlich, intelligent – aber ich fühle mich als Therapeut überflüssig. Erst gegen Ende werde ich aufmerksam und kann ahnen, was Herrn A bewegt: Vor 5 Jahren hat er die Diagnose eines Hodencarcinoms erhalten. Wie mit allem anderen ist er gut mit der Strahlentherapie und den Kontrollen fertig geworden. Als ich nachfrage, wer ihn denn während dieser Zeit gesehen, beachtet, umsorgt habe: Ja, es könne sein, dass seine Frau mit diesem Leid nicht viel habe

> anfangen können; sie sei sehr aktiv gewesen in der Behandlungsplanung, fast ein wenig ungehalten über die schlechte Nachricht, ja, vielleicht habe da ein wenig gefehlt. Mich selbst alarmiert die Mitteilung, ich erschrecke, denke an die Kinderlosigkeit und frage mich, ob sie mit der Diagnose zu tun hat.

Soweit die kurze Zusammenfassung. Herrn A haben vor 5 Jahren nicht nur die eigenen Worte, sondern auch die Ansprache gefehlt, um die ein zufriedenes Leben in Frage stellende Diagnose und die mit ihr verbundene Lebensbedrohung zu bearbeiten. Die psychoökonomische Perspektive auf ein Trauma, gleichsam dessen Definition, besagt, dass das Trauma ein vitales Diskrepanzerleben zwischen Ereignis und Verarbeitungsmöglichkeit ist (Fischer & Riedesser 1998). Für die psychische Ökonomie ist entscheidend, wie stark die Belastung einerseits und wie groß andererseits die Kapazität der Verarbeitung ist. Zu diesem zweiten Gesichtspunkt trägt die operationale psychodynamische Diagnostik (Arbeitskreis OPD 2009) durch den Begriff der Struktur, also des Funktionsniveaus der Persönlichkeit, bei, zu dem die Möglichkeit zählt, Erfahrungen, vor allem affektive Erlebnisse, zu repräsentieren und über einen intrapsychischen Raum zu verfügen.

Bei Herrn A bleibt die Diagnose eines Malignoms unverarbeitet. Sie wird allein technisch-rational bewältigt. Allerdings kommt das Trauma wieder, nachträglich, und diese Zweizeitigkeit ist entscheidend: Das ärgerliche und belastende, aber vergleichsweise harmlose Ereignis der Gegenwart, die Zumutungen im Betrieb, wird in spezifischer Weise aufgeladen: Durch die mangelnde Anteilnahme und Rücksicht des Chefs spürt Herr A erstmals und fünf Jahre verspätet, was er gebraucht hätte, damals von seiner Frau, von sich selbst, um sich nicht verlassen zu fühlen, und heute vom Therapeuten.

Die semiotische oder zeichentheoretische Perspektive

Was nun bedeutet es, wenn es oben hieß: die Diagnose bleibe unbearbeitet? Denken heißt verbinden. Unbewusste wie bewusste Repräsentationen sind miteinander vernetzt; auf dieser Tatsache bauen die Grundregeln der Psychoanalyse, freie Assoziation und gleichschwebende Aufmerksamkeit, auf. Repräsentation meint immer auch eine Eingliederung in Repräsentationsstrukturen. Laub und Auerhahn, die sich in besonderer Weise der Traumatisierung von Holocaustüberlebenden und der Traumaweitergabe an die nächste Generation gewidmet haben, weisen darauf hin, dass das englische Wort für Erinnerung *remembrance*, wörtlich Wiedereingliederung, heißt (Auerhahn & Laub 1998), *membrum* ist das Glied.

Welche Voraussetzungen muss ein Repräsentationssystem erfüllen, damit in ihm die Elemente gleiten und sich verbinden können? Die Semiotik, die Wissenschaft von den Zeichen, kann einer psychoanalytischen Repräsentationstheorie zur Hilfe kommen. Vollständige Zeichen weisen – gemäß der pragmatischen Zeichentheorie von C. S. Peirce – eine trianguläre Struktur auf (Raguse 1994; Nöth 2000). Es gibt einen Repräsentanten, einen Zeichenträger, z. B. ein Sprachzeichen, das sich auf ein Objekt, einen Gegenstand bezieht (»Ich höre die Hörsaaltür schlagen«). Gegenstand können die unmittelbar durch das Zeichen erwirkten Vorstellungen sein (»Da hat jemand den Raum verlassen«) oder die dynamischen Objekte, die sich dieser Bezeichnung auch immer wieder entziehen und widerständig bleiben (»Vielleicht waren es mehrere, die hinausgegangen sind«). Zeichenträger und Objekt werden durch den Interpretanten zusammengehalten, der – die aktivische Formulierung könnte es nahe legen – kein Mensch ist, sondern ein Interpretations- oder Deutungsschema oder Code, und zwar erneut in dreifacher Hinsicht: *unmittelbar* als Gefühl (»Ich fühle mich abgelehnt«), *dynamisch* im Handlungsablauf (»Einer nach dem anderen geht, um mir seine Ablehnung zu zeigen«) und schließlich *logisch*, in der Form eines Argumentes (»Sie gehen und lehnen mich ab, weil mein Vortrag schlecht ist«). Der Interpretant ist seinerseits ein Zeichensystem, das für die Vorstellungen einen Rahmen abgibt und durch andere Zeichen weiter und erneut interpretiert werden kann. Ein neuer Interpretant könnte so lauten: »Ich habe zu hohe Ansprüche an mich, daher unterstelle ich anderen eine sehr kritische Haltung. Es gibt andere Gründe, um den Raum zu verlassen.« Er ermöglicht es mir leichter, die Angst zu überwinden und mit dem Vortrag fortzufahren. Es ist leicht erkennbar: So ergibt sich die unendliche Semiose, die Möglichkeit zur offenen Neuinterpretation von Erfahrungen – ein Zeichen interpretiert das andere, in einer nicht endenden Reihe von Signifikationen (vgl. dazu auch Muller 1995).

Die Ausgangsfrage hieß: Welche Voraussetzungen muss ein Repräsentationssystem erfüllen, damit in ihm die Elemente gleiten und sich verbinden können? Die Antwort lautet: Auf allen Ebenen müssen Zeichen in ihrer triadischen Funktion einsetzbar und dank der triadischen Struktur flexibel sein. Der Interpretant wird gebraucht, um Zeichen und Objekt zu verbinden. Die trianguläre Struktur der Interpretanten selbst ermöglicht es, zwischen gefühlsbedingten, handlungs- und interaktionsabhängigen und logisch-verstehenden Auslegungen zu wechseln. Die unendliche Semiose garantiert, dass ein Auslegungsmuster durch ein anderes gerahmt, dass es durch eine neue Auslegung geändert werden kann.

Durch die Traumatisierung geht nun die trianguläre Dynamik der beschriebenen semiotischen Strukturen verloren. Dies gilt wohlgemerkt für bewusste wie auch für unbewusste Repräsentationen. Sie werden anders repräsentiert, sie verlieren die soeben beschriebene trianguläre Struktur.

Wenn – wie gut bekannt – Bion (1990a) von Beta-Elementen spricht, von psychisch unverdauten »Dingen an sich«, so handelt es sich dabei um den Verlust der Interpretanten für die Gegenstände der Erfahrung.

Wenn H. Segal (1990) in ihrer klassischen Arbeit über die Symbolfunktion eine »symbolische Gleichsetzung« zwischen Zeichen und Wirklichkeit für traumatische Erfahrung ansetzt, so kann dies im Kontext der Peirce'schen Semiotik heißen, dass Zeichenträger und Objekt nicht mehr unterschieden werden. Peter Fonagy (2007) übrigens nennt das gleiche Phänomen »psychische Äquivalenz«; sie kennzeichne, so Fonagy, die psychische Entwicklung des 2. bis 4. Lebensjahrs, auf die zu regredieren Traumatisierungen zwingen.

Grubrich-Simitis' Ansatz eines Verlustes der Metaphernfunktion im Konkretismus (Grubrich-Simitis 1984) lässt sich semiotisch so verstehen. Metaphern sind Zeichenträger, die im Verhältnis zu ihrem Gegenstand Freiheitsgrade einführen, etwa wenn eine abstrakte Vorstellung sich mit affekt- und körpernahen Bildern verbindet. Metaphern dienen so der Verweisung, sind durch sie definiert. Sie entsprechen den Zeichenträgern, die Peirce eigentliche Symbole nennt, im Unterschied zu Icons, die eins-zu-eins abbilden, oder Indices, die konkret auf etwas zeigen oder verweisen. Wenn der Vortragende sagt: »Sie müssen als meine Zuhörenden viele schwierige Konzepte schlucken«, verbindet der Hörer die abstrakte Formulierung, dass er zuhört, sogleich mit einer Gefühlsqualität. Die Information reichert sich an, sie stimuliert weitere Interpretanten. Wenn wir nicht metaphorisch, sondern nur noch konkret hören könnten, dann fingen wir nun an Schluckbewegungen zu machen.

In allen Fällen führt die traumatische Erfahrung zur Zerstörung der triadischen Zeichenwelt. Die Folgen lassen sich so zusammenfassen:

- Die unvollständigen Zeichen erhalten, wenn sie nicht ins Verhältnis zu anderen gesetzt oder durch andere ersetzt werden können, wenn sie dekontextualisiert werden, einen bedrängenden Wirklichkeitscharakter, sie drängen sich auf, sind abstandslose Tatsachen, scheinbar nackte Tatsachen, die nicht mehr mit immer neuen Worten zu umhüllen sind.

- Die unvollständigen Zeichen stehen, wenn sie nicht ins Verhältnis zu anderen gesetzt werden können, für sich, sie verweisen nicht mehr auf andere Zeichen. Die repräsentativen Vernetzungen sind unterbrochen.

Die zeittheoretische Perspektive

Psychoanalytische Erkenntnis gestaltet sich in der und durch die Zeit. Die freie Assoziation ist ein Prozess in der Zeit: Ein Wort gibt das andere, die gleich schwebende Aufmerksamkeit kann sich hierhin und dorthin richten; sie bleibt dem Prozess überlassen, der ein Prozess in der Zeit ist: ein Einfall folgt dem anderen, und so umkreisen die ins Bewusstsein dringenden Einfälle Erfahrungsbereiche, die bisher nicht beschreibbar gewesen sind. Ein Trauma nun stellt die Zeit still, wenn es in Repräsentationsfunktionen eingreift. Dekontextualisierte Erfahrungen verlieren ihren zeitlichen Zusammenhang: Das subjektive Zeiterleben, das durch das Zusammenspiel der Mobilisierung vergangener Erfahrungen und der Zukunftserwartungen in der Gegenwart geprägt ist, bricht zusammen. Das Zeiterleben fragmentiert (Varvin 2003). Freud hat traumatische Erfahrungen »jenseits des Lustprinzips« (Freud 1920) angesiedelt, letztendlich als Ausdruck eines Todestriebes, der die Wiederherstellung einer ursprünglichen Konstanz anstrebt, und das heißt ja nichts anderes, als dass er die Zeit stillstellt. Wenn schon der Wiederholungszwang in jedem neurotischen Konflikt dem Lustprinzip widerstreitet, dann umso mehr die Wiederkehr traumatischer Erfahrung. Der Wiederholungszwang im neurotischen Konflikt führt zu einer immer neuen Auflage vergleichbarer Beziehungsmuster und Erlebnisweisen, aber mit jeder Neuauflage wird neu konstelliert und abgewandelt, was erfahren worden ist, in einer Art variierender Wiederholung, wie wir sie aus der Durchführung musikalischer Themen kennen. Die Wiederholung traumatischer Ereignisse in intrusiven Erfahrungen, etwa im flash-back, hingegen holt nichts wieder, sondern lässt ein repetitives Muster hereinbrechender Repräsentation wiederkehren, die die beschriebene Dynamik der Neubearbeitung von Repräsentationen gerade stillstellt. Gleichwohl hat auch diese Wiederkehr einen Zweck, ein Ziel, nämlich dass es endlich gelingen möge, die Fragmente zusammenzufügen. Die Wiederholung des Traumas hat Signalcharakter (Kumin 1996) und ist ein kommunikatives Signal, Ausdruck der Suche nach einem Ort, an dem die grenzüberschreitende, hereinbrechende Erfahrung doch noch bearbeitet werden könnte.

Ein erschütterndes Beispiel soll für viele stehen. Nur noch wenig Zeit verbleibt uns, mit den Zeitzeugen des Holocaust sprechen zu können. Ein Überlebender des Warschauer Ghettos, Bronislaw Erlich, musste als Jugendlicher mit 16 Jahren seine Eltern im Ghetto zurücklassen, um die Chance, sich selbst zu retten, zu nutzen. Er berichtet[1] davon, dass er seit 77 Jahren in jeder Nacht sich im Traum die Frage stellt: Wo sind die Eltern geblieben? Wann kommen sie zurück? Wer weiß etwas von ihnen? So kehrt für ihn das Entsetzen des Kindes, das den Verlust nicht verarbeiten kann, weil es nicht einmal gesicherte Kenntnis von dem Mord an den Eltern hat, immer wieder. Es kann sich für ihn nicht in eine Erzählung umformen, und dabei wäre das so nötig.

> **Vignette 1 (fortgesetzt)**
>
> Bei Herrn A bleibt der Schrecken der malignen Erkrankung ohne Repräsentation, eine kognitiv erlebte Tatsache, aber ohne emotionale Antwort, abgespalten vom Erleben und der Lebensführung. Dank ihrer kann Herr A aber andererseits einigermaßen unbeeinträchtigt weiterleben. Dass das Carcinom medizinisch bewältigt werden kann, dass die Onkologie geeignete Techniken zur Verfügung stellt, dient als ein *protective screen* (Auerhahn & Laub 1998, S. 362), eine schützende Erzählung, die sich als Ersatz über den stillgelegten Erfahrungsbereich legt und ihn – bildlich gesprochen – überbrückt. Der medizinische Diskurs bietet Herrn A einen Interpretanten an, den er aufgreifen kann. Erst fünf Jahre später kann an geeigneter Stelle der Affekt nachkommen und ganz versteckt, aber spürbar in die Beziehungen einbezogen werden.

In den letzten Jahren befasst sich ein Zweig der neurobiologischen Forschung mit einem immer noch durchaus umstrittenen, aber für unseren Zusammenhang interessanten funktionalen Netzwerk des Gehirns, dem *default network* oder Ruhezustandsnetzwerk. Es verteilt sich über verschiedene Hirnregionen und wird offenbar dann aktiviert, wenn das subjektive Zeiterleben, das beschriebene Zusammenspiel von Vergangenheit, Gegenwart und Zukunft, austariert werden soll, wenn sich also die Person, die untersucht wird, mit der Einordnung von Erfahrungen in die eigene Lebensgeschichte befasst oder wenn Zukunftspläne und -vorstellungen entworfen werden. Einige ernstzunehmende empirische Befunde weisen darauf hin, dass in Folge schwerer Traumatisierungen die funktionalen Verbindungen zwischen den im *default network* aktiven Hirnarealen abreißen und zwar gerade in Ruhezeiten, so dass die Temporalisierung, die Zeiterfahrung, stillgestellt wird. Das subjektive Zeiterleben erhielte so eine objektivierbare Basis (Lanius et al. 2010).

Die objektbeziehungspsychologische oder intersubjektive Perspektive

In psychoökonomischer Hinsicht wurde einleitend das Trauma als ein vitales Diskrepanzerleben zwischen Ereignis und Verarbeitungsmöglichkeit definiert. Aus psychoanalytischer Sicht reicht diese auf die Funktionalität des Einzelnen beschränkte Perspektive nicht aus. Denn Verarbeitungsmöglichkeiten haben mit dem Anderen zu tun, sie sind gebunden an die gefühlte Präsenz des »guten inneren Objektes«, das als empathischer Vermittler zwischen dem Selbst und der Umwelt wirkt (Laub & Lee 2003). Diese Vermittlung fällt in der traumatischen Erfahrung fort.

Für einen kurzen Moment soll noch einmal zum triangulären semiotischen Modell von C.S. Peirce zurückgeblendet werden. Wie bereits erläutert, ist der Interpretant ein Code, keine Person. Dennoch ist er mit Personen verbunden. Dass sich Formen der Weltauslegung entwickeln können, ist aus psychoanalytischer Perspektive Aufgabe der primären Bezugspersonen, der Mutter, die in der frühen Lebensgeschichte – und später immer wieder, etwa in Lebenskrisen – Interpretationsmöglichkeiten, überhaupt Sprache zur Verfügung stellt und eine Repräsentationskompetenz aufbaut. Was der frühere Andere stellvertretend leistet, wird in die eigene Struktur – als Alpha-Funktion bei Bion, als »epistemisches Vertrauen« in der Mentalisierungstheorie (Fonagy et al. 2014, 2015) – übernommen.

Welche konkreten Funktionen übernimmt dieser persönliche Interpretant, die »Mutter«, die primäre Bezugsperson, in Bezug auf die Repräsentationskompetenz? Wie kann denn die symbolische Ordnung, wie kann Sprache und – was noch etwas anderes ist – die Fähigkeit zu sprechen vermittelt werden? Damit eine Bezugsperson es kann, muss sie wirklich Bezugsperson sein, und das heißt psychoanalytisch gesprochen: Sie stellt sich als Objekt des Begehrens, des Sehnens oder Hassens zur Verfügung, ermöglicht eine Objektbesetzung. Nennen wir sie die Objektfunktion. Aber sie geht nicht in dieser angebotenen Objektbeziehung auf, sondern spannt eine primordiale Triangularität auf. Freud hatte vom »Vater der persönlichen Vorzeit« (Freud 1923, S. 259) gesprochen, dem Anderen oder Dritten, vor aller ödipalen Beziehung. Der Andere, der sich vom Objekt unterscheidet, kann, aber muss nicht ein anderer Mensch sein, die Mutter oder eine andere primäre Bezugsperson kann in sich beide Qualitäten vertreten und nicht nur Objekt einer entstehenden Objektbeziehung, sondern auch der Andere sein, der diesen Prozess begleitet. Winnicott hatte, klug vorausdenkend, zwischen

Objekt- und Umweltmutter unterschieden. Ich spreche von der Triangulierungsfunktion.

Die primäre Bezugsperson ist – das ist die dritte Funktion – Wort-Trägerin (Aulagnier-Castoriadis 1975), bietet also Worte an für das, was sich in der vor- oder außersprachlichen Welt zeichenhaft ereignet, und führt immer neu eine symbolische Ordnung ein. Entscheidend dabei ist der Umgang mit den Affekten, allen voran mit negativen Affekten, mit Panik, Verzweiflung und Angst, die es zu spüren, anzunehmen und zu verstoffwechseln gilt. Dazu gehört es, Stimmungen aufzunehmen und ernstzunehmen. Gerade wenn sich der »Filter der Sprache« (Kristeva 2007, S. 23) nicht organisiert und stabilisiert hat, sind Stimmungen als vorzeichenhafte, vorsprachliche Repräsentationen, die das gesamte Zeichensystem gleichsam einfärben, bedeutsam.

Die Erinnerung an das große mittelalterliche literarische Meisterwerk, Dantes *Göttliche Komödie*, ist auch in diesem Zusammenhang lohnend. Der Dichter Dante wird von Vergil bei seiner Reise durch die Unterwelt begleitet, einem Anderen, der zwar durch die Kreise der Hölle führt, aber sich in ihnen nicht verstrickt. Wohlgemerkt, es ist Vergil, also der Inbegriff des sprachmächtigen Begleiters, den Dante sich aussucht, der die Sprache als ein Drittes nicht verliert. Seinen Auftrag beschreibt Vergil so, dass er dem Dichterkollegen Dante, der sich verirrt habe, mit seiner schönen Sprache helfen solle (Dante 2012, S. 14). Und Dante, der Dichter, entgegnet: »Mit deinen Worten hast du […] mein Herz mit dem Willen zum Aufbruch erfüllt« (ebd., S. 16), er stellt sich dem »steilen, wilden Weg« der Höllenfahrt, und so wird der Dichter die Qualen zur Sprache bringen, sie benennen und mit den Geschichten der Gequälten verbinden.

Zu einem Trauma kann eine belastende Erfahrung dann werden, wenn der Andere diese Funktionen einzeln oder in ihrer Gesamtheit nicht mehr gewährleisten kann, wenn sich der Andere als Objekt gar nicht zur Verfügung stellt, also nicht erreichbar ist, gleich der von A. Green beschriebenen »toten Mutter« (Green 2004), wenn die Affektvermittlung unterbleibt, so dass die erschreckende und erdrückende Erfahrung allein oder gar nicht bewältigt werden muss, wenn die primordiale Triangularität wegfällt und Worte oder Bilder für die Erfahrungen sich nicht bilden können. Dann kann zwischen dem Anderen und der Mutter nicht mehr unterschieden werden, dann wird die Mutter übermächtig, dann entsteht eine Konfusion, indem die Umgebungsmutter mit Qualitäten der Objektmutter ausgestattet wird oder umgekehrt (cf. auch Auerhahn 2013). Traumatisch wird in der Folgezeit jede schwer belastende Erfahrung dann, wenn die beschriebenen Objektfunktionen nicht verinnerlicht werden konnten, wenn es nie oder nicht mehr gelingt, aus dem *containing object* eine Alpha-Funktion zu machen, wenn das transformationelle Objekt (Bollas 1997) nie zur Transformationsfunktion werden konnte, wenn die sichere Bindung nicht zur Fähigkeit zu mentalisieren führen konnte. Dann fehlt angesichts der überwältigenden Gefährdung die Möglichkeit, zurückzugreifen auf die repräsentative Kompetenz, die aus der Beziehungserfahrung erwächst.

Vignette 1 (fortgesetzt)

Kehren wir kurz noch einmal zu Herrn A zurück. In der Therapie mit ihm ist es recht bald gut möglich, seine Gefühle des Alleingelassenseins zu bearbeiten und sich der großen Bedrohung durch die maligne Erkrankung, deren Schatten noch immer auf seinem Leben lastet, zu stellen. Warum gelingt dies so rasch? Offenbar verfügt er über ausreichend gute innere Objekte, deren Aktivierung in der traumatischen Situation allerdings und nachfolgend über mehrere Jahre blockiert war. Sein Verhältnis zur Mutter war sehr eng gewesen, der Vater wurde ebenfalls als bezogen, zugleich aber als emotional karg und ausgesprochen fordernd erlebt. Der »Gebrauch des Objektes« war bei Herrn A durch eine ungelöste ödipale Verstrickung gleichsam verboten, aber prinzipiell gewährleistet.

Kasuistische Vignette 2

Nun im Vergleich zur ersten Vignette eine zweite, der Patient soll Herr B heißen. Zunächst klingt seine Geschichte ähnlich. Er kommt in Therapie, weil er nicht mehr gut schlafen kann, die Sorgen des anspruchsvollen beruflichen Alltags lassen ihn nicht los, er diagnostiziert bei sich selbst ein Burn-out. Bald wird klar, dass die Arbeit vor allem deshalb so anstrengend ist, weil Herr B den Anspruch hat, alle Vorgänge im Betrieb, den er leitet, selbst regulieren und kontrollieren zu können. Er setzt kein Vertrauen in die Mitarbeitenden, deshalb kann ihn niemand wirksam vertreten, so dass er entlastet sein könnte. Pausen sind ihm unerträglich; sobald sie den alltäglichen Arbeits- und Lebensrhythmus zu unterbrechen »drohen« (eine Formulierung, die Herr B selbst gebraucht). Er hat vorgesorgt und immer Materialien bei sich, die es ihm erlauben, tätig zu bleiben. In seinen privaten Beziehungen ist Herr B sehr verletzbar; er kann enorm enttäuscht reagieren, wenn er als Person sich nicht anerkannt fühlt: So trennt er sich, als eine Freundin ihm sagt, sie sei stolz auf ihn und seine Erfolge – er möchte bedingungslos geliebt sein, nicht seiner Leistungen wegen, so die eigene Gleichung.

Biographisch sind frühe Traumatisierungen entscheidend[2]. Ein in die Familie aufgenommenes schwerkrankes Pflegekind stirbt nach wenigen Jahren. Ihm widmen sich die Eltern während seiner kurzen Lebensspanne und auch nach seinem Tod ohne Reserven, für den Sohn bleibt keine Aufmerksamkeit mehr übrig. Nach dem Tod des Pflegekindes entwickelt die Mutter eine paranoide Psychose, die nie behandelt wird und die vom sehr passiven Vater hingenommen und nicht korrigiert wird. Nun wird der Sohn, der unter dem Fallengelassenwerden gelitten hatte, wieder beachtet, aber nur als Teil des wahnhaften Universums der Eltern, als Selbst-Objekt, das in die Realitätsverzerrungen der Eltern einbezogen wird. Ein eigenes Leben kann Herr B nur aufbauen, indem er sich im frühen Erwachsenenalter vollständig von den Eltern löst.

Herr B konnte, anders als Herr A, ein tragfähiges inneres Objekt nicht aufbauen, er musste stattdessen mit einem paranoiden inneren Objekt umgehen, von dem er sich immer neu zu distanzieren sucht, das er auch relativieren, sagen wir besser: in Schach halten kann. Überall dort aber, wo er beginnt Vertrauen zu investieren, wird eine Beziehung unerträglich gefährlich und er muss sich distanzieren. Dabei spüre ich von Beginn an die tiefe Sehnsucht nach einem Halt gebenden Objekt. Herr B kann sie nicht denken, aber sie wird in meinen Gegenübertragungsgefühlen sehr rasch lebendig, noch bevor ich sie verstehen und einordnen kann. Meine affektive Antwort ist der Ort, wo sich die Sehnsucht nach einem schützenden Objekt allererst manifestiert, die Herr B nicht denken und leben kann. Diese Repräsentation am Orte des Anderen gilt es in der Therapie zu wahren, und dazu gehört, die »Angriffe auf die Verbindungen« (Bion 1990b), die Zerstörung des Objektes, wenn es zum guten inneren Objekt werden könnte, zu verhindern, und in der Therapie bin ich es selbst, der durch die analytische Haltung diese unerträgliche und unerklärliche Sehnsucht aktiviert, gegen den sich die Angriffe also richten müssen. Zugleich arbeite ich mit Herrn B daran, die Identifikation mit dem traumatischen und paranoiden Objekt freizulegen. Notgedrungen hat Herr B sich, da keine primäre Triangulierung es ihm ermöglicht hat, emotional und gedanklich die Beziehung zu den nicht gut differenzierten elterlichen Objekten zu verstehen, an das einzig verfügbare, das paranoide Objekt geklammert und sich so mit ihm verbunden. So schwer es auch für ihn ist, so wichtig ist es doch, die eigene innere Verbindung mit den äußerlich längst verlassenen Eltern zu spüren und zu erkennen, dass er sich dort, wo er kein Vertrauen haben kann, mit dem inneren paranoiden Objekt identifiziert.

Beziehungstraumatisierungen werden oft so verarbeitet, dass das Opfer in einer regressiven Bewegung um jeden Preis und in einer archaisch-ausschließlichen Weise eine Objektbeziehung aufrechterhalten muss, um nicht aus jeder Beziehungserfahrung herauszufallen (Ehlert & Lorke 1987). Auf diesem Wege entsteht die fatale emotionale Nähe zum Beziehungstäter. Fatal ist die Suche nach dem Täter als einem primären Objekt deshalb, weil sie sich zwar an den einzig erreichbaren Menschen richtet, der zugleich der Täter selbst ist, und der natürlich das, was er gerade genommen hat und zerstört hat, nicht selber geben will und kann, nämlich Vertrauen in den Anderen.

Die Sprache des Traumas und die psychoanalytische Therapie

In der psychoanalytischen Therapie des Traumas geht es vor allem um drei Dinge: zum einen darum, das Trauma der Sprache so zu behandeln, dass zur Sprache kommen, in die Repräsentation zurückfinden kann, was von der Erfahrungswelt abgeschnitten worden ist, also »psychische Verbindungen« herzustellen (Bion 1990b). Zum anderen geht es darum, die Sprache des Traumas zu hören und zu verstehen, also nicht nur als Defizienz, sondern auch als Leistung oder als Mitteilung zu würdigen, was die traumatisierte Person mit ihrer Erfahrungswelt macht, wie sie selbst das Trauma verarbeitet. Schließlich und drittens soll die Therapie die Repräsentationsfunktion wiederherstellen oder neu aufbauen.

Im Folgenden soll auf die Sprache des Traumas gehört und die Negativität des Symptoms nicht als Mangel, sondern in seiner Bedeutung und in seinem Bezug zur Repräsentation gesehen werden.

Die allererste Traumaarbeit besteht im *psychic numbing*, der Dekontextualisierung, die nun als Arbeit des Negativen, als Leistung des Subjektes und nicht als strukturale Defizienz beschrieben werden soll (vgl. Küchenhoff 2014). Die Dekontextualisierung schließt die traumatische Erfahrung von anderen Erlebnisbereichen ab und ermöglicht das Weiterleben, weil sie viele Lebensbereiche schützt, die zunächst einmal so ablaufen sollen, als bliebe in ihnen der Prozess des Lernens durch Erfahrung, des Denkens, durch das Trauma ungestört. Das sollte die Vignette zu Herrn A zeigen, der sein Leben trotz der Carcinomerkrankung weiterleben konnte.

Traumatisierungen rufen psychosomatische oder somatoforme Symptome hervor, sie machen krank (z. B. van der Kolk et al. 1996). Die Affekte, die nicht in die beschriebene Vorstellungswelt integriert werden können, werden pathophysiologisch abreagiert, in Bions Begrifflichkeit: in den Körper evakuiert. Die Überwältigung durch die traumabedingten Affekte wird – psychoökonomisch betrachtet – so gelöst, dass an Stelle der traumabezogenen Vorstellungswelt nur noch sensomotorisch wirksame Repräsentationssysteme aktiviert werden, an die Stelle des Erlebens tritt der körperliche Erregungszustand. Aus der Sicht des semiotischen Modells von C. S. Peirce nimmt der kranke Körper in zweifacher Hinsicht an der Zeichenfunktion teil. Er ist unmittelbarer Interpretant, indem er allein den Schmerz und das Leiden gestaltet. Zweitens wird er zum Index, zum indexikalischen Zeichenträger und übernimmt damit eine wichtige kommunikative Funktion: Das körperliche Leiden zeigt das traumatische Leid an, das anders nicht gezeigt werden kann.

> **Vignette 2 (fortgesetzt)**
>
> Die Schlafstörung etwa von Herrn B ist ein stummes Signal für die Suche nach dem schützenden Objekt, die nicht gedacht, nur leiblich ausgedrückt werden kann. Herr B leidet an einer weiteren, ungleich gravierenderen körperlichen Krankheit. Die mit ihr verbundenen Schmerzen und Einschränkungen erwecken das Mitgefühl von Freunden. Vor Beginn der Therapie lässt Herr B sie, sobald sie sich empathisch äußern, fallen; er kann mit ihrer Anteilnahme nicht umgehen und ist noch nicht in der Lage, das zwischenleiblich Ausgedrückte in die sprachliche Kommunikation zu integrieren.

Die aus repräsentationstheoretischer Sicht nächste Stufe im Versuch einer Einbindung des Traumas in repräsentative Zusammenhänge ist die Induktion traumatischer Affekte im Anderen. Der Andere soll, als personifizierter Interpretant, die Affekte stellvertretend aufnehmen, aushalten und verarbeiten. So vermag Herr B es, mit seinen nüchternen Schilderungen und im Kontrast zur eigenen unbewegten Sachlichkeit mich immer wieder in eine Stimmung höchster Alarmiertheit und Sorge zu versetzen.

Traumainszenierungen stellen das Trauma dar, sie sind also bereits Interpretationsmuster oder Interpretanten, die freilich nicht gedacht, sondern nur in Form von Handlungsabfolgen dargestellt werden. Dies gilt gerade nach Beziehungstraumatisierungen. Was in der Gegenwart interaktionell inszeniert wird, folgt dem Versuch, die introjizierte Täter-Opfer-Beziehung zu externalisieren und damit darzustellen. Bei Herrn B hatten wir die Identifikation mit einem paranoiden inneren Objekt betrachtet. Die Reinszenierung wird zur interaktionell gelebten, nicht ausgesprochenen Mitteilung; das in den Arbeitsbeziehungen von Herrn B gelebte tiefgreifende Misstrauen gibt einen Hinweis darauf, wie verfolgend und eindringend die Objektbeziehungen gewesen sind. Im Misstrauen ist er mit dem paranoiden inneren Objekt identifiziert. Diese Identifikation wird umgekehrt im Misstrauen gegen andere interaktionell sicht- und spürbar.

Ein weniger offensichtlicher Ort der Beziehungsinszenierung kann erneut, aber in anderer Weise als in der Somatisierung, der eigene Körper werden. Das Trauma wird im Verhältnis zwischen einem Selbstanteil und dem eigenen Körper, der so zum Objekt wird, inszeniert, z.B. in der Selbstverletzung. Auch masochistische Verhaltensweisen lassen sich in diesem Kontext neu verstehen, nämlich als freiwillige Reinszenierungen der Täter-Opfer-Beziehung, die zudem erotisiert wird. Die Lusterfahrung hängt u.a. damit zusammen, dass das Trauma nicht passiv erlitten, sondern aktiv wiederholt wird und dass die Affekte umgewandelt werden: Der Terror wird zur Erregung.

Erzählen hilft bewältigen, und wenn die Erzählung das Trauma selbst erfassen kann, dann wird dieses auf diese Weise temporalisiert. Das Ereignis erhält eine Zeitstruktur, von der jede Erzählung lebt, wie wir schon von den Geschichten unserer Kinder wissen: »und dann« – »und dann«. Erzählen reiht ein, linearisiert einen Ablauf, der vorher zeitlos erlebt wurde, bettet ein Ereignis in die eigene Erfahrungsgeschichte ein und hilft dabei, die Kontrolle über die eigene Lebensgeschichte zurückzugewinnen (Scheidt & Lucius-Hoene 2018). Die Einbindung des Traumas in ein Lebensthema (Laub & Auerhahn 1993) kann allerdings die Verarbeitung auf halbem Wege stocken lassen, nämlich dann, wenn das Ereignis des Traumas zu einer zentralen Repräsentation wird, die neben sich keine andere mehr duldet oder alle anderen anzieht. Die Erzählung wird dann zum *protective screen* (Auerhahn & Laub 1998, S. 362), zur schützenden Deckerzählung. Sie entspringt dem verzweifelten Wunsch, die eigene Subjektivität wieder herzustellen, indem zu ihrem Zentrum gerade das, was sie am meisten gefährdet oder zerstört hatte, werden soll, das Trauma, das alles weitere Leben prägt – und dessen vernichtende Realität in dieser Erzählung doch niemals berührt wird. So schützt die beherrschende Rolle, die die Erzählung vom Trauma einnimmt, aber sie behindert auch, weil sie gleichwohl die affektiv belastendsten Momente der Traumatisierung ausspart.

Die reifste Stufe der Traumaarbeit ist erreicht, wenn die traumatischen Erfahrungen sich sprachlich bearbeiten, mitteilen und kommunizieren lassen. Aber selbst dann wird das Trauma nicht einfach aufgehoben. Die antike Mythologie ist voll von Versuchen, destruktive Elemente zu personifizieren, dadurch werden sie ja gestaltet und fassbar. Sie weiß aber sehr wohl um den Rest, der sich nicht auflösen lässt: Sowohl in der römischen wie in der griechischen Mythologie bleibt das Schicksal selbst, das Fatum oder die Moira, gestaltlos, sie werden nicht personifiziert, denn sie haben eine Kraft, die nicht in die Gestalt einer Gottheit gekleidet werden kann und selbst die Götter beherrscht. Jedes schwere Trauma birgt so einen Rest, der sich nicht auflösen lässt, einer Narbe gleich, die sich nicht in das Gewebe von Erzählungen und Erfahrungen auflösen lässt.

Der wunderbare britische Autor Julian Barnes hat seine Trauer nach dem Tod seiner Frau in dem ergreifenden Buch *Levels of Life* (2014) beschrieben, das die Grenzen der Trauer- und Traumaarbeit genau markiert. Zitiert werden Stellen aus den letzten Seiten:

> »And you do come out of it, that's true. But you don't come out of it like a train coming out of a tunnel, bursting through the Downs into sunshine […] you come out of it as a gull comes out of an oil slick; you are tarred and feathered for life« (Barnes 2014, S. 115).

So geht es bei vielen Traumatisierungen schließlich darum, die Traumatisierung selbst anzuerkennen, sie nicht zu beschönigen, mit Sinn aufzuladen, da wo keiner ist oder sein kann. Es gibt traumatische Erfahrungen, die nicht positivierbar sind. Das Negative als Negatives anzuerkennen gehört zur Traumaarbeit dazu: Trauerarbeit hat ihre Grenzen, Traumaarbeit endet nicht darin, den Verlust zu überwinden, sondern ihn auszuhalten. Das ist das »schwere Verzeihen«, von dem der Philosoph Paul Ricœur (1998) spricht und das er mit der Formel »Trauerarbeit an der Trauer leisten« umschreibt. Dann geht es gerade nicht um die Integration des schicksalhaft Negativen in einen positiven, etwa religiös übergeordneten Gesamtkontext, sondern darum, darauf zu verzichten, in Schuld, Schmerz, Reue etc. zu verharren, und sich ohne Ressentiment darin einzurichten, dass die negativen Ereignisse die Richtung des eigenen Lebens dauerhaft verändert haben, aber dass es selbst gleichwohl weitergehen kann. Dann erlaubt das Verzeihen einen Neubeginn und Zukunft, und das ist entscheidend an der Traumaarbeit.

Anmerkungen

1 Wie die Shoah ins Gedächtnis rufen, wenn niemand mehr spricht? SRF 2 Kultur Freitag, 4. Mai 2018, 20:00 Uhr. https://www.srf.ch/sendungen/passage/wie-die-shoah-ins-gedaechtnis-rufen-wenn-niemand-mehr-spricht. Abgerufen 20.5.2018
2 Aus Vertraulichkeitsgründen können die Fakten der Lebensgeschichte im Folgenden nicht ausführlich geschildert werden.

Literatur

Arbeitskreis OPD (2009): Operationalisierte Psychodynamische Diagnostik OPD-2. Das Manual für Diagnostik und Therapieplanung. Bern (Huber).
Auerhahn, N. (2013): Evolution of traumatic narratives. The Psychoanalytic Study of the Child 67, 215–246.
Auerhahn, N. & Laub, D. (1998): The primal scene of atrocity. Psychoanalytic Psychology 15, 360–377.
Aulagnier-Castoriadis, P. (1975): La violence de l'interpretation. Paris (Presses Universitaires).
Barnes, J. (2014): Levels of Life. London (Vintage).
Bion, W. R. (1990a [1952]): Lernen durch Erfahrung. Frankfurt/M. (Suhrkamp).
Bion, W. R. (1990b [1959]): Angriffe auf Verbindungen. In: Bott Spillius, E. (Hrsg.), Melanie Klein heute, Bd. 1, München, Wien (Verlag Internationale Psychoanalyse), S. 110–129.
Bollas, C. (1997 [1987]): Der Schatten des Objekts. 4. Aufl., Stuttgart 2014 (Klett-Cotta).
Botella, C. & Botella, S. (2005): The Work of Psychic Figurability. Mental States without Representation. Hove, New York (Brunner-Routledge).
Dante Alighieri (2012): Commedia: Kassette mit zwei Bänden: I. Commedia. In deutscher Prosa von Kurt Flasch; II. Einladung, Dante zu lesen. Frankfurt/M. (Fischer).
Ehlert, M. & Lorke, B. (1988): Zur Psychodynamik der traumatischen Reaktion. Psyche – Z Psychoanal 42, 502–532.
Fischer, G. & Riedesser, P. (1998): Lehrbuch der Psychotraumatologie. Stuttgart (UTB).
Fonagy, P. (2007): Psychoanalyse und Bindungstrauma unter neurobiologischen Aspekten. In: Leuzinger-Bohleber, M., Roth, G. & Buchheim, P. (Hrsg.), Psychoanalyse Neurobiologie Trauma, Schattauer (Stuttgart), S. 132–148.
Fonagy, P. & Allison, E. (2014): The role of mentalizing and epistemic trust in the therapeutic relationship. Psychotherapy 51, 372–380.
Fonagy, P., Luyten, P. & Allison, B. (2015): Epistemic petrification and the restoration of epistemic trust: A new conceptualization of borderline personality disorder and its psychosocial treatment. J Pers Disord 29, 575–609.
Freud, S. (1920): Jenseits des Lustprinzips. GW 13, S. 3–69.
Freud, S. (1923b): Das Ich und das Es. GW 13, S. 237–289.
Green, A. (2004 [1983]): Die tote Mutter. Psychoanalytische Studien zu Lebensnarzissmus und Todesnarzissmus. Gießen (Psychosozial-Verlag).
Grubrich-Simitis, I. (1984): Vom Konkretismus zur Metaphorik. Psyche – Z Psychoanal 38, 1–28.
Kristeva, J. (2007 [1987]): Schwarze Sonne. Depression und Melancholie. Frankfurt/M. (Brandes & Apsel).
Küchenhoff, J. (2014): Der Sinn im Nein und die Gabe des Gesprächs. Psychoanalytisches Verstehen zwischen Philosophie und Klinik. Weilerswist (Velbrück).
Kumin, I. (1996): Pre-Object Relatedness. Early Attachment and the Psychoanalytic Situation. New York, London (The Guilford Press).
Lanius, R. & Vermetten, B. (Hrsg.) (2010): The Impact of Early Life Trauma on Health and Disease: The Hidden Epidemic. Cambridge (Cambridge University Press).
Laub, D. & Auerhahn, N. (1993): Knowing and not knowing massive psychic trauma: forms of traumatic memory. Int J Psychoanal 73, 287–302.

Laub, D. & Lee, S. (2003): Thanatos and massive psychic trauma: the impact of the death instinct on knowing, remembering, and forgetting. J Am Psychoanal Assoc 51, 433–464.

Muller, J. (1995): Beyond the Psychoanalytic Dyad. Developmental Semiotics in Freud, Peirce and Lacan. New York (Routledge).

Nöth, W. (2000): Handbuch der Semiotik. Stuttgart, Weimar (J. B. Metzler), S. 59–70.

Raguse, H. (1994): Der Raum des Textes. Stuttgart (Kohlhammer).

Reik, T. (1976 [1948]): Hören mit dem dritten Ohr. Frankfurt/M. (Fischer).

Ricœur, P. (1998): Das Rätsel der Vergangenheit. Erinnern – Vergessen – Verzeihen. Göttingen (Wallstein).

Scheidt, C. E. & Lucius-Hoene, G. (2018): Narrative Bewältigung von Trauma und Verlust. Stuttgart (Schattauer).

Segal, H. (1990 [1957]): Bemerkungen zur Symbolbildung. In: Bott-Spillius, B. (1990) (Hrsg.), Melanie Klein heute, Bd. 1, München, Wien (Verlag Internationale Psychoanalyse), S. 202–224.

van der Kolk, B., McFarlane, A. & Weisaeth, L. (Hrsg.) (1996): Traumatic Stress. The Effects of Overwhelming Experience on Mind, Body, and Society. New York (Guilford).

Varvin, S. (2003): Extreme traumatisation: strategies for mental survival. Int Forum Psychoanal 12, 5–16.

TEIL B
Zur Transformation traumatischer Erfahrungen

Einzelfall und klinischer Prozess

JOSHUA DURBAN

»Dolor Perpetua« und die Zerstörung des Jetzt: Trauma, Zeitlosigkeit und Unmögliche Objekte in der frühen Kindheit

Den Titel meines Vortrags *Dolor Perpetua*, der auf Latein »ewiges Leid« oder »ewiger Schmerz« bedeutet, habe ich einem kurzen lyrischen Werk meines Analysanden Lew[1] entnommen, das er mir überreicht hatte. Er hat es eine Woche, bevor er zum Studium ins Ausland ging, geschrieben. Lew ist ein mehrfach traumatisierter junger Mann, der viele Jahre damit gerungen hat, Zeit gleichzeitig einzufrieren und sie wiederzugewinnen – eine Zeit, die in seiner frühen Kindheit angegriffen, ihm weggenommen und grausam zerstört worden war. Obwohl es ihm durch seine Psychoanalyse[2] auf vielen Ebenen ganz gut gelungen war, sich die Schutzhülle eines produktiven, befriedigenden Lebens oder das, was er »eine Annäherung an Leben« nannte, zuzulegen, fühlte sich Lew auf einer tieferen Ebene eingefroren, leer, nicht erreichbar und aus der Zeit gefallen. Er mühte sich damit ab, sich lebendig zu fühlen, nicht die Hoffnung zu verlieren und auf eine Zukunft zu vertrauen, in der ihm Gutes widerfahren könnte.

Lew erklärte mir, dass die Formulierung »Dolor Perpetua«, die er erfunden hatte, die »negative, dunkle Seite« der berühmten Zeile aus Mozarts Requiem Aeternam sei: »Requiem aeternam dona eis, domine. Et lux perpetua luceat eis« (Herr, gib ihnen die ewige Ruhe, und das ewige Licht leuchte ihnen). Lew sagte: »Ich kann die Welt sehen und sie sogar schätzen und manchmal sogar genießen. Aber es gibt keine Ruhe für mich, kein Licht, keine Zeit, nur eingefrorenen Schmerz und Dunkelheit«. Lews Vorliebe für Requiems ist als Ausdruck seines Gefühls zu verstehen, dass er tote und mörderische Objekte in sich trägt, die er nicht zur ewigen Ruhe legen kann, weil er immer noch darauf hofft, dass sie Licht in seine Dunkelheit bringen mögen.

Das Schriftstück, das »kein Gedicht, sondern eine wissenschaftliche Beschreibung ist«, wie Lew barsch beharrte, ging so:

»Dolor Perpetua Dolor Perpetua; Ein Mund-loser Schrei;
Ein Haut-loses Erschaudern; Schmerz-loser Schmerz in Zeit-loser Zeit;
Bein-loses Laufen; Ich.

Dolor Perpetua Dolor Perpetua; Fetzen von niemand Verlassenem;
Schwebend; Gelähmt; Ad Aeternam; Jetzt.

Dolor Perpetua Dolor Perpetua; Blind sehe ich;
Keine liebenden Hände; Keine sanfte Stimme.

Um mich jemals zu mir zurückzubringen.«

Lews scheinbar paradoxer Wunsch, dass ihn jemand zu sich selbst zurückbringen möge, impliziert eine nichtlineare, zirkuläre, reversible und repetitive Vorstellung von Zeit. Darüber hinaus war er in seinem Alltag umgeben von liebenden Händen und sanften Stimmen, die er tragischerweise weder sehen, fühlen noch hören konnte oder wollte. Dennoch, wenn wir das als Wunsch begreifen, sich einen abgespaltenen, zerrissenen Anteil seiner selbst und seiner Primärobjekte wieder anzueignen und diesen in eine kohärente Matrix seiner Existenz einzuweben, um so Vergangenheit, Gegenwart und Zukunft miteinander verbinden zu können, dann macht sein Wunsch, in der Zeit zurückzugehen, durchaus Sinn.

Lew beschreibt hier ergreifend, was passiert, wenn es nicht gelingt, dass das Licht (oder der Schatten) der Liebe des Objekts auf das Ich fällt und stattdessen die traumatische Dunkelheit eines übermäßig provozierten, sadistischen Todestriebs vorherrscht, deponiert in einem Todes-Objekt (Durban 2017a), das Zeit und Entwicklung auslöscht. So wird das Primärobjekt sowohl mit Auslöschung wie auch mit Hoffnung gleichgesetzt, wodurch eine unmögliche Situation entsteht – verkörpert in einem verwirrenden *unmöglichen Objekt*. Das Objekt kann weder aufgegeben noch betrauert werden, weil die unerwiderte Sehnsucht nach seiner Liebe und Versorgung mit der Gefahr, von ihm ausgelöscht zu werden, verwechselt wird. In anderen Worten misslingt die Errichtung und Aufrechterhaltung von Spaltungsmechanismen. Darüber hinaus ist die Vorstellung, das Objekt zu verlassen, mit unsäglichem Schmerz und Schuld verknüpft. Dieses unmögliche Objekt ist tödlich (nicht tot), aber idealisiert und erzeugt eine Verwirrung sowohl zwischen dem Andrängen *(arousal)* eines Bedürfnisses und seiner Befriedigung wie auch zwischen Liebe und Hass. Die Sehnsucht nach unmöglicher Wiedergutmachung wird so ausgelöst. In einer eingefrorenen, zirkulären Zeitdimension festzustecken, ist dann Ausdruck und Lösung dieser Verwirrung, um die Liebe zum toten Objekt am Leben zu erhalten. Wenn es keine Entwicklung gibt, dann ist das Objekt nicht verloren und ein Hauch Hoffnung, dass doch noch eine liebevolle Beziehung zu ihm möglich werden könnte, bleibt erhalten. Problematisch ist diese eingefrorene oder zirkuläre Zeit, weil sie die seelischen Verwirrtheitszustände perpetuiert und Lernen durch Erfahrung verunmöglicht, das von der Anerkennung der Zeit abhängt. Lews literarische Lieblingsfigur war Prinz Lew Myschkin aus Dostojewskis Roman *Der Idiot*. Prinz Myschkin war, so Lew, reinen Herzens, aber steckte in seinen Gutherzigkeitsidealen fest. Deshalb konnte er nie aus Erfahrung lernen, verleugnete die Realität und wurde von seinem epileptischen Körper missbraucht, aber auch von fast allen ihn umgebenden Menschen.

Ich glaube, wir müssen uns, um solche Patienten behandeln zu können, darüber im Klaren sein, dass Zeit nie ganz wiedergewonnen oder rekonstruiert werden kann, ebenso wenig wie diese Objekte. Deshalb erfordert unser ›Sie-zu-sichselbst-Zurückbringen‹ ein dauerhaftes Sich-gewahr-Sein dieser Unfähigkeit und der Trauer darum auf Seiten des Patienten wie auch des Analytikers. Der Analytiker muss schicksalsergeben die traurige Tatsache anerkennen, dass »Dolor Perpetua« der »Luctus Perpetua« (ewigen Trauer) auf seiner Seite bedarf. Die Analyse half Lew sehr und er wusste das auch zu schätzen. Wir wussten beide, etwas würde zeitlos und auf ewig zerbrochen und beschädigt bleiben. Trotzdem ist das keine echte depressive Position. Seine Sehnsucht nach dem unmöglichen Objekt mag nachgelassen haben, aber heimlich hat er sie nie ganz aufgegeben. Kürzlich sagte Lew, er denke, er werde für immer Psychoanalyse brauchen, weil er sich nur mit mir mit dem wieder verbinden kann, was er »meine Titanic« nennt. In diesem Sinne geht es in der Psychoanalyse mit diesen Patienten nicht nur um Transformation und Durcharbeitung, sondern viel mehr um Containment und darum, die Wunden im Blick zu behalten, die nie heilen werden.

Zeit und Trauma

Ein zentrales Phänomen bei schweren Traumata ist die Zerstörung oder Entstellung des Sinns für lineare Zeit. Eine Patientin, deren Eltern schwer traumatisierte Holocaust-Überlebende waren, erzählte mir, dass es bei ihr zu Hause nie Zeit gab.

Entweder liefen alle getrieben hinter der Zeit her in einer ängstlich atemlosen Art und Weise, als ob die Zeit mit einem Gefühl eines ständig drohenden Unheils mitlief oder an Wochenenden, wenn die Familie zu Hause, depressiv und isoliert, eingeschlossen war, verschwand einfach jedes Zeitgefühl. »Die Nazis haben nicht nur Menschenleben beschlagnahmt«, stellte sie fest, »sie haben auch die Zeit beschlagnahmt«. Ich glaube, dass Deutsche und Israelis gleichermaßen bestätigen können, wie wahr das ist. Im Falle massiver Traumata wiederholt sich die Geschichte tatsächlich immer wieder, wenn auch vielgestaltig und manchmal auf sehr versteckten Wegen.

Die psychische Erfahrung von Zeitlosigkeit kann das Ergebnis von zwei ganz verschiedenen seelischen Zuständen sein. Einerseits kann sich so ein tiefes ozeanisches Wonnegefühl intimer Zweisamkeit ausdrücken, in dem die Ichgrenzen zeitweilig verloren gehen, aber wieder hergestellt werden. Zeitlosigkeit kann aber andererseits auch einen Zustand des gepeinigten »Nirgendwo-Seins« (Durban 2019) kennzeichnen, der aus der überwältigenden Flut archaischer existentieller Ängste *(anxieties of being)* entsteht. Auf einem etwas höheren Niveau der psychischen Entwicklung kann dieses ›Zeitlosigkeit-Nirgendwo-Sein‹ auch Zeichen einer aktiven psychotischen Vernichtung von Wahrnehmung, Gefühlen und Gedanken sein, in dem sie in einen undefinierten Raum evakuiert und verstreut werden.

Als ich diesen Vortrag schrieb, bin ich auf Robert Stolorows Aufsatz *Trauma zerstört Zeit* (2015) gestoßen, der wie ein Echo von Lews Beschreibungen und dieses ›Nirgendwo-Seins‹ klingt. Der Artikel wird mit einem Zitat aus Haruki Murakamis Buch *Mister Aufziehvogel* eröffnet:

> »Ich allerdings bin keiner mehr von ihnen. Sie sind da oben, auf dem Antlitz der Erde; ich bin hier unten, auf dem Grund eines Brunnens. Ihnen gehört das Licht, während ich dabei bin, es zu verlieren. Mitunter befällt mich das Gefühl, ich könnte nie wieder in jene Welt zurückfinden, nie wieder den Frieden erleben, vom Licht umhüllt zu sein […]. Es gibt hier unten keine Jahreszeiten. Nicht einmal die Zeit existiert« (1998).

Stolorow schreibt:

> »Murakami fängt in überwältigenden Bildern ein, wie das Trauma die normale durchschnittliche Alltags-Linearität und Einheit der Zeitlichkeit verheerend zerstört, dieses Gefühl, das sich von der Vergangenheit in eine offene

Zukunft erstreckt. Die Erfahrungen von emotionalen Traumen werden zu einem eingefrorenen Standbild einer ewigen Gegenwart, in der man für immer gefangen ist oder zu der immer wieder zurückzukehren man durch die Fallstricke des Lebens verdammt ist. Im Bereich des Traumas kollabiert jede Zeitspanne oder -ausdehnung. Die traumatische Vergangenheit wird zur Gegenwart und die Zukunft verliert jegliche Bedeutung jenseits einer endlosen Wiederholung. Weil das Trauma die universelle oder gemeinsame Zeitstruktur verändert, lebt die traumatisierte Person tatsächlich in einer anderen Art von Realität, in einer Welt von Erfahrungswissen, die als unvereinbar mit der der anderen erlebt wird. Diese erlebte Unvereinbarkeit trägt im Gegenzug zu einem Erleben von Distanzierung und Entfremdung von anderen Menschen bei, von dem sich die traumatisierte Person typischerweise verfolgt fühlt. Herausgerissen aus der gemeinschaftlichen Textur des In-der-Zeit-Seins, bleibt das Trauma vom menschlichen Austausch isoliert.«

Um Freude erleben und sich authentisch lebendig in dieser Welt fühlen zu können, werden drei wesentliche Fähigkeiten benötigt: *innere Verbundenheit, die Fähigkeit, den Moment erleben zu können,* und *der Umgang mit Schmerz.* Diese drei Fähigkeiten hängen natürlich voneinander ab. Wenn sich kein Umgang mit Schmerz findet, kann dieser die Verbindung von Innen und Außen in einem Now-Moment auslöschen, wohingegen die Verbundenheit im Hier und Jetzt mit der inneren Objektwelt unserer selbst und der von anderen häufig Schmerz lindert oder diesen manchmal sogar zum Verschwinden bringt. Traumen, durch die die Grenzen von Körper und Seele über ihre Grenzen hinweg so weit ausgedehnt werden, bis sie verletzt, perforiert oder zerrissen sind, sind durch einen frei flottierenden, nicht handhabbaren Schmerz gekennzeichnet und durch die Zerstörung des Jetzt als einer gemeinsam erlebten Realität. Das hat zum Teil mit dem ähnlichen Schicksal zu tun, das die inneren Objekte erleiden, seien sie traumatisiert oder traumatisierend. Denn auch diese sind ausgedehnt, zerrissen oder perforiert und nehmen eine verstümmelte und rachsüchtige Gefühlsqualität an. Als solche können sie dann auch keine innere Erfahrung von rhythmischem Miteinandersein anbieten, die Voraussetzung für das Erleben eines Now-Moments ist. Wenn das Jetzt verschwindet, verschwinden auch unsere Wurzeln in der Vergangenheit und unsere Hoffnungen für die Zukunft. Die Möglichkeit der Wiedergutmachung wird dann durch einen Kreislauf ewiger Zerstörung ersetzt. Kummer und Trauer werden dann von seelischem Schmerz und namenloser Angst überformt.

Der Aufbau von Zeitwahrnehmung

Die psychische Wahrnehmung von gemeinsamer Zeit hängt von einem komplizierten Zusammenspiel von *Körper-Zeit, Selbst-Objekt-Zeit und Historischer Entwicklungs-Zeit* ab. Unter *Körper-Zeit* verstehe ich die rhythmische Erfahrung des eigenen Körpers, der durch die Zyklen von Verdauung, Ausscheidung sowie Schlafen und Wachsein entsteht; der Kreislauf von Bedürfnissen, ihre Erregung, Befriedigung oder Frustration und die Vermischung oder Entmischung der Triebe (Freud 1920). Die Zeit des Körpers wird bestimmt durch das Spannungsfeld zwischen Zellteilung und Zellverfall sowie durch die Spannung zwischen den Präkonzeptionen unserer Geburt und unseres kommenden Todes.

Objekt-Zeit entsteht durch die Körper-Seele-Präsenz der Mutter und ihre haltenden *(containing)* Funktionen. Zunächst sind es Atmung und Herzschlag der Mutter, die *in utero* im Fruchtwasser einen Resonanzkörper finden. Auch ihre Stimme, ihre Verdauungsgeräusche und -rhythmen befördern ein Gefühl für die rhythmische Synchronizität einer Halt gebenden Beziehung (Priel 1997, 2004; Mancia 1981; Maiello 1995, 2001). Später ist es dann die Nähe oder Distanz zum mütterlichen Körper, das Stillen, der Umgang der Mutter mit den Bedürfnissen des Säuglings und der Zeitspanne zwischen ihrem Anschwellen und der Befriedigung oder Frustration, wodurch das Gefühl einer gemeinsamen Zeit begründet wird (Bion 2013; Birksted-Breen 2007; Winnicott 1960, 1997a, 2001). Birksted-Breen (2003) nennt das: »Zeit des Nachhalls«, in dem die aktuellen Erfahrungen des Babys im mütterlichen Container in einer zeitlichen Spiralbewegung nachhallen und Resonanz finden. Dadurch kann das Baby ein primäres Gespür für Verarbeitung und Aufschub verinnerlichen.

Psycho-Genetische oder Historische Zeit bezieht sich auf die Erfahrung, dass es etwas vor einem selbst gab und dass wir Teil eines größeren Bezugsrahmens oder Kontextes sind, der auch nach uns weiter bestehen bleibt. Das beinhaltet auch die Einschreibungen unserer Vorfahren und ihrer Geschichte als transgenerationale Weitergabe in der unbewussten Phantasie, die sich in die Gegenwart hineinschiebt (*telescoped*; Durban 2009). Darauf bezieht sich das Zen Koan (Rätsel) mit der scheinbar sinnlosen Frage: »Was war mein Gesicht vor der Geburt meiner Eltern?«

Entwicklungs-Zeit bildet sich durch die Akkumulation und Summe von unseren Erfahrungen auf all diesen Ebenen, während wir heranwachsen, uns verändern und entwickeln.

Das besondere und tragische Merkmal von Trauma ist, dass das traumatische

Geschehen auf einer Entwicklungsstufe stattfindet, aber einen Dominoeffekt auf allen anderen Stufen nach sich zieht: nämlich eine Lawine von Traumatisierungen. Das funktioniert in einem Bottom-up-Prozess (wie im Fall von körperlichen Traumen, die sofort in den Objekt-Beziehungen, den Entwicklungserfahrungen und dem Zugehörigkeitsgefühl widerhallen und in diese eindringen), aber auch auf dem Weg *top-down* (aus den Objekt-Beziehungen in den Körper).

Wenn es physiologisch oder psychisch zu viel Tod oder Todesgefahr gibt, dann gibt es keine Zeit. Der Rhythmus des Sicherheitserlebens wird vom Stillstand des Unheimlichen überwältigt. Das Verschwinden der Zeit wird in jeder der vorgenannten Zeitdimensionen anders eingeschrieben. Auf der *Ebene der Körper-Zeit* werden die körperlichen Funktionen und die Chance auf eine Repräsentanz im Seelischen beschädigt. Der Körper wird zur Gefahr, anstatt ein Zuhause zu sein, und das wühlt schwere Existenzängste auf wie z. B. fallen, in Stücke zerbrechen, erfrieren, verbrennen, sich verflüssigen und die Orientierung, (in) Zeit und Raum zu verlieren. Die Unterscheidung von Leben und Tod zerfällt. Wo kein Körper ist, da ist niemand und es gibt keine Zeit (Where there is no body, there is nobody and no time).

Auf der *Ebene der Objekt-Zeit* können Objekt-Repräsentationen gehemmt (Botella & Botella 2005) oder Verfolgungsängste verschärft werden. Ich denke, dass das mythologische Bild von Chronos, dem griechischen Gott der Zeit (dessen Name dem Konzept der Chronizität und chronisch pathologischer Zustände zugrunde liegt), der oft dargestellt wird, wie er seine eigenen Kinder isst, ergreifend beschreibt, welche Ängste im Kleinkind wachgerufen werden. Die unbewusste Phantasie einer Vergangenheit, die Gegenwart und Zukunft verschlingt, führt zu einer zirkulären nicht linearen Zeit. Man kommt immer wieder zurück zum Nullpunkt *(ground-zero)*, also dem halluzinierten, undifferenzierten Inneren der Eltern. Darin enthalten sind Wunsch und Schrecken. Das Kind versucht Zeit einzufrieren, sie umzukehren oder einfach zu ignorieren. Dies geschieht mit dem Ziel, Differenzierung, Getrenntheit und die schmerzliche Erkenntnis der gefährlichen Realität zum Stillstand zu bringen oder, um unerträgliche Erfahrungen regulierbar und beherrschbar zu machen. Es ist aber auch ein Versuch, alles so zu lassen, wie es ist, in der Hoffnung, dass eines Tages eine andere, benigne Verkettung von Ereignissen möglich sein wird. Hier treffen wir auf eine *perverse Hoffnung*, die nicht an die Zukunft glaubt, sondern der trotzige Wunsch ist, die Vergangenheit zu ändern. So ist das Hauptmerkmal der frühen traumatischen Erfahrung die Erschaffung eines *unmöglichen Objekts;* seelisch tot, aber körperlich lebendig (vgl. auch die Faszination der Alltagskultur mit Zombies und Vampiren), symbiotisch, ambivalent und omnipotent. Schnell wird dieses Objekt dann Teil eines archaischen, sadistischen Über-Ichs und oft damit gleichgesetzt.

Auf der Ebene der *Psycho-Genetischen Zeit* können pathologische Gleichungen entstehen, die als die Wiederholung einer destruktiven historischen Ahnenreihe wahrgenommen werden (wie das oft bei adoptierten Kindern der Fall ist). Auf *der Ebene der Entwicklung* kann es zum *Verlust der Hoffnung auf eine bessere Zukunft* und zur Zerstörung der Fähigkeit zu einer »Entwicklungs-Träumerei« (Durban 2014) kommen, bei der sich das Kind selbst vorstellen kann, dass es heranwächst, sich entwickelt und verändert.

Die Rolle der Analyse

Um also traumatisierten Patienten helfen zu können, gesund zu werden, müssen wir es irgendwie schaffen, ›Zeit zu erschaffen‹ *(to make time)*, und zwar: die Zeit zu verlangsamen, wir müssen Kontinuität, Gleichzeitigkeit und Gemeinsamkeit herstellen (Alvarez 2014; Gampel 2017). Wir müssen den Schmerz auftauen und einen gemeinsamen Körper-Seele-Container errichten, dem es gelingt, mit der Zeit Schmerz zu ertragen und zu verwandeln. Das erfordert ein kompliziertes Durcharbeiten von Angst-Inhalten und -Prozessen. Sich wiederholendes perverses Verhalten muss aufgegeben werden. Wir müssen gleichzeitig in den Dimensionen von *Körper-Zeit, Objekt-Zeit, Historischer und Entwicklungs-Zeit* arbeiten mit der Bereitschaft, unsere gesamte Körper-Seele-Präsenz als ›Zeitlichen Container‹ zur Verfügung zu stellen, als ein Objekt mit einem Gedächtnis, das dennoch für neu Geschaffenes und Hoffnung steht. Trotzdem ist das im Fall von schweren frühen Traumen ein sehr langsamer und oft scheiternder Prozess, der in sich selbst eine nichtlineare Beschaffenheit einnimmt. Es gibt dann flüchtige Veränderungen in einem Ozean der Verzweiflung. Und hier rede ich nicht über äußere Veränderungen und Entwicklungen, weil interessanterweise im Verlauf der Analyse mehrfach traumatisierter Kinder oft bemerkenswerte Veränderungen im Außen möglich werden. Ich beziehe mich mehr auf die tieferen Schichten der Persönlichkeit, die völlig mit dem traumatischen Zusammenbruch gleichgesetzt werden und jedem Zeitgefühl trotzen, dadurch die Realität verleugnen und so an der Bindung zu den Überresten eines unmöglichen, verwirrenden und traumatisierenden Objekts festhalten.

Frühe Traumen werden vom Säugling als *Beschlagnahmung seines Körpers, seiner Seele, und von Raum und Zeit erlebt – durch ein mörderisches Objekt*. Daraus folgen einige spezifische Ausformungen unbewusster Phantasien und Abwehrmechanismen. Manifest erzeugt diese Beschlagnahmung eine besondere Art von nicht erlebter Erfahrung, einer nicht mentalisierten Dissoziation. Lazar schreibt (2016):

»Die Tragödie des Traumatisiertseins liegt in der Tatsache, dass man nicht anwesend war, als es einem widerfahren ist. Um es ›in Besitz zu nehmen‹, müssen wir ›zusammen eine Erfahrung machen‹ (Winnicott 1997b). Als Therapeuten müssen wir uns manchmal zurückhalten und nicht deuten, um so eine Begegnung ›in Echtzeit‹ [*now moment* (Stern et al. 1998)] von den dissoziierten Selbst-Zuständen des Patienten mit unseren unterschiedlichen Selbst-Zuständen zu ermöglichen. Häufig müssen wir Deutungen zunächst zurückhalten, um erst für den Patient und uns selbst einen neuen Weg des Seins zu finden.«

Schellekes (2017) schreibt in ihrem wichtigen Beitrag *When time stood still* über die Zeitdimension in der Psychoanalyse und in traumatischen Situationen:

»Die therapeutische Situation, die wir herstellen, ist gesättigt mit Zeitaspekten […] jede Sitzung eine feststehende Einheit mit klaren Grenzen im Hinblick auf Zeit und Bezahlung, wohingegen der Prozess als Ganzes offen und zeitlos ist, als ob er sich auf den Zeitachsen ohne jegliches Hindernis vor- und zurückbewegen könnte. Nach meiner Einschätzung liegt die zentrale Qualität des analytischen Prozesses in unserer Fähigkeit, mit unseren Patienten in einem Zustand nicht gefühlter und unausgesprochener Bewegung zwischen verschiedenen Zeiten zu sein, nicht in linearer Zeit, aber in einer Art von schwebender Zeit. […] Die Erfahrung dieser Gegenwart ist nicht nur von den Beziehungen, die beide Teilnehmer in ihrer Vergangenheit hatten, geformt und vorherbestimmt, sondern formt, wie sie die Vergangenheit wahrnehmen, und schreibt sie sogar neu (Überschreibung). Diese Prozesse der Nachträglichkeit *(après coup/deferred action)*, die Bedeutung rückwirkend herstellen, sind so gut von Freud (1895, 1897, 1918) und anderen wie Modell (1990), Green (1999), Birksted-Breen (2003) und Pine (2006) beschrieben worden. So erschafft unsere sich verändernde Wahrnehmung der Vergangenheit zusammen mit dem Inhalt und den Prozessen, die jede einzelne Sitzung hervorbringt, eine neue Erfahrung von Gegenwart, die im Gegenzug als neue Vergangenheit für künftige Momente dient.«

Mit Hilfe des Materials aus den ersten Stadien von Lews Analyse, als er noch ein Kind, und aus späteren Stadien, als er ein Jugendlicher war, versuche ich zu beschreiben, was passiert, wenn die Zeit, als Folge massiver kumulativer Traumen auf all diesen Ebenen, zerstört wird. Es ist nämlich so, dass wir neben realem Fortschritt und Entwicklung ein festgefahrenes Innerstes in der Persönlichkeit antreffen, das sich nicht mit linearer Zeit verbinden kann und das dazu tendiert, dieselben Inhalte und Abläufe mit einem rigiden süchtigen Impetus zu wiederholen. Bei solchen Patienten treffen wir auf eine schwierige Kombination aus dem, was Betty Joseph so beschrieben hat: sowohl »schwer zu erreichen« als auch »süchtig nach Todesnähe«. Edna O'Shaughnessy (1986) beschreibt ein ganz ähnliches Phänomen in der Psychoanalyse eines dreijährigen Jungen, der unter der melancholischen Identifikation mit dem ursprünglichen Objekt litt. Der Junge war mit einem Primärobjekt identifiziert, das aus »inneren und äußeren Gründen immer wieder in eine versehrte und anklagende Verfassung verfiel«. Sie beschreibt bewegend diese tragische Situation

> »eines Kindes, das durch die Ausbrüche seines Hasses immer wieder seine liebevolle Beziehung zu und Identifikation mit den guten Anteilen seines Objekts verliert. Es war unmöglich in dieser kurzen Zeit festzustellen wie sehr sein Hass mit Frustration, Kummer, Verfolgungsideen, Faszination, mit Sadismus oder Neid zu tun hatte. […] Er sprang hin und her zwischen der Verzweiflung, dass es schon zu spät sei, und der Hoffnung, dass es noch nicht zu spät sei, seine innere Welt zu reparieren.«

O'Shaughnessy schloss daraus, dass sich diese Identifikation für die zukünftige seelische Gesundheit des Kindes als schädlich erweisen und seine Behandlung in eine Sackgasse führen könnte. Ich meine aber, dass unsere neuen Erkenntnisse über die frühesten Daseinsängste und die neuen Techniken, die für die Arbeit in diesem Bereich entwickelt wurden (z. B. bei Kindern mit Autismus-Spektrum-Störungen), uns in Bezug auf die Möglichkeit einer Wiedergutmachung einen vorsichtigen Optimismus erlauben.

Die Psychoanalyse, von der ich berichten werde, lief mit Unterbrechungen über fünfzehn Jahre und hat mich veranlasst, über Lews Leben in der Nicht-Zeit und der Nicht-Jetzt-Dimension einige Überlegungen zu formulieren. Auf mich wirkte Lew immer viel eher *peritraumatisch* als *posttraumatisch*, so wie er das »wissenschaftlich« beschrieb, völlig erstarrt und in den katastrophischen Momenten gefangen, die ständig dargestellt *(enacted)* und wiedererlebt werden mussten. Ich denke, dieser peritraumatische Zustand trifft auf viele unserer schwer beschädigten Patienten zu. Die Frage, die sich stellt, ist, wie und auf welche Weise wir solchen Patienten helfen können: Ob es überhaupt möglich ist, oder wenigstens so weit, dass die erstarrte Zeit aufzutauen ist, Kontinuität und Zusammensein in Now-Momenten herzustellen sind und so das Trauma von einem nicht mentalisierten Krebsgeschwür in psychischen Schmerz zu verwandeln ist, das im Geflecht einer lebendigen psychischen Erlebniswelt eingebettet ist. Ich werde versuchen die schwierige Aufgabe zu beschreiben, die vom Analytiker gefordert ist, *um Körper-Zeit, Selbst-Objekt-Zeit und einen gemeinsamen Zeitlichen Container* aufzubauen, durch die beständige Deutung der frühen existentiellen Ängste, die das Zeitgefühl angreifen und desintegrieren, durch Deutungen der destruktiv-paranoiden Teil-Objekt-Beziehungen und der malignen psychischen Abwehrmanöver, die darauf abzielen, den traumatischen Moment *ad aeternam* zu wiederholen. Hierzu muss man sich der versteckten Gründe der Wiederholung gewahr sein und diese nicht nur als erstarrten traumatischen oder prätraumatischen Moment vor der Katastrophe verstehen, *sondern auch als Ausdruck von Liebe, wie schmerzlich das auch immer sein möge, zum Primärobjekt,* damit ein gewisses Maß an Veränderung erreicht werden kann. An dieser Stelle möchte ich betonen, wie dankbar ich Lew bin, dass ich sein Material so offen diskutieren darf. Als ich diese Möglichkeit mit ihm ansprach, dass ich seine Geschichte in einem Vortrag oder Aufsatz erzählen könnte, sagte Lew, dass er die Tatsache, in den Augen und Herzen von anderen zu existieren, als eine zentrale Zutat auf seinem Weg der Wiedergutmachung ansehe.

Das Babybettchen und die Decke

Zum ersten Mal sah ich Lew, als er zweieinhalb Jahre alt war. Seine Mutter war früher bei mir in psychotherapeutischer Behandlung gewesen. Seine Eltern konsultierten mich, nachdem Lew eine ASS-Diagnose (Autismus-Spektrum-Störung) bekommen hatte. Er war im Alter von 16 Monaten aus einem Waisenhaus der früheren Sowjetunion adoptiert worden. Dieses Kinderheim wurde kurz nach Lews Adoption geschlossen, weil es Anzeichen für schwere Vernachlässigungen und Missbrauch der Kleinkinder durch das Personal gegeben hatte. Den staatlichen Stellen war sehr daran gelegen, schnell ein neues Zuhause für diese Kinder zu finden, und das machte es den Eltern möglich, das Adoptionsverfahren sehr rasch zu durchlaufen und Lew nach Israel zu holen. Dort ergab die medizinische Untersuchung, dass er krank und unterernährt war. Sein Körper war übersät mit blauen Flecken, offenen schwärenden Wunden und Lew hatte Hautausschlag. Sein Anus und seine Mundhöhle waren eingerissen und infiziert, was nach Vermutung des Arztes auf ein gewaltsames Einführen harter Gegenstände, möglicherweise männlicher Genitalien, in diese Körperöffnungen zurückzuführen war. Darüber hinaus schloss der Mediziner die Möglichkeit eines FAS (Fetales Alkoholsyndrom) nicht aus, weil Lews biologische Mutter Alkoholikerin war und das Kind zum Zeitpunkt der Untersuchung in sich zurückgezogen und phlegmatisch war und auch komisch aussah. Die Eltern waren sehr besorgt. Lew reagierte nicht, sprach nicht und es gab kaum Blickkontakt. Er saß oder lag ganz passiv in seinem Babybettchen, aß kaum, initiierte keinerlei Kontakt und interagierte nicht mit seinen Eltern. Obwohl seine Sauberkeitserziehung abgeschlossen war, hielt Lew Kot und Urin über besorgniserregend lange Zeiträume zurück oder pinkelte und kotete sich selbst unvermittelt voll.

Die Großmutter der Adoptivmutter war im Zweiten Weltkrieg in ein katholisches Waisenhaus gegeben worden, wo sie zwar gerettet, aber seelisch und körperlich misshandelt worden war. Ihre Eltern fanden sie später wieder und nahmen sie mit nach Israel. Sie wurde als eine sehr kalte und unberührbare Frau beschrieben. Lews Adoptivvater erzählte, wie er als Kind von seinen Eltern entfernten, reichen und kinderlosen Verwandten ›übergeben‹ worden war, bei denen er dann wochenlang bleiben musste. Die Hoffnung der Eltern war, dass der Verwandte nach seinem Tod sein Vermögen ihrem Kind und ihnen vermachen würde. Der Vater erinnerte keine Übergriffe ihm gegenüber, weder sexuell noch in anderen Hinsichten, aber sagte, dass er in seiner eigenen Analyse verstanden hatte, dass seine kalten und gierigen Eltern die eigentlichen Missbraucher gewesen waren. Auf beiden Seiten der elterlichen Familien gab es also eine tiefe Verwirrung zwischen Tätern *(perpetrators)* und Opfern *(victims)*, zwischen Gut und Böse, was zu bizarren »Victimator«-Objekten (Durban 2017c) geführt hatte. Lews Adoptiveltern haben zwei ältere eigene Kinder. Sie machten auf mich immer den Eindruck von sehr liebenswürdigen, besorgten und liebenden, aber auch sehr ängstlichen und depressiven Eltern.

Von Beginn der Analyse an war davon auszugehen, dass die traumatisch konstitutionellen, objektbezogenen und psycho-genetischen Belastungen das Geschehen auf fast unerträgliche Art und Weise dominieren würden. Mir war nicht klar, ob der Junge wirklich autistisch war oder ob er sich eine defensive autistische Schale zugelegt hatte, um überhaupt sein massives Trauma überleben zu können.

Am Morgen des Tages, an dem ich meinen ersten Termin mit Lew haben sollte, rief mich eine enge Freundin an, um mir zu erzählen, dass bei ihr ein bösartiger Tumor diagnostiziert worden war, der schon in ihr Gehirn metastasiert hatte. Es war klar, sie hatte nicht mehr viel Zeit. Als Lew von seiner Mutter völlig passiv in meinen Behandlungsraum hereingetragen wurde, sah ich einen wunderschönen blonden, blauäugigen kleinen Jungen, der total leer aussah. Seine Mutter setzte ihn auf den Boden, wo er einfach regungslos sitzen blieb. Als sie rausgehen wollte, reagierte er überhaupt nicht, und so bat ich sie dazubleiben, weil ich dachte, sie könnte mir vielleicht erzählen, ob er mit mir irgendwie anders wäre, als sie das mit ihm zu Hause erlebte. Zu diesem Zeitpunkt stand ich unter dem Eindruck bahnbrechender Arbeiten mit hoch autismusgefährdeten Säuglingen in Frankreich, die in der Gegenwart der Mutter aus ihren zurückgezogenen Zuständen, durch die Herstellung einer aktiven, Deutungs-Prosodie, der *motherese* (etwa Mutter-Lautmalerei), herausgeholt werden (Laznik 2007, 2009), und ich dachte, weil Lew noch keine drei Jahre alt war, dass ich das zumindest mal ausprobieren könnte. Sporadisch zuckte Lews Mund, was mich an eine entfernte Saugbewegung denken ließ. Dann erst sah ich, dass er in die Hose gemacht hatte und in einer Pfütze aus Urin saß. Ich fühlte mich völlig überwältigt von all dem, obwohl noch nicht so viel passiert war. Ich schob das auf die verstörende Nachricht von der tödlichen Erkrankung meiner Freundin, und dass ich wohl deswegen irgendwie abgelenkt war. Wirklich zwanghaft versuchte ich auszurechnen, wie viele Monate seit dem Tod meiner Mutter vergangen waren und wie lange meine Freundin noch zu leben hatte. Das dauerte nur ein paar Minuten, was mir aber viel länger vorkam. Später verstand ich, dass dieses Gefühl der Verwirrung und zugleich die Wahrnehmung einer drohenden Katastrophe, die guten Objekte zu verlieren, was in gewisser Weise schon passiert war und dabei war wieder zu passieren, bedeutsame Botschaften von Lew waren. Ich denke, er hat mich in diesen Zustand versetzt (durch die massive Projektion in meine inneren Objekte), während er zur gleichen Zeit ein Grundgerüst des Trauerns errichtet hat, das er so dringend brauchte, aber in seinem eigenen Inneren noch nicht halten konnte. Ich kam wieder zu mir, in die Gegenwart, und sah Lew einfach dasitzen, nass, entleert und in die Gegend starrend mit seinem zuckenden Mund und seiner offenkundig geängstigten Mutter. Ich sagte: »Es ist etwas Schreckliches passiert und es wird wieder passieren«. Ich fuhr fort: »Lew kennt diese Person Joshua nicht. Lew hat Angst, wird zu Pipi und läuft aus. Ist Joshua gut oder böse? Joshua kennt Lew nicht. Joshua hat auch Angst. Mama ist traurig und hat auch Angst. Was ist mit Lew-Baby passiert? Was ist mit Mama passiert?« Nach einigen Minuten steckte Lew seinen Daumen in den Mund und fing an daran zu saugen. Das nahm ich als ein gutes Zeichen und sagte: »Baby

Lew möchte Mamas Titis (hebräisch Brust in Babysprache) wieder im Mund haben. Lew braucht gutes Essen und Mama in sich, damit er groß werden kann. Lew hat Hunger.« Ich holte Spielzeug-Geschirr und Spielzeug-Essen (Kekse, Bananen und einen Suppenteller) aus der Puppenhausküche und legte sie vor ihm hin. Zu meiner großen Überraschung untersuchte Lew die Gegenstände etwa eine Minute lang, mit seinem Daumen ungelenk seitlich im Mund hängend. Ich versuchte ihm eine Banane anzubieten und initiierte ein Fütterspiel, aber Lew wandte seine Augen ab und schob die Banane und das Essen zurück ins Puppenhaus. »Lew mag kein Joshua-Essen. Ist es böse? Ist es gefährlich?«, sagte ich. Dann holte er ein kleines Kinderbettchen und eine Decke heraus und deckte das Bettchen damit zu. Plötzlich wurde er ganz aufgeregt, krabbelte zum Puppenhaus, nahm ein kleines Messer und steckte es in die Decke. Das war begleitet von einem Gejammer, das immer lauter wurde, bis es ein durchdringendes, fast animalisches Geheule wurde. Seine Mutter fing an zu weinen, eilte zu ihm und wollte ihn hochnehmen und gerade als ich sie bitten wollte, ihn uns zeigen zu lassen, was er wollte, schubste Lew sie weg, er fiel auf den Boden und fing an, auf seinem Daumen herumzubeißen, seinen Kopf auf den Boden zu schlagen und sie wieder wegzuschubsen. Ich war sehr beunruhigt, mir war schlecht und ich fühlte mich ganz überwältigt, aber nicht nur von dem, was Lew gemacht hatte oder dem Ausmaß seiner Ängste oder denen seiner Mutter, sondern auch durch die Überflutung mit meinen eigenen sehr persönlichen schwierigen Erinnerungen und der Beschäftigung mit Verlust und Tod, die ich, sogar an diesem frühen Punkt in der Analyse, als Ausdruck von und Antwort auf unbeschreibliche, nicht mentalisierte und tief abgespaltene Erfahrungen verstand, die in mich hineinsickerten. Hinzu kam, dass ich über die unvermeidlich sexuell-perverse Konnotation in Anbetracht seiner frühen Missbrauchsgeschichte nachdachte, den Daumen so halb im Mund steckend, die Banane, die ich ihm angeboten hatte und seine Panik in Bezug auf das Zustechen und Eindringen. Ich dachte auch über Lews zerrissene, entzündete Haut-Decke nach und über das Misslingen von Spaltung zwischen Aggression, Bedürftigkeit, Penis, Brust, Täter und Opfer, was zu einer schrecklichen Verwirrung geführt hatte. Zudem war mein Zustand, ganz blockiert mit meinem eigenen persönlichen Kummer zu sein, ein Hinweis, dass Lews erster Kontakt mit seinem Primärobjekt einer war, in dem seine Schreie und Ängste auf ein trauerndes, undurchdringliches, nicht schwingungsfähiges Objekt getroffen waren. Ich glaube, Lews Angriffe auf die Decke waren sein Versuch, Zugang zu diesem blockierten Objekt zu finden. Deshalb war ich in zwei projizierte innere Objekte gespalten, die er in mir deponiert hatte: in das schwingungsfähige, leicht zu infiltrierende Objekt, das zu seiner unbewussten Phantasie von Wiedergutmachung gehörte, und in das undurchdringliche, unmögliche Objekt.

Dieser Ansturm rascher Gedankenwechsel verwirrte mich und ich habe auch überlegt, ob ich Lews Zustechen stoppen sollte. Ich sagte dann: »Lew zeigt Joshua und Mama, was Lews und Mamas Kinderbettchen passiert ist. Mama wurde Baby-Lew weggenommen und dann ist Lew auch weg. Dann ist da nur noch ein leeres Kinderbettchen und Dunkelheit. Lew möchte, dass die Dunkelheit weggeht und dass Mama wiederkommt. Lew fühlt sich ganz leer, ohne Mama in sich zu spüren, wie eine Decke voller Löcher. Böse Messer kamen und haben Löcher in Lew reingemacht.« In diesem Moment nahm die Mutter den heulenden Lew in ihre Arme, wiegte ihn und sprach leise mit ihm. Ich war erleichtert, dass Lew das zulassen konnte. Als ich mich den beiden näherte, versteifte er in ihren Armen und ich sagte: »Jetzt ist Lew mit der weichen Mama. Sie hält ihn und beschützt ihn vor dem bösen gefährlichen Joshua-Messer, der Sachen in Lew reinstecken wollte.« Plötzlich war die Stunde vorbei und ich war völlig durcheinander. Ich fühlte mich, als sei ich nicht wirklich da gewesen, aber als ich es war, war es fast nicht zum Aushalten.

Über die nächsten Wochen wiederholte sich das Kinderbettchen-Decken-Spiel in nur leichten Variationen. Mir wurde nach ein paar Wochen klar, dass obwohl Lew sicher traumatische Momente wiedererlebte, diese unverändert festsaßen und keine noch so starke Deutung auf der Ebene der Selbst-Objekt-Erfahrungen irgendeinen Einfluss darauf zu haben schien. In der Zwischenzeit hatte die Mutter den Behandlungsraum verlassen. Lews Angriffe auf das Babybettchen und auf die Decke gingen weiter, wobei sie an Brutalität und Sadismus zunahmen. Er schnitt die Bananen und Gurken in Stücke, biss in sie hinein, biss sich dann auf die Zunge und schrie. Er schob das Messer gehässig zwischen die Stäbe des Babybetts und versuchte dann, es sich in die Augen zu stechen. Ich verstand, dass es so etwas wie eine paranoide Schuld in Bezug auf diese Angriffe gab, die er als mörderischen Penis-Vater und eine abwesende, nicht beschützende Brust erlebte. Beide wurden mit seinem Körper und seinen Wahrnehmungsorganen gleichgesetzt, so dass in jedem Angriff die Gefahr der Selbstverstümmelung steckte. Die Differenzierung zwischen Selbst und Objekt war verwischt. Daraus folgte, dass die lineare Zeit durch eine zirkuläre, sich nicht bewegende Zeit ersetzt worden war und deshalb Veränderung verunmöglichte.

Eines Tages, als er sein Babybett-Decken-Ritual wiederholte (was noch weder Regelspiel noch Schauspiel war, weil es keinerlei symbolischen Inhalt hatte), nahm ich zwei Babydecken heraus, die ich vorbereitet hatte. Ich wickelte eine um mich selbst und eine um ihn. Ich sagte: »Das böse Papa-Messer und die zerrissene Mama-Decke sind jetzt nicht hier. Sie sind nur in Lews Körper. Lews Körper ist voller Schmerz. Aber jetzt bringt Joshua neue weiche Mama-Decken für beide, Joshua und Lew. Jetzt können wir beschützt werden, uns gut fühlen und Lews Körper heil machen.« Er guckte verblüfft, verharrte einen Moment regungslos, aber dann krabbelte er vom Puppenhaus weg, legte seine Wange auf die Decke und lag, leicht an seinem Daumen saugend, zu meinen Füßen. Ich spürte, dass ich mit der weichen Babydecke *als Handlungsdeutung* ein *neues reparatives Element eingeführt und damit eine lineare Zeitabfolge errichtet hatte* (was ist einmal geschehen und was passiert jetzt und wie könnte es in der Zukunft sein). *Mit der gemeinsamen Erfahrung* (wir beide umhüllt von einer neuen, weichen und schützenden Decke, implizierend, dass ich nicht außerhalb seines Erlebensraums war, in den gefährlich und missbräuchlich eingedrungen werden kann) wurde so *ein neues Objekt-Implantat* möglich, ein Objekt, in dem Lews Erfahrung einen Widerhall findet und das gleichzeitig die traumatische Vergangenheit, die festgefahrene Gegenwart und die Hoffnung auf eine bessere Zukunft halten kann.

In der nächsten Sitzung kam Lew auf seine Kinderbettchen-Inszenierung zurück. Diesmal legte er ein Baby in das Bettchen. Beides war meines Erachtens Ausdruck seines Gefühls, in einem Container zu sein, und auch der Möglichkeit, mich in sich hineinzunehmen. Das Baby fiel trotzdem bald aus dem Bettchen, als die immer gleiche Abfolge bis zur Gewalttätigkeit eskalierte, während Lew einen verträumten, fast verzückten Gesichtsausdruck hatte. Mir wurde klar, dass die Wiederholungen eine perverse Qualität angenommen hatten und deshalb jede Möglichkeit für Veränderung und Entwicklung verhinderten. Ich entschied mich, das Spiel zu beenden. Ich sagte: »Es ist immer dasselbe, immer und immer wieder. Das Baby ist in großer Gefahr, weil das einfach nicht aufhört. Lew will dem Baby weh tun, weil er sich groß und stark fühlt. Aber Joshua wird das Baby beschützen.« Ich nahm das Baby, das Babybettchen und das Messer und steckte alles in meine Tasche. Lew fing an wie verrückt zu schreien, er zitterte und es tropfte nass aus seinen Augen und seinem Mund. »Ich will aber, ich will aber!«, schrie er. Das wirkte ähnlich wie die Entzugserscheinungen eines Drogenabhängigen und ich dachte sofort an seine biologische Mutter, die Alkoholikerin, und an sein mögliches FAS. Ich verstand, dass er von diesen endlosen Wiederholungen abhängig war wie von einer Hülle, wie das ja bei vielen ASS-Kindern der Fall ist, und ich fühlte mich schuldig, weil ich ihm seine Decke weggenommen hatte. Trotzdem war ich mir sicher, wenn ich diese zirkuläre, erstarrte Zeit nicht stoppen würde, konnte daraus nichts Neues und keine Vorwärtsbewegung entstehen. Zu diesem

Zeitpunkt hatte ich das Gefühl einer belastbaren Übertragung und es gab sogar Hinweise auf ein gutes Teilobjekt in ihm, auch wenn es ständig angegriffen und missbraucht wurde. Darüber hinaus hatte ich einen ersten Blick auf Lews Idealisierung eines rachsüchtigen, tödlichen mütterlich-väterlichen Objekts in ihm erhascht (»Ich will aber«). Ich merkte, ich musste ihm noch mehr anbieten. Ich zeigte auf die weiche Babydecke, die er zu meiner Überraschung nahm und zu mir rüberbrachte und auf meine Decke legte. Ich nahm beide Decken und deckte ihn mit beiden zu. Ich sagte, dass er jetzt Lews und Joshuas Decken aufeinandergelegt hat, wie eine feste Haut, die das böse Messer weghalten wird und die tropfenden Löcher in Lews und Mamas Körper heil machen wird. Dieses Angebot, das Lew vermutlich als realen Teil meiner Haut begriffen hat, hatte eine anhaltende Wirkung und Lews Zwangsrituale hörten fast ganz auf. Dennoch verschwanden solche Momente der Gemeinsamkeit, Kontinuität und Synchronizität wieder schnell zugunsten von Rückzug, Wiederholungen innerer sadistischer Attacken und Isolation.

Gegen Ende des ersten Analysejahrs hatte Lew angefangen zu sprechen, sein Wortschatz wuchs rasch und wurde immer komplexer. Seine körperlichen Beschwerden, die zwischen Verstopfung und imperativem Stuhlgang hin und her geschwankt hatten und damit Ausdruck seiner rigiden im Gegensatz zu der nicht möglichen Selbstkontrolle gewesen waren, verschwanden. Er war mehr im Kontakt mit seinen Eltern und seinen Geschwistern und konnte einen Regelkindergarten mit einer Einzelfallhilfe besuchen. Wie so häufig bei schwer traumatisierten und entwicklungsverzögerten Kindern, gab es im Alltag durchaus ermutigende Entwicklungen, aber in der Analyse schien das Material unverändert. Wie Murakamis Protagonist fühlte ich mich in den Stunden wie in einem unwirklichen Schwebezustand (im Limbus): außerhalb der Zeit, unerreichbar, mit einer dunklen irgendwie über uns kommenden, in uns aufsteigenden Verzweiflung. Darunter lauerte Lews unmögliche Beziehung mit seinem unmöglichen Objekt.

Die Titanic

Als Lew fünf wurde, tauchte eine neue Sequenz im Behandlungsraum auf. Zum Teil war das eine Variation des Kinderbettchen-Rituals, aber es ähnelte auch symbolischem Spiel. Lew entwickelte eine echte Leidenschaft für Lego und fing an Gebäude nach kühnen Entwürfen zu bauen. Das fiel zusammen mit dem sehr guten Fortschritt, den er zu Hause und im Kindergarten machte, so dass die Eltern, der Psychiater und die Lehrer erwogen, die bisherige Diagnose in Frage stellen zu lassen. Interessanterweise gaben die Eltern diese Pläne aus ökonomischen Gründen wieder auf. Die finanzielle Unterstützung, die der israelische Staat für die Behandlung von ASS-Kindern bereitstellt, ist durchaus erheblich zu nennen. Im Nachhinein denke ich, dass das Zögern der Eltern, diese Diagnose aufzugeben und den Raum ›offiziell‹ für Hoffnung und Veränderung zu öffnen, auch Ausdruck von Lews Innenwelt, aber auch ihrer eigenen Schwierigkeiten war. So inszenierten sie *die Rolle des unmöglichen Objekts*, indem sie eine unmögliche Situation hergestellt hatten, in der Entwicklung gefährlich und Fortschritt mit Stagnation gleichgesetzt worden war. Sie müssen auch die suchtartige Versuchung gespürt haben, an der erstarrten Zeit und dem Entwicklungsstillstand festzuhalten und sich nicht mit Veränderung und dem unvermeidbaren seelischen Schmerz und Verlust auseinander zu setzen, der damit einhergeht. Ich glaube, die Eltern waren im Einklang mit Lews Identifikation mit dem unmöglichen Objekt und hingen an dem idealisierten Selbstbild als Lews ›Retter‹ wie auch an ihren eigenen beschädigten, missbrauchend-missbrauchten Eltern und Großeltern.

Im Behandlungsraum wurde Lew richtig besessen von der Geschichte der Titanic. Er guckte sich den Film zusammen mit seinem älteren Bruder an und wollte ihn dann jeden Tag wieder sehen. Er baute elegante und wunderschöne Titanics aus Lego und ging dann sofort über zu dem Moment, in dem die Titanic mit dem unentdeckten Eisberg zusammenstößt, in zwei Teile zerbricht und langsam im Meer versinkt mit allen an Bord, die erfrieren, verbrennen, ersticken und ertrinken. Lew schien von dem auseinander brechenden Schiff fasziniert zu sein und untersuchte die Bruchstelle (die er sehr clever entworfen und gebaut hatte) und machte Geräusche von Ersticken und Gurgeln (die sich inzwischen zu einem nervösen Tic entwickelt hatten). Ich konnte in diesem ganzen Geschehen ein manifest sadistisches Vergnügen erkennen. Das ging so über Monate, in jeder Stunde. Da sich das Spiel auf die immer gleiche Weise wiederholte, deutete ich auf verschiedenen Ebenen über viele Sitzungen hinweg. Ich wies auf seinen Wunsch hin, herausfinden und verstehen zu wollen, was ihm widerfahren war: warum, wann und an welcher Stelle er in zwei Teile zerbrochen war, als er von seiner biologischen Mutter getrennt worden war. Er wollte mir genau das Grauen vermitteln, von genau diesem einen Moment, an dem er erstickt und ertrunken war. Ich bezog mich auch auf sein intrauterines Erleben von Ertrinken und Ersticken in den mütterlichen Flüssigkeiten (in mit Alkohol getränktem Fruchtwasser), was ihn erstarren ließ. Und ich deutete seinen Wunsch, mir und seinen Eltern anzutun, was ihm angetan worden war.

Allmählich verstand ich, dass der Moment des Zusammenbruchs der Titanic außerhalb der Zeit geschah: nicht jetzt und nicht in der Vergangenheit oder in der Zukunft, sondern viel eher in einer kondensierten Zeitkapsel. Darüber hinaus hatte der genaue Moment des Auseinanderbrechens eine hypnotische morbide Schönheit für ihn und er bekundete oft seine Bewunderung für das Schiff, die Art, wie es auseinander brach, und auch für den riesigen, gefrorenen und mächtigen Eisberg. Zu diesem Zeitpunkt wiederholte ich meine erste Deutung, die ich ihm gegeben hatte: »Etwas Schreckliches ist passiert und es wird wieder passieren.« Ich fügte hinzu: »Ein Teil von dir bewundert dieses mächtige zerstörte Schiff und den tödlichen Eisberg, der das getan hat. Du würdest am liebsten beide für immer und ewig behalten. Aber weil ein anderer Teil von dir, das Baby in dir, möchte, dass das anders ausgeht, weil es weiß, wie es ist zu ertrinken, zu ersticken und zu erfrieren, deshalb musst du dafür sorgen, dass das immer und immer wieder passiert. Vielleicht könnten die Titanic und ihre Passagiere gerettet werden. Vielleicht könnte ich dir helfen, damit aufzuhören.« Als habe ihn meine Deutung erreicht, schien er aus dieser Besessenheit aufzutauchen. Dann zeichnete er, erzählte mir aus seinem Alltag und vertraute mir sogar seine Sorgen und Ängste an (zu dieser Zeit hatte er nachts große Angst vor Dieben und Mördern). Aber neben diesen eher typisch ödipalen Themen und aufscheinenden Momenten, in denen wir zusammen im Hier und Jetzt sein konnten, lagerte die Titanic, mit den ertrinkenden, erfrierenden und erstickenden Babys – die destruktive Eisberg-Mutter in endloser Wiederholung.

Zu Hause entwickelte Lew einen neuen Zwang mit Wand- und Armbanduhren, die er entweder auseinander nehmen oder kaputtmachen musste. Sein Schlaf-Wach-Rhythmus und sein Verdauungsrhythmus waren hoch problematisch. Er schien keine Ahnung davon zu haben, welche Tageszeit gerade war oder wie viel Zeit seit unserem letzten Zusammensein vergangen war. So sagte er dann Sachen wie: »Als ich heute bei dir war, habe ich eine ganz andere Titanic gebaut.« Tatsächlich war das aber am vorherigen Tag gewesen. Oder er sagte: »Ich komme nächstes Jahr wieder her.« Ich sagte dann: »Aber du kommst jeden Tag hier her«, und zählte alle Tage der analytischen Woche auf. »Nein. Nur nächstes Jahr, wie als ich noch ein Baby war«, erwiderte Lew.

Der Vulkan, der Riss und die verlorene Stadt

Ich überlegte, ob ich das Titanic-Spiel beenden sollte, so wie ich das mit dem Babybettchen-Decken-Ritual gemacht hatte, aber ich hatte das Gefühl, dass Lew damit beschäftigt war, etwas durchzuspielen, das katastophische Folgen haben könnte. Und dann passierte es wieder. Ein kleines Mädchen aus dem Kindergarten hatte seiner Mutter erzählt, dass Lew jeden Tag vom Hausmeister mitgenommen wurde, um im Geräteschuppen zu spielen. Die alarmierten Eltern und Lehrer fanden zu ihrem Entsetzen heraus, dass der Mann ein vorbestrafter Pädophiler war. Die polizeilichen und medizinischen Untersuchungen ergaben keinen eindeutigen Beweis, ob ein sexueller Missbrauch tatsächlich stattgefunden hatte. Als Lew zu seiner Stunde kam, schien er ungewöhnlich gesprächig und aufgekratzt. Dann spielte er zwei Wochen lang zwei neue Spiele. Das erste war eine Variation des Titanic-Spiels. Diesmal wurde das Schiff von riesigen Walen und Haien angegriffen, die sich an der Mannschaft für die Jagd und das Töten ihrer Babys rächten. Einige der Wale wurden bei ihren Angriffen getötet, wurden aber von Lew sofort als wütende, unzerstörbare, Zombie-Killerwale wieder ins Leben zurückgeholt. Das Spiel hatte eine repetitive alptraumhafte Tönung, und sobald ich versuchte es ihm zu deuten, befahl er mir den Mund zu halten.

Im zweiten Spiel war er der Pilot eines Raumschiffs und ich war einer der Passagiere. Der Pilot entpuppte sich als ein gefährlicher, suizidaler Sadist, der das Raumschiff direkt in den Krater eines ausbrechenden Vulkans lenkte. Ich musste schreien und um mein Leben betteln, aber es gab kein Erbarmen. Das Raumschiff flog direkt in die Flammen und wurde zerstört. Sofort danach fing Lew wieder von vorne mit demselben Spiel an, immer und immer wieder. Dann schließlich, nachdem mir klar geworden war, wie sehr dieses Spiel uns beide lähmte, entschied ich mich es zu beenden und sagte: »Das ist schon mal passiert, als du ein Baby warst, und es passiert jetzt und du denkst, dass es immer wieder passieren wird. Dieses Mal möchtest du der Vulkan, der mit deinem Hass ausbricht, und der grausame Pilot sein. Du möchtest mich und deine Eltern zerstört sehen. Damit wir verstehen können, wie das war und wie das ist.« Lew schaute mich an und sagte: »Das Raumschiff möchte in den Vulkan ganz hineinfliegen.« »Warum?«, fragte ich. »Das ist so, weil das Schiff in dem Vulkan hergestellt worden ist. Nur das Feuer kann das Raumschiff wirklich stark machen.« Da erst wurde mir klar, wie kompliziert und verdreht Lews Geburtstheorie war. Scheinbar hat er die Gebärmutter seiner Mutter als brennenden Vulkan erlebt, der ihn sowohl zerstört als auch omnipotent gemacht hat. Durch das Zurückkehren zu den Flammen des Mutterleibs setzte Lew Geburt und Tod gleich und jegliches Zeitgefühl fiel in sich zusammen. Ich dachte auch über sein Selbstbild nach, als ein Außerirdischer in einem Raumschiff. Ich verstand, dass dieser Drang, zurück ins Innere des Vulkans zu gelangen, die Wiedervereinigung mit der tödlichen, aber idealisierten Gebärmutter war, weshalb Lew ohne jeden Protest mit dem Hausmeister mitgegangen war. Trotzdem entschied ich mich zu sagen: »Lew, du bist verwirrt, wie der gemeine Pilot. Du hast das ganz falsch verstanden. Es gibt einen riesigen Unterschied zwischen dem, was passiert ist, als du geboren wurdest, und wo du jetzt bist. Viel Zeit ist vergangen. Jetzt hast du deine Familie und du hast mich. Es gibt einen Riesenunterschied zwischen Geburt und Tod. Das ist auf ganz verschiedenen Seiten auf der Uhr. Es gibt einen Riesenunterschied zwischen guten und bösen Leuten.« Ich fühlte mich etwas zurückgeworfen von dieser eher ›erzieherischen‹ Erklärung, die ich Lew gegeben hatte, und überlegte, ob das auch eine Art von Projektion oder Selbstzerstörung war, die sich gegen meine Rolle als Analytiker richtete. Ich dachte aber auch, dass ich, indem ich eine väterliche Rolle angenommen hatte, einen Vateranteil ausgelebt habe, der Grenzen ziehen, Unterschiede, Regeln und Zeit benennen kann. Im Grunde habe ich Lew aus seiner verwirrten, undifferenzierten Identifikation mit dem grausamen, sadistischen Piloten herausgelöst, indem ich mich weigerte, mich mit der vorher zugewiesenen Rolle, als der Zerstörung anheimgegebener hilfloser Passagier, gleichsetzen zu lassen. Dieses Mal war ich Vater Chronos, der sich weigerte, seine Kinder zu fressen.

Dieser Kreislauf, der immer auf die Katastrophe zusteuert, den Lew in Szene setzte, zu untersuchen versuchte und in gewisser Weise auch verändern wollte, tauchte auf und verschwand immer wieder im Verlauf seiner fortlaufenden Analyse. Während seiner Latenz versank er in einer tiefen Depression, aus der er während seiner Pubertät wieder auftauchte, allerdings nur um Drogen- und Alkoholmissbrauch zu betreiben und nahezu suizidale Risiken einzugehen. Eine weitere Erschwernis war die Entscheidung der Eltern, seine Analyse zu beenden, als es ihm besser ging. Lew musste neue außergewöhnliche Krisen produzieren, diesmal, um sich wieder mit mir und der Analyse verbinden zu können. Als die Eltern verstanden hatten, wie seine frühen Traumen von ihnen unter dem Deckmantel der Besserung wiederholt worden waren, wobei sie ihn in Wirklichkeit von seinen guten Objekten (der Analyse und mir) getrennt hatten, hörte das auf und Lew konnte wieder in die Behandlung zu mir kommen.

Inzwischen saß mir Lew gegenüber. Gelegentlich ging er zu seiner Kiste, die voll war vor allem mit kaputtem Spielzeug und zerbröselnden Knetfiguren, die er vor Jahren gemacht hatte. Er untersuchte sie mit diesem verträumten Gesichtsausdruck, den er hatte, wenn er seinen unmöglichen Objekten begegnet war, und legte sie vorsichtig zurück in seine Kiste. Nie versuchte er, sie zu reparieren oder in etwas anderes umzuformen. Im Sitzen entwickelte er ein zwanghaftes Interesse für die Wand neben ihm, die sehr feine, kaum sichtbare Risse hatte. Lew strich mit seinen Händen und Fingern über diese Risse und erklärte, wie schön sie sich anfühlten und was für interessante Geräusche entstünden, wenn er mit seinen Fingernägeln darüber kratzen würde. Das Ganze hatte eine durchaus masturbatorische Qualität. Er überlegte auch, wer die Risse gemacht hatte, und ob er dazu beitragen würde, dass sie tiefer würden. Eines Tages kam er, ganz untypisch, etwas zu spät zu seiner Stunde. Er entschuldigte sich und erzählte mir, dass er sich verloren hatte bei der Literaturrecherche für eine Hausaufgabe. Die Aufgabe war, über die biblischen Väter der Nation zu schreiben. Lew hatte sich entschieden, über Moses zu schreiben, und konzentrierte sich auf verschiedene Midrasch-Deutungen der Tatsache, dass Moses tragisch starb, bevor er das gelobte Land erreicht hatte, obwohl er sein Volk vor den Ägyptern gerettet und durch die Wüste geführt hatte. Er schwieg und sagte dann: »Manche Leute sind verflucht. Ich frage mich, was hinter dieser Wand ist.« Ich sagte: »Vielleicht sagst du mir, wie sehr dich Moses an dich selbst erinnert: verflucht. Nach einer langen und gefährlichen Odyssee hast auch du das Gefühl, dass dir etwas verweigert wird, dass es keinen Eingang für dich gibt. Du fühlst dich schuldig, weil es sein könnte, dass du etwas Böses getan haben könntest.« Lew sah traurig aus und ich fuhr fort: »Wir sind viele Jahre zusammen gegangen. Vielleicht hast du das Gefühl, dass ich auch so eine Art Moses bin, aber einer, der dich nirgendwohin führt und dich nicht in Innerste lässt.« Lew ließ seine Hände langsam über die Wand streichen und sagte nichts. »Wie schmerzlich muss es sein, sich zu fühlen, wie eine rissige Wand, undurchdringlich, mit nichts auf der anderen Seite.« Lew schaute mir in die Augen und ich konnte dem Schmerz in seinen Augen kaum standhalten. Dennoch spürte ich, es war mir gelungen, mit einer tiefen und bedeutsamen Schicht in seinem Inneren in Berührung zu kommen, und er konnte spüren, wie sehr er mich erreicht hatte. Ein Jahr später ließ ich das Zimmer renovieren. Lew flippte völlig aus, als er entdeckte, dass die Risse nicht mehr da waren.

Ein großer Durchbruch war unsere Erkenntnis, dass seine Weigerung, die erstarrte Zeit aufzugeben, und damit die rissige Verbindung mit dem primären traumatisierenden Objekt aufrechtzuerhalten, seine Art war, seine biologische Mutter am Leben zu erhalten. Er hatte Trauma mit Liebe gleichgesetzt.

Als er sechzehn war, entwickelte er eine neue Leidenschaft für Archäologie und Alte Geschichte. Nach Unterbrechungen kam Lew meistens mit neuem Material, als müsste er so mein weiteres Interesse an ihm sicherstellen, um mich in ständiger Habachtstellung zu halten und so seine paranoiden Ängste zu besänftigen, ich könnte verschwinden und mich in etwas Gefährliches und Todbringendes verwandeln. Am Tag nach einem Wochenende begann er mir aufgeregt von der alten Stadt Fatehpur Sikri in Indien zu erzählen (die auch *Shukri* genannt wird, was im Arabischen *dankbar* bedeutet). Sie ist in der Nähe von Agra, wo das Taj Mahal ist, und war dafür bestimmt, die neue prächtige Hauptstadt der Moguln zu werden. Sie hatte ein aufwendiges architektonisches Design, atemberaubende Gärten und ein ausgefeiltes Abwasser- und Bewässerungssystem. Trotzdem wurde sie eines Tages ganz verlassen. Die alten Ruinen stehen noch heute, aber niemand weiß genau, warum die Stadt aufgegeben wurde. Eine mögliche Erklärung ist, dass das Trinkwasserreservoir verseucht und damit todbringend war. Ein König aber, der von Fatehpur Sikris Schönheit bezaubert war, ging zurück, als eine Seuche in Agra ausgebrochen war, und blieb alleine dort, wo er schließlich starb.

Ich gab Lew zu bedenken, dass diese beiden Städte Agra und Fatehpur Sikri für zwei verschiedene innere Städte in ihm stehen. In der einen, Agra, hat der König seine tote Ehefrau begraben, ihr ein überwältigend schönes Mausoleum gebaut, hat getrauert und dann weitergelebt. In der anderen Stadt, Fatehpur Sikri, dagegen stand die Zeit still. Diese Stadt wurde tödlich und gefährlich, aber der verwunschene König konnte sie nicht verlassen und deshalb auch nicht leben. »Um leben zu können, muss man loslassen, die Toten begraben und weitergehen.« »Aber das kann ich nicht«, sagte Lew und brach in Tränen aus. »Was soll ich damit machen, wo soll ich hingehen?« »Lass es hier«, sagte ich, »bei mir. Wir behalten sie hier.«

Ich habe verstanden, wie schwierig es für Lew war, an der Hoffnung festzuhalten, weil sie für ihn ein doppeltes Problem war. Um Hoffnung zu haben, musste er an die Zeit und an eine Zukunft glauben. Aber das verlangte von ihm, sein primäres ›unmögliches Objekt‹ aufzugeben, das so voller Pracht für ihn war, vermeintlich im Besitz all dessen, wonach Lew sich verzehrte, obwohl es verwirrend, tödlich, rissig und unfruchtbar war.

Am Vorabend seiner Abreise, um im Ausland zu studieren, kam Lew zu seiner Abschiedsstunde und brachte mir sein »Dolor Perpetua« mit. Die Analyse war ein lebendiges Objekt, das er endlich aufgeben konnte. Er vertraute mir seinen kostbarsten Schatz an: die verlorene, tödliche Stadt seiner frühen Kindheit. Während ich mich weiter mit den Ruinen beschäftige, kann sich Lew vielleicht endlich bewegen und etwas Neues aufbauen.

Übersetzung von Stefanie Sedlacek

Anmerkungen

1 Den Namen Lew habe ich nach der literarischen Lieblingsfigur meines Patienten gewählt: Prinz Lew Myschkin aus Dostojewskis Roman »Der Idiot«.
2 Die Analyse hatte eine Frequenz von fünf Wochenstunden.

Literatur

Alvarez, A. (2014 [2012]): Das denkende Herz. Frankfurt/M. (Brandes & Apsel).
Bion, W. R. (2013 [1962]): Eine Theorie des Denkens. In: ders., Frühe Vorträge und Schriften mit einem kritischen Kommentar: »*Second Thoughts*«, Frankfurt/M. (edition diskord).
Birksted-Breen, D. (2003): Time and the après-coup. Int J Psychoanal 84, 1501–1515.
Birksted-Breen, D. (2007): Primitive experience of time and the analytic situation. Paper presented at the »Time, Timelessness« EPF Conference, Barcelona, 2007.
Botella, C. & Botella, S. (2005): The work of psychic figurability: mental states without representation. Hove (UK), New York (Brunner-Routledge).
Dostojewski, F. (1980 [1869]): Der Idiot. München, Zürich (Piper).
Durban, J. (2009): Schatten, Geister und Chimären – über frühe Modi des Umgangs mit dem psychogenetischen Erbe. Psyche – Z Psychoanal 63, 717–747.
Durban, J. (2014): Despair and hope: on some varieties of countertransference and enactment in the psychoanalysis of ASD (autistic spectrum disorder) children. J of Child Psychotherapy 40, 187–200.
Durban, J. (2017a): Facing the death-object: Unconscious phantasies of relationships with death. In: Erlich-Ginor, M. (Hrsg.), Not Knowing, Knowing, not Knowing: Festschrift Celebrating the Life and Work of Shmuel Erlich, New York (International Psychoanalytic Books).
Durban, J. (2017c): From the scream to the pieta: Murderous mourning and evil. In: Lazar, R. (Hrsg.), Talking about Evil: Psychoanalytic, Social, and Cultural Perspectives, London (Routledge).
Durban, J. (2019 [2017]): Heimat, Heimatlosigkeit und Nirgendwosein in der frühen Kindheit. Psyche – Z Psychoanal 73, 17–41.
Freud, S. (1895): Entwurf einer Psychologie. GW Nachtragsband.
Freud, S. (1897): Brief von Freud an Fliess, 14. November 1897. In: Masson, J. M. (Hrsg.), Briefe an Wilhelm Fliess 1887–1904, Frankfurt/M. (Fischer).
Freud, S. (1918): Aus der Geschichte einer infantilen Neurose. GW 12.
Freud, S. (1920): Jenseits des Lustprinzips. GW 13.
Gampel, G. (2017): The temporal container – on the time dimension in Anne Alvarez's work. Paper read (Hebrew) at the conference celebrating Anne Alvarez's book »The thinking heart«, translation into Hebrew, Tel-Aviv, December, 2017.
Green, A. (1999): The Work of the Negative. London (Free Association Books).
Lazar, R. (2016): What are we doing there? A therapeutic tale. Psychoanal Dial 26, 248–258.
Laznik, M. C. (2007): Joint mother-baby treatment with a baby of $3\,^{1}/_{2}$ months who shows early warning signs of autism. In: Acquarone S. (Hrsg.), Signs of Autism in Infants: Recognition and Early Intervention, London (Karnac).

Laznik, M. C. (2009): The Lacanian theory of the drive: An examination of possible gains for research on autism. In: Clayton, G. (Hrsg.), JCFAR The Journal of the Centre for Freudian Analysis and Research, London.
Maiello, S. (1995): The sound-object: A hypothesis about prenatal auditory experience and memory. Journal of Child Psychotherapy 21, 23–41.
Maiello, S. (2001): On temporal shapes – the relation between primary rhythmical experience and the quality of mental links. In: Edwards, J. (Hrsg.), Being Alive – Building on the Work of Anne Alvarez, Hove, East Sussex (Brunner-Routledge).
Mancia, M. (1981): On the beginning of mental life in the foetus. Int J Psychoanal 62, 351–357.
Modell, A. H. (1990): Other Times, Other Realities – Toward a Theory of Psychoanalytic Treatment. Cambridge, MA (Harvard University Press).
Murakami, H. (1998 [1995]): Mister Aufziehvogel. Köln (DuMont Buchverlag).
O'Shaughnessy, E. (1986): 3 $^1/_2$ year old boy's melancholic identification with an original object. Int J Psychoanal 67, 173–179.
Pine, S. (2006): Time and history in psychoanalysis. Int J Psychoanal 87, 251–254.
Priel, B. (1997): Time and self: On the intersubjective construction of time. Psychoanalytic Dialogues 7, 431–450.
Priel, B. (2004): The other and time. In: Perroni, E. (Hrsg.), Time: Psychoanalysis and Other Disciplines, Tel-Aviv (Van Leer Jerusalem Institute and Hakibbutz Hameuchad Publishing House) (in Hebrew).
Schellekes, A. (2017): When time stood still: Thoughts about time in primitive mental states. British Journal of Psychotherapy 33, 328–345.
Stern, D. N., Sander, L. W., Nahum, J. P., Harrison, A. M., Lyons-Ruth, K., Morgan, A. C., Bruschweilerstern, N. and the Process of Change Study Group, c/o Tronick, E. Z. (1998): Non-interpretive mechanisms in psychoanalytic therapy: The ›something more‹ than interpretation. Int J Psychoanal 79, 903–921.
Stolorow, R. (2015): Trauma destroys time. Psychology Today (Internet-Publikation, 21. Oktober 2015).
Winnicott, D. W. (1960): The theory of the parent-infant relationship. Int J Psychoanal 41, 585–595.
Winnicott, D. W. (1997a [1958]): Primäre Mütterlichkeit. In: ders., Von der Kinderheilkunde zur Psychoanalyse, Frankfurt/M. (Fischer).
Winnicott, D. W. (1997b [1958]): Die primitive Gefühlsentwicklung. In: ders., Von der Kinderheilkunde zur Psychoanalyse, Frankfurt/M. (Fischer).
Winnicott, D. W. (2001 [1965]): Ich-Integration in der Entwicklung des Kindes. In: ders., Reifungsprozesse und fördernde Umwelt, Gießen (Psychosozial-Verlag).

LUISE BRINGMANN UND RALF SCHEUERN

In der Welt des stummen Traumas

Die Verwendung des Analytikers als Transformationsobjekt zur Annäherung an das Unsagbare

Manchester-by-the-Sea. Ein sonnenbeschienenes Kleinstadtidyll an der amerikanischen Ostküste. Eine junge Familie mit drei kleinen Kindern. Szenen aus dem Familienalltag, ein vergnüglicher Nachmittag beim Fischen auf See. Der raubeinig-witzelnde Umgangston verrät viel von der Zuneigung untereinander. Es ist der Ort eines unspektakulären, kleinen Glücks. Und zugleich der Ort, an dem die schrecklichste anzunehmende Katastrophe in einem Menschenleben stattfinden wird: Alles wird zu Asche verbrennen, wird zu einem Grab, schlimmer noch: einem Kindergrab, und das auch noch durch eigenes Verschulden.

Manchester-by-the-Sea ist der Titel des Films, den wir wegen seiner ergreifenden Darstellung zu einer ersten Annäherung an die Welt des stummen Traumas gewählt haben. Zu Beginn der Filmhandlung ahnen wir noch nichts von der Katastrophe, die bereits stattgefunden hat und von der wir erst allmählich in Form intrusionsartiger Rückblenden erfahren. Lange schaut man Lee, dem Protagonisten, bei den Routineabläufen seiner Arbeit als Hausmeister zu: Schneeschippen, Müllentsorgung, Handwerksaufträge. Stoisch begegnet er dem nervtötenden Gehabe mancher Mieter; auch gegen weibliche Annäherungsversuche scheint er immun. Langsam sickert das vage Gefühl ein: Mit diesem Mann stimmt etwas nicht. Da ist eine Starre, eine Art seelische Isolierschicht. Durchbrochen wird diese nur in Kneipenszenen, wo Lee es offenbar darauf anlegt, von anderen Prügel zu kassieren. Erst später wird man verstehen, dass er sich so eine Strafe ›abholt‹, die anderweitig nicht zu haben ist.

Rückblickend erschließen sich noch weitere Hinweise auf Lees innere Verfassung, die – so zeigt es der weitere Verlauf – durch ihn selbst nicht mitteilbar ist. Ein sprechendes Beispiel ist seine Wohnung: ein düsteres Souterrain, spartanisch möbliert, abgeschieden vom Leben und den Menschen, die an dem kleinen, oben in der Wand eingelassenen Fenster vorbeilaufen, wie eine Mönchs- oder Gefängniszelle. Lee ist ein Mensch im Claustrum. Das Eingeschlossensein in seiner ›Zelle‹ ist Abbild, oder anders gesagt, die äußere Version seiner inneren Verfassung: ohne tiefergehende Verbindung zu sich selbst und wichtigen anderen. Der geistlos wirkende Alltagstrott scheint wie dazu gemacht, die innere Betäubung zu verstärken. Hier darf nichts angerührt werden. Sonst drohen die seelischen Schutzwälle überrollt zu werden von der Wucht des Traumas, das der Film schließlich enthüllt: Lee stünde wieder vor dem lodernden Flammenmeer, unfassbarem Verlust und vernichtender Schuld.

Dies alles bleibt verborgen hinter einer Fassade guter Funktionstüchtigkeit. Nicht von ungefähr spielt im Film immer wieder Tiefgefrorenes eine Rolle, wie konkretistisch stellvertretend für die innere Vereisung des Protagonisten. Ein einziges Mal scheint seine Verzweiflung kurz davor, sich Bahn zu brechen, als Lee, lädiert von einer Schlägerei, sich an die Schulter einer Freundin sinken lassen möchte – ihre Reaktion: »Ich geh' mal und hole Eis (!) für deine Verletzungen.« Er bleibt allein mit dem Unsagbaren. Auch als seine Frau über die Verheerungen ihrer Beziehung hinweg eine Brücke zu ihm zu bauen versucht, schreckt er zurück: »Ich kann nicht. Ich kann nicht. Ich kann nicht«.

Gerade diese beiden letztgenannten Szenen des Films veranschaulichen exemplarisch Wesentliches des stummen Traumas: Der Betroffene, ebenso wie sein Objekt, »kann nicht« – es gibt keinen geteilten seelischen Ort, an dem das Trauma zur Sprache kommen und aufgenommen werden kann. Es ist diese Situation, auf die wir in unserem Beitrag fokussieren möchten. Ohne Anspruch auf eine umfassende, ausgearbeitete Theorie, möchten wir für das *Spezifische* des stummen Traumas sensibilisieren und über die Herausforderungen nachdenken, die dies für unsere analytische Arbeit mit sich bringt. Eine kurze Falldarstellung stellt die klinische Grundlage dar für weitere Überlegungen zu der Frage: Was braucht es, damit das Trauma aus seiner stummen Verborgenheit heraus eine Stimme findet, und wie können wir als Analytiker bei dieser Transformation hilfreich sein?

Einige theoretische Vorbemerkungen

Im Zentrum der *psycho-ökonomischen Konzeption* des Traumas, die in ihren Ursprüngen auf Freud zurückgeht, steht das *Zuviel* an Erregung, das den Reizschutz durchbricht und vom seelischen Apparat kognitiv und affektiv nicht bewältigt werden kann. Die damit verbundenen Vorgänge sind heutzutage eindrucksvoll belegt durch die neurobiologische Forschung (Leuzinger-Bohleber, Roth & Buchheim 2008): Da die regulierenden Prozesse der Stressverarbeitung unter dem Ansturm traumatischer Reizüberflutung zusammenbrechen, kommt es notfallmäßig zum Abschalten, zur *Dissoziation* – die traumatischen Inhalte werden im Rohzustand im impliziten Gedächtnis gespeichert und können nicht in eine narrative Erinnerung integriert werden. Die dissoziativen Prozesse, die das Bewusstsein vor überwältigenden Angst- und Schmerzgefühlen bewahren, gehen zugleich mit einer dauerhaften Veränderung der psychischen Organisation einher (Bohleber 2008).

Objektbeziehungstheoretische Konzeptionen betonen das Fehlen bzw. die emotionale Abwesenheit eines Objekts, dessen Schutz und Halt gerade dann notwendig wäre; abgründige Hilflosigkeit ist demnach das entscheidende Element traumatischer Erfahrung. Ohne das Vorhandensein eines einfühlungsfähigen Anderen kommt es zum Zusammenbruch der Kommunikation nicht nur mit äußeren, sondern auch mit inneren tröstenden Objekten, die normalerweise einen empathischen Schutzschild bieten (Bohleber 2000). So entstehen Inseln traumatischer Erfahrung, die vom Rest der seelischen Welt abgekoppelt und daher nicht mitteilbar und nicht formulierbar sind. Dies hat katastrophale innere Einsamkeit und Trostlosigkeit zur Folge, wie etwa in der Beschreibung eines Auschwitz-Überlebenden: Innerlich jäh heimgesucht von den Lagererfahrungen, waren »das Schlimmste an dem Zustand nicht die Bilder, die ihn aus der Realität rissen – es war die Einsamkeit, diese mit keinem Maß zu messende Entfernung zwischen ihm und den anderen Menschen. […] Er war ein Außerirdischer« (Held 2012, S. 77).

Doch sind es nicht nur *akute Extremtraumatisierungen* im Erwachsenenalter (durch Krieg, Folter, Misshandlung etc.), sondern ebenso die *kumulative Anhäufung* (Khan 1977) emotional verstörender Erfahrungen in der Kindheit, die sich seelisch in ähnlicher Weise auswirken. Dies ist insbesondere dann der Fall, wenn die primären Objekte selbst zur Quelle traumatisierender Erlebnisse werden – von Deprivationstraumata (Bowlby 1976), also einem Totalausfall an Halt gebender Erfahrung, bis hin zu projektiver Überflutung durch die frühen Objekte, um sich pathologischer Anteile zu entledigen; das Kind wird dann zum Container der elterlichen (negativen, grandiosen, überichhaften etc.) Anteile, die sie in sich nicht halten können (Williams 2004). Ebenso wie dauerhafte emotionale Vernachlässigung führt auch die projektive Vereinnahmung des Kindes zu massiver Beeinträchtigung des Selbstgefühls sowie der Mentalisierungsfähigkeit. Leugnung bzw. Nichtanerkennung des Erwachsenen im Hinblick auf das dem Kind zugefügte Leid erscheint als wesentlicher Bestandteil des Traumas und wirkt umso gravierender, wenn das traumatisierende Objekt dasjenige ist, auf das das Kind emotional angewiesen ist. Dies begünstigt Spaltungsprozesse innerhalb der kindlichen Psyche, wie sie bereits von Ferenczi (1964) beschrieben wurden: Um seelisch überleben zu können, identifiziert sich das Kind mit dem Täter bzw. errichtet machtvoll-erregende innere Objekte, die als ›Heilmittel‹ gegen abgrundtiefe Verlassenheit und Qual fungieren. Diese sind Teil einer *sekundären* psychologischen Abwehrorganisation (De Masi 2018), die auf voneinander abgespaltenen Selbstanteilen beruht und einen inneren Rückzugsort im Sinne einer Schutzzone beinhaltet.

Besonderheiten des stummen Traumas

Beim stummen Trauma kommen als *Ursachen* sowohl singuläre schockartige Ereignisse als auch unterschwellige emotionale Dauerbelastung in Betracht. Meist werden es wohl eher stille Dramen sein, die sich im Beziehungsgefüge von Familien abspielen und nach außen hin kaum auffällig sind. Charakteristisch für die *Manifestation* des stummen Traumas ist, dass es nicht lärmend in Erscheinung tritt wie etwa bei Borderline-Störungen, die häufig die Objekte der Außenwelt agierend miteinbeziehen. So gesehen ließe sich phänomenologisch von »extrovertierten« versus »introvertierten« Ausdrucksformen des Traumas sprechen, in Anlehnung an die differenzialdiagnostische Abgrenzung von Kernberg (1978) zwischen borderlinetypischen und schizoiden Strukturen. Ein nichtexpressives, stummes Trauma ist nach außen hin unauffällig, verborgen hinter einem trügerischen Anschein von Normalität. Treffend bezeichnet wird dies durch den von Fairbairn entlehnten Begriff des »Geschäftsführer-Ich, das […] in der Lage ist, die Geschäfte des Alltags zufriedenstellend, häufig sogar mit überdurchschnittlichen Anpassungsleistungen, z. B. beruflichem Erfolg, zu bewältigen« (von Minden 1988, S. 46). Das Traumatische bleibt dabei *under cover*.

Entsprechend ist dies auch in der analytischen Situation zunächst oft unkenntlich: Die traumatische Erfahrung kann im Inneren derart hermetisch abgekapselt bzw. im Fall frühkindlicher Traumatisierung von vornherein bild- und sprachlos sein, dass sich dem Analytiker selbst auf dem Wege der projektiven Identifikation davon nichts vermittelt. Es ist, als seien im Zuge des autistisch anmutenden inneren Rückzugs Teile des Selbst und der inneren Welt mit beerdigt worden, so wie dies etwa von Green (1993) prototypisch im Komplex der »toten Mutter« dargestellt worden ist. Die ursprünglich akute Notfallmaßnahme des ›Abschaltens‹ hat sich dauerhaft in chronisch veränderte Ich-Zustände wie auch in den Körper eingeschrieben. Emotionale Erstarrung und Abstumpfung führen zu einer roboterhaften Verfassung, einem Lebendig-tot-Sein, bis hin zum Extremfall des ›Muselmann-Syndroms‹ als völlige Selbstaufgabe (Hirsch 2004). Entscheidend ist hier, dass die Betäubung nicht als Qual erlebt wird, sondern im Gegenteil Schutz vor horrormäßigen, unerträglichen Affekten bietet.

Daher muss die Hilfe, die der Patient bei uns sucht, für ihn gleichermaßen ersehnt wie auf einer tieferliegenden Ebene gefürchtet sein: Denn gerade dadurch wird die Gefahr heraufbeschworen, dass der Schutz der Fühllosigkeit bröckelt und sich die emotionale Verbindung zu den Schrecken der traumatischen Erlebnisse wieder herstellt – und zwar so, als bräche der Horror des Dort-und-Damals ungemildert im Hier-und-Jetzt über den Betroffenen herein. Die nahe Beziehung zum Analytiker bedeutet also zunächst weniger Zufluchtsort als Bedrohung. Anders als bei unseren neurotischen Patienten führt ein Aufdecken der Quellen seines Leids nicht zu Entlastung und *Ent*ängstigung, sondern zu massiver akuter *Be*ängstigung. Womit wir es als Analytiker zu tun haben, ist daher ›Niemandsland‹ und ›vermintes Gelände‹ zugleich. Dies stellt uns vor das schwer lösbare Dilemma, dem Patienten entweder zu viel oder zu wenig zuzumuten: Versuchen wir, emotionale Verbindung zu den stummen traumatischen Geschehnissen aufzunehmen, rührt dies an die Angst des Patienten vor unmittelbarer affektiver Überschwemmung und kann zu automatischer Verstärkung der Abwehr führen. Tun wir es nicht, lassen wir ihn allein, so als wollten wir – wie im Film – ebenfalls »Eis auf seine Wunden legen«.

Kasuistik

Die nun folgende Falldarstellung fokussiert auf den Zeitraum vom Beginn der Analyse bis zu jener Phase, in der sich das stumme Trauma im interaktiven Feld der Übertragung und Gegenübertragung allmählich immer deutlicher abbildet.

> Herr E. gerät in ein beklemmendes Schweigen, das ganz im Gegensatz zu seinem bis dahin freundlichen und eloquenten Auftreten steht. Der warmherzige Blick seiner schönen dunklen Augen mutiert zu einem fixierenden Anstarren, das den Analytiker gleichermaßen verunsichert wie gefangen nimmt. Dann schweift sein Blick ins Leere und alles Leben scheint aus seinem Körper entschwunden. Dorthin kann die Einfühlung des Analytikers für das, was im Pa-

tienten passiert, nicht mehr reichen. Als Herr E. wieder aus diesem Zustand erwacht, kann er auf häufige Beziehungsabbrüche solcher Art verweisen, die er mittlerweile so fürchtet, dass er sich weitgehend isoliert hat. Gegen Ende der Sitzung hat seine körperliche Anspannung eine unangenehm-bedrohliche Wirkung: Das rechte Bein wippt rasend schnell, die verschränkten Arme verdecken die zu Fäusten geballten Hände und der ganze Körper ist wie auf dem Sprung, während der nun argwöhnisch-rastlose Blick an Feindseliges denken lässt. Darauf angesprochen, erzählt der Patient sichtlich angestrengt und um Fassung ringend von seiner enormen Gereiztheit, die er oft kaum noch kontrollieren könne und die immer wieder zu Zerwürfnissen mit anderen führe. – So die Anfangsszenen eines Erstgesprächs mit einem 32-jährigen Naturwissenschaftler, die bereits eine verborgene traumatisierte Verfassung erahnen lassen.

Die Eltern des in Deutschland aufgewachsenen Patienten entstammen der ländlichen Region eines islamisch geprägten Landes. Während sich der in seinen ersten Lebensjahren nach Deutschland übergesiedelte Vater gut assimiliert, ist die Mutter erst im Zuge ihrer Heirat nach-, aber nie wirklich hier angekommen. In ihrem 11. Lebensjahr wurde sie Opfer einer Entführung durch eine extremistische religiöse Gruppe. Nach einem Jahr der Misshandlung und Vergewaltigung konnte sie dem Martyrium entfliehen. Gewalterfahrungen gibt es auch in der väterlichen Linie: Der Opa väterlicherseits habe nach einem Totschlag im Affekt viele Jahre im Gefängnis gesessen und sei gegenüber dem Vater des Patienten oft gewalttätig geworden.

Schon früh erlebte Herr E. mit seinem Vater zutiefst verstörende Situationen, wenn dieser, ohnehin introvertiert, in seinen unergründlichen Schweigezuständen mit nichts zum Reden zu bringen war. Der Patient selbst fiel bereits als Junge in ähnliche leere Sprachlosigkeit, als ob er über diese Identifikation wenigstens eine gewisse Verbindung mit dem Objekt aufrechtzuerhalten versuchte. Von seiner Mutter, die er als fahrig-sprunghaft, einfältig und vor allem unempathisch beschreibt, fühlte er sich emotional nie verstanden. Da sie nur wenig Deutsch lernte, er sich aber am besten in Deutsch verständigen konnte, habe er sich nicht mit ihr in seiner »Muttersprache« unterhalten. Immer wieder machten ihn ihre ständigen Klagen über das ewige Heimweh, ihren Mann und besonders die vielen Krankheiten und körperlichen Schmerzen verzweifelt und wütend. Nur eingekuschelt in ihrem Arm beim TV-Schauen fühlte er sich ihr – auch heute noch – nah und geborgen.

Ganz anders, als es die Dynamik der Vorgespräche hätte erwarten lassen, nimmt die Analyse einen unaufgeregten Verlauf, wobei der Analytiker erst später merken sollte, wie weit es ihn in eine Scheinwelt auf einer letztlich für beide ungefährlichen, neurotischen Konfliktebene hineingezogen hatte. So fokussieren die Deutungen aus einer gelassen-nachdenklichen Haltung heraus lange nur Kastrationsängste und Rivalitätsimpulse innerhalb der hier angenommenen ödipalen Übertragungsdynamik; zum Beispiel wenn Herr E. seine Empörung über ein illegales Autorennen kundtut, bei dem auch Unbeteiligte in Lebensgefahr gebracht worden seien und einer der beiden Fahrer »bei dem Wettstreit den Kürzeren gezogen« habe und zu Tode gekommen sei. Im Sinne seines auf ödipale Konflikte eingeschränkten, analytischen Verständnisses deutet der Analytiker den verschmitzten Hinweis des Patienten auf die Praxiskolleginnen, dann auf seine eigenen Leistungen beim Gewichtheben und schließlich den Kommentar zum Niesen des Therapeuten, dass dieser »schwächele« und ihm dessen »Nase heute irgendwie kleiner vorkomme«, als Angst vor der Kraft des Analytikers, weshalb er sich stärker und potenter zu machen versuche. Die Phantasie, der Behandler habe sich durch alle Prüfungen mit Bravour durchgebissen, stellt dieser in den Kontext der Angst, dass der Patient dem Wagnis der Konkurrenz auszuweichen versuche, solange er an der Vorstellung festhalte, gute Noten ohne irgendeine Lernanstrengung erzielen zu können.

Auch wenn sich Herr E. solchen Gedanken als zugänglich erweist und Verbesserungen sowohl seiner von depressiven Einbrüchen geprägten Verfassung als auch seiner Arbeitsfähigkeit nicht von der Hand zu weisen sind, kann sich der Analytiker der anfangs nur untergründigen Zweifel immer weniger erwehren, dass beide bisher nicht wirklich in einen analytischen Prozess miteinander gekommen sind. Befördert wird dies durch zwanghaft anmutende und in sich abgeschlossene Detailbeschreibungen des Patienten über seinen Alltag, die allmählich eine immer stärker zersetzende Wirkung entfalten, bis der Analytiker nach Monaten kaum noch umhin kann, sich Langeweile und Ungeduld sowie ernsthafte Zweifel an der Richtigkeit der Indikation einzugestehen. Im Ringen darum, nicht noch mehr in Desinteresse und Apathie zu verfallen, versucht er, nicht gerade erfolgreich, aus den langwierigen Tagesberichten des Patienten einen tiefergehenden Sinn zu extrahieren. So nimmt Herr E. etwa Deutungen seiner Bestrebung, sich über die ausführlichen Erzählungen Halt und Ordnung zu geben, um nicht in der Sitzung in eine hilf- bzw. orientierungslose Position gegenüber dem Analytiker zu geraten, indifferent auf, ohne dass eine emotionale Berührung spürbar wird. Nicht anders verfährt er mit den Hinweisen auf seinen Versuch, den Analytiker mit dieser Erzählweise auf Distanz zu halten, oder auch auf seine Furcht, in die ihm vertraute, einsame Sprachlosigkeit hineinzugeraten.

Demgegenüber wirkt der Patient in dem nun häufiger auftretenden Schweigen zunächst nachdenklich, bis den Analytiker schließlich die Vorstellung beunruhigt, dass Herr E. zusehends in dissoziative, innerlich abwesende Zustände geraten ist. Dabei zeichnet sich immer deutlicher ab, dass der Patient einerseits spricht, solange er sich affirmativ begleitet sieht, sich dann aber alles nur weiter im Kreis seiner Alltagsbeschreibungen dreht, er andererseits den Kontakt jedoch im Schweigen abbricht, wenn der Analytiker eine eingehendere Untersuchung der inneren Situation des Patienten anstrebt. So scheint es, als ob sich jede tiefer gehende Beziehung mit der Vorstellung einer fehlenden oder falschen emotionalen Resonanz verbindet, weshalb der Patient es nicht wagen kann, sich aus dem tauben Zustand seines Schweigens oder repetitiven Narrativs herauszubewegen. Als er in einer Sitzung wieder nichts zu sagen hat, weiß er sich aus seiner Not der hilflosen Lähmung nur dadurch zu befreien, dass er die Stunde mit dem Hinweis vorzeitig verlässt, ohne körperliche Bewegung dem unerträglichen Gefängnis seines Feststeckens ohnmächtig ausgeliefert zu bleiben.

Tags darauf wirkt er gut aufgelegt, bis der Analytiker seine Erzählung der Tagesgeschehnisse mit der Bemerkung unterbricht, dass er nun nicht mehr daran denken wolle, wie schlecht es ihm gestern gegangen sei und er aus der Sitzung habe gehen müssen, da er im Behandler weder Beruhigung noch Halt habe finden können. Weniger auf Basis ausgereifter Überlegungen als vielmehr aus einer Intuition heraus sucht der Analytiker in dieser Situation mit Deutungen, die das Fehlen eines aufnahmefähigen Objekts thematisieren, die mittlerweile so mächtige Trennwand zum Patienten zu durchdringen – im Rückblick wohl auch deshalb, um nicht länger Hilflosigkeit, Insuffizienz und Verlorenheit durch die alles erdrückenden Alltagsbeschreibungen und langen Schweigephasen des so unerreichbaren Patienten ertragen zu müssen.

Als ob dies einen Schatten auf den weiteren Prozess vorauswerfen sollte, ändert sich allmählich der Tenor seiner Erzählung. Anfangs nur beiläufig, im Verlauf von Wochen dann immer beständiger und bedrängender, berichtet Herr E. nun von Konflikten mit anderen und seinem grenzenlosen Zorn über deren Unzulänglichkeiten. Oft sind es Kleinigkeiten, auf die er ungehalten reagiert: etwa, als er einer Freundin anbietet, sie abends zum Bus zu bringen. Nachdem sie entgegnet, »gerne, wenn es Dir nicht zu viel ist«, eskaliert die

Situation in seinem Vorwurf, dass sie seine gute Absicht in Frage gestellt habe. Oder er kann die Wut über seine Schwester nur schwer kontrollieren, als diese einen spontanen Besuch ankündigt, wegen eines Staus aber erst eine Stunde später ankommt. Alle Deutungsversuche, das Narrativ auf Ängste gegenüber dem Analytiker als einem Objekt zu beziehen, das ihm nur vordergründig freundlich begegnet, aber eigentlich Vorwürfe machen bzw. seine guten Absichten in Frage stellen könnte, und auch auf seine Unsicherheit, ob der Analytiker verlässlich oder doch mehr mit anderem beschäftigt sei, scheinen wirkungslos und ohne ersichtliche Resonanz im Patienten zu verhallen.

Dennoch kommt es im Zuge der Beschäftigung mit seiner gesteigerten Reizbarkeit atmosphärisch zu einer gravierenden Veränderung der therapeutischen Beziehung. Schienen die Assoziationen des Patienten bis dahin über weite Strecken der Analyse für den Behandler immer wieder belanglos und auch langweilig zu sein, ist nun ein Damoklesschwert über beide hereingekommen: Jedes Wort des Analytikers hat jetzt eine bedrohlich-existenzielle Bedeutung erlangt und scheint dabei im Patienten über Gefühle von Verstandensein oder Unverständnis und damit den Fortbestand der Beziehung zueinander zu entscheiden. Trotz aller Bemühungen, Herrn E. seine Angst vor dem Verlust des Analytikers oder auch seine ohnmächtige Wut auf diesen als ein nicht verstehendes Objekt vor Augen zu führen, kann sich ihm dies aber weiterhin nicht erschließen.

So brauchte es wohl die viel unmittelbarere Wirkung einer Fehlleistung des Analytikers, bis sich der Zorn des Patienten den direkten Weg zu ihm bahnen konnte. Hierbei war dem Therapeuten entfallen, dass es nicht eine Tante, sondern ein Onkel gewesen war, der wegen einer Nichtigkeit ein Gespräch verweigerte, als ihn der Patient in großer Verzweiflung über die damals zu zerbrechen drohende Ehe seiner Eltern aufgesucht hatte. Dieses Vergessen ist für Herrn E. nun Grund genug für heftige Attacken und Vorwürfe, dass der Behandler nur mangelnde Aufmerksamkeit aufbringe und letztlich im Grunde völlig desinteressiert sei. So unerwartet die Situation plötzlich gekippt ist, droht sie sich jetzt in einer zusehends unkontrollierbaren Eskalation zuzuspitzen, als sich der Patient immer mehr in paranoiden Vorwürfen verliert. So wirft er dem Analytiker etwa vor, das Zimmer nur deshalb immer wieder zu lüften, weil er den Patienten »nicht gut riechen« könne, wobei unklar bleibt, ob Herr E. dies im übertragenen oder doch konkretistischen Sinne meint. Weitere Vorwürfe lauten, dass die Analyse keinerlei Verbesserung und Fortschritte zeitige, er weder Hilfe noch Unterstützung erfahre und überhaupt keinen Sinn mehr in diesem Aufwand sehe, weshalb er auch massiv auf eine Reduzierung der wöchentlichen Frequenz auf drei Sitzungen drängt. Hierbei hat die Heftigkeit seiner eruptiven Angriffe dieselbe paralysierende, zutiefst verunsichernde Wirkung auf den Analytiker wie seine apathische Sprachlosigkeit, die Herr E. nun voller Anklagen mit seinem Rückzug in Verbindung bringt, da der Behandler immer so viel schweige und darin den Kontakt zu ihm abbreche.

Kommentar

In dem Bemühen, dem drohenden Behandlungsabbruch entgegenzuwirken, findet sich der Analytiker schließlich in einer Rolle wieder, in welcher er alle Projektionen zurückweist, obwohl er eigentlich lange auf eine Entfaltung der inneren Objektwelt des Patienten hingearbeitet hatte. Zudem wird deutlich, wie er unterschwellig und nicht wenig invasiv in seinen Interventionen den Patienten drängt, sich von seiner verzerrten Wahrnehmung zu lösen, im Grunde alle Projektionen zurückzunehmen und stattdessen die Zugewandtheit des Behandlers anzuerkennen. Auch sucht sich der Analytiker den Vorwürfen des Patienten, nicht genug zuzuhören, durch implizite Hinweise zu verweigern, die eher eine gute Merkfähigkeit bei auch weit zurückliegenden Begebenheiten in der Analyse unter Beweis stellen. In Phasen des leeren Schweigens des Patienten bekämpft er angestrengt Müdigkeit und Desinteresse in sich, wohl um dessen erneuten Vorhaltungen wie auch denen des eigenen Über-Ichs keinen Angriffspunkt zu bieten. Die Wucht der lange unter Verschluss gehaltenen heftigen Affekte in Verbindung mit zutiefst verstörenden Objektbeziehungsbildern ist, auch wenn dies als Fortschritt angesehen werden kann, in der unmittelbaren Situation doch zunächst schwer auszuhalten. In der Übertragung zum traumatisierenden Objekt zu werden, das kein Containment zu leisten in der Lage ist und überdies den anderen invasiv bedrängt, Vorstellungen von sich als ›gutem‹ Objekt aufzunehmen, führt den Analytiker an die Grenzen seiner Aufnahmefähigkeit. Erst nach Wochen der Krise, sowohl im Patienten als auch im Analytiker, und drohendem Abbruch stabilisiert sich die Situation allmählich wieder.

Diskussion des klinischen Materials

Die Bedrohlichkeit, die die Analyse für diesen Patienten mit stummer Traumatisierung darstellt, vermittelt sich schon zu einem frühen Zeitpunkt in der Behandlung durch das Bild der mörderischen Wettfahrt, durch die Unbeteiligte in Lebensgefahr gebracht werden und einer der beiden Fahrer zu Tode kommt. In der nun anderen Lesart des Materials illustriert dieses Narrativ die Angst des Patienten vor einer erneuten traumatischen Verletzung durch die Analyse respektive die Beziehung zum Analytiker. Es ist, als zöge die Seele des Patienten aus dieser existenziellen Beängstigung heraus reflexartig die Reißleine, wenn er in abwesendes Schweigen verfällt.

Dass dies zunehmend dann auftritt, sobald der Analytiker sich als Übertragungsobjekt ins Spiel zu bringen versucht, wird aus dem biographischen Kontext nachvollziehbar: Beide Eltern sind Traumatisierte, die mit den je eigenen Gewalterfahrungen (Entführung und Missbrauch bei der Mutter, physische Gewalt beim Vater) unterschiedlich umgehen, jedoch im Schweigen bzw. im Klagen den Patienten vermutlich mit dem Ballast ihrer Innenwelt projektiv überfrachtet haben. Die Beziehung zu seinem Analytiker zu erforschen, ist daher für den Patienten eine beunruhigende Perspektive. Sicherer scheint es, die Außenwelt quasi psychisch zu bewachen und sich vom mentalen Zustand seines Objekts fernzuhalten, um sich vor dessen Projektionen zu schützen. Vor diesem Hintergrund wandelt sich freundliches Interesse an seinem Erleben – wie etwa die Nachfrage der Freundin: »Wenn es Dir nicht zu viel ist?« – in der Wahrnehmung des Patienten zu etwas Feindseligem, das ihn angreift und verunsichert.

Entsprechend spitzt sich auch das atmosphärische Miteinander des analytischen Paares immer mehr zu, schließlich gipfelnd in der Zuschreibung an den Analytiker, *er* sei derjenige, der immer schweige und den Kontakt abbreche. Der Behandler ist Teil der traumatisierten inneren Welt des Patienten geworden und hat nun mit schwer erträglichen projektiven Prozessen zu ringen. Diese muten mitunter an wie eine kaum entwirrbare Mischung aus bewusst erlebten Opferanteilen und unbewusst agierten Täteranteilen, mit denen der Analytiker wechselweise identifiziert bzw. infiziert wird. Bis dahin ist es ein langer Weg, auf dem die Bemühungen, an die abgeschottete Innenwelt des Patienten zu rühren, zunächst immer wieder scheitern – scheitern *müssen*, denn diese bergen die Gefahr, dass im Modus eines Alles-oder-nichts-Prinzips die Dämme brechen und regressive Ich-Zustände die Szenerie im Behandlungszimmer beherrschen, die das Fundament der analytischen Beziehung zu erschüttern drohen.

Die Kasuistik veranschaulicht in beredter Weise das Dilemma, dem wir als Analytiker bei der Behandlung von Patienten mit stummer Traumatisierung ausgesetzt sind: Dasselbe Vorgehen, das dem Patienten helfen soll, aus dem Zustand der inneren Verkapselung und Sprachlosigkeit herauszufinden – zum Beispiel durch vorauseilende Einfühlung in seine traumatischen Erlebnisse –, wird unweigerlich zum Agens, durch das er ›in Teufels Küche gerät‹. In vieler Hinsicht kommt die Behandlung daher einem Drahtseilakt gleich, der den Analytiker in die paradoxe Lage versetzt, sich einerseits hilflos, unnütz, ausgeschlossen und erfolglos zu erleben, worauf der Patient das Fehlen von Hilfe beklagt, und andererseits zu einem invasiv-angreifenden Objekt zu werden, das dem Patienten zu viel zumutet, wovor dieser sich dann wieder schützen muss. Dies ist insbesondere zu erwarten, sobald sekundäre pathologische Mechanismen wie die Identifikation mit dem Aggressor miteinbezogen werden.

Schlussbetrachtungen

Sich als Transformationsobjekt verwenden zu lassen, stellt den Analytiker daher vor große behandlungstechnische und vor allem emotionale Herausforderungen. Die erste Schwierigkeit besteht darin, das stumme Trauma neben dem funktionstüchtigen Teil des Ichs zu identifizieren. Dies kann nicht zuletzt deshalb Probleme aufwerfen, weil wir es mit einem ganzen Spektrum an Erscheinungsformen zu tun haben, die sich zwischen den beiden Polen einer extremen Akuttraumatisierung im Erwachsenenalter – wie bei Lee im Film – einerseits und eher kumulativen Beziehungstraumata in der Kindheit – wie bei Herrn E. – andererseits erstrecken. Beide Erfahrungswelten weisen Gemeinsamkeiten, aber auch bedeutsame Unterschiede auf, von denen eingangs die Rede war.

Obwohl in der dargestellten Kasuistik bereits die Anfangsszenen des Erstgesprächs vielfältige Hinweise auf die traumatisierte Innenwelt des Patienten erkennen ließen, führten im Weiteren sein geordnetes Sprechen und Auftreten den Analytiker weg von diesen stummen Schrecknissen hin zu eher ödipal anmutenden Themen. In dieser Behandlung markierte es mithin einen entscheidenden Wendepunkt, als der Analytiker nach Monaten zum ersten Mal sein diffuses Unbehagen an der Wahrhaftigkeit des analytischen Prozesses überhaupt ernst nehmen und schließlich zusehends Ängste vor einer aggressiven Eskalation erleben konnte. Aber auch nachdem sich allmählich die Vorstellung von etwas katastrophal Unsagbarem in der frühen Geschichte des Patienten entwickelt hatte, blieb die analytische Arbeit doch weiterhin *neben* dem traumatisierten Persönlichkeitsanteil angesiedelt, da sich Herr E. in dieser Zeit nur jenseits der verkapselten Gefühle seiner traumatischen Erfahrungen psychisch aufhalten konnte. Im Bewusstsein für diesen verborgenen – vielleicht auch niemals zugänglichen – seelischen Bereich muss der Analytiker Gefühle von »Isolierung« (Bion 1992, S. 45), Einsamkeit und Ausgeschlossenheit sowie Wirkungs- und Orientierungslosigkeit in sich tolerieren, was oft die grundlegende Voraussetzung für ein tiefergehendes Verstehen des traumatisch Stummen darstellt und an Bions Postulat der »negativen Fähigkeiten« (2009, S. 143) erinnert.

Dies beinhaltet die Herausforderung für den Analytiker, dem Sog zu widerstehen, mit dem Patienten nur in einer emotional ungefährlichen Dynamik zu verweilen; hinzu tritt die Aufgabe, in der inneren Anschauung, zunächst für sich allein, eine Vorstellung von der abgekapselten traumatischen Erfahrung des Patienten zu entwickeln und in sich aufrechtzuerhalten – dies wären bedeutsame Elemente einer *ersten Transformationsphase,* die sich im Wesentlichen als innerer Prozess im Analytiker vollzieht. Die Geduld des Analytikers impliziert seinen Respekt vor den nötigen Schutzwällen des Patienten und wird im günstigen Fall dessen Vertrauen in sich und das Objekt stärken, um sich allmählich Schmerz und Schrecknissen seiner traumatischen Erlebnisse zuzuwenden. Dieser Prozess der Transformation vom Stummen des Traumas hin zu einer Sprache des analytischen Paares, sei diese verbaler oder auch nonverbaler Natur im Sinne eines gemeinsamen Erlebens, setzt zudem die Etablierung eines triangulären Raumes voraus, aus dem heraus vom Analytiker und schließlich mit dem Patienten der Schrecken des Traumas zunächst gemeinsam gedacht werden kann, *ohne* aber weiter in diese Gefühlswelt einzutauchen.

So im Patienten, oft unbemerkt und im Stillen, allmählich Gefühle von Sicherheit und Vertrauen in die Beziehung zum Analytiker anwachsen, ist die Grundlage für den *zweiten Transformationsschritt* gegeben, wenn die stumme Position des Traumas zusehends in eine der Expression und Mitteilung übergehen kann. In welcher Weise der Analytiker hier als Transformationsobjekt verwendet wird, hängt in hohem Maße vom Zeitpunkt bzw. Reifegrad des Ichs ab, in welchem die Traumatisierung stattgefunden hat. Sind die Ich-Funktionen entwickelt und die traumatisierenden Erlebnisse erinnerbar und erzählbar, besteht die Aufgabe des Analytikers als Transformationsobjekt weniger in Übertragungsdeutungen als vielmehr darin, dass er das Grauen des Patienten emotional teilt, sich ihm zur Seite stellt und die Realität des traumatischen Geschehens bezeugt. Kreuzer-Haustein (2018) betont die notwendige Anerkennung des Traumas durch den Analytiker, da es »einen Zeugen geben muss, der hört, was stattgefunden hat, und es für *wahr* nimmt« (S. 227).

Demgegenüber geht die Zeugenschaft bei einem stummen Trauma, das in der frühkindlichen Lebenszeit entsteht, so dass die Erschütterungen des noch in Reifung begriffenen Ichs fundamentaler Natur sind, darüber hinaus. Da die traumatischen Erfahrungen hier nicht symbolisiert sind und sich Erinnerung und Repräsentation entziehen, wird der Analytiker im Prozess der Wiederbelebung ein Teil des traumatischen Geschehens werden müssen. Wie es der Behandlungsverlauf nahe legt, spiegelt sich die Anerkennung der traumatischen Erfahrungen im Sinne der Zeugenschaft dann darin, dass der Analytiker die zugewiesenen Rollen sowohl des traumatisierenden Objekts als auch die des traumatisierten Kindes in sich annimmt und bewältigt. Die Historisierung, die sich hier bestenfalls teilweise auf die bewussten Erinnerungen des Patienten beziehen kann, findet innerhalb der realen Wiederholung der traumatischen Erlebnisse im Hier und Jetzt der analytischen Situation statt. Dieser schwierige Prozess geht im Analytiker unweigerlich einher mit Ängsten vor Verletzung sowie Schuldgefühlen, sowohl in der Übertragung als auch realiter zum traumatisierenden Aggressor zu werden, so dass der Analytiker in dieser Phase der Transformation mit besonders starken Widerständen in sich zu kämpfen hat.

Für beide Beteiligte kommt die analytische Arbeit mit Traumata, besonders in ihrer stummen Ausprägung, einer ›Verabredung in Theben‹ gleich – einem Ort, an dem katastrophal Schmerzliches aufgedeckt wird, als Auswirkung eines lang zurückliegenden Traumas. Wie Steiner (2018) dargelegt hat, kann auch Ödipus, als Neugeborener brutal physisch verletzt und von seinen Eltern dem Tod anheimgegeben, als schwer Traumatisierter gelten. Seine Suche nach den Ursachen der verhängnisvollen Geschehnisse stößt immer wieder auf innere Widerstände, von Steiner (1985) treffend als *turning a blind eye* bezeichnet. Diese speisen sich aus der Angst, auf das eigene unbewusste Tun als ›Täteropfer‹ zu stoßen, was in der Tragödie zu einem desaströsen Ausgang führt: Ödipus zerstört die Werkzeuge des Erkennens (seine Augen) und endet später in geistiger Zerrüttung.

In ähnlicher Weise haben auch wir Analytiker mit eigenen Abwehrreaktionen zu kämpfen, um emotional nicht mit der Entsetzlichkeit von Traumaerfahrungen in Berührung zu kommen, die in ihrer Wucht auch unsere Psyche zu überwältigen drohen (Bohleber 2018). Auch deshalb mag die oben skizzierte Abfolge der Transformationsphasen vom stummen zum expressiven Trauma in der Behandlung nicht immer so klar markiert sein, sondern in einem Wechselspiel zwischen durchbruchsartigen Ereignissen und Wiederverstummen geschehen. Dazu könnte ein zeitweiliges Ausweichen des Analytikers beitragen, insbesondere wenn hochexplosive affektive Prozesse am Werk sind, durch die er in die Täterrolle gerät.

In dieser Situation besteht die Herausforderung darin, die ›guten‹ Anteile der analytischen Beziehung, auch im Bewusstsein des Patienten, zu halten, ohne dass dies einer defensiven Zurückweisung seiner Gefühlsstürme gleichkommt. De Masi plädiert hier explizit für eine »Position, die dem Patienten hilft, *zwischen dem Analytiker als Objekt der Vergangenheit und jenem zu unterscheiden, der hilft, eben diese Vergangenheit zu verstehen*« (Herv. i. O.; 2018, S. 90). Keinesfalls sei es ausreichend, die Rolle des griechischen Chors in der Tragödie einzunehmen, der lediglich die Erlebnisse des Protagonisten kommentiert; sondern der Analytiker müsse aktiv an die Stelle jenes Objekts treten, dessen Empathie in der Vergangenheit fehlte. Die Rolle des Analytikers bestünde demnach darin, sich *sowohl* als Objekt der traumatischen Erfahrungen verwenden zu lassen, *als auch* gleichzeitig die Differenz kenntlich zu machen als ein Objekt, das eine neue Erfahrung ermöglicht.

So besteht eine Chance, dass sich dem Patienten durch alle emotionalen Wechselfälle hindurch etwas von der Anteilnahme und Verlässlichkeit der analytischen Beziehung vermittelt. Der ein Jahr lang in der Türkei in Isolationshaft gehaltene Journalist Deniz Yücel hat diese Erfahrung so ausgedrückt: Ihn habe das Wissen am Leben erhalten, dass da draußen sich Leute um ihn sorgen und für ihn kämpfen.

Literatur

Bion, W. (1992): Elemente des seelischen Konflikts. Frankfurt/M. (Suhrkamp).
Bion, W. (2009): Aufmerksamkeit und Deutung. Frankfurt/M. (Brandes & Apsel).
Bohleber, W. (2000): Die Entwicklung der Traumatheorie in der Psychoanalyse. Psyche – Z Psychoanal 54, 797–839.
Bohleber, W. (2008): Einige Probleme psychoanalytischer Traumatheorie. In: Leuzinger-Bohleber, M., Roth, G. & Buchheim, A. (Hrsg.), Psychoanalyse – Neurobiologie – Trauma, Stuttgart (Schattauer), S. 45–54.
Bohleber, W. (2018): Zur Geschichte und Konzeptualisierung des Traumabegriffs in der Psychoanalyse. In: Horn, E. & Weiß, H. (Hrsg.), Trauma und unbewusste Phantasie, Frankfurt/M. (Brandes & Apsel), S. 35–57.
Bowlby, J. (1976 [1973]): Trennung. Psychische Schäden als Folge der Trennung von Mutter und Kind. München (Kindler).
De Masi, F. (2018): Über die Auswirkungen emotionaler Traumatisierung – Arbeiten mit schwierigen Patienten. In: Horn, E. & Weiß, H. (Hrsg.), Trauma und unbewusste Phantasie, Frankfurt/M. (Brandes & Apsel), S. 79–103.
Ferenczi, S. (1964 [1933]): Sprachverwirrung zwischen dem Erwachsenen und dem Kind. Bern (Huber).
Green, A. (1993 [1983]): Die tote Mutter. Psyche – Z Psychoanal 47, 205–240.

Held, M. (2012): Der Schrecken verliert sich vor Ort. Köln (Bastei Lübbe).
Hirsch, M. (2004): Psychoanalytische Traumatologie. Das Trauma in der Familie. Stuttgart (Schattauer).
Kernberg, O. F. (1978 [1975]): Borderline-Störungen und pathologischer Narzissmus. Frankfurt/M. (Suhrkamp).
Khan, M. M. R. (1977 [1963]): Das kumulative Trauma. In: ders., Selbsterfahrung in der Therapie, München (Kindler).
Kreuzer-Haustein, U. (2018): Geflüchtete und Traumata. Zum Artikel »Unser Verhältnis zu Flüchtlingen« von Sverre Varvin. Kommentar. Psyche – Z Psychoanal 72, 216–230.
Leuzinger-Bohleber, M., Roth, G. & Buchheim, A. (Hrsg.) (2008): Psychoanalyse – Neurobiologie – Trauma. Stuttgart (Schattauer).
Minden, G. von (1988): Der Bruchstück-Mensch. Psychoanalyse des frühgestört-neurotischen Menschen der technokratischen Gesellschaft. München, Basel (Reinhardt).
Steiner, J. (1985): Turning a blind eye: The cover up for Oedipus. Int Rev Psychoanal 12, 161–172.
Steiner, J. (2018): Trauma und Desillusionierung des Ödipus. Das Ödipus zugefügte Trauma. In: Horn, E. & Weiß, H. (Hrsg.), Trauma und unbewusste Phantasie, Frankfurt/M. (Brandes & Apsel), S. 59–77.
Williams, P. (2004): Incorporation of an invasive object. Int J Psychoanal 85, 1333–1348.

NORMA HEEB

Der vernichtende Gott

Klinische Illustration traumatisierender Wirkungen christlich-fundamentalistischer Dogmen auf die Subjektkonstituierung

Einführung

Seit längerem beschäftigen mich Patientinnen, deren Subjektkonstituierung durch den christlich-fundamentalistischen Glauben ihrer Herkunftsfamilien in hohem Maße beeinträchtigt wurde.

Bei zwei jener Patientinnen – junge Frauen, die dem Ende ihres Studiums bzw. ihrer akademischen Ausbildung und also einem weiteren Trennungsschritt hin zu einem selbstverantwortlichen Leben und genitaler Sexualität entgegensahen – kam es hier zu verschärfter Symptombildung, weshalb sie nach psychoanalytischer Behandlung nachsuchten. Ihre jeweiligen religiösen Glaubenshintergründe entsprachen denjenigen Dogmen, denen Beland (2009, 2011) Gewaltimmanenz zuschreibt und die in ihrer Wirkung systematisch zum Zusammenbruch der Ambivalenztoleranz, zu Spaltung, problematischer Regression, Konkretismusproduktionen und Verzerrungen – insgesamt Merkmale der paranoid-schizoiden Position – führten. So galt den Herkunftsfamilien der Patientinnen die Bibel als durch Gottes Wort inspiriert, daher als irrtums- und fehlerfrei. Es herrschten apokalyptisches Denken, laut Beland (2011) ein Muster schizophrenen Zusammenbruchs, und Dogmen wie etwa die Setzung der Gottesexistenz, Gnadenwahl, Vorsehung, Offenbarungsempfang vor.

In der Begegnung mit einem so definierten und zugleich omnipotenten, allwissenden, mitleidlos-verfolgenden, die Auslöschung des Subjekts fordernden Gottesbildes ist das Subjekt vor allem aber auch nicht mehr Anderer, sondern »Objekt der Begierde«, wie Küchenhoff (2004) das Beziehungstrauma auffasst. Der Andere, an dem und mit dem sich die Differenzerfahrung von Selbst und Anderem konstituiere – wie etwa Selbst/Objekt, Innen/Außen, Phantasie/Realität –, zerstöre durch sein Zunahekommen, durch seine »radikale Andersheit« und dadurch, dass er sich nicht zerstören ließe (Winnicott 1997), die Erfahrung von Andersheit und somit den Bezug zum eigenen Selbst. Die trianguläre Struktur Selbst–Objekt–Anderer werde zerstört.

Der (große) Andere – als Feld der Bedeutung – ist nach Lacan (vgl. Fink 2011) derjenige Ort, an dem sich das Subjekt konstituiert. Insofern bestimmt jenes Gottesbild, das in seiner »radikalen Andersheit« (Küchenhoff 2004) invasiv wirken muss, die psychische Realität des sich konstituierenden Subjekts. Als sich der Intention des Subjekts entziehender Anderer hat die primäre Begegnung entfremdenden Charakter (Warsitz 2004). Press (2013) hebt diesbezüglich die Intrusion des »Fremden« in das »Formlose« (Winnicott 1990) hervor. Aufgrund des Zusammenstoßes mit dem Unbekannten im Anderen finde das triebhafte Unbekannte des Subjekts keinen Vorstellungsraum, weshalb das Subjekt den Bezug zu seinem eigenen Triebhaften verliere. Vor dem Hintergrund eines apokalyptischen Glaubenshintergrundes ist vor allem auch an die Einschreibung unbewusster Botschaften fundamentalistischer Eltern in das infantile Unbewusste des Kindes zu denken (Laplanche 2004). Aufgrund gewaltsamer Integrationsversuche komme es zu »körperlichen Einschreibungen«, zu einem »Fremdkörper« im Subjekt sowie zu Vermischungen (z. B. Befriedigung/Erregung), was die Bildung pathologischer Strukturen begünstige.

Beland (2011) sieht das traumatogene, zugleich transgenerational perpetuierende Beziehungsmoment bei Kindern fundamentalistischer Eltern in der Blockierung des elterlichen Containers. Wenn das Baby Frustration noch nicht ertrage, Angst entwickle und diese Angst am Container abpralle, werde sie ihres letzten Stückes Sinn beraubt. Der blockierte Container

> »muss die Ängste, die er erzeugt, anstatt sie aufzunehmen und zu lindern, verdoppelt auf das Kind zurückwerfen. Er wird zum Vorbild des verdammenden Gottes, seine extreme Realität beweisend. […] Die Faktizität der Nichterfüllung ist es, die die äußerste semiotische Bedürftigkeit des Babys ändert in eine apodiktische Definition, dass Verstanden-werden-Wollen und Verstehen-Wollen schlecht sind« (Beland 2011, S. 409). »In der Reaktionsbildung gegen traumatische Ohnmacht bildet sich ein sich allmächtig glaubendes infantiles Selbst, das introjektiv identifiziert ist mit einem allwissend verdammenden und verfolgenden Objekt« (ebd., S. 408).

Whitebook (2009) verweist auf die soziale Funktion des Fundamentalismus, wenn er ihn auffasst als die Wiederbesetzung der Position der Omnipotenz, um die Geschlossenheit einer heteronomen Gesellschaft im Rahmen einer mythischen Gemeinschaft wiederherzustellen. So beschaffene Kollektive konstituieren sich via vertikaler und horizontaler Identifizierungen, und sie erhalten sich vor allem über die Projektion konflikthaft erlebter Empfindungen, was mit Feindbildungsprozessen einhergeht (Freud 1921c; Winter 2016).

Entsprechend lautet meine These: Auf Grund der Wiederherstellung der »Position der Omnipotenz« (Whitebook 2009) und infolgedessen der vom Subjekt konkret erlebten Omnipräsenz eines allmächtigen, verfolgenden, Vergeltung übenden vice versa Gnade gewährenden Gottes kommt es zu schweren Beeinträchtigungen im Prozess der Subjektkonstituierung. Der invasiv wirkende »radikal Andere« zerstört den Bezug zum eigenen Triebhaften (Press 2013), wirkt durch seine Unassimilierbarkeit entfremdend (Warsitz 2004) und vereitelt mangels Differenzerfahrungen insgesamt die Subjektwerdung (Küchenhoff 2004).

Am Beispiel *einer* der beiden analytischen Prozesse werde ich aufzuzeigen versuchen, wie sich entsprechende strukturelle Beschädigungen im analytischen Prozess zeigten. Um den Rahmen nicht zu sprengen, begrenze ich mich auf folgende Aspekte:

- Aufrechterhaltung der Spaltung;
- persistierende Omnipotenz und vernichtender Charakter der Affekte;
- archaisches Über-Ich und Triebschicksale;
- Subjektivierung und Selbstbestimmung.

Klinisches Material

Zum Schutze der Persönlichkeitsrechte meiner Patientin Alesja, wie ich sie im Weiteren nennen will, sei zu ihrer Biographie nur Folgendes vorausgeschickt: Sie kommt aus einer deutschstämmigen, russisch-kasachischen, strenggläubig adventistischen Familie. Alesja ist das dritte von insgesamt vier Geschwistern. Wenn sie eine *Sünde* beging, wurde sie »du Schlechte« gescholten. Ich sehe sie erstmals kurz vor ihrem 29. Geburtstag.

Alesja kommt eine Viertelstunde zu früh; sie klingelt in die vorangehende Stunde. Ich unterbreche. Mit ihrer strahlend-charmanten Präsenz nimmt sie mich sofort für sich ein. Ich schicke sie noch einmal fort. Fünf Minuten vor der vollen Stunde steht sie erneut strahlend vor mir: »Was für eine wunderschöne Umgebung.«

Mein erster, starker Eindruck setzt sich im Erstinterview nicht fort. Nach der Stunde erinnere ich nahezu nichts, was mich mit lähmenden Schuldgefühlen erfüllt. Im Vordergrund steht der Unfalltod des Bruders während Alesjas 15. Lebensjahr. Mit Mühe erinnere ich ihr Anliegen: Sie kann ihr Studium nicht zu Ende bringen, sie studiert Jazzgesang und Klavier und sie sehnt sich nach einer Liebesbeziehung.

Die Behandlung beginnt mit Verführung und Versagung, Hoffnung auf Erfüllung, Schuld und Unerreichbarkeit.

Von einer hochfrequenten analytischen Behandlung fühlt sich Alesja bedroht, weshalb wir zunächst eine Kurzzeit-Therapie vereinbaren. Über eine lange Phase bin ich in ihre narzisstische Abwehr verwickelt – wir sind *das* brillante Paar, bis mir einleuchtet: Sie ist meine *vollkommene Patientin;* sie erfüllt meine vermeintlichen Erwartungen, schlüpft mühelos in meine Deutungen – sie ist ein *fake,* wie sie sagt.

Gegen Ende der Kurzzeit-Therapie taucht ein Rettungsphantasma auf. In einer Deckphantasie manifestiert sich das Dilemma ihrer Primärbeziehung: Eine brennende Stehlampe kippt um und fällt in das Bett des schlafenden Kindes auf Alesjas Teddy. Die Lampe kokelt einen Brandfleck in sein Fell. Alesjas Mutter kommt herein, nimmt die Lampe aus dem Bett und löscht den Teddy. »Sieh mich, doch wenn Du mich anschaust, fällt Dein Blick auf den ›braunen Fleck‹«. Als »braunen Fleck« bezeichnet Alesja alles Schlechte.

Entsprechend verstehe ich ihre Entscheidung für die Analyse als von ihrer unbewussten Hoffnung auf *Erlösung* getragen, von ihrem »Hunger nach Verstehen und von ihrer Angewiesenheit zum Verstandenwerden«, von ihrer Hoffnung auf basale Anerkennung durch ein gutes Objekt (Beland 2011, S. 409).

Spaltung und Übertragungsspaltung

Entsprechend ihrer apokalyptischen Religion ist Erlösung für Alesja nicht anders denkbar, als Vollkommenheit anzustreben. Diese ist jedoch allein unter Aufrechterhaltung der Spaltung möglich. Eloquent tritt sie über Sprechen, oft über Selbstentwertung zu mir in Kontakt. Das angewiesene *schlechte Selbst*, der »braune Fleck«, muss lange Zeit abgewehrt bleiben.

Doch sie träumt von Kindern in Krankenhäusern, die durch düstere Flure irren, schließlich aber einer Krankenschwester ihren Kummer erzählen können. Das Hinlegen geht einher mit Verlassenheitsgefühlen. Lange liegt sie schweigend und weint.

Eine weitere Deckphantasie taucht auf: *Alesja als Baby sitzt mutterseelenallein in einem weiß gekalkten Raum. Sie lehnt an der Wand und leckt den Kalk.*
Analytikerin: »Sie fürchten, ich bin nun nicht mehr erreichbar für Sie, alles wird karg, einsam und es gibt nichts mehr, was Sie nährt.«
Dass mich Alesja aus dem Blick verliert, ruft darüber hinaus paranoid getönte Ängste hervor. Sie fürchtet, mich und meine Gedanken nicht mehr kontrollieren zu können. Auf der Couch dreht sie sich immer wieder um.
Zugleich zeigt sie sich besorgt, ich zürne ihr, wenn sie »keine richtige Analyse« mache. Befürchtetem Groll, vermeintlichem Aufrechnen meinerseits begegnet sie defensiv-protektiv. Es kommt solange zu keinem Intercourse.
Alesja muss den »braunen Fleck« – anal gesprochen: sich auszudrücken – in Schach halten. Deutungen wird sie im Laufe der Behandlung zunehmend mehr als Angriffe, als Gift, keinesfalls als Beziehungsangebot erleben. Gemeinsames Entdecken im analytischen Prozess birgt für Alesja die Gefahr des *Entblößtwerdens*.
Analytikerin: »Es ist ein Dilemma. Denn Sie wünschen sich so sehr von mir gesehen zu werden, andererseits fürchten Sie, ich könnte etwas entdecken, was mir nicht gefällt.« Für mich überraschend teilt sie mir bald lakonisch mit, sie sei aus der *Gemeinde* ausgetreten.

Diskussion

Die Dilemmata ihrer inneren Objektbeziehungen manifestieren sich mit dem Beginn der Analyse. Alesja lebt in zwei Welten: In der des Glaubens, der »Wahrheit«, und in derjenigen der »Sünde«, des Jazz, des Begehrens, des Körperlichen. Ihr Selbsterleben, ihr Begehren, ihre Leiblichkeit stehen in unvereinbarem Widerspruch zu ihrem Glauben. Durch Gehorsam und Unterwerfung sucht sie der göttlichen Gnade teilhaftig zu werden, sich mit einem demütigenden, aber idealisierten Objekt zu vereinen, wodurch alle anderen menschlichen Strebungen und Bedürfnisse aufgehoben werden (vgl. Jones 2009). Als das Kind fundamentalistischer Eltern lebt sie in permanenter Angst, »[…] etwas fundamental falsches Eigenes als etwas Bedrohliches zu erleben, das verfolgt wird« (Beland 2011, S. 404). In ihrer existentiellen Angewiesenheit auf einen Gott – »allwissender Verdammung in Form von Sündenverfolgung und von strafender Mitleidlosigkeit« (ebd., S. 409) und in ihrer Sehnsucht nach basaler Bejahung ist Alesja so auf Spaltungsabwehr angewiesen.

Indem Alesja die Psychoanalyse zu ihrer neuen Religion macht, mir Züge einer erlösenden, vice versa strafend-verfolgenden Göttin verleiht – »Sie sind meine Bibel. Sie sind meine Erlöserin, die Allmächtige, die mir den Weg weist« –, ist die Übertragung entsprechend über lange Zeit hinweg durch Spaltung bestimmt. Via »Mimikry« (Ferenczi 1964) unterwirft sie sich. Möglichen Differenzen begegnet sie defensiv-protektiv. Ihr Sprechen dient der Abwehr von Nähe, was insgesamt die Spaltungsabwehr perpetuiert. Vor dem Hintergrund ihres apokalyptischen Glaubens macht sich Alesja auf diese Weise zum »Objekt meiner Begierde« (Küchenhoff 2004). In der Übertragung fürchtet sie mich als subjektauslöschende Göttin. Somit manifestiert sich das potentiell traumatogene Moment in der analytischen Beziehung (Küchenhoff 2004).

Auf Grund ihrer Erfahrung verurteilenden, anklagenden, herabblickenden Gesehenwerdens muss es sie bedrohen, mich aus dem Blick zu verlieren. Nun nutzt sie ihren Blick, um in mich einzudringen und mich zu kontrollieren (Weiß 2017).

Für den analytischen Prozess birgt dies Probleme: Wenn ich Alesja *sehe*, fürchtet sie, ich könne in sie eindringen und sie kontrollieren. Kommt der psychoanalytische Prozess mit seinem emanzipatorischen Potential zur Entfaltung – Alesja ist aus der Gemeinde ausgetreten und sie hat sich verliebt –, werde ich zur verführenden Schlange, wie sie verschiedentlich träumt.

Sie hält sich bedeckt. Folglich verweisen zunächst allein Deckerinnerungen – nach Baranger et al. (1988) nachträgliche Versuche der Sinnverleihung des Nichtsymbolisierten – und meine Gegenübertragung auf Alesjas innere Objektbeziehungen.

Persistierende Omnipotenz und vernichtender Charakter der Affekte: Hass, Neid, Eifersucht, paranoide Ängste und Schuldgefühle

Mit mir als »Allmächtige« fühlt sich Alesja zunächst dem Abschlusskonzert gewachsen. Sie komponiert, schreibt Texte, entwirft eine Bühnenshow. Ihr Professor lobe sie, ihre Band sei begeistert. In den Stunden entwertet Alesja alles – Details erfahre ich nicht.

Die bislang vorherrschende Verleugnung ihres Begehrens war nun nicht mehr aufrechtzuerhalten, auf der Bühne wird sie sichtbar werden. Sie wird im Mittelpunkt stehen, gesehen werden, angestrahlt von Spots. Das, was sie ersehnt und fürchtet!

Mit Näherrücken des exponierten Platzes auf der Bühne nehmen Angst und Schuldgefühle vermehrt paranoid-vernichtenden Charakter an. Alesja berichtet von Taubheitsgefühlen in ihren Händen, von quälenden Alpträumen mit Dämonen und verstörenden Pseudohalluzinationen: *Knochenhände, die sie beim Klavierspielen von hinten angreifen oder hinter dem Vorhang hervorkommen, männliche Gestalten, die sie beim Öffnen der Tür attackieren.*

Entsprechend meiner Gegenübertragung – Alesja weckt meine Neugierde, ich fürchte jedoch verfolgend zu werden – sage ich ihr: »Als würde ich Ihnen gefährlich nahe rücken, wenn ich mehr über Ihre Welt des Jazz erfahren möchte.«

Alesja: »Als kleines Mädchen habe ich immer hinter verschlossener Tür getanzt und gesungen, nur für meinen Teddy. Ich habe mir immer vorgestellt, für ihn die Schönste zu sein. Das ist ja alles Sünde, Frau Heeb, und war verboten. […] Die Dinge gehören nur solange mir, solange die Tür verschlossen bleibt.«

Dann spricht sie über ihren tödlich verunglückten Bruder Eskander, wie ich ihn nennen werde: Hübsch und einnehmend, seien ihm von überall die Herzen zugeflogen. Er sei ein hervorragender Klavierspieler und beliebter Jugendgruppenleiter gewesen, vor allem aber: Er sei der Liebling der Mutter gewesen. Alesja habe sich oft ausgeschlossen gefühlt: »Nach Eskanders Tod habe ich seinen Platz bei der Mutter eingenommen.«

Depressive Ängste infolge grandioser Schuldgefühle und magisch anmutende Wiedergutmachungswünsche beherrschen die Stunden: etwa das Abschlusskonzert nicht zu bestehen, um Eskander den Platz auf der Bühne zu überlassen. Ich sage ihr: »Ich kann mir vorstellen, dass es manchmal schwer auszuhalten war für Sie, Ihren begabten und hübschen Bruder so beliebt und bevorzugt zu erleben. Als Eskander verunglückte, fürchteten Sie, Ihre Wut gegen ihn sei Wirklichkeit geworden. Und wenn *Sie* nun auf der Bühne stehen, fürchten Sie, er komme zurück um Vergeltung dafür zu üben, dass Sie seinen Platz eingenommen hätten.« Alesja: »Die Toten schlafen ja nur, bis der Herr kommt.« Weiter sage ich: »Auf der Bühne zu stehen wäre so, als würden Sie Eskander endgültig auslöschen.«

Ihren Bruder auszulöschen, wehrt Alesja manisch via Wiederherstellungsversuche ab, indem sie Texte über ihn schreibt: »So ist er mit mir auf der Bühne.«

In der Übertragung tauchen Neid und Hass darüber auf, dass ich Alesjas Wünschen nach Vollkommenheit nicht nachkomme. Sie wirft mir vor, ihr meine Potenz, das Gute vorzuenthalten, in dessen Besitz sie mich glaubt. Sie zieht sich trotzig zurück. Wenn ihre Wut auch nur ansatzweise spürbar wird, unterwirft sie sich rasch: Es geht um Leben und Tod. Während einer Stunde eskaliert ihre Wut in einer Phantasie: »Ein Vulkan bricht aus. Alles liegt in grauer Asche. Mein weißes Kleid ist dreckig und zerfetzt. Niemand außer mir überlebt.«

Ich deute ihr: »Sie haben Angst, dass Ihre Enttäuschung uns beide vernichten könnte; dass Sie mich mit Ihrer Wut auslöschen würden. Aber dann würden Sie sich schuldig fühlen und alles um Sie wäre trostlos und tot.«

Allmählich lässt sich verstehen: In diesem Kontext ist der »braune Fleck« Ausdruck verdrängter Eifersucht und vernichtend phantasierten Neids.

Als die Verleugnung ihrer Abhängigkeit während einer Ferienunterbrechung brüchig wird und Alesja – wie sie mir danach erzählt – panisch zusammenbricht, bekomme ich es erstmals mit dem allwissenden, »omnipotenten Introjekt« (Beland 2009) zu tun, das via Enactments über Wochen hinweg die Übertragungsdynamik bestimmt. Als abwesende Brust war ich zum bösen Objekt geworden, als Objekt ihres Neides war ich ihren feindseligen Affekten ausgesetzt. Sie wütet: »Wenn *Sie mich* klein machen, mache *ich Sie* klein.«

Sie idealisiert ihren Freund, der sie besser verstehe als ich, erwägt, Hunderte Kilometer entfernt mit ihm zusammenzuziehen. Ohne mich in Kenntnis zu setzen, bewirbt sie sich auf eine Stelle, was insgesamt die Weiterführung der Analyse verunmöglichen würde. Projektiv-identifikatorisch bekomme nun *ich* ihre Verlassenheitsangst zu spüren. In der Gegenübertragung erfahre ich das schmerzhafte Gefühl des Ausgeschlossenseins, der Entwertung, mich um Anerkennung, um Bewährung und insgesamt um das Überleben der Analyse bemühen zu müssen. Über die Deutung ihrer Enactments werde ich jedoch zur herrischen Analytikerin, die ihre egoistischen Interessen verfolgt, Gehorsam einfordert und die Autonomie der Patientin untergräbt.

Alesjas Zusammenbruch während der Ferienunterbrechung ist Anlass ihres Wunsches nach einer 4. Stunde. Die vierstündige Frequenz beginnt mit einer erlebten Ausstoßung durch mich. Ich bin erkrankt und kann ihr nicht absagen. Sie steht vergeblich vor der Tür. »Immer wenn ich Sie wirklich brauche, sind Sie nicht da. Mein Freund hätte beinahe Schluss gemacht, ich war so verzweifelt!« Ihre wütenden Phantasien über meine Abwesenheit gipfeln zunächst in der Vorstellung, mir mit ihrer Wut zu viel geworden zu sein, schließlich in der grandiosen Phantasie, mich ausgelöscht zu haben. Die der aktuellen Übertragungsdynamik entsprechende anale Ausstoßungsneigung (sie spricht von *abschießen, auslöschen*) deute ich: »Vielleicht dachten Sie: Wenn sich Frau Heeb so wenig um mich schert, dann ist die für mich jetzt auch gestorben.« Alesjas Angst vor dem vernichtenden Charakter ihrer wütenden Affekte lässt allmählich nach.

Diskussion

Die persistierende Spaltung bzw. Omnipotenz verleiht Alesjas Affekten insgesamt absoluten, ihrer Wut und Eifersucht, ihrem Hass und Neid vernichtenden Charakter. Dies hält sie in einem malignen circulus vitiosus unerträglicher Schuldgefühle bzw. depressiver Ängste gefangen, denen sie wiederum mittels Spaltungsabwehr zu begegnen sucht.

Wagt sie sich in narzisstischem Hochgefühl, im Glanze ihrer idealisierten Analytikerin an ihr Abschlusskonzert, greift sie mit Näherrücken des Termins zunehmend auf manische Abwehrmechanismen zurück. Der »braune Fleck« – in diesem Kontext heißt das grandiose Schuldgefühle aufgrund vernichtend erlebten Neides und Eifersucht gegenüber dem toten Bruder sowie extraktiv-identifikatorischer Bemächtigung (Bollas 1997) dessen beneideter Eigenschaften, geht mit unerträglichen depressiven Ängsten einher, die via magischer Wiederherstellung und kleinteiliger Spaltung projektiv-identifikatorisch abzuwehren gesucht werden. Als »bizarres Objekt« (Bion 1959) *Knochenhand* taucht die Spaltung persekutorisch auf.

Im Übertragungsgeschehen werde ich zur phallischen Göttin-Mutter, die Alesja ihre Potenz vorenthält, die ihr, wie sie glaubt, zur Vollkommenheit und somit zur ersehnten Anerkennung verhelfen würde. Zunächst vermag sie Hass und Neid in Phantasien zu binden. Für ihren Zusammenbruch während der Ferien übt sie jedoch Vergeltung, indem sie den psychoanalytischen Prozess, die versagte Nahrung, zunächst zu vergiften, schließlich zu vernichten droht. Ihre anale Wut wächst umso mehr, als sie sich aufgrund ihrer Angewiesenheit von mir abhängig fühlt. Es kommt zum circulus vitiosus von Wut, analer Ausstoßung, Angewiesenheit, Reintrojektion und Hass gegen das innere Objekt. Die erlebte Ausstoßung durch die Analytikerin, als Alesja vergeblich vor der Tür wartet, sucht sie schließlich zu vergelten, indem sie mich innerlich auszulöschen droht.

Entscheidend für die weitere Entwicklung Alesjas war ihre Erfahrung, dass ich ihre vernichtend erlebte Wut als Analytikerin überlebte und keine Vergeltung an ihr üben musste. Nach Winnicott (1997) sind diese Erfahrungen unverzichtbare psychische Voraussetzungen zur Bindung »unvorstellbarer Ängste« sowie für die Entwicklung der Fähigkeit zur Objektverwendung und des Realitätsprinzips. Als das Kind von Eltern, die sich einem omnipotenten, rächenden Gott unterworfen hatten, vermochte Alesja ihre Objekte weder zu »erschaffen« noch zu »vernichten«.

Verfolgendes Introjekt und Triebstruktur

Der »braune Fleck« kommt nun in Gestalt eines Windes in die Stunde. Das Lebendige, ihr Begehren, vor allem das Sexuelle, das *Schlechte* bringt sie zunächst via Projektion in meine weiße Papyrus-Gardine ein: *Penis, Löwe, Dämon, Lautsprecher*. Wenn ich etwas davon aufgreife, erlebt sie mich verfolgend; sie spricht von einem »gerissenen Fuchs, der einem harmlosen Eichhörnchen nachstellt«.

Verfolgt von ihrem Introjekt, findet sie sich in verzweifelten Dilemmata, die zu Desintegration, einhergehend mit Konkretismen und selbstdestruktivem Agieren führen.

»Wenn ich weiterhin zu Ihnen komme, komme ich nicht in den Himmel. In Johannes 14 heißt es: ›*Ich* bin der Weg, die Wahrheit, das Leben‹«!

Andererseits ist sie unglücklich in ihrer Partnerschaft. Sie gesteht zunächst mir, dann ihrem Partner, dass sie Orgasmen nur *fake*. Ihr Partner wendet sich enttäuscht von ihr ab.

Ödipal-persekutorische Schuldgefühle tauchen auf. Zunehmend panisch spricht sie über die Annäherung des Geschwisterpaares während ihrer Pubertät: Endlich habe Eskander sie *gesehen*, sie hätten Musik miteinander gemacht, er habe sie einbezogen in seine Aktivitäten. Als sie Theater gespielt habe, habe er ihr vom Rang aus zugesehen!

»Ich habe ihn so vermisst. Oft habe ich in seinem Zimmer gesessen, habe ihn imaginär umarmt und habe mit ihm getanzt.« »*Dirty dancing*« nennt sie das.

Sehnsucht kippt in Eifersucht: Sie habe an dem betreffenden Abend in das Zimmer geschaut, in dem Eskander mit seiner Freundin und andern gefeiert und Filme angeschaut habe. Diesmal habe er sie nicht eingeladen, dazuzukommen. »Ich bin dann schlafen gegangen. Ich habe überhaupt nichts mehr mitbekommen.«

Er sei in dieser Nacht, nachdem er seine Freundin nach Hause gefahren habe, gegen den einzigen Baum, der weit und breit dastand, geprallt. »Sein ganzes Gesicht war weg.«

Paranoide Ängste überfluten Alesja, sie fühlt sich schuldig an Eskanders Tod, empfindet seinen Tod als Gottesstrafe ihres sündigen Begehrens. Magische Leugnung des Geschehenen und Wiederherstellungsversuche tauchen auf: »Er ist mitgekommen und starrt mich an. Ich soll nicht mehr zu Ihnen kommen; er will nicht, dass ich ihn vergesse.« Alesja kann weder ihren Bruder sterben lassen – sie hält ihn in ihrem Inneren lebendig – noch kann sie ihr eigenes Leben libidinös besetzen. Viel später kann sie sagen: »Es sind weder Dämonen noch Eskander, der vor meinem Bett steht, es sind meine Schuldgefühle.«

Vom Besuch zweier Cousinen kommt Alesja verstört zurück: Die eine sei in der Gemeinde »gebrandmarkt und vorgelesen« worden, weil sie sich scheiden lassen wolle, und die andere sei »verrückt vor Angst«, weil sie heimlich ein uneheliches Kind abgetrieben habe.

Unter diesem Eindruck erzählt sie, wie sie sich als Kinder aus Neugierde gegenseitig die Röcke hochgehoben hätten und dabei entdeckt worden seien. Kein Ton sei über das Vorgefallene geäußert worden. Doch kurze Zeit später hätte ihre Familie sie zu einer Dämonenaustreibung gebracht: »Ich lag da, der Pastor hat komisches Zeug geredet, das mir Angst gemacht hat, und dabei hat er immer ganz fest auf mir herumgedrückt. Meine Familie stand um uns herum. Ich dachte, die müssen mir doch helfen, doch sie taten nichts. Damals habe ich alles Vertrauen in sie verloren.«

Ich sage: »Die Sünde sollte Ihnen ausgetrieben werden, aber dann waren Sie leer. Und heute suchen Sie verzweifelt Ihre Sexualität.« In der Folgestunde leugnet sie die Dämonenaustreibung. Ich bin verwirrt – habe ich mir das eingebildet? Kann ich meiner Wahrnehmung nicht trauen – ich habe es doch mit eigenen Ohren gehört.

Meine Gegenübertragungsreaktion in eine Deutung fassend, sage ich: »Ich kann mir vorstellen, wie unsicher Sie sich in der Welt fühlen, wenn Sie Ihrer eigenen Wahrnehmung nicht vertrauen dürfen.«

Parallel beginnt Alesja jedoch, ihre Wohnung nach ihrem Geschmack einzurichten. Sie gönnt sich einige Einrichtungsgegenstände, nur Eskanders Lampe, die sie aufgehängt hat, kann sie nicht hergeben. Für eine Hochzeit kauft sie sich ein rückenfreies Kleid, *mir* würde sie sich so nie zeigen, ich würde das sicher nicht gutheißen. Sie nimmt ein Engagement in einer Frauenband an. Dafür kauft sie sich ein schwarzes Etuikleid und rote High-Heels. Während sie mir dies erzählt, werden ihre Arme erneut taub, doch nun lässt sich verstehen weshalb: Alesja erinnert ein Märchen, das ihr der Vater vorgelesen hat. Darin kommt der Teufel mit silbernen Händen zu Besuch. Das Mädchen will auch solche Hände haben. Da schlägt ihr der Vater die Hände mit der Axt ab. Lakonisch resümiert sie: »Der Teufel fiel, weil er sich selbst gefiel.«

Diskussion

Mit einem solchen Introjekt ausgestattet, mit einem »für wahr gehaltenen Gott« (Freud 1927c; Kristeva 2014), umgeben von ekstatischen Bezugspersonen ist Alesja, ist ihr sündhaft erlebtes Begehren von außen und von innen bedroht.

Die Dämonisierung Alesjas kindlicher Sexualität – die Intrusion des Gottesmannes, dessen verstörende Worte, das konkretistisch körperliche Entleeren des Kindes, verbunden mit der elementaren Enttäuschung an und infolgedessen Hass gegen ihre Objekte – kann als ein in die Triebstruktur hineinwirkendes traumatisches Erlebnis verstanden werden. Infolgedessen kommt es zur Zerstörung der triangulären Struktur (vgl. Küchenhoff 2004). Um ihre Objekte vor ihrem archaischen Hass und – vor dem Hintergrund der zerstörten triangulären Struktur – sich selbst zu bewahren, wehrt Alesja die Bewusstwerdung der Dämonenaustreibung erneut mittels Angriffen auf innere Verbindungen ab, was jedoch ihre Wahrnehmungsfunktion und Wirklichkeitsurteile, diejenigen Funktionen, die sie dazu befähigten, Kenntnis von sich und der Welt zu nehmen (Britton 2001), beschädigt. Die Wirkung traumatogener (infantiler) Kommunikations- (Ferenczi 1964) und Beziehungsstrukturen im Sinne körperlicher Einschreibungen (Küchenhoff 2012; Laplanche 2004) zeigt sich vor allem auch im Symptom des Taubwerdens. Das »Fremde«, in Gestalt äußerster Bedrohung durch Zerstückelung, überflutet das im Entstehen begriffene infantile Begehren, wodurch der Bezug zum eigenen Triebhaften zerstört (Press 2013) und die Angst ihres Sinns beraubt (Beland 2011) wird. Begehren und Angst verdichten sich in somatischer Erregung (Bokanowski 2013).

Alesjas Begehren wirkt infolgedessen ängstigend, ihr Vertrauen in eigene Empfindungen und Wahrnehmung ist zerstört. Die Vermischung von Hass und Liebe, die Transformation eines verfolgenden inneren Objekts in ein erhabenes Objekt (Ruth Stein in J.W. Jones 2009) wirken darüber hinaus entfremdend. Archaische Wut, Schuld- und Strafangst, die, wie jegliche Erkenntnis und Selbsterkenntnis, selbstdestruktiv abgewehrt werden müssen, beherrschen ihr Erleben. Beruhigung erfährt sie allein in der Unterwerfung. Dies bringt sie in eine maligne Abhängigkeit von einem Objekt, das Zerstörer und Erlöser in einem ist.

Subjekt, Selbstbestimmung und rachsüchtiger Gott

> Trennung ist für Alesja gleichbedeutend mit Tod. Als ich die Begrenzung des von der Krankenkasse bewilligten Stundenkontingents anspreche, sagt sie einige Tage später: »Es ist wie ein stiller Tod – der ist schon da und nimmt mich bald hinaus.«
>
> In Alesja kriecht Angst auf, in Zweifel zu geraten, wenn die Analyse zu Ende ginge, »weil ich niemanden mehr habe, der wohlwollend auf mich schaut – und wo die Dinge sind, wie sie sind«. Und: »Die lesen zu Hause immer noch Texte, in denen es um die Endzeit geht. Mit der Botschaft: Halte durch, Alesja! Du wirst Deine Berufung noch finden.« Ihr Vater, der ihre Veränderung bemerkt, liest während eines Ferienbesuchs aus der Bibel: »Vom verlorenen Sohn« und aus »der Apokalypse«. Alesja schäumt: »Ich lächele, dahinter ist Hass.« Sie schaut sich »Das Leben des Bryan« von Monty Python an, lacht und spottet.
>
> Endlich traut sie sich mit ihren Eltern über ihren Austritt aus der Gemeinde zu sprechen. Ihre Mutter reagiert, indem sie Alesja erzählt, sie habe eine Lungenembolie erlitten und sei einige Tage im Krankenhaus gewesen. Panisch rauft Alesja ihr Haar: »Wenn ich anders bin als sie, töte ich sie. Für meine Eltern bin ich verloren, Frau Heeb, Sie begreifen das nicht! Ich komme ja nicht ins Paradies und damit füge ich ihnen wirklich Leid zu! Sie hat doch schon einen Sohn verloren.«
>
> Sie zitiert Hesekiel: »Der Gottlose ist verstrickt im Werk seiner Hände. Ich will große Rache an ihnen üben und mit Grimm sie strafen, dass sie erfahren sollen, *ich* sei der Herr, wenn ich meine Rache an ihnen geübt habe.«
>
> Sie bringt mir einen Auszug aus einer Predigt mit, in der die Psychoanalyse als das Werk Satans gegeißelt wird. Sie fürchtet, ich könne ihre abgrundtiefe Angst nicht erfassen. Immer wieder kommt Alesja voller Angst in die Stunden: Nachts verfolgen sie Alpträume, während des Tags »bizarre Objekte« (Bion 1959). Erneut bricht ihre Symbolisierungsfunktion zusammen: Eine Straße, durch die sie laufen muss, um zur Stunde zu kommen, heißt Wolkenbruch. Einen weißen Hund, der sie anbellt, wähnt sie als Höllenhund. Sie erschreckt sich an Autos, die »wie aus dem Nichts um die Kurve kommen, wie tödliche Blitze«.

Eines Tages hat sie auf dem Weg zur Stunde tatsächlich einen Fahrradunfall, was sie zuvor wiederholt befürchtet hatte. Sie ist kaum verletzt, doch zutiefst erschrocken. Zunächst fürchtet sie die Rache Gottes: »Heimsuchung, denn man darf nur durch die Gnade Gottes leben.«

Immer wieder deute ich ihre Projektionen, ihre Angst aus der Gottes-Fusion herauszutreten und der Vergeltung ihres rächenden Gottes ausgesetzt zu sein. Die Einsicht in ihren Fahrradunfall als Folge selbstdestruktiver Schuldgefühle ermöglicht es ihr erstmals, über unbewusstes suizidales Agieren ihres Bruders nachzudenken. Entkleidet von ihrem omnipotenten Charakter, vermag sie Enttäuschungswut zuzulassen: Wenn er Suizid begangen habe, wie wütend sie auf ihn wäre, dass er in Kauf genommen habe, ihr Leben zu zerstören.

Die Begrenztheit unserer Beziehung bringt einen Entidealisierungsprozess in Gang. Libidinöse Gefühle treten in den Vordergrund. Alesja zeigt mir vorsichtig ihre liebenden Gefühle. In der Übertragung lotet sie aus, ob Subjektivität, Anderssein, Kritik, Konflikte, Wegbewegung und Wiederannäherung zwischen uns möglich sind oder ob sich nun die Analytikerin ihrerseits als *fake* erweist – ob es möglich ist, als zwei Subjekte in einer nahen Beziehung zu existieren.

Sie vermag Enttäuschung an mir zu formulieren, vor allem, dass ich sie nicht vollkommen gemacht hätte und dass die Psychoanalyse auch irgendwie ein »fake« sei: Sie habe sich so tief eingelassen und nun sei sie bald allein, ohne mich. Sie trauert schon jetzt um die Stunden. Es habe sich viel geändert, aber »man hat mir die Bücher weggenommen. Ich vermisse die Leute, mit denen zu singen, Musik zu machen – es war auch immer fröhlich –, ich habe so viel verloren.« Die Psychoanalyse sei kein Heilsbringer, wie sie anfangs gedacht habe. »Vieles ist beschwerlicher, unsicherer, ambivalent. Im Letzten ist man frei, aber allein!«

Einige Tage vor unserem Abschied bringt sie mir eine Blume mit, die sie am Rand der Wolkenbruchstrasse pflückte. Der Hund sei ein Hund, die Straße eine ganz normale Straße, und wenn sie nicht abgelenkt sei, durch dumme Ängste, schaue sie nach links und rechts und dann könne auch nichts passieren.

Zum Abschied bringt sie mir ein Buch mit, in dem sie unseren gemeinsamen Prozess künstlerisch nachvollzogen hat.

Sie ist sich sicher, sie kann mich als gutes Objekt im Innern bewahren.

Diskussion

Die abgrundtiefe Trauer, die mich bei Alesjas Reaktion auf das Ende der Analyse erfasste, schien mir anzuzeigen, dass sie in Entsprechung ihres Glaubens Trennung bis dahin verleugnete.

Ihre unbewusste Frage an mich war, ob sie Subjekt werden könne, das sich zu sich selbst und zum Anderen, selbst dem radikal Anderen – Gott – verhalten und so erst in Beziehung zu treten vermöge.

Nun tritt sie in offene Konfrontation zu den Dogmen ihres apokalyptischen Glaubens, mit denen sie introjektiv identifiziert ist. Durch die Reaktion ihrer Eltern erlebt sie Anderssein als Zufügen von Aggression und erneut die selbstdestruktive Wirkung ihres Introjekts im Agieren ihres unbewussten Bestrafungsbedürfnisses (Nunberg, in Weiß 2017). Sie riskiert die unüberbrückbare Kluft zu Gott und zu ihren Angehörigen, die die Dogmen im Sinne einer fixierten Spaltung in Paradies und Hölle zementieren.

Es wird aber auch spürbar, wie weit sich Alesja in ihren katastrophalen Ängsten, die sie temporär überschwemmen, immer wieder von mir getrennt fühlt. Und wie das allmähliche ›Verstandenwerden‹ ihrer inneren Realität und das Containen ihrer Ängste dazu beitragen, sich mehr mit mir verbunden und sich dadurch weniger bedroht zu fühlen.

Im Rahmen der Ablösung gelingt es Alesja über einen Trauerprozess, Getrenntheit als existentielle Tatsache zu akzeptieren, diese aber auch in ihrer Dialektik wertzuschätzen: lieben zu können, emotionale Abhängigkeit tolerieren und kreativ sein zu können.

Alesja erfährt, dass ambivalente Gefühle dem Anderen gegenüber möglich sind, dass Konflikte, Anderssein, Abgrenzung, kurz: Subjektsein nicht zerstörerisch sein muss, im Gegenteil Beziehung erst konstituiert. Sie vermag zu trauern, über Eskander, über den Verlust ihrer Illusion – vor allem der tröstenden Illusion ewiger Verbundenheit im Paradies – über den Verlust dessen, was auch schön war, in der Gemeinde, zuletzt über unseren Abschied. Mit dem Trauerprozess vermag sie die Realität anzuerkennen, Selbstverantwortung zu übernehmen, die immer auch Unsicherheiten mit sich bringt, Verzicht zu leisten, auf vorgegebenen Sinn und Antworten, wie zuletzt das Alleinsein, die Begrenztheit und den Tod zu akzeptieren.

Doch sie ist sich ihres inneren guten, hilfreichen Objekts sicherer geworden, das einen inneren Dialog ermöglicht, der Ermutigung und Selbstwertgefühl vermittelt, auf denen Selbstvertrauen und psychische Sicherheit basieren.

Schlussbetrachtung

Ich habe versucht darzustellen, in welch fundamentaler Weise das dogmatisch-christliche Glaubenssystem, in dem Alesja aufwuchs, die Subjektkonstituierung meiner Patientin beeinträchtigte. Als ich sie kennenlerne, ist sie Objekt eines imaginären Gottes bzw. ihres verfolgenden Introjekts.

Gewalt, Destruktion, Hass infolge eines intoleranten, apokalyptischen, durch Verbalinspiration legitimierten Glaubenssystems, manifestiert sich als autoritäres, intolerantes, geschlossenes System, das, da ins Jenseits projiziert, nicht falsifizierbar ist. Dies unterscheidet m. E. fundamentalistische Glaubenssysteme von weltlichen totalitären Systemen: Weder ist dieser Gott zu vernichten (Winnicott 1997) noch vermag das Kind fundamentalistischer Eltern eigene, subjektiv erschlossene Bedeutung über die Verbindung von Wahrnehmung und Empfindung zu gewinnen (Weiß 2017). Sinn, Bedeutung, Antworten sind vorgegeben und werden »für wahr« gehalten (Kristeva 2014). Ein System absoluter Bemächtigung, das über die geteilte Illusion (Freud 1921c, 1927c) – vor allem diejenige der paradiesischen Ungetrenntheit – Sogwirkung entfaltet. Die Beeinträchtigung des Subjekts in seinen psychischen Funktionen hält es in einer basalen Abhängigkeit von einem vernichtenden, zugleich erlösenden, omnipotenten Objekt gefangen, was einen malignen circulus vitiosus in Gang setzt, der das traumatogene Moment perpetuiert.

Mit der Schaffung eines intersubjektiven Raums im psychoanalytischen Prozess, in dem sich Subjektivität und Denkfähigkeit entfalten und in dem sich Alesja und ihre Analytikerin schließlich als zwei Subjekte erfahren und gegenseitig anzuerkennen vermochten (Trimborn 1998), gelang es Alesja schließlich, Differenzerfahrungen zu machen und so die trianguläre Struktur Selbst–Objekt–Anderer zu etablieren (Küchenhoff 2004).

Literatur

Baranger, M., Baranger, W. & Mom, J. M. (1988): The infantile psychic trauma from us to Freud: Pure trauma, retroactivity and reconstruction. Int J Psychoanal 69, 113–128.

Beland, H. (2009): Religion und Gewalt. Der Zusammenbruch der Ambivalenztoleranz in der konzeptuellen Gewalt theologisch/politischer Begriffsbildungen. Psyche – Z Psychoanal 63, 877–906.

Beland, H. (2011): Unaushaltbarkeit. Psychoanalytische Aufsätze zu Theorie, Klinik und Gesellschaft. Gießen (Psychosozial-Verlag).

Bion, W. R. (1990b [1959]): Angriffe auf Verbindungen. In: Bott Spillius, E. (Hrsg.), Melanie Klein heute, Bd. 1, München, Wien (Verlag Internationale Psychoanalyse), S. 110–129.

Bokanowski, T. (2013): Trauma, Analyseprozeß und Umformung. EPF Bull 67, 86–98.
Bollas, C. (1997 [1987]): Der Schatten des Objekts. Übers. C. Trunk. 4. Aufl., Stuttgart 2014 (Klett-Cotta).
Britton, R. (2001): Der Narzißmus des Glaubens. Übers. B. Seyffer. In: Frank, C. & Weiß, H. (Hrsg.), Narzißmus, Allmacht und psychische Realität. Beiträge der Westlodge-Konferenz III, Tübingen, Berlin (edition diskord).
Ferenczi, S. (1964 [1938]): Sprachverwirrung zwischen dem Erwachsenen und dem Kind. Bausteine zur Psychoanalyse (Bd. 3, S. 511–525). Bern (Huber).
Fink, B. (2011 [1995]): Das Lacan'sche Subjekt. Zwischen Sprache und Jouissance. Übers. C. Boehme. Berlin (Turia + Kant).
Freud, S. (1921c): Massenpsychologie und Ich-Analyse. GW XIII, S. 71–161.
Freud, S. (1927c): Die Zukunft einer Illusion. GW XIV, S. 325–380.
Jones, J. W. (2009): Wie wird aus Religion Gewalt. Eine psychoanalytische Untersuchung des religiösen Terrorismus. Psyche – Z Psychoanal 63, 948–972.
Kristeva, J. (2014 [2006]): Dieses unglaubliche Bedürfnis zu glauben. Übers. E. zum Winkel. Gießen (Psychosozial-Verlag).
Küchenhoff, J. (2004): Verlust des Selbst, Verlust des Anderen – die doppelte Zerstörung von Nähe und Ferne im Trauma. Psyche – Z Psychoanal 58, 811–835.
Küchenhoff, J. (2012 [1992]): Körper und Sprache. Theoretische und klinische Beiträge zu einem intersubjektiven Verständnis des Körpererlebens. Gießen (Psychosozial-Verlag).
Laplanche, J. (2004): Die rätselhafte Botschaft des Anderen und ihre Konsequenzen für den Begriff des »Unbewußten« im Rahmen der Allgemeinen Verführungstheorie. Psyche – Z Psychoanal 58, 898–913.
Press, J. (2013): Das Formlose, das Intime, das Unbekannte, die Umformungsprozesse und das Objekt. EPF Bulletin 67, 39–50.
Trimborn, W. (1998): Eröffnung der Tagung. In: Ostendorf, U. & Peters, H. (Hrsg.), Vom Werden des Subjekts. Arbeitstagung der Deutschen Psychoanalytischen Vereinigung. Wiesbaden.
Warsitz, R.-P. (2004): Der Andere im Ich. Antlitz – Antwort – Verantwortung. Psyche – Z Psychoanal 58, 783–810.
Weiß, H. (2017): Trauma, Schuldgefühl und Wiedergutmachung. 2. Aufl., Stuttgart 2018 (Klett-Cotta).
Whitebook, J. (2009): Psychoanalyse, Religion und das Autonomieprojekt. Psyche – Z Psychoanal 63, 822–851.
Winnicott, D. W. (1990 [1988]): Die menschliche Natur. Übers. E. Vorspohl. Stuttgart (Klett-Cotta).
Winnicott, D. W. (1997 [1983]): Von der Kinderheilkunde zur Psychoanalyse. Übers. G. Theuser-Stampa. Frankfurt/M. (Fischer).
Winter, S. (2016): Sebastian Winter im Gespräch zu Islamismus, Rechtsextremismus und Amoklauf. Podcast der Arbeitsgemeinschaft Politische Psychologie an der Leibniz Universität Hannover.

TEIL C
Zur Transformation traumatischer Erfahrungen

Theoretische Reflexionen des klinischen Prozesses

ECKEHARD PIOCH

Frühes Trauma und Traumatisierung durch sexuellen Missbrauch: Zur Rolle des primären Objekts

In den von mir durchgeführten psychoanalytischen Behandlungen von Patientinnen und Patienten, die einen sexuellen Missbrauch erfahren haben, ist mir eine massive Enttäuschung am primären Objekt – und das ist zumeist: die Mutter – aufgefallen. Die Narrative dieser Patienten lassen oft ein fundamentales Fehlverstehen ihrer Bedürfnisse durch ihre Mutter erkennen. Dieses Fehlverstehen oder Ignorieren dürfte auch in der frühen Mutter-Kind-Interaktion, die der bewussten Erinnerung nicht zugänglich ist, eine Rolle gespielt haben. Meine Hypothese ist, dass hier eine basale Störung der Kommunikation mit dem Objekt deutlich wird – mit der Folge eines tiefen Gefühls von Verlorenheit und Alleinsein im Sinne eines frühen Traumas. Es geht also um eine zeitliche Abfolge von frühem Bindungstrauma und anschließender Traumatisierung durch sexuellen Missbrauch bei denselben Personen.

Es ist nahe liegend anzunehmen, dass in einem Umfeld, in dem ein fortgesetzter sexueller Missbrauch durch einen nahen Angehörigen geschehen kann – und oft genug: sehr aktiv übersehen und verleugnet wird –, auch in frühen Entwicklungsphasen die elementaren Bedürfnisse des Kindes ignoriert oder missdeutet wurden. Und es kann dann auch davon ausgegangen werden, dass in der psychoanalytischen Bearbeitung dieser Dynamik der Patient bzw. die Patientin nicht nur eine Übertragung des missbrauchenden Objekts auf den Analytiker entwickelt, sondern auch eine Übertragung des frustrierenden primären Objekts.

Ich gehe außerdem davon aus, dass die eben angesprochene Erfahrung der Unerreichbarkeit des primären Objekts beim Kind zu einer sehnsüchtigen Objektsuche führt, auf die dann der Täter im sexuellen Missbrauch auf perverse Weise antwortet. Hier ist die heikle Frage nach einer eigenen *unbewussten* Beteiligung des Opfers am Missbrauchsgeschehen angesprochen. Ich möchte klarstellen:

Der sexuelle Missbrauch eines Kindes durch eine nahe Bezugsperson stellt immer eine traumatisierende Form der Kindesmisshandlung dar, die dadurch geprägt ist, dass ein Erwachsener ein von ihm abhängiges – und: ihn liebendes – Kind für seine sexuellen Bedürfnisse ausbeutet. Oft genug wird das Kind durch subtile oder explizite Gewalt und Drohungen von dem mächtigeren Erwachsenen zum Schweigen gebracht. Hier besteht eine eindeutige Täter-Opfer-Dichotomie. In der *psychoanalytischen* Behandlung von Menschen, die eine Traumatisierung durch sexuellen Missbrauch erfahren haben, kann aber eine ausschließliche Identifikation mit dem Kind als Opfer verhindern, dass seine unbewussten Anteile an der Missbrauchsdynamik untersucht und durchgearbeitet werden. Doch *Opfer* zu sein – und das ist das Kind – heißt nicht, *unbeteiligt* am Zustandekommen und der Fortsetzung des Missbrauchs-Szenarios zu sein (s. a. Hirsch 1999, S. 92). Eine meiner Patientinnen, die einem Jahre andauernden fortgesetzten sexuellen Missbrauch durch ihren Vater ausgesetzt war, ging sogar so weit zu formulieren: »Ich habe die ganze Zeit gewusst, wie ich die Sache hätte beenden können«.

Ich möchte in diesem Text Missbrauchsdynamiken untersuchen, in denen ein enger Beziehungskontext zwischen Täter und Opfer besteht. Dies ist abzugrenzen von sexuellen Nötigungen, in denen die Beziehung des Opfers zum Täter weniger eng ist und in denen oft rohe Gewalt – im Sinne einer Vergewaltigung – dominiert. In diesen Fällen – zumeist sind es singuläre Erfahrungen – entsteht eine andere Dynamik, wenngleich auch hier die Qualität der primären Objektbeziehungen eine entscheidende Rolle bei der Verarbeitung dieser traumatisierenden Erfahrung spielt.

Die Forschungslage zu dieser Frage ist gekennzeichnet von methodologischen Schwierigkeiten: Es bestehen keine einheitlichen Kriterien bei der Erfassung sexueller Gewalt (s. a. Zimmermann et al. 2011, S. 119; Finkelhor et al. 2007, S. 8; Herrenkohl & Herrenkohl 2009, S. 1). Die Studien schlüsseln nur selten die Beziehung des Opfers zum Täter auf. Auch finden sich in der bisherigen Forschungsliteratur keine vollständigen Opfer-Profile. Allerdings besteht Übereinstimmung darin, dass häufig Traumatisierung und Viktimisierung nicht auf singuläre Ereignisse zurückzuführen sind, sondern dass eine komplexe Situation von Missbrauch und Misshandlungen besteht (Duncan 1999, S. 45; Finkelhor et al. 2007, S. 8; Herrenkohl & Herrenkohl 2009, S. 3; Witt et al. 2018). Nach Wetzels (1997) können erhöhte negative Zuwendung der Eltern und erhöhte negative elterliche Reaktionen ebenso wie elterliche Partnergewalt als Risikofaktoren für sexuellen Kindesmissbrauch gelten. Dies deckt sich mit den Ergebnissen der Studie von Paveza (1988). Hier wurden 34 Familien untersucht, in denen ein sexueller Missbrauch einer Tochter durch den Vater geschah. Als mit Abstand signifikantester Prädiktor erwies sich, dass die Töchter angaben, wenig Nähe zur Mutter gehabt zu haben. Auch die Studie von Rudd und Herzberger (1999) zeigt, dass Inzestopfer ihre Mütter oft als emotional abwesend beschreiben (wegen Krankheit, Alkohol- oder Drogenmissbrauch oder nicht näher beschriebener anderweitig widriger Lebensumstände).

Besonders eindrücklich sind die Ergebnisse einer Studie von Long und Trowell (2001): Es wurden die Therapieprotokolle der (im Rahmen eines Forschungsprojekts durchgeführten) Behandlungen von 20 Mädchen zwischen 6 und 14 Jahren ausgewertet, die einem sexuellen Missbrauch ausgesetzt waren. Das Ziel der Studie war, die Auswirkungen des kindlichen Missbrauchs-Traumas auf ihre innere Welt zu explorieren. Zur Überraschung der Autorinnen zeigte sich jedoch in allen untersuchten Behandlungen, dass dem sexuellen Missbrauch eine schwere Störung der Beziehung zum frühen mütterlichen Objekt vorausging. Bei einigen Mädchen war die Mutter vor dem 4. Lebensjahr gestorben, bei anderen war sie zwar physisch präsent, aber ab einem bestimmten Punkt sehr früh im Leben der betroffenen Mädchen emotional distanziert oder zurückgezogen (z. B. aufgrund körperlicher oder seelischer Krankheit wie Depression, Beziehungsproblemen oder aufgrund der Auswirkungen der eigenen Kindheitsgeschichte). In den Narrativen der Mädchen hatte dieser frühe Verlust des mütterlichen Objekts eine herausgehobene Position. Erst an zweiter Stelle wurde der nachfolgende sexuelle Missbrauch thematisiert. Ebenso hatten Deutungen, die Verlust und Trennung ansprachen (gerade auch in der therapeutischen Beziehung), eine weitaus tiefere Wirkung als Deutungen, die den sexuellen Missbrauch thematisierten. Die Autorinnen ziehen das Fazit, dass die therapeutische Bearbeitung des sexuellen Missbrauchs erst dann stattfinden könne, wenn innerhalb der therapeutischen Beziehung ein inneres supportives und containendes Objekt etabliert worden sei.

In seiner Abhandlung *Über die weibliche Sexualität* (1931) thematisiert Sigmund Freud die Bedeutung der präödipalen Beziehung des Mädchens zur Mutter. Er spricht eine Wut und feindselige Einstellung des Mädchens zur Mutter an, die »nicht Folge der Rivalität des Ödipuskomplexes« sei, sondern »aus der Phase vorher« (S. 524) stamme – also aus der präödipalen Phase. Das Mädchen mache der Mutter u. a. den Vorwurf, »dem Kind zu wenig Milch gegeben, es nicht lange genug genährt« (S. 527) zu haben. Hier gibt es also einen Hinweis auf eine mögliche orale Mangelsituation – an dieser Stelle nur als Vorwurf des Kindes an die Mutter. Die Möglichkeit, dass eine solche orale Versagung durch die Mutter nicht nur auf einer Phantasie des Kindes, sondern tatsächlich auf einer entsprechenden Haltung der

Mutter beruht, wird hier von Freud noch nicht in Betracht gezogen. Doch einige Seiten später heißt es in diesem Text:

»Die aggressiven oralen und sadistischen Wünsche [des Kindes, E. P.] findet man in der Form, in welche sie durch frühzeitige Verdrängung genötigt werden, als Angst von der Mutter umgebracht zu werden, die ihrerseits den Todeswunsch gegen die Mutter, wenn er bewußt wird, rechtfertigt. Wie oft diese Angst vor der Mutter sich an eine unbewusste Feindseligkeit der Mutter anlehnt, die das Kind errät, läßt sich nicht angeben« (S. 531).

Hier zieht Freud die Möglichkeit eines realen Mangels an Mütterlichkeit explizit in Erwägung. Mathias Hirsch, dem diese Hinweise auf Freuds Werk zu verdanken sind, geht in seinem richtungsweisenden Buch *Realer Inzest* (1999) davon aus, dass eine frühe frustrierende Mutterbeziehung einen zentralen Bestandteil der Psychodynamik des Inzests darstellt (S. 82). Hirschs Überlegungen sind gut vereinbar mit Rohde-Dachsers (1987) Konzept des »strategischen Ödipuskomplexes«: Wenn die präödipalen Beziehungen vom Kind als traumatisch erlebt wurden, komme es zu einer »Flucht nach vorn«, in der die ödipale Szene auf Lösungsmöglichkeiten für unbewältigte Konflikte aus den früheren Entwicklungsperioden abgetastet würde (S. 779). Dabei werde der Ödipuskomplex häufig in die alten dualen Beziehungsmuster eingebaut, um diese zu schützen und das Kind gleichzeitig vor dem Versinken in dieser Dual-Union (Gefahr des Ich-Verlustes) zu bewahren. »Im Gegensatz zum sogenannten ›reifen Ödipuskomplex‹ handelt es sich hier jedoch nicht um ein ubiquitäres, notwendiges Durchgangsstadium menschlicher Entwicklung [...], sondern um einen fixierten Komplex von Abwehr- und Reparationsmechanismen, der sich um die Urszenenphantasie gruppiert und den Charakter einer hartnäckig festgehaltenen Überlebensstrategie besitzt« (ebd.). Bei diesem strategischen Ödipuskomplex fehle die im reifen Ödipuskomplex vorherrschende stillschweigende Übereinkunft aller am ödipalen Dreieck Beteiligten, dass jeder zu den anderen Beteiligten Beziehungen aufnehmen darf, in die der dritte nur auf indirekte Weise einbezogen ist. Stattdessen werde eine solche autonome Teilbeziehung als Verrat erlebt – das Dreieck zerfalle in konkurrierende Dyaden, die den jeweils Dritten mit Ausschluss bedrohen (S. 782). Die Folge sei eine von primitiven Spaltungsvorgängen bestimmte Selbst- und Objektwelt, die nur zwei Protagonisten kenne. Die von Rohde-Dachser skizzierte Dynamik führt zu einer potentiell von Angst und Verzweiflung geprägten inneren Situation des Kindes. Von einem Teil der Missbrauchsopfer wird diese innere Not als so überwältigend erlebt, dass der einzige Ausweg in der Unterwerfung unter die Bedürfnisse des Täters gesehen wird. Hier schließen sich die Überlegungen von A. Rosenfeld (1979a, s. Hirsch 1999) an: Die unbewusste Beteiligung eines Kindes oder Jugendlichen am Inzest durch sexualisiertes Verhalten versteht er als »ein gelerntes Verhalten, mit dem Sexualität und sexuelle Erregung (des Erwachsenen) als Mittel benutzt werden, Fürsorge zu erhalten […]. Es ist ein verzweifelter Versuch, sich an die (sexuellen) Bedürfnisse des Erwachsenen anzupassen, um die benötigte Fürsorge zu erhalten« (S. 408, zit. nach Hirsch 1999, S. 111).

Ich möchte jetzt anhand von drei Fallvignetten konkretisieren, worum es mir geht:

> *Frau A.* ist eine 45-jährige alleinerziehende Mutter einer 12-jährigen Tochter, die abwechselnd entweder von Hartz IV lebt oder ihren Lebensunterhalt im alternativen Bereich verdient, zurzeit ist sie Verkäuferin in einem Bioladen. Sie ist die älteste von drei Geschwistern. Ihr Vater starb als Opfer eines Gewaltverbrechens, als sie 10 Jahre alt war. Beide Eltern betrieben ein Restaurant, das die Mutter von Frau A. nach dem Tod des Vaters alleine weiter führte. Praktisch die gesamte Haushaltsführung wurde der Patientin übertragen, die sich auch um ihre jüngeren Geschwister zu kümmern hatte. Während der Vater als warm und liebevoll beschrieben wird, charakterisiert Frau A. ihre Mutter als kalt, hart und sadistisch. Sie sei von der Mutter oft verprügelt worden und auch von ihr aufgefordert worden, ihre jüngeren Geschwister zu prügeln. Die Mutter der Patientin sei mit ihrer Mutter 1945 in einem der Flüchtlingstrecks aus Ostpreußen nach Berlin gekommen. Auf der Flucht sei sie vermutlich vergewaltigt worden. Frau A. sagt: »Meine Mutter hat den Krieg in die Familie getragen«. Es habe zu Hause eine ständige Angst vor ihren impulsiven Übergriffen geherrscht. Trost und Verständnis habe Frau A. nach dem Tod des Vaters bei seinem jüngeren Bruder, ihrem ›Lieblingsonkel‹, gefunden. Dieser habe bald nach dem Tod ihres Vaters begonnen, ihr gegenüber sexuell übergriffig zu werden, und es entstand eine inzestuöse sexuelle Beziehung, die Frau A. erst beendet habe, als sie längst erwachsen war. Die Patientin beschreibt, dass sie zu verwirrt gewesen sei, um sich den sexuellen Übergriffen des Onkels erwehren zu können. Es sei wie eine »Gehirnwäsche« gewesen. Sie habe deshalb keine klaren Grenzen ziehen können und sich selbst nicht klar machen können, was ihr eigenes Bedürfnis und was das Begehren des Onkels ist – bzw. was sie will und was sie nicht will. Die Behandlung von Frau A. wird als modifizierte analytische Psychotherapie mit zwei Wochenstunden im Gegenübersitzen durchge-

führt, auch weil die Patientin immer wieder von massiven Intrusionen (Bilder vergangener oder aktueller Erfahrungen von Überwältigtwerden und Ausgeliefertsein) überflutet wird und der Umgang damit in diesem Setting leichter ist. Ich fühle mich in der Arbeit mit Frau A. immer wieder verwirrt und folge dann gebannt und atemlos dem oft chaotischen Geschehen in den Sitzungen und im Leben der Patientin. Frau A. hingegen erlebt mich oft in einer Mutterübertragung als frustrierendes und versagendes Objekt, das ihr wichtige und elementare Hilfen zur Lebensbewältigung vorenthält. Oder sie erlebt mich als vordergründig lieben Onkel, vor dem sie sich aber in Acht nehmen muss, weil sie ihm gegenüber ihre Unabhängigkeit und Selbstbestimmung verlieren könnte.

Frau B. war wegen einer Essstörung bei mir in einer langen psychoanalytischen Behandlung mit drei und phasenweise vier Wochenstunden im klassischen Setting. Lange Zeit dominierte in der Behandlung eine massive Enttäuschung über die Mutter, die als wenig nährend und warm beschrieben wird. Die Mutter habe selbst unter Anorexie gelitten und sei Alkoholikerin gewesen. Frau B. sagte über ihre Mutter: »Sie hat mich nie in den Arm genommen, dieses Klappergestell wäre besser tot!« Die Ehe der Eltern wird als desaströs beschrieben. Der Vater, ein renommierter Journalist, habe von Anfang an sexuelle Beziehungen zu anderen Frauen gehabt und diese auch mit nach Hause gebracht. Dennoch wird er von der Patientin idealisiert. Er sei derjenige gewesen, der zu Hause gekocht und für Ordnung gesorgt habe. Für die Patientin hat er offenbar als ›bessere Mutter‹ in einer parallelen dyadischen Beziehung fungiert. Dadurch konnte er für die Patientin nicht mehr die Funktion einer Kontrastrepräsentanz ausfüllen und stand damit nicht als triangulierendes Objekt zur Verfügung, mit dessen Unterstützung der Patientin eine gefahrlose Loslösung aus der Symbiose gelingen könnte. Frau B. versuchte in ihrer Jugend, als »Eislaufprinzessin« die narzisstischen Bedürfnisse des Vaters zu befriedigen und erreichte hier zunächst beachtliche Erfolge als Leistungssportlerin. Gleichzeitig näherte der Vater sich der Patientin sexuell. Es kam zu Zungenküssen und intimem Streicheln. Im Alter von 20 Jahren habe Frau B. zu ihrem Vater provozierend gesagt: »Lass es uns doch endlich tun!« Der Vater habe geantwortet, eine Seite von ihm wolle das auch, er würde sich aber »eher die Hand abhacken«, als dem nachzugeben. Offenbar bestand bei ihm die Privatlogik, dass ein zu verurteilender sexueller Missbrauch erst bei vollendetem Geschlechtsverkehr anfängt. Im Verlauf dieser langjährigen psychoanalytischen Behandlung gelang es der Patientin, sich vom Vater abzulösen und in einem Akt der Nachträglichkeit die Beziehung zur Mutter neu zu bewerten und zu einem liebevollen Kontakt zu ihr zu finden. Dieser Entwicklung in den Außenbeziehungen entsprach eine Entwicklung der inneren Objektbeziehungen von Frau B.: Nach einer Phase der phantasmatischen Verbindung mit einem omnipotenten Objekt und einer sich anschließenden Periode der Unterwerfung unter ein inneres phallisch-sadistisches Objekt entdeckte sie schließlich ein gutes inneres Objekt.

Herr C. ist ein 40-jähriger Dentallaborant mit Borderline-Persönlichkeitsstörung, der sich bei mir in Behandlung begab, nachdem ihn sein perverser Drang, Beine von Frauen, die Seidenstrümpfe tragen, zu berühren, mit dem Gesetz in Konflikt gebracht hatte: Es war ihm in einigen Situationen nicht mehr gelungen, diese Impulse zu beherrschen; eine der Frauen hatte ihn angezeigt.
Herr C. war das dritte Kind seiner Eltern; seine beiden Geschwister waren erheblich älter. Es ist davon auszugehen, dass Herr C. kein Wunschkind war. In früher Kindheit musste er für längere Zeit ins Krankenhaus. Er sei dort einige Zeit am Bett fixiert gewesen, seine Eltern hätten ihn bei Besuchen nur durch eine Fensterscheibe sehen dürfen. Nach dieser Erfahrung sei er, dem Bericht seiner Mutter zufolge, ein völlig verängstigtes Kind gewesen. Die Beziehung zur Mutter beschreibt Herr C. als »Hassliebe«. Sie sei cholerisch gewesen. »Sie hat mich von der einen Minute zur anderen fast totgeschlagen, dann wieder mit Liebe fast erdrückt«. Sie habe den Patienten mit Gegenständen wie einem Kochlöffel und später auch einem Gummiknüppel geschlagen. Der Vater sei berufsbedingt häufig abwesend gewesen, er war laut Herrn C. »eigentlich nie da«. In den seltenen Momenten, wo er doch in der Familie anwesend gewesen sei, habe er sich »wie ein Patriarch« verhalten und habe alles bestimmt. Herr C. sagt, er habe zu seinem Vater im Grunde »gar keine Beziehung« gehabt.
Aufgrund der beruflichen Tätigkeit des Vaters ist die Familie oft in eine andere Stadt umgezogen. Dies hat für den Patienten auch jedes Mal einen Schulwechsel bedeutet. Deshalb sei die Schulzeit für ihn »schrecklich« gewesen. Er habe keine Freunde gefunden, sei allein gewesen. Er sei oft gehänselt worden, weil er als Kind schon übergewichtig gewesen sei. Er habe Angst vor der Schule gehabt und habe keine guten Leistungen zeigen können. Zu Hause habe er versucht, dies zu verbergen. Ab dem 13. Lebensjahr seien diese Konflikte eskaliert. Der Patient habe angefangen, die Schule zu schwänzen, er fälschte Unterschriften der Eltern, entwickelte eine Bulimie, die sich mit anorektischen Phasen

abwechselte, und begann sich zu ritzen. Mit 14 Jahren unternahm er einen ersten Suizidversuch mit Medikamenten, der unentdeckt blieb.

In der gleichen Zeit, im Alter von 13 bis 15 Jahren, ist Herr C. von seiner Mutter sexuell missbraucht worden: Sie verlangte von ihm, dass er ihre Beine bis zu den Genitalien streichelte. (Es ist offensichtlich, dass hier die Wurzeln seiner späteren Perversion liegen). Im Fall von Herrn C. ist also das frühe versagende Objekt und das spätere missbrauchende Objekt dieselbe Person. Dieses Missbrauchsgeschehen ist beendet worden, als der Vater pensioniert wurde und dauerhaft zu Hause war. Kurz darauf, im Alter von 16 bis 18 Jahren, ist der Patient von einem Priester sexuell missbraucht worden. Dieser Pfarrer habe Jungen im Alter des Patienten zu sich nach Hause eingeladen und »Orgien« gefeiert. Herr C. sagt dazu: »Ich habe immer versucht, Liebe zu bekommen. Bei ihm war ich auf einmal jemand«. Der sexuelle Missbrauch endete, als Herr C. nach Beendigung seiner Schulzeit zur Bundeswehr ging. In den Missbrauchserfahrungen erlebte Herr C., dass das zunächst als frustrierend unbeteiligt erfahrene Primärobjekt von ihm in ein fiebrig erregtes (missbrauchendes) Objekt verwandelt werden konnte. In der psychotherapeutischen Arbeit mit Herrn C. erlebte ich in der Gegenübertragung immer wieder das traurig-resignative Gefühl der Nichterreichbarkeit; es war, als würde ich von Herrn C. immer wieder in die Rolle desjenigen gezwungen, der seine Selbstzerstörung ohnmächtig miterleben muss. Die fiebrige Erregung blieb eher auf Seiten von Herrn C., etwa wenn er gewisse Obsessionen, wie z. B. phasenweise Kaufräusche oder Rückfälle in seiner Essstörung, hingebungsvoll auslebte.

Diese Vignetten zeigen deutlich, dass es jeweils weit vor dem manifesten sexuellen Missbrauch eine massive Enttäuschung am primären Objekt gab und die Beziehung zu ihm vermutlich in allen drei Fällen von Vernachlässigung und Fehlverstehen im Sinne eines »Bindungstraumas« geprägt war. Mit diesem Begriff werden in der Bindungstheorie chronische Traumatisierungen in der Kindheit beschrieben, die sich in der Sphäre der primären Bindungsbeziehungen ereignen. Neben manifesten Misshandlungs- und Missbrauchserfahrungen sind dies nach Wöller (2013): »andauernde Entwertungen und Überforderungen, Situationen des Alleinseins und der fehlenden Geborgenheit, emotionale Vernachlässigungen, inkonsistentes oder vernachlässigendes elterliches Verhalten und frühe Verluste wichtiger Bezugspersonen« (S. 7).

Diese frühen Traumatisierungen sind vorwiegend im impliziten Gedächtnis gespeichert, d. h. sie sind der bewussten Erinnerung des Patienten nicht zugänglich und sie sind oft noch nicht durch Bilder oder Symbole psychisch repräsentiert. Umso wichtiger sind hier Hinweise, die der Analytiker aus der Wahrnehmung seiner eigenen Gegenübertragung erhält. Hier geht es darum, sich als Resonanzkörper für die vielfältigen mimisch-gestisch, prosodisch oder auch szenisch vermittelten Signale des Patienten zur Verfügung zu stellen, der sein frühes, noch gar nicht verbalisiertes und auch kaum symbolisiertes Erleben nur auf diese Weise kommunizieren kann. Dies ist eine besonders anspruchsvolle Aufgabe und stellt höchste Anforderungen an die fachliche und menschliche Kompetenz des Analytikers bzw. der Analytikerin (s. Rass in: Schore 2007, S. 11). Christopher Bollas proklamiert diesen Weg in seinem Buch mit dem programmatischen Titel: *Der Schatten des Objekts* (1997). Das primäre Objekt nennt Bollas »Verwandlungsobjekt« – aufgrund seiner Fähigkeit, innere Zustände und damit das Sein des Säuglings zu verwandeln. Die Intensität dieser Objektbeziehung rührt nach Bollas nicht daher, dass der Säugling sein Begehren auf das Objekt richtet, sondern daher, dass dieses Objekt mit den Verwandlungserfahrungen des Selbst gleichgesetzt wird (S. 29). Der Säugling nimmt im Kontakt mit dem Verwandlungsobjekt nicht nur die Inhalte der mütterlichen Mitteilungen, sondern vor allem auch deren Form in sich auf. Patienten, die in früher Zeit nur minimale Umwandlungen erfahren haben – z. B. narzisstische oder schizoide Charaktere –, werden sich auch den Analytiker nur in kärglicher Weise zunutze machen können. Bollas plädiert dafür, als Analytiker seine Gegenübertragung dazu zu nutzen, die frühe Objektwelt des Patienten zu rekonstruieren.

»Auf diese Weise entdecke ich dann etwa, dass die sterile Art des Zwangspatienten, von sich zu erzählen, die Umsetzung eines roboterhaften Mutter-Introjekts ist, einer mentalen Struktur, die teilweise auf den teilnahmslosen Erziehungsstil seiner Eltern zurückgeht, und dass die Lage, in der ich mich als Objekt seiner Übertragung befinde, seinen Erfahrungen mit der Mutter ähnelt« (Bollas 1987, S. 199).

Unterstützung erhält Bollas aus den Neurowissenschaften: Schore sieht in der projektiven Identifizierung die einzige Möglichkeit für traumatisierte Personen, ihre Verzweiflung zu kommunizieren, und führt aus, dass der Analytiker vom linken auf den rechtshemisphärischen dominanten Zustand der gleichschwebenden Aufmerksamkeit überwechseln solle, um die Übertragungskommunikation traumatisch dissoziierter Affekte zu erreichen (Schore 2007, S. 194). Die rechte Hirnhemisphäre spielt eine zentrale Rolle bei der empathischen Wahrnehmung anderer Menschen (ebd., S. 112) und ist verantwortlich für den Bewusstseinszustand des Analytikers (und der primären Bezugsperson), den Bion als »Rêverie« bezeichnet.

In der Beziehung zu einem genügend guten Verwandlungsobjekt macht der Säugling die Erfahrung, dass angemessen, schnell und zugeneigt auf seinen jeweiligen emotionalen Ausdruck reagiert wird. Gleichzeitig kann im gemeinsamen Spiel die interaktive Entwicklung hoher positiver Affektzustände zugelassen werden. Diese regulierenden Erfahrungen fördern die Anpassungsfähigkeiten des Kindes. Die Sicherheit einer solchen Bindungsbeziehung stellt einen großen Schutz gegen eine durch ein Trauma ausgelöste Psychopathologie dar (ebd., S. 168).

Eine vernachlässigende Mutter hingegen spielt nicht nur weniger mit ihrem Kind, sondern induziert lang andauernde traumatische Zustände durch negative Affekte. Sie ist unerreichbar und reagiert auf Stress und den Gefühlsausdruck des Kindes unangemessen oder zurückweisend. Eine Modulation von Emotionen kann sich das Kind dadurch nicht aneignen. Nach Laub und Auerhahn »ist die wesentliche Trauma-Erfahrung die Auflösung der Beziehung zwischen dem Selbst und dem nährenden Anderen – des ureigensten Stoffs, aus dem sich Leben bildet« (1993, zit. nach Schore 2007, S. 169). Winnicott wird hier noch deutlicher:

> »Die Folge jedes Versagens der mütterlichen Fürsorge ist hingegen, dass die Kontinuität des Seins durch Reaktionen auf die Folgen dieses Versagens unterbrochen wird, woraus eine Ich-Schwächung resultiert. Solche Unterbrechungen stellen eine Vernichtung dar; sie sind offensichtlich mit Schmerz von psychotischer Qualität und Intensität verbunden. Im Extremfall existiert das Kind nur auf der Grundlage einer Kontinuität von Reaktionen auf Störungen und von Erholungen von solchen Reaktionen« (Winnicott 1974, S. 67).

Tustin (1981, zit. nach Schore 2007, S. 178) beschreibt, dass der Säugling auf eine solche »psychologische Katastrophe« mit »autistischem Rückzug« oder »Verkapselung« reagiert, einem angeborenen Schutzmechanismus gegen körperliche Verletzungen, der ein Ausschalten des Bewusstseins beinhaltet, weil dieser Moment nicht anders bewältigt werden kann. Hier ist von Dissoziation die Rede, die einerseits eine Schutzmaßnahme darstellt, gleichzeitig jedoch auch eine Einschränkung des Wachstums bedeutet. Schore (2007, S. 169) ergänzt, dass traumatisierte Kinder potentielle Möglichkeiten für sozioemotionales Lernen während wichtiger Phasen der Entwicklung der rechten Hirnhälfte einbüßen. Dies führt dann zu dem, was Fonagy eine eingeschränkte Mentalisierungsfähigkeit nennt: eine beschränkte Fähigkeit, die eigenen Gefühle und vor allem auch die Emotionen und Intentionen anderer richtig zu lesen und einzuordnen.

Zusammen mit der unbewusst weiterbestehenden – aufgrund der Nichterreichbarkeit der primären Fürsorgeperson nie erfüllten – Objektsehnsucht ist es meiner Auffassung nach genau diese aus einem frühen Bindungstrauma resultierende eingeschränkte Mentalisierungsfähigkeit, die auf Seiten des späteren Opfers eines sexuellen Missbrauchs den entscheidenden Faktor für das Zustandekommen des Missbrauchsszenarios darstellt. Meine Patientin Frau A. hatte dieses Problem ja angesprochen, als sie sagte, dass sie sich selbst nicht habe klar machen können, was ihr eigenes Bedürfnis und was das Begehren des Onkels gewesen sei.

Ich gehe nicht davon aus, dass es Kindern oder Jugendlichen, die einen realen Inzest erfahren, um die eigene sexuelle Lusterfahrung geht. Dieser Annahme scheint das von einer anonymen Autorin verfasste *Inzest-Tagebuch* (2017) zu widersprechen. Hier bekennt sich die Autorin zu ihrer Lust während ihrer langjährigen inzestuösen Beziehung zu ihrem Vater: Sie sei eben nicht nur »erwartungsgemäß entsetzt« gewesen über die »sexuellen Avancen« ihres Vaters, schreibt die Autorin zu Beginn des Buches. Andere Missbrauchsopfer täten »ihr Möglichstes, um zu entkommen. Ich habe das nicht getan. Ein kleines Kind kann nicht entkommen. Und später, als ich es gekonnt hätte, war es zu spät. Mein Vater kontrollierte meinen Verstand, meinen Körper, meine Lust. Ich wollte ihn. Ich ging nach Hause. Ich ging zurück zu ihm und wollte mehr« (Anonyma 2017, S. 8). Wenn man zu dieser Passage noch den folgenden Textausschnitt dazunimmt: »Früher bin ich in meinen Vater hineingekrochen. Ich wollte der Mann sein, der kleinen Mädchen wehtut« (S. 138), wird m. E. hinreichend deutlich, dass es sich hier um den Abwehrmechanismus der Identifikation mit dem Aggressor handelt. Die geschilderten massiven Sadismen des Vaters, denen die Autorin als Mädchen vollkommen hilflos und ohnmächtig ausgesetzt war, haben eine unaushaltbare und existentielle Angst ausgelöst, die sie durch die Identifikation mit ihm abwehren musste – so schützte sie sich vor einem totalen psychischen Zusammenbruch. Auch in diesem Text finden wir die von mir angesprochene frühe Traumatisierung wieder: Die Mutter der Autorin wird als depressiv und je nach Situation entweder als unbeteiligt oder als feindselig beschrieben. Die frühen Angstzustände der Autorin blieben unberuhigt.

Der eben angesprochene Mechanismus der Identifikation mit dem Aggressor ist erstmalig von Sándor Ferenczi in seinem berühmten Vortrag auf dem Wiesbadener IPV-Kongress 1932 mit dem Titel: *Sprachverwirrung zwischen den Erwachsenen und dem Kind – die Sprache der Zärtlichkeit und der Leidenschaft* (Ferenczi 1967, S. 256–265) beschrieben worden. Unter Rückbezug auf Freuds Verführungstheorie postuliert Ferenczi, dass eine Traumatisierung durch sexuellen Missbrauch »als krankmachendes Agens nicht hoch genug veranschlagt werden« könne und auch wesentlich häufiger als bisher angenommen vorkomme. Eine reale inzestuöse Verführung komme typischerweise dadurch zustande, dass im Spiel mit einem geliebten Erwachsenen ein Kind sich zärtlich annähere, der Erwachsene dieses Spiel aber mit den Wünschen einer sexuell reifen Person verwechsele und sich zu Sexualakten hinreißen lasse. Das Kind reagiere jetzt nicht mit offen ausgedrückter Ablehnung und Abgrenzung, sondern sei durch ungeheure Angst paralysiert.

Es sei dieselbe Angst, die das Kind zwinge, sich mit dem Angreifer zu identifizieren. Durch die Introjektion des Angreifers verschwinde er aus der äußeren Realität und werde innerpsychisch. Das Kind gerate in Verwirrung und die Identifikation mit dem Aggressor führe zu einem gesteigerten Über-Ich.

In dem leider nicht ins Deutsche übersetzten Buch *Forces of Destiny* beschäftigt sich Christopher Bollas (1989) mit den Folgen von Inzest: Nach Bollas wird der sich dem Kind körperlich nähernde Vater psychisch ›getarnt als Mutter‹ erlebt. Er dringt in die Mutter-Kind-Dyade ein, die von zärtlicher körperlicher Nähe bestimmt ist. Der Vater wird so zu einer ›Vater/Mutter‹ – einer undurchsichtigen Figur, die das Kind vom Vater entfremdet: Dieser kann jetzt nämlich nicht mehr als phallisches Objekt erlebt werden, das eine Loslösung aus der Dyade ermöglichen könnte. Aber auch die Beziehung zur Mutter verändert sich: Sie kann nicht länger als Zärtlichkeit gebendes Objekt erlebt werden. Ihr Bild ist quasi vom Vater kontaminiert worden, der nun als Mutter, die einen Penis hat, erlebt wird. Der Grund, warum sich vom Vater missbrauchte Mädchen so sehr mit den männlichen Eigenschaften ihrer Mütter beschäftigen, ist nach Bollas darin zu sehen, dass diese Mädchen den verlorenen Phallus des Vaters durch die Mutter wiederherzustellen versuchen. Bollas führt aus, dass sich wegen des sexuellen Missbrauchs durch den Vater die psychische Entwicklung beim Opfer umkehrt: Anstatt die Entwicklung von somatischen Empfindungen hin zu Symbolisierung und Sublimierung fortzusetzen, findet nun eine Rückkehr zum unsymbolisierten, körpernahen Erleben statt. Dies stellt einen Angriff auf die Seele des Kindes dar. Der innere Raum des Kindes, der für das Träumen notwendig wäre, ist jetzt nicht ausreichend von der Realität abgegrenzt. Dies beeinträchtigt die Fähigkeit, ein abgegrenztes eigenes seelisches Leben zu entwickeln. Missbrauchsopfer sind deshalb laut Bollas weniger in der Lage, Rêverie zu erleben, was wiederum den Hintergrund dafür bilde, dass sie des Öfteren vor dem psychoanalytischen Prozess zurückschrecken und eher supportive Psychotherapie aufsuchen.

Die israelische Psychoanalytikerin Dana Amir (2018, S. 2) nimmt die Argumentation von Bollas auf: Die große Destruktivität eines realen Inzests liege nicht nur in dem Akt selbst, sondern auch in der vom Täter benutzten Sprache, mit der er über die Tat spricht. Sie nimmt dem Opfer die Fähigkeit zu denken – oder sie verunmöglicht die Wiederherstellung dieser Fähigkeit. Was Amir hier thematisiert, lässt sich meiner Meinung nach gut am Beispiel des Vaters von Frau B. nachvollziehen, der – wie oben geschildert – sagt, dass er sich lieber die Hand abhacken würde, als mit seiner Tochter Geschlechtsverkehr zu haben – als sei er moralisch völlig untadelig. In Wirklichkeit sagt er dies aber in einer Situation, in der er mit ihr Zungenküsse austauscht und ihre Brüste streichelt.

Eine kurze *Schilderung eines Behandlungsverlaufs* soll abschließend die bisherigen Ausführungen verdeutlichen:

> Die 35-jährige Naturwissenschaftlerin *Frau D.* war bei mir in einer durchgehend mit vier Wochenstunden durchgeführten psychoanalytischen Behandlung. Einige Monate nach der Geburt von Frau D. wurde ihre Mutter erneut – mit dem ein Jahr jüngeren Bruder der Patientin – schwanger, zusätzlich hat ein körperliches Handicap von Frau D. die frühe Mutter-Kind-Interaktion vermutlich beeinträchtigt. Frau D. berichtet, dass es, was die Versorgung anbetrifft, keine grobe Vernachlässigung gegeben habe. Sie habe aber immer große Ängste gehabt, mit denen sie allein geblieben sei. Wenn die vierköpfige Familie in den Urlaub gefahren sei, habe die Mutter in einem Zimmer mit dem Bruder in einem Bett geschlafen und der Vater habe mit der Patientin in einem anderen Zimmer in einem Bett geschlafen. Hier begannen die sexuellen Übergriffe des Vaters. Der Vater stammt aus einem östlichen Land und war als Soldat in einer der zahlreichen militärischen Auseinandersetzungen um Unabhängigkeit und Grenzverläufe in Gefangenschaft der gegnerischen Armee geraten und schwer gefoltert worden. Er ist selbst traumatisiert. Er sei gegenüber der Patientin tagsüber oft sehr jähzornig und impulsiv gewesen. Seit sie 10 Jahre alt war, kam er nachts regelmäßig in ihr Zimmer und penetrierte sie vaginal und anal. Der Missbrauch wurde durch den Vater beendet, als die Patientin mit 13 Jahren erstmalig menstruierte. Frau D. berichtet, dass sie bei aller Angst und Verwirrung, die mit dem Missbrauch verbunden war – und auch: dem Schmerz –, doch irritiert war über dieses Ende; und eine Seite in ihr habe dies auch als Verlust einer ihr geltenden Aufmerksamkeit erlebt.

Im Behandlungsverlauf wurde ich nach einer anfänglichen idealisierenden Übertragung von Frau D. mit ihrer Übertragung des frustrierenden primären Mutter-Objekts wie auch des missbrauchenden Vater-Objekts konfrontiert. Gerade nach Momenten der Verbindung, die lange nicht zugelassen werden konnten, entstand auf Seiten von Frau D. das Misstrauen, dass ich mich nun doch noch als missbrauchendes Objekt herausstellen würde. Es ging in dieser Behandlung viel um Erregung; so wurde auch die Thematisierung des Missbrauchs zu einer perversen Reinszenierung, in welcher ich von einem enttäuschend unbeteiligten Objekt in ein fiebrig erregtes Objekt verwandelt werden sollte. Die Patientin nannte ihre Missbrauchserfahrungen ihre »Schatzkiste«, dessen »Goldstücke« einerseits meine (Neu-)Gier erregen sollten. Frau D. versuchte lange Zeit die Kontrolle über den ›Goldschatz‹ zu behalten, so dass sie mir zunächst nur sehr dosiert Einblick gewährte. Diese Dynamik, die über einen längeren Zeitraum im Behandlungsverlauf vorherrschte, hatte in den einzelnen Sitzungen eine Entsprechung in der Angewohnheit von Frau D., auf der Meta-Ebene darüber zu sinnieren, worüber sie denn jetzt sprechen wolle, und verschiedene Möglichkeiten anzudeuten. Auch auf diese Weise sollten meine Neugier und meine Erregung geweckt werden.

Ihre unerträglichen Schuldgefühle deponierte Frau D. lange Zeit in mir, indem sie Dilemma-Situationen herbeiführte, in denen ich nichts richtig machen konnte, woraufhin sie jeweils mit Vorwürfen reagierte. Im Verlauf der Durcharbeitung dieser Problematik wurde Frau D. zunehmend bewusst, dass ihr Selbstbild, in dem sie sich als böse, zerstörerisch und verdorben erlebte, zu tiefen Schuldgefühlen führte. Diese waren für Frau D. so unerträglich, dass sie sie projektiv in mich hineinverlegen musste. Die an mich gerichteten Vorwürfe bedeuteten eine kurze Entlastung für sie – langfristig verstärkten sie das negative Selbstbild allerdings nur. Im Zuge des Prozesses, in dem diese Dynamik immer besser verstanden werden konnte, wurden die vielen Träume, in denen ich mich ihr körperlich näherte, abgelöst von eher ödipalem Material, in denen meine Praxiskollegin oder meine Frau – also eine dritte Person – eine Rolle spielten. Diese Einführung einer dritten Person war für Frau D. bei aller Ambivalenz sehr entlastend; das bis dahin bei Frau D. vorherrschende Erleben unserer Beziehung als einer Dyade, in der der Stärkere sich vom Schwächeren nimmt, was er will, hatte sie sehr geängstigt. Nun aber erweiterte sich der psychische Raum der Patientin: Es erschien ihr jetzt nicht nur kognitiv, sondern auch auf einer tieferen Ebene vorstellbar, dass ich mich mit meinen persönlichen – auch: sexuellen – Bedürfnissen auf eine dritte Person beziehe und dass ich als Analytiker auch durch etwas Drittes begrenzt werde: durch die Regeln der psychoanalytischen Behandlungskunst bzw. durch eine berufliche Ethik. In dieser Phase träumte Frau D. von einem langen Kaktus mit roter Spitze und Stacheln, der sich in dem elterlichen Wohnzimmer in einer Vitrine befand. Im Traum regte sich Frau D. sehr über diesen Kaktus auf und beförderte ihn nach draußen. In den Einfällen zu diesem Traum sagte die Patientin, dass wir ja wohl nicht lange rätseln müssten, wofür der Kaktus stehe: für den Penis des Vaters. Zu den Stacheln fielen ihr die Schmerzen ein, die sie während des Missbrauchs erlebt hatte. Diese Schmerzen habe sie gleichzeitig jedoch als gerechte Strafe für ihre Schuld erlebt. Die im Traum erfolgte wütende Zurückweisung dieses ungenügenden und schmerzhaften »Vater/Mutter-Stachel-Penis« markierte einen Wendepunkt in der Behandlung. Frau D. erlebte sich nicht länger in einer dyadischen Beziehung zu mir, die dadurch gekennzeichnet war, dass sie wie beim Vater Missbrauch erleben und auch herstellen musste, weil sonst noch etwas Schrecklicheres drohte: die Erfahrung von Eiseskälte und Mangel, die sie assoziativ mit der primären Objektbeziehung zur Mutter verband. Offenbar war nun in Frau D. ein Raum entstanden, der es vorstellbar erscheinen ließ, nicht auf diese beiden unerträglichen Alternativen festgelegt zu sein. So wurde es ihr möglich, sich in der Beziehung zum Analytiker die phallischen Qualitäten anzueignen, die sie benötigte, um eine stabile Loslösung von den unzureichenden inneren Objekten zu erreichen.

Literatur

Anonyma (2017): Das Inzest-Tagebuch. 2. Aufl., Stuttgart (Klett-Cotta).
Amir, D. (2018): The malignant ambiguity of incestuous language. Int J Psychoanal Open 5, 5.
Bateman, A. W. & Fonagy, P. (2008 [2004]): Psychotherapie der Borderline-Persönlichkeitsstörung. Ein mentalisierungsgestütztes Behandlungskonzept. Übers. E. Vorspohl. Gießen (Psychosozial-Verlag).
Bollas, C. (1997 [1987]): Der Schatten des Objekts. Übers. Christoph Trunk. 4. Aufl., Stuttgart 2014 (Klett-Cotta).
Bollas, C. (1989): Forces of Destiny. Psychoanalysis and Human Idiom. London (Free Association Books).
Duncan, R. D. (1999): Maltreatment by parents and peers: The relationship between child abuse, bully victimization, and psychological distress. In: Child Maltreatment 4, 45–55.
Ferenczi, S. (1967 [1933]): Sprachverwirrung zwischen dem Erwachsenen und dem Kind. Die Sprache der Zärtlichkeit und der Leidenschaft. Psyche – Z Psychoanal 21, 256–265.
Finkelhor, D., Ormrod, R. K. & Turner, H. A. (2007): Poly-victimization: A neglected component in child victimization. In: Child Abuse & Neglect 31, 7–26.
Freud, S. (1926): Hemmung, Symptom und Angst. GW XIV, S. 111–205.
Freud, S. (1931): Über die weibliche Sexualität. GW XIV, S. 517–557.

Herrenkohl, R. & Herrenkohl, T. (2009): Assessing a child's experience of multiple maltreatment types: Some unfinished business. J Fam Violence, 2009 October 1, 24 (7), 485–496.
Hirsch, M. (1999): Realer Inzest. Gießen (Psychosozial-Verlag).
Long, J. & Trowell, J. (2001): Individual brief psychotherapy with sexually abused girls. In: Psychoanal Psychother 15 (1), 39–59.
Paveza, G. (1988): Risk factors in father-daughter child sexual abuse: A case-control study. Journal of Interpersonal Violence 3, 290–306.
Rohde-Dachser, C. (1987): Ausformungen der ödipalen Dreieckskonstellation bei narzißtischen und bei Borderline-Störungen. Psyche – Z Psychoanal 41, 773–799.
Rudd, J. M. & Herzberger, S. D. (1999): Brother-sister incest, father-daughter incest: A comparison of characteristics and consequences. In: Child Abuse & Neglect 23, 915–928.
Schore, A. N. (2007 [2003]): Affektregulation und die Reorganisation des Selbst. Übers. Eva Rass. 2. Aufl., Stuttgart 2009 (Klett-Cotta).
Wetzels, P. (1997): Gewalterfahrungen in der Kindheit. Sexueller Missbrauch, körperliche Misshandlung und deren langfristige Konsequenzen. »Interdisziplinäre Beiträge zur Kriminologischen Forschung«, Bd. 8. Baden-Baden (Nomos Verlag).
Winnicott, D. W. (1974 [1965]): Reifungsprozesse und fördernde Umwelt. Übers. Gudrun Theusner-Stampa. Gießen (Psychosozial-Verlag).
Witt, A., Glaesmer, H., Jud, A., Plener, P. L., Brähler, E., Brown, R. C. & Fegert, J. M. (2018): Trends in child maltreatment in Germany: Comparison of two representative population-based studies. Child and Adolescent Psychiatry and Mental Health, 12, 24.
Wöller, W. (2013 [2006]): Trauma und Persönlichkeitsstörungen. Ressourcenbasierte Psychodynamische Therapie (RPT) traumabedingter Persönlichkeitsstörungen. Stuttgart (Schattauer).
Zimmermann, P., Neumann, A., Celik, F. & Kindler, H. (2011): Sexuelle Gewalt gegen Kinder in Familien – Ein Forschungsüberblick. In: Sexuologie 18 (3–4), Akademie für Sexualmedizin, 119–142.

WULF HÜBNER

»Denn die Rosen der Schande glühen in alle Ewigkeit«[1]

Überlegungen zur Metapsychologie der Scham

Was treibt uns? Die Antwort auf diese Frage macht den Kern der Metapsychologie aus. Freud hatte bekanntlich gemeint, die Arbeitsanforderungen seien dem Seelischen infolge seines Zusammenhanges mit dem Körperlichen auferlegt: Aus dem Körperinneren stammende Triebreize gelangen in die Seele. Und wir wissen auch, dass Freud an dieser Stelle die Hexe Metapsychologie zur Hilfe gerufen hatte. Sie sollte das Rätsel lösen, wie der Körper bzw. somatische Vorgänge das Seelenleben antreiben, die Psyche zum Arbeiten bringen. Das war deswegen eine unlösbare Aufgabe, weil Freud bis dahin davon ausgegangen war, dass das Psychische ein Parallelvorgang des Physiologischen sei, »a dependent concomitant« (1891, S. 56 f.). Parallelvorgänge, zwischen denen es Entsprechungen (Korrelationen), aber keine Übergänge gibt. Die eine Welt wird in der Sprache der Physiologie, die andere mit psychologischen Ausdrücken beschrieben. Auch da gibt es keine Überlappungen. Freud hatte schließlich etwas resigniert eingeräumt, dass die Auskünfte der Hexe weder klar noch sehr ausführlich seien (1937c, S. 69) – und die modernen Neurowissenschaften können das Problem – traditionell das Leib-Seele-Problem – auch nicht lösen, weil sie nur den (neurobiologischen) Körper untersuchen können. Auch die feinste Materialanalyse einer Geige, um ein Bild zu gebrauchen, kann keine Auskunft über die Melodien geben, die mit der Geige erzeugt werden können (ausführlich Hübner 2013).

Die kleinianische Tradition steht vor einer ähnlichen Schwierigkeit: Hier wird nicht von Triebreizen aus dem Körperinneren gesprochen, sondern von Stimulierungen des Körpers, die primäre psychische Vorgänge auslösen, nämlich subjektive Interpretationen der körperlichen Stimuli als Sensationen, die von einem Objekt hervorgerufen werden – das sind die unbewussten Phantasien (Hinshelwood 1993, S. 661). Woher kommt das interpretierende Subjekt? Auch hier wird die Hexe bemüht.

Also müssen wir zurück an eine Stelle der Theoriebildung, an der diese Spekulation noch nicht nötig war, und für die Traumatheorie eine Begründung finden, die für Jedermann gilt und nicht nur für die Fälle von sexuellem Missbrauch durch Erwachsene. Dazu brauchen wir nicht an den Anfang zurück. Freud hatte sich ja nie wirklich von der Traumatheorie verabschiedet. Deren weitere Bearbeitung bringt ihn 1924 zu der bemerkenswerten Feststellung, die »gemeinsame Ätiologie für den Ausbruch einer Psychoneurose oder Psychose bleibe immer die Versagung [...], im letzten Grund immer eine äußere« (1924b, S. 390), eine »unerträglich erscheinende Wunschversagung der Realität« (ebd.). In dieser Formulierung geht es nicht um Fälle von sexuellen Übergriffen. Es geht um das, was die Eltern dem Kind *versagen*, wenn sie missbräuchlich sind. Das Unerträgliche ist das Schuldigbleiben einer bestimmten Beziehungsform seitens der Eltern. Das aber ist ein allgemeines Phänomen der elterlichen Realität. Seit Winnicott nennen wir diese »gut genug«. Freuds Formulierung verallgemeinert und führt die Generationenfolge ein. Aus dem Jahr zuvor stammt die schlichte Feststellung »Leben ist also für das Ich gleichbedeutend mit Geliebtwerden [...]« (1923b, S. 288) – andernfalls fühle sich das Kind minderwertig (1933a, S. 71), ergänzt Freud 10 Jahre später. Bis zum Schluss war für den Stammvater der Psychoanalyse die analytische Kur auch eine Art Nacherziehung, in der die Missgriffe, die sich die Eltern in der Erziehung hatten zu Schulden kommen lassen, korrigiert würden (1940a, S. 100 f.). Auch hier kann nur die Form der Beziehung des Analytikers zum Patienten gemeint sein. Eine Beziehung, in der der Analytiker angemessen empathisch und selbstreflexiv präsent ist, d. h. insbesondere nicht chronisch verleugnend.

Die Arbeitsanforderungen für das Seelenleben kommen in dieser Betrachtungsweise von außen. Ihr dynamischer Ursprung liegt in der Notwendigkeit der Verarbeitung der Versagungen, von denen die Handlungen der Erwachsenen geprägt sind, die nicht gut genug sind. Dieser Zusammenhang gilt für Jedermann. Die Beantwortung der Frage »Was treibt uns?« liegt dann nahe: es ist die ›Erledigungsnotwendigkeit‹, die uns treibt, nämlich die Not der Selbstfindung und Selbstbehauptung angesichts widriger Beziehungsangebote. Damals, als wir noch vollständig abhängig von der Fürsorge der Erwachsenen waren.

Psychische Erkrankungen, kann man dann schlicht sagen, sind die Bewältigungsversuche widriger Anfangsbedingungen. Das ist die »psychische Umgebung«, die schon Winnicott für die Pathologie des kleinen Kindes verantwortlich gemacht hatte (vgl. Abram 2018, S. 318).

So viel zu meinem Verständnis des metapsychologischen Rahmens. Nun zur Scham und deren Abwehr. Freud und unsere Zunft insgesamt haben diesem Affekt wenig Aufmerksamkeit geschenkt. Im Wörterbuch von Laplanche und Pontalis kommt das Stichwort ebenso wenig vor wie bei Hinshelwood. Ende der 80er Jahre hat sich das mit den Schriften von Wurmser geändert, dann brach eine ganze Flut von Büchern mit ›Scham‹ im Titel über die Leser herein. Doch in unseren Gefilden ist sie nicht angekommen, weiterhin findet man die Schulddynamik im Fokus der theoretischen und kasuistischen Diskussionen. Von der Schamdynamik ist selten die Rede.

Scham ist der Leitaffekt von Konflikten des Ichs mit seinem Wunschbild, so wie Schuld der Leitaffekt bei Über-Ich-Konflikten. Freud hatte gemeint, dass das Über-Ich, das Macht, Leistung und selbst die Methoden der Elterninstanz übernommen habe, »nicht nur der Rechtsnachfolger, sondern wirklich der legitime Leibeserbe derselben« (1933a, S. 68) sei. Er hatte aber auch zugestanden, der Frage der begrifflichen Abgrenzung von Über-Ich und Ichideal wenig Aufmerksamkeit geschenkt zu haben (S. 71 f.). Minderwertigkeits- und Schuldgefühl seien überhaupt schwer auseinander zu halten (S. 71), das Über-Ich sei auch Träger des Ichideals (ebd.).

Doch hat Freud keinen »Zweifel, dieses Ichideal ist der Niederschlag der alten Elternvorstellung, der Ausdruck der Bewunderung jener Vollkommenheit, die das Kind ihnen damals zuschrieb« (ebd.). Die Umwandlung der Elternbeziehung in Über-Ich und Ichideal verdanke sich der »Identifizierung« (S. 69), das sei eine wichtige Form der Anpassung an eine Person, »wahrscheinlich die ursprünglichste« (ebd.), und, fügt Freud hinzu, diese Bindung an eine Person sei »nicht dasselbe wie eine Objektwahl« (ebd.). Identifizierung ist eine Art Anverwandlung, die Angleichung eines Ichs an ein fremdes, das es gewissermaßen in sich aufnehme, so Freud (S. 69).

Der Titel »Leibeserbe« kommt also viel mehr dem Ichideal zu. Der narzisstische Beziehungsmodus ›ich will so sein wie das bewunderte Objekt‹ ist archaischer als der Modus ›ich will das Objekt haben‹ (so auch Freud: die Objektwahl regrediere gleichsam zur Identifizierung, wenn ein verlorenes Objekt durch Identifizierung mit ihm wieder aufgerichtet werde (ebd.). Objektwahl ist die spätere, objekthafte, Identifizierung ist die ursprünglichste Form der Bindung an eine Person. Die Identifikation mit dem bewunderten Erwachsenen ist primär und hat dann auch die Übernahme der Vorschriften und Verbote, die zum Über-Ich gehören, zur Folge. Schamkonflikte seien die früheren, nämlich Selbst-Konflikte. Deswegen spiegeln die Konflikte zwischen Ich und Ichideal in letzter Linie den Gegensatz von Real und Psychisch, Außenwelt und Innenwelt wider, so Freud (1923b, S. 264). Das ist die Welt der narzisstischen Neurosen (Frühstörungen, Borderline-Störung), in der Verleugnung und ihre Begleiter regieren und in der es um Integrationskonflikte geht.

Damit wir uns ein Bild von diesem abstrakten genetischen Schema machen können, werden wir uns zunächst Szenen aus einer Alkoholikerfamilie vergegenwärtigen. Dann kehre ich noch einmal zu Freud zurück, wir begegnen den Introjekten, die Freud mit einer glücklichen Prägung »Psychische Personen« (Laplanche & Pontalis 1972, S. 221) genannt hatte. Im Anschluss werde ich fragen, was an der Scham es ist, dass sie so gemieden wird. Wurmser hatte das Material zu seinem Buch *Maske der Scham* 10 Jahre in der Schublade gelassen, aus Angst, zum Außenseiter erklärt zu werden (Wurmser 2016, S. 11). Ist es die namenlose Scham, die unseren psychotischen Kern ausmacht? Ich werde an die anthropologische Tatsache erinnern, dass wir fehlerhafte Menschen sind und an die narzisstische Urszene, Adams und Evas Scham.

Verleugnung und Spaltung

»Ein ca. vierjähriger Sohn beobachtet seinen Vater beim Trinken von Alkohol und dabei, wie dieser langsam die Kontrolle über seine Sprache verliert. Der Sohn fragt seinen Vater ängstlich, warum er so komisch rede. Der Vater antwortet ihm, gereizt, er sei bloß müde. Der Sohn hat die lallende Sprache seines Vaters gehört und er hat sie als Anzeichen von weitergehenden ängstigenden Veränderungen des Vaters bereits früher kennengelernt. Er hat auch die Antwort seines Vaters ›ich bin nur müde‹ verstanden. Diese beiden Einstellungen sind nicht kompatibel. Der Sohn reagiert seinerseits mit einer Spaltung. Wechselweise könnte nun eine der Einstellungen jeweils das psychische Erleben bestimmen: Wenn der Sohn seinem Vater glaubt, dann ist alles gut, der Vater ist bloß müde. Wenn der Sohn seiner eigenen Wahrnehmung und Erfahrung glaubt, dann hat er Angst vor den ihm bekannten Auswirkungen« (Müller, 2017, S. 41 f.).

Zwei gegensätzliche voneinander unabhängige psychische Einstellungen bestehen nebeneinander. Eine »geschickte Lösung« (1940e, S. 60), stellt Freud fest, aber umsonst sei bekanntlich nur der Tod, denn dieser Erfolg »wurde erreicht auf Kosten eines Einrisses im Ich, der nie wieder verheilen, aber sich mit der Zeit vergrößern wird. Die beiden entgegengesetzten Reaktionen auf den Konflikt bleiben als Kern einer Ichspaltung bestehen« (ebd.). Die Spaltung trennt Fühlen und Denken:

Die verleugnende Antwort des Vaters gibt seinem Sohn zu verstehen: Das, was Du fühlst, Deine Angst, ist falsch. Der Sohn weiß kognitiv, was das Lallen seines Vaters bedeutet, aber er hat aufgehört zu fühlen, was er erlebt hat. Sein Fühlen wird nicht Realität für ihn. Diese Spaltung, durch die das Kind die »Erfahrung des Persönlichen« (Winnicott 2018, S. 255) verliert, bleibt bestehen und sie wird sich vertiefen.

Spaltung dient der Verleugnung, dem Nicht-Wahrhaben einer als »peinlich empfundenen Zumutung der Außenwelt«, so hatte Freud sich ausgedrückt (1940a, S. 134). Geht es also um Beschämung und um Scham? Freud hatte das Minderwertigkeitsgefühl dem Über-Ich zugeteilt (1933a, S. 71), aber es gehört zum Ichideal. Dazu passt im Übrigen seine Charakterisierung, das Gefühl der Minderwertigkeit habe starke erotische Wurzeln (ebd.), die in der allgemeinen Aussage mündet »Das Kind fühlt sich minderwertig, wenn es merkt, dass es nicht geliebt wird« (ebd.). Die erotischen Wurzeln sind also keine triebhaften, sondern narzisstische, die Integrität des Selbst betreffende. Kehren wir kurz zur Alkoholikerfamilie zurück. Die Situation hat sich verändert, sie ist expliziter geworden. Die Antwort des Vaters auf die ängstliche Frage seines Sohnes lautet jetzt:

»›Ich bin müde, was fragst du so blöd?‹ Die Antwort könnte einmal so verstanden werden, dass der Sohn für seine Frage missbilligt wird, ›blöde Frage‹. Oder verachtend, nach dem Muster ›Was bist du wieder blöd?‹. Im ersten Fall bekommt der Sohn Schuldgefühle und Angst vor Strafe, weil er den Vater mit seiner Frage ›verletzt‹ hat. Im anderen Fall ist er beschämt, weil er als ganze Person nichts wert, blöd ist« (Müller 2017, S. 44).

Der Vater fühlt sich durch die Frage seines Sohnes ertappt und in seiner Selbstverunsicherung bloßgestellt. Weil er diesen Zustand nicht erträgt, wehrt er ihn verleugnend ab und reagiert aggressiv. Er reguliert sein Selbstwertgefühl, indem er seinen Sohn beschämt: *Nicht ich bin verunsichert, sondern Du bist falsch.*

Nun geht es nicht um ein peinliches Erleben, das man sprachlich artikulieren kann und das uns als Hüter unserer Privatheit gilt (Wurmser). Jenseits dieser fühlbaren und sprachlich ausdrückbaren Scham (zu der wir ein selbstreflexives Verhältnis haben), liegt die namenlose Scham. Wir können sie (immerhin) namenlos nennen, aber wir können sie nicht fühlen oder erleben, wir *müssen* sie »im Bruchteil einer Sekunde« (Winnicott 2018, S. 263) abwehren. Und zwar dann, wenn Art und/oder Häufigkeit der Beschämungen (Zumutungen der Außenwelt) eine traumatische Qualität erreichen. Die Bedrohung seiner psychischen Existenz wehrt das Individuum durch Selbstzerklüftung (Freud 1924b, S. 391) ab: Es verleugnet, die Zumutungen erlitten, es verleugnet, die psychotische Angst für den Bruchteil einer Sekunde wahrgenommen zu haben. Die Folge ist ein Einriss im Ich, die Trennung von Fühlen und Denken.

Die (Bewältigungs-)Reaktionen des Kindes auf (chronisch) widriges Benehmen der Eltern – die vielfältigen Formen impliziter und expliziter Beschämungen – sind auf die Abwehr der traumatischen Beschämungen bzw. der namenlosen Scham gerichtet.

Sobald Sprach- und Selbstentwicklung des Kindes es erlauben, übersetzt sich das Kind das widrige elterliche Benehmen in Form einer selbstbezichtigenden Gewissheit: Es muss an mir liegen, dass sie sich so benehmen, ich bin nicht richtig.[2] Die Angst vor der Scham, gänzlich nichtswürdig zu sein, ist jedoch unaushaltbar. Das Kind spaltet. Es leugnet die Realerfahrung und imaginiert Elternfiguren, die sich dem Kind liebevoll zuwenden werden, wenn es sich nur anstrengt, ein gutes Kind, ein besseres Kind zu werden. Darum kann es sich bemühen. Denn mit dem Gefühl, die Eltern seien irgendwie entrückt, ignorierend oder wirklich böse, kann ein Kind nicht leben, nicht, solange es völlig abhängig von den Erwachsenen ist. Und auch wenn immer wieder kurz aufblitzt, dass das oder die so nicht richtig sind, kann das Kind unmöglich psychisch daran festhalten. Es verkehrt die nicht aushaltbare Scham in Schuld. Diese Selbstübersetzung erzeugt Halbwesen (elterliche Introjekte) auf der psychischen Bühne des Kindes. Introjekte, die fortan alles, was das Kind erlebt und tut, wünscht oder fühlt, kommentieren. Enteignend, beschämend und beschuldigend.

Die Abwehr von Scham setzt die Frühstörungsbewegungen in Gang. Verleugnen, Spalten, Entwerten und Idealisieren sind allesamt psychische Aktivitäten. Wir sind handelnde Lebewesen. Wenn wir nicht aktiv, psychisch aktiv sein können, und sei es abwehrend, hören wir auf psychisch zu existieren. Die Abwehr dient dem Schutz vor Unerträglichem, genauer: dem Schutz vor dessen Wiederauftreten. Sie dient zugleich dem Aufrechterhalten einer illusionären Autonomie.

Es gibt keinen neurotischen Patienten ohne (mehr oder weniger) »primitive« Abwehr, heißt es bei Wurmser (2016, S. 10). Selbst- und Integrationsprobleme, so kann man bei Loewald lesen, seien wahrscheinlich noch universaler und noch tiefer liegend als psychosexuelle Konflikte des ödipalen Kerns der Neurose. Sie seien das, was einige den psychotischen Kern unseres Seelenlebens nennen (vgl. Loewald 1986, S. 370).

Die Introjekte sind Halbwesen, sie sind gewissermaßen leibnahe Überlebsel der

Eltern, die ihre Funktion »fast ohne Veränderung« (Freud 1939a, S. 224) fortsetzen, als »Psychische Personen«.

Sie verdanken sich den frühesten Identifikationen, den Anverwandlungen. Die Tatsache, dass mehrere koexistieren können, »gestattet vielleicht«, so hatte Freud sich ausgedrückt, »diese Psychischen Personen wörtlich zu nehmen« (Laplanche & Pontalis 1972, S. 221). Das ist eine bemerkenswerte Formulierung, denn Introjekte sind ja doch psychische Gebilde, Phantasien. Doch der Modus, in dem Introjekte erfahren werden, ist die Selbstvergessenheit: ein tagtraumähnlicher Zustand, in dem das Subjekt die reflexive Selbstrepräsentanz aussetzt und seine Gedanken oder Phantasien erlebt, als ob sie konkrete Realitäten wären (Beland 1989, S. 91). Selbstvergessen erlebt das Kind seine Bauklötzchen als reale Figuren in seinem Spiel. Introjekte sind kommentierende Stimmen der Erwachsenen, sie werden nicht bloß gedacht, sondern erlebt und gefühlt.

Die damaligen Erwachsenen sind als »konkrete Phantasien« anwesend, »Psychische Personen«, die der Patient wörtlich nimmt, als wäre der betreffende Erwachsene leibhaftig im Behandlungszimmer anwesend. Entsprechend verhalten sich Patienten oft. Für uns sind die Introjekte der Patienten anwesend, wenn die Patienten mit deren Stimme zu uns sprechen, wie damals die Erwachsenen zu ihnen.

Introjekte sind Begleiter, Verkörperungen der kommentierenden Stimmen oder Gesten der Erwachsenen, realitätsgesättigte Objektbeziehungsphantasien.

Menschen sind fehlerhaft

Das Unbewusste sorgt dafür, dass der Mensch ein fehlerhaftes Wesen ist. Das ist eine menschliche Bedingung. Wir können faktische Fehler, Norm- und Pflichtverletzungen, praktisch-technische und Beziehungsfehler, Abstinenzverletzungen, Übergriffe u. dgl. im Einzelfall nach dem Vorbild der Fehlleistungen analysieren. Doch im Allgemeinen müssen wir die Tatsache unserer Fehlerhaftigkeit anerkennen wie die Tatsache unseres Unbewussten. Wir können es nicht vermeiden, uns mit unseren aggressiven oder libidinösen und narzisstischen Wünschen unziemlich aufzudrängen, den Anderen möglicherweise kurz zu überwältigen oder zu verstören. So etwas geschieht. Überall. In Liebesbeziehungen, in Freundschaften, in der Ehe, in der therapeutischen Situation und auch in der Erziehung, von Anfang an. Wir können solche spontanen Aktionen erst nachträglich analysieren und wahrhaben, andernfalls wird die unbewusste Geste zum Missbrauch, zum Vergehen.

Dieser anthropologische Befund fordert Ethik als Teil der Metapsychologie ein. Fehler sollen wir meiden. Und wenn geschehen, sollen wir sie zugeben. Wenn wir das nicht tun, ob als Eltern oder Therapeuten, verleugnen wir und zwingen das abhängige Kind oder den genauso abhängigen Patienten, uns in dieser Bewegung zu folgen und ebenfalls zu verleugnen. Dann wiederholen wir der Form nach das widrige Beziehungsverhalten der Eltern. Verleugnen ist das Nicht-Wahrhaben der eigenen Handlung. Verleugnen geschieht aus Scham. Dieser Affekt betrifft die ganze Person, Scham ist ein körperliches, brennendes, versengendes, glühendes Gefühl, welches den ganzen Leib erfasst.

Unlängst in einer schon weit fortgeschrittenen, langen analytischen Psychotherapie sage ich zu der Patientin, wie es wäre, der (verstorbenen) Mutter in der Phantasie gegenüberzutreten und so etwas auszusprechen wie: »Ich bin anders, als Du denkst, ich habe mehr und andere Fähigkeiten, als Du mir zugebilligt hast, Du hast mich in vielem nicht verstanden«. Die Patientin schweigt – und sagt dann leise, sie könne sie doch nicht so dastehen lassen. Es stellte sich heraus, dass sie meinen Worten affektiv gefolgt und dann in etwas diffus Unerträgliches geraten war. Sie hatte sich vorgestellt, wie ihre Mutter reagiert hätte – beschämend.

Ich meine, hier tut sich das Schwerste auf: wahrhaben, dass die Mutter in ihrer Art nicht gut genug gewesen war. Und die Patientin muss sich sagen, auch um meinetwillen hat sie sich nicht geändert. Meine Liebe hat sie nicht geändert. Meine Liebe war nicht genug. Unter diesen Bedingungen ist die Integration der Introjekte, ist Trennung nicht möglich. Wieder haben wir es mit Schamangst zu tun. Zum einen mit der Angst, in den Augen der Erwachsenen nichtswürdig gewesen zu sein. Und wir müssen ertragen, dass diese sich schämen, wenn wir einen moralischen Anspruch erheben und sie mit ihren Pflichtvergessenheiten, gegebenenfalls mit ihren Vergehen konfrontieren. ›Was für eine Anmaßung!‹ – kommentiert das Introjekt. Die Angst, beschämt zu werden, ist schlimmer als Todesangst.

Denn zur Schuld gehören Buße, Sühne, Reue und Wiedergutmachung, Anstrengungen um das Liebesobjekt wiederzugewinnen. Wer schuldig geworden ist, kann etwas tun, um die Schuld abzutragen. Im Falle der Scham, wenn das Gefühl ernst ist wie die Todesangst, kann man nichts tun. Man kann sich – anders als bei der Todesangst – nicht an ein Objekt wenden, so minderwertig (kastriert), wie man sich fühlt.

Das In-der-Welt-Sein, dessen sich das Ich schämt, ist wesentlich ein leibliches. Das Ichideal ist ein wirkliches Leibeserbe. Die meisten Stellen, an denen sich Freud mit den Phänomenen Scham und Schamhaftigkeit beschäftigt, haben es mit dem (verschieden) geschlechtlichen Körper, Nacktheit etc. zu tun. Das scheint mir jedoch nur die offensichtliche Oberfläche zu sein, die Spitze des Eisbergs.

Der psychotische Kern

Die namenlose Schamangst ist, meine ich, die Angst vor einem objektlosen Zustand. Vor einem Zustand, in dem das Ich im konkreten Sinn des Wortes keinen Ort hat. Es ›weiß nicht, wohin mit sich‹. *Ich müsste mich aus mir herausreißen*, hat eine Patientin einmal ausgerufen. Dies scheint ein unzugänglicher Persönlichkeitsanteil zu sein, mit dessen Existenz wir aber generell rechnen sollten, auch im Analytiker selbst, hat Krejci gemeint (2011, S. 24), ohne jedoch von Scham zu sprechen. Die Unzugänglichkeit können wir daran merken, wie schwer uns die bewusste Vergegenwärtigung fällt, wie es ist, in so einem Zustand zu sein. Die Namen wechseln bei den verschiedenen Autoren: »Zystische Einkapselung«, »megalomane Isolierung«, »Enklave«, »Kein Zutritt« oder »terra cremata« (ebd.).

Krejci vermutet, »dass sie sich alle unter dem Begriff der Ichspaltung versammeln lassen, was im Einzelnen jedoch zu untersuchen wäre, um eine Phänomenologie zu ermöglichen!« (ebd., S. 24). Aber ist es nicht so, dass die verschiedenen Namen alle das gleiche ›Unsagbare‹ artikulieren: die namenlose Scham bzw. die traumatische Beschämung? Auch scheint mir die Angst vor der Verrücktheit, von der Winnicott (2018) spricht, hierher zu gehören. Der Zusammenbruch, der laut Winnicott bereits geschehen ist, wäre dann die ursprünglich abgewehrte Beschämung; die Angst vor der Erinnerung wäre die Angst vor der Scham. Dass sich der Boden auftut und das Ich aus der Welt fällt. Wenn von unserem »psychotischen Kern« die Rede ist, dann geht es um diesen gewachsenen Fels.[3]

Solange wir uns für eine Unzulänglichkeit, einen Makel, eine Schwäche schämen, gibt es ein Ich, das sich für etwas schämt. Die Scham ist sagbar und umgrenzt. Diese reflexive Differenz verschwindet, wenn das Ich sich in toto seiner selbst schämt. Von außen könnten wir formulieren: Der Patient hat die (pathologische) Überzeugung, dass er unwert ist. Können wir fühlen, wie das ist? Wohl kaum. Wir würden die Scham nicht aushalten, würden womöglich in eine »Schampsychose« (Wurmser) geraten. Wenn wir es mit einem solchen Patienten zu tun haben, geraten wir in eine brisante Situation. Ohnehin ist es schwer, Schamangst zu erfassen, weil Scham in dieser Ausprägung nicht als ein von uns wahrnehmbarer Affekt hervortritt (vgl. Lansky 2008, S. 930 f.). Wir sprechen daher meist von einem Panikaffekt (Krause 2017, S. 459), sodass wir in Gefahr geraten, die Schamdynamik zu übersehen. Wir müssen von der dynamischen Macht der Schamangst theoretisch wissen, um das körpersprachliche Verhalten der Patienten und ihre Berichte über körperliche Missempfindungen vielerlei Art als Ausdruck der Schamangst (zumindest kognitiv) interpretieren zu können. Auch wenn wir die ›zugehörigen‹ Affekte des Patienten nicht fühlen können. Aber wir haben unsere Erinnerung:

> »Wir können nicht vergessen, wo, wann, wofür und vor wem wir uns einmal geschämt haben, und alle Erinnerung steigt in uns auf, geraten wir wiederum in jenes, unser selbst verzehrendes Gefühl, das uns die Würde nimmt [...]« (Neckel, zit. bei Raub 1997, S. 38).

»Denn die Rosen der Schande glühen in alle Ewigkeit« (Nesser 2004, S. 161). Die Angst vor dieser Glut ist die Angst, welche die Trennungsangst (von der so häufig die Rede ist) so unerträglich macht: Es ist die Angst, vom (Liebes-)Objekt verlassen zu werden, weil das Ich unannehmbar ist. In einer solchen Situation stehen wir auf narzisstisch-prekärem, dünnem Eis. Eingefroren, unfähig einer angemessenen Intervention. Wir können diesen Zustand des Patienten nicht deuten! Die Schamangst kann nur anerkannt werden und wir sind fast erstarrt vor Angst den Patienten neuerlich zu beschämen. Das ist die Gesamtsituation. Dieser müssen wir Rechnung tragen. Im Einzelfall ist die entfachte Glut mehr oder weniger brennend und wir können uns besinnen, den eigenen Zustand anerkennen und aushalten. Gelingt das, sind wir wieder als hinreichend selbstsichere Person anwesend. Mir scheint, das ist die einzige Möglichkeit, die Schamangst-Beschämungs-Dynamik zu unterbrechen. Mir scheint auch, dass wir alle solch brennende therapeutische Situationen kennen und dass wir dazu neigen, sie auszuhalten und zu übergehen. Jedenfalls sprechen wir wenig darüber.

Wie wenn wir in eine Szene geraten wären, in der ein 5-Jähriger, vollkommen außer sich, in die Arme des Erwachsenen stürzt. Die Panik des Sohnes greift ihn an und erschreckt ihn, und er kann sich in den psychischen Zustand des Kleinen nicht einfühlen. Er hält ihn fest in der Umarmung. Von da aus kann, was den Kleinen so schrecklich verstört hat, vielleicht vorsichtig aufgeklärt werden. Wie könnten wir die therapeutische Situation halten?

Unsere Interventionen sollen die Gesamtsituation bändigen. Auf der einen Seite der Patient, der außer sich ist vor Schamangst – auf der anderen Seite der Analytiker, der beschreiben kann, was für eine Angst das ist. Ich meine, an dieser

Stelle sollte der Analytiker sein Wissen teilen. Er könnte seinen Patienten über Scham aufklären: dass Scham das schlimmste Gefühl ist, dass davon selten geredet wird, dass der Patient damit allein bleibt, wenn sie nicht zur Sprache kommen könne, und dass dies auf eine nicht beschämende Weise geschehen müsse (das wäre eine Zusicherung). Dann hätte die Gesamtsituation einen ausgesprochenen Rahmen für beide, und der Analytiker stünde für diesen.

Die Scham muss benannt werden

Doch die Dialogsituation bleibt prekär. Systematisch und nüchtern betrachtet ist auf der einen Seite der Patient, der das Erlebte konstatierend benennen, aber nicht fühlen kann, wovon er spricht. Auf der anderen Seite der Analytiker, der aufgreift, wovon der Patient spricht, aber die dazugehörigen – traumatischen – Ängste nur vom Hörensagen und aus Dokumenten kennt. Ein Beispiel ist der schwierige Dialog zwischen den Generationen. Marion Oliner hat darüber geschrieben (2011). Für die direkt Betroffenen war der Holocaust ein Erleben, für uns, die nur aus Erzählungen oder aus verschiedenen Medien davon wissen, ist er ein historisches Ereignis (vgl. Oliner, S. 264). Die einen wissen, weil sie dabei waren, und müssen die monströsen Beschämungen verleugnen. Die anderen wissen nur vom Hörensagen und können sich nicht einfühlen, bei Gefahr, die innere Balance zu verlieren.

Patienten ahnen das. *Ich glaube, Sie können mich gar nicht verstehen*, bekommen wir manchmal zu hören. *Sie waren nicht dabei. Wie wollen Sie das verstehen?* – ergänzen Patienten vielleicht im Stillen. Wir ahnen das auch, wenn wir darüber nachdenken, ob wir uns affektiv vorstellen können, wie es ist, in solch beschämenden Beziehungssituationen gewesen zu sein. Das affektive Fundament dieser Dialogsituation ist die Angst, zu beschämen und beschämt zu werden.

Welchen Aspekt der Realität des Patienten der Analytiker auch immer in seiner Deutung darstellt, die Gefahr ist groß, dass der Patient bei sich denkt ›Der hat keine Ahnung, wovon er spricht‹. Aber er kann das nicht zu erkennen geben. Scham ist schwer zu spüren, wenn der Analytiker nicht generell mit ihr rechnet. Und doch muss die (unaussprechliche) Scham einen Namen bekommen – ›unaussprechlich‹ ist so einer. In rücksichtsvollen Darstellungen. Für diese trägt der Analytiker die Verantwortung; er wird Scham auf eine Weise darzustellen versuchen, die das Wirklichwerden dieses Gefühls, das durch sein Aussprechen heraufbeschworen wird, bekömmlich macht. Der Patient bekommt die Chance, einen Betrag der traumatischen Beschämung psychisch integrieren zu können, und gewinnt an »Ichstärke« (Winnicott 2018, S. 264). Damit die Scham bzw. die Angst vor ihr zu einer beherrschbaren Erfahrung werden kann, muss immer wieder neu ein Kompromiss gefunden werden zwischen dem Wunsch, bloß kognitiv Gewusstes als reales Geschehen zu erinnern, und der Gefahr, psychisch Unerträglichem erstmals zu begegnen.

Und, man kann seinen Patienten über die Psychodynamik der Scham aufklären: dass Kinder generell das widrige Verhalten der Erwachsenen auf sich beziehen und als Strafe für schlechtes Benehmen akzeptieren. Dass sie unerträgliche Beschämungen in Schuld umwandeln. Und dass Kinder dann versuchen alles wiedergutzumachen. Und dass jedes Kind sich damit allein fühlt. Das ist natürlich allenfalls ein kognitives Gerüst, aber es ist auch eine kleine erzählte Geschichte. Damit bekommen Patienten Geschwister, andere Kinder, denen es auch so ergangen ist. Kein Kind kommt falsch auf die Welt. Aber die Patientenkinder hatten sich mehr oder weniger so gefühlt, als Reaktion auf widrige, implizite oder explizite Beschämungen. Entsprechende Situationen sind allen Patienten kognitiv bewusst, aber der dazugehörige Affekt wird verleugnet. Mit solch kleinen Geschichten wird – auch – etwas Drittes in die Situation eingeführt, darauf können die beiden Beteiligten sich beziehen und außerdem wird dem Patienten ein Stück seiner Vorgeschichte vor Augen geführt. Freud hat solche Interventionen Konstruktionen genannt (1937d, S. 47):

> »Bis zu Ihrem nten Jahr haben Sie sich als alleinigen und unbeschränkten Besitzer der Mutter betrachtet dann kam ein zweites Kind und mit ihm eine schwere Enttäuschung. Die Mutter hat Sie für eine Weile verlassen, sich auch später Ihnen nicht mehr ausschließlich gewidmet« (ebd.).

Genau genommen ist diese allgemeine Beschreibung zugleich eine Deutung. Eine andere wäre: »… dann kam ein zweites Kind, und Ihre Mutter hat Sie für eine Weile verlassen auf eine Weise, dass Sie das Gefühl bekommen haben weniger wert zu sein«. Das ist ebenfalls Konstruktion und Deutung. Der Analytiker interpretiert die Schilderungen der erinnerten Beziehungsrealität als Beschämungs-, Scham auslösende Situationen. Und der Analytiker weiß, wer in Zeiten der Abhängigkeit chronisch beschämt wurde, schämt sich für sich selbst.

Aussprechen ist Bannen von wuchernden Phantasien, indem die Sache benannt und über Wort und Sache gesprochen wird. Wesentlich scheint mir dabei, dass die Interventionen des Analytikers merken lassen, dass er die Schritte zum Erfassen der unaussprechlichen Schamangst mitzugehen bereit ist, egal, wie weit sein Patient sich traut. Denn die Beschämungsszenen erfährt er aus dessen Darstellungen. Diese muss der Analytiker aushalten und dem Patienten als Scham auslösende Situationen zu verstehen geben.

Die narzisstische Urszene

Traumatische Beschämung ist der »erste Beweger« in der ätiologischen Reihenfolge. Verleugnung und Spaltung folgen in der nächsten Generation. Und es folgt die Abwehr der Scham durch Beschämung anderer, in welcher Form auch immer. Nur Anerkennung der Fehlerhaftigkeit und das Abbitteleisten kann diese Abfolge unterbrechen. Die Kriegskinder sind an ihren Täter-Eltern oft verzweifelt, wenn die weder ihre Schuld anerkennen, noch ihre Teilnahme bedauern konnten. Deswegen sind öffentliche Schuldbekenntnisse im politischen Raum so wesentlich.

Begonnen hat die Abfolge an unser aller Anfang:

> Als Adam und Eva vom Baum der Erkenntnis gegessen hatten
> da wurden ihnen beiden die Augen aufgetan, und sie wurden gewahr, dass sie nackt waren, und flochten Feigenblätter zusammen und machten sich Schurze.

Das ist die narzisstische Urszene, die Entdeckung der Alterität des Anderen.

Adam und Eva waren ihres eigenen Geschlechts gewahr geworden, hatten sich als Mann und als Frau gefühlt – und bemerkt, dass der Andere anders ist. Keiner hat das Selbstgefühl des Anderen – sich als Mensch fühlen heißt ab jetzt sich als Mann oder Frau fühlen. Der Skandal daran ist, dass jeder nur sein Geschlecht hat – als Resultat der angeeigneten Beziehung zum eigenen, empfundenen Leib. Der ist das Hinzunehmende, dem das Subjekt sich nicht entziehen kann (vgl. Lindemann 1994, S. 140): Nur ich kann mir gewiss sein.

Die Alterität des Anderen besteht, meine ich, in dem Umstand, dass er exklusiv etwas anderes ›hat‹, sein eigenes Fühlen, Denken und Selbstsein. Doch damit wir uns das zu Eigen machen können, sind wir auf die Anerkennung des Anderen angewiesen.

Adam und Eva sind nicht neidisch aufeinander, sondern, so steht es geschrieben, sie schämen sich, weil sie sich im Angesicht des anderen als minder oder fehlerhaft fühlen. Die vor dem Gleichvollkommenen sind nun gleichunvollkommen.

Historisch konnte diese Symmetrie nie gelebt werden, ist immer zerfallen in einen Geschlechterkampf. Die Bewältigung des narzisstischen Komplexes ist kulturell wenig verankert, nämlich die Bewältigung der Aufgabe, den verschiedenen Anderen, die Frau, den Mann, das Kind, den Fremden als ein je eigenes Selbst anzuerkennen und nicht – weil verschieden – als minder zu betrachten und für die Regulierung des eigenen Selbstwerts zu missbrauchen.

Wenn wir im Rahmen von Über-Ich-Konflikten analytisch kämpfen, geht es ums Aushalten und Bearbeiten von Destruktivität, Schuldangst und Angst vor Strafe. Mir scheint das eine Rückzugslinie zu sein. An der vordersten Front haben wir es mit Ichideal-Konflikten zu tun. Sie stammen aus unseren ersten und bedeutsamsten Identifizierungen, die mit den bewunderten (und enttäuschenden) Erwachsenen der persönlichen Vorzeit. Wir haben es in diesem Kontext mit Achtung und Verleugnung zu tun, mit Missachtung und Scham. Mit Liebe und mit unserer Angst.

Schluss

Psychoanalyse ist die Wissenschaft vom Unbewussten und seiner dynamischen Macht, den libidinösen und aggressiven Wünschen. Wir wissen von der Macht des unbewusst Sexuellen. Wir geraten in Versuchungssituationen und tatsächlich geschehen immer wieder auch sexuelle Abstinenzverletzungen. Die Auseinandersetzung damit ist in den psychoanalytischen Gesellschaften etwa so von Verleugnung bestimmt wie in den Kirchen und anderswo. Unsere Debatten werden schnell persönlich und geraten argumentativ immer wieder in eine spaltende Dynamik – in eine Atmosphäre von Idealisierung und Verdammung. Unser Versprechen ist gebrochen worden. Das Versprechen, gut genug, empathisch und selbstreflexiv anwesend zu sein. Wenn das gebrochen wird, nähern wir uns unserer professionellen Hauptfrage: Wie ist es, diese Patientin (die Betroffenen sind überwiegend weiblich) und dieser Analytiker zu sein? Wir nähern uns der Schamangst des Opfers *und* der des Täters. Für diese Begegnung sind wir, so scheint es, schlecht gerüstet.

Psychoanalyse ist für mich nicht nur die Wissenschaft vom Unbewussten, sondern explizit auch die vom Unbewussten im Zusammenhang mit dem Verleugnen und dessen desaströsen Folgen.

Anmerkungen

1 Nesser 2004, S. 161.
2 Hier nehme ich Gedanken von Ehlert-Balzer (1996) auf und verallgemeinere sie.
3 Winnicott meidet das Wort »Scham«, obwohl in den beiden einschlägigen Texten *Angst vor dem Zusammenbruch* und *Psychologie der Verrücktheit* m. E. von nichts anderem die Rede ist. Überraschenderweise setzt sich diese Vermeidung fort in den drei Kommentaren, die der erstmaligen Übersetzung von *The Psychology of Madness* ins Deutsche gewidmet waren. Dieser Sachlage bin ich in meinem Text »… was auch immer damit gemeint ist …« nachgegangen (Hübner, im Druck).

Literatur

Abram, J. (2018): Angst vor der Verrücktheit im Kontext von Nachträglichkeit und negativer therapeutischer Reaktion. Psyche – Z Psychoanal 72, 308–338.
Beland, H. (1989): Die unbewusste Phantasie. Kontroversen um ein Konzept. Forum Psychoanal 5, 85–98.
Ehlert-Balzer, M. (1996): Das Trauma als Objektbeziehung. Forum Psychoanal 12, 4, 291–314.
Freud, S. (1891): Zur Auffassung der Aphasie. Eine kritische Studie. Leipzig und Wien (F. Deuticke).
Freud, S. (1923b): Das Ich und das Es. GW 13, S. 237–289.
Freud, S. (1924b): Neurose und Psychose. GW 13, S. 387–391.
Freud, S. (1933a): Neue Folge der Vorlesungen zur Einführung in die Psychoanalyse. GW 15.
Freud, S. (1937c): Die endliche und die unendliche Analyse. GW 16, S. 57–99.
Freud, S. (1937d): Konstruktionen in der Analyse. GW 16, S. 43–56.
Freud, S. (1939a): Der Mann Moses und die monotheistische Religion. GW 16, S. 103–246.
Freud, S. (1940a): Abriß der Psychoanalyse. GW 17, S. 63–138.
Freud, S. (1940e): Die Ichspaltung im Abwehrvorgang. GW 17, S. 59–62.
Hinshelwood, R. D. (1993 [1991]): Wörterbuch der kleinianischen Psychoanalyse. Übers. E. Vorspohl. Stuttgart (Verlag Internationale Psychoanalyse).
Hübner, W. (2013): Wie stehen Psychoanalyse und Neurowissenschaften zueinander? Versuch, ein Verständigungsproblem begrifflich zu klären. Forum Psychoanal 29, 421–434.
Hübner, W. (2018): Sprache und Leib. Eine Epistemologie der psychoanalytischen Praxis. Frankfurt/M. (Brandes & Apsel).
Hübner, W. (2020): »… was auch immer damit gemeint ist …«. Ein Kommentar zu Winnicotts »Die Psychologie der Verrücktheit« und seiner Rezeption in der Psyche 4, 2018. Psyche – Z Psychoanal (im Druck).
Krause, R. (2017): Affektlogische Überlegungen zu Seinsformen des Menschen. Psyche – Z Psychoanal 71, 6, 453–478.
Krejci, E. (2011): Zur Relevanz von Freuds »Ichspaltung im Abwehrvorgang« als Brückenkonzept für die Erweiterung des Neurosenmodells für die Psychoanalyse. Psyche – Z Psychoanal 65, 1–29.
Lansky, M. R. (2008): Beobachtung zur Dynamik der Einschüchterung: Spaltung und projektive Identifizierung als Abwehr gegen Scham. Psyche – Z Psychoanal 62, 929–961.
Laplanche, J. & Pontalis, J.-B. (1972 [1967]): Das Vokabular der Psychoanalyse. Übers. E. Moersch. Frankfurt/M. (Suhrkamp).

Lindemann, G. (1994): Die Konstruktion der Wirklichkeit und die Wirklichkeit der Konstruktion. In: T. Wobbe & G. Lindemann (Hrsg.), Denkachsen. Zur theoretischen und institutionellen Rede vom Geschlecht, Frankfurt/M. (Suhrkamp), S. 115–146.

Loewald, H. W. (1986 [1980]): Psychoanalyse. Aufsätze aus den Jahren 1951–1979. Übers. H. Weller. Stuttgart (Klett-Cotta).

Müller, K. (2017): Die familiäre Transmission bzw. »Vererbung« von Sucht über mehrere Generationen. Unveröff. Masterarbeit. Katholische Hochschule Nordrhein-Westfalen.

Nesser, H. (2004 [2000]): Der Tote vom Strand. Übers. G. Haefs. München (btb Verlag).

Oliner, M. (2011): Drehen Sie sich nicht um, Frau Lot. In: Diederichs, P., Frommer, J. & Wellendorf, F. (Hrsg.), Äußere und innere Realität, Stuttgart (Klett-Cotta), S. 261–275.

Raub, M. (1997): Scham – ein obsoletes Gefühl? In: Kühn, R., Raub, M. & Titze, M. (Hrsg.), Scham – Ein menschliches Gefühl, Darmstadt (Westdeutscher Verlag), S. 27–43.

Winnicott, D. W. (2018): Die Psychologie der Verrücktheit. Ein Beitrag der Psychoanalyse. Psyche – Z Psychoanal 72, 4, 254–266.

Wurmser, L. (2016 [1981]): Die Maske der Scham. Frankfurt/M. (Klotz Verlag).

THOMAS REITTER

Ein anderer Blick auf die negative therapeutische Reaktion und den Wiederholungszwang – warum bessere Erfahrungen vermieden und negative wiederholt werden[1]

>»[…] und da die Seele von allem Schmerzlichen instinktiv zurückweicht, fühlten sie ihren Genuss am Schönen durch den Gedanken an dessen Vergänglichkeit beeinträchtigt.«
>»Warum […] diese Ablösung der Libido von ihren Objekten ein so schmerzhafter Vorgang sein sollte, das verstehen wir nicht […]. Wir sehen nur, dass sich die Libido an ihre Objekte klammert und die verlorenen auch dann nicht aufgeben will, wenn der Ersatz bereit liegt.«
>(Freud 1916a, S. 359 f., Vergänglichkeit; Hervorhebung T.R.)

Einleitung

Seit Freud 1923 in *Das Ich und das Es* erstmals das Phänomen der negativen therapeutischen Reaktion ausführlich beschrieben hat[2], ist in der psychoanalytischen Literatur viel über Phänomene des Scheiterns, des Nichtgelingens und die Rätselhaftigkeit der ewigen Wiederkehr des Gleichen (den Wiederholungszwang) geschrieben worden. Mein Interesse an diesem Thema wurde durch meine erste hochfrequent durchgeführte Analyse einer an wiederkehrenden schweren depressiven Verstimmungen leidenden Patientin geweckt, die ich kurz nach Abschluss meiner psychoanalytischen Ausbildung unter wöchentlicher Supervision über mehr als zehn Jahre behandeln konnte.

In dieser Analyse kam es nach Phasen, in denen es zu einem deutlichen Fortschritt gekommen war, zu überraschenden Kehrtwendungen und Abbrüchen, die wie aus heiterem Himmel über sie und mich hereinbrachen, alles zuvor Erarbeitete und zwischen uns Entstandene wieder wegwischten und einer paranoid-giftigen Atmosphäre Platz machten, in der eine Verständigung nicht mehr möglich zu sein schien.

Diese Situation wiederholte sich trotz aller Bemühungen mit einer gewissen Regelmäßigkeit, ohne dass es mir und der Patientin möglich gewesen wäre, ein tieferes Verständnis dieser von uns beiden als ausgesprochen destruktiv und verstörend empfundenen Abläufe entwickeln zu können. Alles schien darauf hinzudeuten, dass dies eine unendliche Analyse werden würde, ohne Aussicht auf einen befriedigenden Ausgang und eine Auflösung/Aufklärung der ihrem Leiden zugrunde liegenden, zentralen pathogenen inneren Verhältnisse. Ein Traum, den die Patientin kurz nach einem solchen Abbruch erzählte, illustriert ganz konkret, was vorgefallen war: Sie hatte einen Schwangerschaftsabbruch, aber es war nicht klar, wie es dazu gekommen war. Hatte sie die damals gerade auf den Markt gekommene Abtreibungspille genommen oder war es »von allein« zu dem Abbruch gekommen? Sie sieht das abgetriebene Kind, dem der Kopf fehlt. Es sieht wie eine Puppe aus, der man den Kopf abgerissen hat. Die Patientin wacht voller Entsetzen auf und verspürt eine große Bedrohung.

Diese kurze Vignette stellt den Ausgangspunkt für Überlegungen dar, die sich im Laufe meiner psychoanalytischen Tätigkeit in den mehr als fünfzehn Jahren seit Beendigung dieser Analyse in mir weiterentwickelt haben. Die Themen negative therapeutische Reaktion und Wiederholungszwang haben mich seither nicht losgelassen, auch wenn ich mit anderen theoretischen Fragestellungen wie dem Wesen des psychoanalytischen Erkenntnisprozesses und seiner Fehlbarkeit im Zusammenhang mit Bions Denktheorie beschäftigt war. Nicht zuletzt sind es auch persönliche Erfahrungen des Scheiterns und der geradezu unheimlichen Wiederkehr von längst verarbeitet geglaubten destruktiven Prozessen sowohl im privaten als auch im institutionellen Kontext, die mich dazu bringen, mich dieser Thematik wieder anzunehmen. Die augenblickliche politische Situation in Deutschland und vielen Ländern Europas mit dem Wiedererstarken nationalistischer, fremdenfeindlicher und antisemitischer Tendenzen ist ein weiterer, weitaus besorgniserregenderer Anlass. Eine gescheiterte psychoanalytische Behandlung oder Beziehung ist für die Beteiligten sehr belastend und kann bisweilen auch tragisch sein; ein Scheitern der Bemühungen um konstruktive Lösungen von hochkomplexen Problemen, die ganze Gesellschaften und Völker betreffen, ist dagegen brandgefährlich und bedroht den Frieden, in dem wir nach dem Zweiten Weltkrieg Geborenen aufgewachsen sind, bisher leben und uns weiterentwickeln konnten.

Schmerzvermeidung und negative therapeutische Reaktion

Die These, die ich hier zur Diskussion stellen möchte, ist, dass bisherige Erklärungsmodelle für die sogenannte negative therapeutische Reaktion[3] und den Wiederholungszwang zu kurz greifen, da sie einem wesentlichen Moment der menschlichen Kondition zu wenig Beachtung schenken: der Tatsache, dass Entwicklung und Wachstum mit Schmerzen einhergehende Prozesse sind und das Vermeiden von Schmerzen (das Zurückweichen von der Schmerzquelle) in das biologische Programm aller Lebewesen eingeschrieben ist. Im *Entwurf einer Psychologie* schreibt Freud (1950a), dass das Neuronensystem »die entschiedenste Neigung zur *Schmerzflucht*« (S. 315) hat. Und weiter: »Der Schmerz [...] ist der gebieterischste aller Vorgänge« (S. 316). Trotz dieser Aussage, die den Schmerz in seiner Bedeutung gewissermaßen vor den Trieb stellt, hat die Psychoanalyse meines Wissens bis auf wenige Ausnahmen[4] seltsamerweise keine Metapsychologie des Schmerzes hervorgebracht.

Für Bion, der dieses Thema in den *Elementen der Psychoanalyse* (2005) wiederholt aufgreift, stellt die Toleranz bzw. Intoleranz für psychischen Schmerz das entscheidende Moment für die Fähigkeit zu seelischem Wachstum dar. Er spricht daher von einem reziproken Verhältnis zwischen seelischem Wachstum und Toleranz für psychischen Schmerz. Das von ihm beschriebene Phänomen der reversiblen Perspektive mit der typischen Umkehrung der Analyse von einer dynamischen in eine statische Situation ist für ihn Beweis für Unlust (im engl. Original: *mental pain*). Es sei deshalb die Aufgabe des Analytikers, »die Fähigkeit des Patienten zum Leiden durch die analytische Erfahrung zu steigern« (S. 94).

Ein weiteres Moment in diesem Zusammenhang ist ebenfalls eine quasi biologische Grundgegebenheit, nämlich die Tatsache, dass unsere Sinneswahrnehmung stärker auf Differenzen als auf Qualitäten reagiert. Ein prägnantes Beispiel dafür ist, dass man ein Parfüm, das einen starken Duft verströmt, nach längerem Gebrauch kaum noch wahrnehmen kann. Es ist aber auch schwer, für sich genommen etwas für ›gut‹ oder ›schlecht‹ zu befinden, ohne dies in Relation zu etwas zu bringen, das einen Vergleich zulässt. Diesen Zusammenhang greift auch Freud in seiner kurzen Arbeit *Über den Gegensinn der Urworte* (1910e) auf, in der er den Sprachforscher K. Abel zitiert:

»Da man den Begriff der Stärke nicht konzipieren konnte, außer im Gegensatz zur Schwäche, so enthielt das Wort, welches ›stark‹ besagte, *eine gleichzeitige Erinnerung* an ›schwach‹, als durch welche es erst zum Dasein gelangte« (S. 217, Hervorhebung T. R.).

Auf die Ebene des seelischen Wahrnehmungsapparates gebracht heißt das, dass aktuell gemachte Erfahrungen mit anderen oder zeitlich vorausliegenden Erfahrungen verglichen werden[5] und die Differenz zwischen ihnen einen starken Sinnesreiz darstellt.

Meine These aufgreifend könnte man nun sagen, dass neue, vor allem aber bessere Erfahrungen deshalb vermieden werden, weil sie die Potenz besitzen, weniger gute oder gar sehr schlechte (d. h. traumatische) Erfahrungen[6] aus dem Halbdunkel des Vorbewussten hervorzuholen, wo sie in abgekapselter Form, ohne Verbindung zu den bewussten Vorgängen, ›überlebt‹ haben. Damit wird die gute Erfahrung zu einem Stimulus für die Aufhebung der Amnesie und potenziell zu einem mehr oder weniger starken Schmerzreiz. Dasselbe gilt umso mehr für traumatische Erfahrungen von Nichtpassung, fehlendem Containment oder Intrusionen mit den Primärobjekten, die auf Grund ihrer Entstehung in einer vorsprachlichen Zeit nicht repräsentiert sind bzw. nicht symbolisiert werden konnten und in Form von schweren psycho-somatischen Befindlichkeitsstörungen oder Schmerzzuständen wie aus dem Nichts auftauchen und den Charakter von *Aliens*, also psychischen Fremdkörpern haben, die das psychische Universum des Patienten zu invadieren drohen. J. Press (2011) spricht in diesem Zusammenhang auch vom Unvergessbaren, welches vom Subjekt als ein Zuviel erlebt wird und, solange es nicht mit Sinn verbunden ist, nur ausgestoßen werden kann.

Dieser Ansatz lässt sich auch für ein besseres Verständnis des Wiederholungszwangs nutzbar machen: Solange die schlechte Erfahrung wiederholt wird, gibt es keine Differenz in der Wahrnehmung. Alles ist so, wie es schon immer war und immer sein wird[7]. Darin liegt das Paradoxe der ästhetischen Erfahrung, die Freud in seiner kleinen Arbeit über die Vergänglichkeit so zutreffend beschrieben hat. Das Schöne ist nicht oder nur in begrenzter Weise zum Aushalten, weil es das Subjekt unmittelbar mit dem Un-Schönen, Hässlichen, Vergänglichen, aber auch mit der Zeitlichkeit und der eigenen Begrenztheit konfrontiert bzw. an diese ›erinnert‹.

Beim Wiederholungszwang kommt es außerdem zu einer Umkehrung des Verhältnisses zwischen passivem Erleiden (Schmerz) und aktivem Erzeugen von Leid und Schmerz (bei sich selbst und bei anderen). Diesen basalen Mechanismus der

Triebbewältigung (die Wendung von Passivität in Aktivität) beschreibt Freud (1915) in seiner Arbeit *Triebe und Triebschicksale*, in der er von den drei Polaritäten des seelischen Lebens spricht. Das Wiederholen der verdrängten, dem Bewusstsein nicht zugänglichen bzw. der verworfenen (traumatischen) Eindrücke erzeugt ein erregendes Gefühl von Selbst-Wirksamkeit und Handlungsmacht. Das Erlittene verwandelt sich auf diese Weise in etwas, das das Subjekt selbst macht und aktiv gestaltet, es ist dem Schmerz nicht mehr passiv ausgeliefert. Es wird so zum pseudosouveränen Akteur des eigenen Lebens, allerdings zum hohen Preis der Nichtintegration der veräußerten Selbstanteile, der ausbleibenden Trauer und des Ausbleibens eines Anreizes zu seelischem Wachstum.

Postkleinianische Autoren wie H. Segal, H. Rosenfeld, B. Joseph, R. Britton, J. Steiner, M. Feldman u. v. a. haben den charakteristischen Angriff auf den Wahrnehmungsapparat geschildert, wenn Patienten (gemeint ist: ihr narzisstisch-omnipotenter und/oder psychotischer Anteil) in der analytischen Situation in Kontakt mit ihrer Bedürftigkeit und ihrer Abhängigkeit von einem Objekt kommen, das ihre Bedürfnisse befriedigt oder die Frustration zu ertragen hilft, wenn diese nicht befriedigt werden können. Im Gegensatz zu anderen Lebewesen sind wir Menschen durch den höheren Grad von Selbstbewusstheit in der gewissermaßen misslichen Situation, unsere Existenz als Mängelwesen zu erkennen und unsere Unvollkommenheit und unser Angewiesensein auf andere wahrzunehmen, welche Tieren auch zu eigen sind, aber von diesen – soweit wir wissen – ohne Selbstreflexion hingenommen werden.

> Dazu ein Beispiel aus einer aktuellen Behandlung: Ein Patient spricht herablassend über die Dummheit seines Hundes, der jedes Mal mit dem Schwanz wedelt, wenn er nach Hause kommt, und gar nicht bemerkt, wie sehr ihn der Patient für seine Anhänglichkeit verachtet.

Bei diesen Angriffen geht es um die Vernichtung des Wahrnehmungsapparates und das Anstreben eines todesähnlichen Zustands, um dem überwältigenden bzw. als überwältigend phantasierten Schmerz (der Angst vor Vernichtung und psychischem Tod) nicht ausgesetzt zu sein. Sie führen zu einer Art Narkose im Wachzustand.

Der ästhetische Konflikt (Meltzer) und die negative therapeutische Reaktion

In seinem Buch *Die Wahrnehmung der Schönheit* hat sich Donald Meltzer (2006) ausführlich mit dem von ihm so genannten ästhetischen Konflikt auseinander gesetzt, den er gegenüber den von Melanie Klein beschriebenen Konflikten, die um die depressive und paranoid-schizoide Position gruppiert sind und thematisch mit Abhängigkeit und Trennung bzw. der Wahrnehmung von Getrenntheit zu tun haben, für übergeordnet hält. Dieser Konflikt geht »aus der ästhetischen Wirkung des Äußeren der ›schönen‹ Mutter, das den Sinnen des Säuglings zugänglich ist, und der Rätselhaftigkeit ihres Inneren, das er mit seiner kreativen Vorstellungskraft konstruieren muss«, hervor (S. 47). Der Säugling wird von der Schönheit seiner Mutter berührt und wie von der aufgehenden Sonne geblendet, was zu panischem Rückzug führen kann, da die Schönheit das erwachende Subjekt mit etwas konfrontiert, das eine große Anziehung ausübt, sich aber als nur begrenzt zugänglich erweist und letztlich rätselhaft bleibt.

Die enorme Anziehung durch und das Zurückschrecken/-weichen vor der Schönheit ist ein Vorgang, der sich im Leben des Individuums immer wiederholen und in der analytischen Situation beobachtet werden kann. Meltzer spricht von einem »grundlegenden *Prozess des Zurückweichens*[8] *vor der Wirkung der Schönheit der Welt* und der leidenschaftlichen Intimität mit einem anderen Menschen« (S. 56, Hervorhebung T. R.). Daraus ergibt sich ihm zufolge die Notwendigkeit anzuerkennen, »dass der Konflikt, den das *anwesende* Objekt auslöst, vordringlicher ist, als all die Ängste, die mit dem *abwesenden* Objekt zusammenhängen« (ebd., Hervorhebungen T. R.). Diese »panische Flucht vor der Wirkung der Ästhetik des Objekts« (ebd.) zieht Meltzer für das Verständnis von psychopathologischen Phänomenen heran, die ihren Ursprung im psychotischen Teil der Persönlichkeit haben und auch Formen des autistischen Rückzugs umfassen.

Dieser Gedanke ist für die Einschätzung und Bewertung von negativen Reaktionen des Patienten (aber auch des Analytikers!) in der analytischen Situation von eminenter Bedeutung und hat bisher zu wenig Eingang in unser klinisches Denken gefunden.

In kasuistischen Seminaren und bei Fallvorstellungen werden negative Reaktionen des Patienten gewohnheitsmäßig auf das Versagen und das mangelnde Verständnis des behandelnden Analytikers oder dessen kommende bzw. bereits stattgefundene *Abwesenheit* (z. B. am Wochenende oder während der Urlaubsunterbrechungen) zurückgeführt, aber kaum oder gar nicht auf die Güte seiner Interventionen oder seine schiere *Gegenwart* als ein hingebungsvolles Objekt, das bereit ist, die Äußerungen des Patienten, welcher Art diese auch immer in der Sitzung sein mögen, urteilsfrei aufzunehmen und in sich Platz nehmen zu lassen. Diese Bereitschaft kann als die Weiblichkeit des Psychoanalytikers bezeichnet werden, deren Ablehnung für Freud (1937c) der »gewachsene Fels« war, der dafür verantwortlich ist, »dass alles so bleibt, wie es ist« (S. 99).

Ich gehe sogar so weit zu behaupten, dass manche Verstrickungen und Sackgassen in analytischen Behandlungen daher rühren, dass der Analytiker diesen Zusammenhang nicht erkennt und dem Patienten ein negatives Bild seiner selbst bzw. der analytischen Situation aufdrängt, das mehr mit seiner eigenen Ungläubigkeit zu tun hat, als dass es der seelischen Wirklichkeit des Patienten entspricht. Mit Ungläubigkeit meine ich, dass auch der Analytiker vor der Schönheit der analytischen Methode und allem, was diese auszeichnet, zurückweicht. »Intimität, Privatheit, Ethik, Aufmerksamkeit, Langmut, urteilsfreie Haltung, Kontinuität, offenes Ende, implizite Opferbereitschaft des Analytikers, seine Verpflichtung, Fehler anzuerkennen, sein Verantwortungsbewusstsein gegenüber dem Patienten und seiner Familie« – so Meltzer (2006, S. 47f.) – machen die analytische Methode zweifelsohne zu einem ästhetischen Objekt. Doch in der Methode steckt als *tertium datur* die Theorie, die ihre Ausübung erst ermöglicht, so Meltzer weiter, und diese Theorie ist – wie alles Fremde – notorisch verdachtsanfällig (ihr wird vorgeworfen reduktionistisch, unwissenschaftlich, sexistisch, bourgeois, paternalistisch u.v.a.m. zu sein). Das tragische Element der ästhetischen Erfahrung ist jedoch nicht nur ihre Vergänglichkeit, wie Freud meinte, sondern die Rätselhaftigkeit des Objekts. »Der ästhetische Konflikt unterscheidet sich insofern vom romantischen Weltschmerz, als sein charakteristisches Schmerzerleben in der Ungewissheit liegt, die Misstrauen, ja Verdächtigungen nährt« (ebd., S. 53).

Opferritual und negative therapeutische Reaktion

Neben dem durch die Differenz in der Wahrnehmung ausgelösten Schmerz und dessen Vermeidung sowie dem Zurückweichen vom ästhetischen Konflikt möchte ich unter Rückgriff auf Freud einen dritten, mythischen Aspekt in die Diskussion über die Bedeutung von negativen therapeutischen Reaktionen einfließen lassen: den Aspekt des Rituals, insbesondere des Opferrituals. Etwas holzschnittartig könnte man die negative therapeutische Reaktion als eine Art Selbst-Opferung betrachten, die dazu dient, einer Katastrophe vorzubeugen und die Götter zu beschwichtigen, die neidisch-missgünstig auf die Fortschritte schauen, die Menschen zu machen im Stande sind, wenn sie sich entsprechend ihren Anlagen und Möglichkeiten entwickeln. Die Psychoanalyse ist ein Instrument, das die Menschheit in der Gestalt von Freud entwickelt hat, mit dessen Hilfe sich eine Befreiung aus dem Griff des Wiederholungszwangs und ein selbstbestimmtes Leben im Einklang mit den Erfordernissen der Innen- und der Außenwelt anstreben lässt. Kann es nicht sein, dass der Fortschritt aus Angst vor der Rache eines übergeordneten Prinzips geopfert wird, das es nicht zulässt, dass der Mensch sich von seinen Fesseln befreit und zu schauen beginnt (Erkenntnisdrang, Bions ›K‹)? Dieser Gedanke ist in vielen Mythen enthalten, nicht zuletzt im Ödipusmythos selbst, in dem die Selbstblendung des Ödipus ein zentraler Topos ist. Aber auch in den biblischen Erzählungen wie dem Turmbau zu Babel und der Vertreibung aus dem Paradies kommt er vor.

In ähnlicher Weise argumentiert auch E. Haas (2000) in seiner Arbeit *Opferritual und Behälter. Versuch der Rekonstruktion von Totem und Tabu*, wenn er schreibt, dass »Verbote versuchen die Krise zu vermeiden, wie umgekehrt die Riten die Katastrophe durchspielen, um sie auf diese Art zu meistern« (S. 1119). Man könnte also annehmen, dass hinter den Manifestationen der negativen therapeutischen Reaktion ein Verbot steht, dessen Übertretung Sanktionen nach sich zieht oder eine Katastrophe hervorruft (die Katastrophe des Zusammenbruchs der pathologischen Abwehrstrukturen und die Konfrontation mit einer schmerzlichen Wahrheit, die nicht zu ertragen ist bzw. für nicht ertragbar gehalten wird).

Wenn die eigene Entwicklung und die aus ihr entspringenden Lebensmöglichkeiten geopfert werden, hat das etwas mit dem von Joan Riviere (1996, S. 155) zur Erklärung der negativen therapeutischen Reaktion herangezogenen Wunsch zu tun, die beschädigten inneren Objekte zu reparieren. Als deutschem Psychoanalytiker ist vielleicht nicht nur mir schon öfter der Gedanke in den Sinn gekommen, dass die mit Selbstverhinderung und Selbstdestruktion einhergehenden Pathologien vieler unserer Patienten – die »ein Leben auf Sparflamme« führen, so eine Formulierung von Senarclens (2017, S. 200) – mit einem unbewussten Bedürfnis nach Sühne für die im Nationalsozialismus von Deutschen begangenen Untaten und Verbrechen zu tun haben und Ausdruck der transgenerationell weitergegebenen historischen Schuld sind, die durch die Vernichtung der europäischen Juden auf den Schultern der nachkommenden Generationen lastet. Wie Aleida Assmann (2016) in ihrem Buch *Formen des Vergessens* schreibt, kann die Zerstörung von ganzen Gesellschaften und die Ausrottung von Völkern (dies betrifft vor allem die Shoah, aber auch das Schweigen des mit der Türkei verbündeten Deutschen Reichs zum Genozid an den Armeniern und die in der Kolonialzeit begangenen Verbrechen an den Hereros) nicht ohne psychische Folgen für die Nachgeborenen bleiben. Auch ist es nicht vorstellbar, dass sich ein verlässliches Gefühl dafür entwickeln kann, was gut und was böse, was richtig und was falsch ist, wenn von den Vorvätern das Rechtsempfinden mit Füßen getreten wurde, um diese monströsen Taten zu rechtfertigen.

Negative therapeutische Reaktion als Mahnmal

Aus noch einem anderen Blickwinkel betrachtet könnte man die oben beschriebenen Pathologien und das Verharren in einem unglückseligen Zustand aber auch als Ausdruck einer Befürchtung ansehen, dass die in Kindheit und Pubertät erlittenen Traumata bzw. Beziehungskatastrophen ›vergessen‹ würden, wenn dennoch eine gute und geglückte Lebensentwicklung gelingt. Ich nenne diese Form von aufrechterhaltener Erinnerung für mich ›lebendes Mahnmal‹, wenn sie im klinischen Alltag als hartnäckiger Widerstand gegen eine Veränderung zum Besseren auftaucht. Man kann sie als eine Form des affirmativen Erinnerns (»Mir darf es nicht gut gehen, weil sonst vergessen wird, was mir angetan wurde«) verstanden werden, die sich gegen das negierende Vergessen (die Abräumung von Denkmälern) richtet, das der Legitimierung und Stabilisierung von Macht dient, wie dies Assmann (2016) beschreibt. In ähnlicher Weise argumentiert auch Pontalis (2003), wenn er von »unbehandelbaren Patienten« spricht, die im Unglücklichsein die einzig mögliche Form des Existierens gefunden zu haben scheinen (Gómez Mango 2015).

Konsequenzen für die Behandlungstechnik

Ich komme nun zu behandlungstechnischen Überlegungen, die sich aus dem bisher Gesagten ergeben. Wenn meine Hypothese richtig ist, dass negative therapeutische Reaktionen Ausdruck einer Angst vor psychischem Schmerz bzw. eines Zurückweichens vor dem ästhetischen Konflikt sind und darüber hinaus vielleicht auch den Sinn einer Selbstopferung haben, dann reicht eine Therapeutik, die auf der Analyse der bloßen Phänomene, also der destruktiven Angriffe gegen die erzielten Fortschritte, gegen den Analytiker und seine von ihm angewandte Methode fußt, nicht aus. Ich meine im Gegenteil, dass ein beobachtend-deutender

Standpunkt den Patienten potenziell alleine lässt oder ihn im schlechtesten Fall beschuldigt, für seine Misere selbst verantwortlich zu sein.

Um eine Transformation starrer Übertragungsmuster zu ermöglichen, muss der Analytiker zum Zeugen der Angriffe werden, die vom psychotischen Teil der Persönlichkeit des Patienten ausgehen und darauf abzielen, dessen Wahrnehmungsapparat zu betäuben oder gar zu zerstören, um ihn vor dem vermeintlich schädigenden Schmerzerleben zu schützen, das er nach Bion jedoch benötigt, um psychisch wachsen zu können. Der narzisstisch-omnipotente oder psychotische Anteil agiert – das hat Herbert Rosenfeld (1998) so klarsichtig beschrieben – nach dem Muster einer Mafiaorganisation, die vorgibt, die Bürger einer Stadt oder einer Region vor den Zumutungen des Staates oder der Bedrohung durch konkurrierende Banden zu schützen, sie in Wirklichkeit aber in Abhängigkeit hält, ausbeutet und erpresst und mit Gewalt daran zu hindern versucht, sich aus ihrer tödlichen Umklammerung zu befreien.

Wenn man sich klarmacht, dass Traumata, die in einer sehr frühen Zeit der Entwicklung stattgefunden haben, der Anlass waren, weshalb sich solche mafiaähnlichen Organisationen in der Persönlichkeit gebildet haben, und dass diese sich dem Subjekt als vermeintliche Helfer angeboten haben, um in Situationen psychisch zu überleben, die ansonsten nicht zu ertragen gewesen wären (oder mit einer unerträglichen Schuld, die transgenerationell weitergegeben wurde, zurechtzukommen), wird man verstehen, dass es nicht ohne Weiteres möglich ist, auf den Schutz, den diese Mechanismen bieten, zu verzichten und sich einer Wirklichkeit auszusetzen, die oft als sehr beschämend und demütigend, wenn nicht sogar als vernichtend erfahren wird.

Da pathologische Organisationen mit ihrer Behauptung von Allmacht und Allwissenheit an der Stelle auftreten, wo in der Vergangenheit verlässliche und realitätsbezogene elterliche Figuren gefehlt haben und daher in der Gegenwart als innere Objekte fehlen, und auf pervertierte Weise deren Platz einnehmen *(in loco parentis)*, kommt es zu einer Verwirrung des nichtpsychotischen, ›gesunden‹ neurotischen Teils, der sich gegen die perverse Logik, die sadistische Aggression, die Lügen und die Verzerrungen der Realität auf Grund seiner Schwäche und fehlenden Orientierung nicht zur Wehr setzen kann (Williams 2014). Dies führt, wie Paul Williams in seiner sehr lesenswerten Arbeit über die psychotische Aktivität bei pathologischen Abwehrorganisationen weiter ausführt, zu der Situation, dass der Patient es plötzlich als Bedrohung erlebt, wenn er vom Analytiker verstanden wird – die klassische negative therapeutische Reaktion, bei der es zu einem raschen Wandel in der Wahrnehmung des Analytikers kommt, der nicht mehr als gutartiges und Hilfe spendendes Objekt, sondern als mächtiger irrationaler Gegner erlebt wird. Es kommt dabei zu einem *Hijacking*, einer Entführung von neurotischen Ängsten durch den psychotischen Teil, mit dem Resultat, dass diese Ängste die Gestalt psychotischen Schreckens annehmen, zu groben Verzerrungen von realistischen Objektbeziehungen führen und – das ist das Fatalste – zur Verhinderung des Auftauchens des Bedürfnisses, sich von einem vertrauenswürdigen Objekt abhängig zu machen (S. 427). Letzteres ist in dem Beispiel von dem Patienten und seinem Hund sehr anschaulich illustriert.

Die Zeugenschaft des Analytikers

Auch wenn sich an dieser Stelle ein direkter Vergleich verbietet, lassen die Erbarmungslosigkeit, Grausamkeit und Primitivität dieser Art von Angriffen auf die Wahrnehmungs- und Orientierungsfunktion des nichtpsychotischen Teils an ganz ähnliche Entmenschlichungserfahrungen denken, wie sie der italienische Philosoph Giorgio Agamben (2003) in seinem Buch *Was von Auschwitz bleibt. Das Archiv und der Zeuge* beschreibt. Dort spricht er von den als Muselmänner bezeichneten KZ-Häftlingen, »in denen der göttliche Funke erloschen ist und die schon zu ausgehöhlt sind, um wirklich zu leiden« (S. 38). Es sind willen- und gedankenlose Wesen, die »in dieser Zeit abstumpften und gleichgültig wurden gegenüber allem, was um sie herum geschah« (S. 37). In dieser Beschreibung klingt etwas von der häufig anzutreffenden Apathie und Gleichgültigkeit von Patienten an, die unter der Herrschaft eines psychotischen Persönlichkeitsanteils stehen und auf dessen psychische Gewalt mit Apathie und Willenlosigkeit reagieren.

Bei der Behandlung von Überlebenden der Shoah oder anderer massiver kollektiver Traumatisierungen ist die Zeugenschaft des Analytikers als *conditio sine qua non* beschrieben worden, die von den Patienten, meistens allein gelassen mit ihren unsäglichen Erfahrungen, die sie mit niemandem teilen können, als einziger Trost erlebt wird und manchmal lebensrettend ist (Grubrich-Simitis 2008; Rosenblum 2009[9]). Dabei geht es, wie Grubrich-Simitis schreibt, in erster Linie um eine »konkrete Ortsbesichtigung«, ein »Erkunden der traumatischen Realität« und ein »Rückgängigmachen von *Ent*wirklichung« der traumatischen Erlebnisse (2008, S. 1112). Dem Analytiker wird empfohlen, »seinen Drang zu zügeln, unter allen Umständen eine Deutung geben zu müssen« (S. 1116); er soll sich an die Seite des Patienten stellen und die Realität des traumatischen Geschehens bezeugen. In ihrem kürzlich erschienenen Kommentar zum Artikel »Unser Verhältnis zu

Flüchtlingen« von S. Varvin (2018) hebt auch U. Kreuzer-Haustein (2018) die Anerkennung des Traumas durch den Analytiker hervor, für das es »einen Zeugen geben muss, der hört, was stattgefunden hat, und es für *wahr* nimmt«. Denn »im traumatischen Geschehen selbst vollzieht sich ein vollständiger Zusammenbruch der Zeugenschaft und vollständige Hilflosigkeit und Überwältigung lassen das Ich zusammenbrechen[10]« (ebd., S. 227). Eine besonders grausame Form der traumatischen Erfahrung besteht darin, dass »das Trauma […] von einem Objekt zugefügt [wird], welches Schutz garantieren sollte« (hier sind die Primärobjekte oder andere nahe stehende Erwachsene im Fall von schwer traumatisierten Kindern und Jugendlichen gemeint), oder wenn die Zeugenschaft überhaupt verweigert wird.

Trotz der augenfälligen Unterschiede glaube ich, dass das, was hier über die psychoanalytische Behandlung von traumatisierten Geflüchteten gesagt wird, auch für Patienten zutrifft, die derart massiven Traumata nicht ausgesetzt waren, aber durch sich selbst bzw. ihre pathologische Organisation fortgesetzt traumatisiert, missbraucht und vergewaltigt werden. Der Analytiker erlebt dies hautnah, wenn das kindliche, kooperieren und wachsen wollende Ich des Patienten in ihm untergebracht und dort den heftigsten Angriffen ausgesetzt ist. Er wird dadurch unmittelbar zum Zeugen dieser Angriffe und weiß daher genau, wovon der Patient spricht bzw. noch nicht sprechen kann.

In vielen Fällen wird der Analytiker durch projektiv-identifikatorische Prozesse selbst zum traumatisierenden Objekt bzw. zu einem Teil der pathologischen Organisation des Patienten und muss dies in sich selbst »containend« bewältigen (Scheuern 2018). Dies hat natürlich etwas mit seinen eigenen, nie gänzlich integrierbaren frühkindlichen oder auch später erfolgten traumatischen Erfahrungen zu tun, die mit den traumatischen Anteilen des Patienten in Resonanz treten. Daher ist eine besonders sorgfältige Arbeit in der Gegenübertragung des Analytikers von größter Wichtigkeit, damit dieser nicht zum verfolgenden und das Trauma wiederholenden inneren Objekt des Patienten wird, indem er alle Angriffe des Patienten als gegen sich und die gemeinsame Arbeit gerichtet interpretiert. Dazu hatte bereits Riviere (1996) bemerkt, dass »nichts mit größerer Sicherheit eine negative therapeutische Reaktion im Patienten auslösen [wird] wie der Fehler, in seinem Material außer der Aggression nichts Anderes mehr wahrzunehmen« (ebd., S. 146). So ließe sich ergänzen, dass der Kern des Problems (der negativen therapeutischen Reaktionen) bei besonders langwierigen und schwierigen Analysen nicht nur in den narzisstischen Widerständen des Patienten liegt, wie Riviere schreibt (S. 141), sondern auch in denen des Analytikers.

Wenn der Analytiker im Blick behält, dass das Ich des Patienten kein einheitliches Ich ist[11], sondern der psychotische Teil der Persönlichkeit den nichtpsychotischen zu dominieren versucht, und es ihm gelingt, seinen Platz an der Seite des Patienten nicht zu verlassen, und wenn er sich nicht dazu verführen lässt, die ihm angebotene Gegnerschaft anzunehmen und sich in einem Machtkampf zu verlieren, den er nicht gewinnen kann, besteht eine reelle Chance, dass der Weg frei gemacht wird für eine allmähliche Emanzipation der gesunden Ich-Anteile vom Terror der mafiaartigen pathologischen Strukturen, die vorzugsweise sein Über-Ich kidnappen und aus diesem ein Ich-zerstörendes Über-Ich (Bion 2013; Britton 2006) machen – die Struktur, die eigentlich das Ich schützen sollte, wie die Primärobjekte das Kind schützen sollten. Dies erfordert, wie oben schon gesagt, eine sorgfältige Gegenübertragungsanalyse auf Seiten des Analytikers, dessen Über-Ich infolge seiner eigenen pathologischen Über-Ich-Anteile anfällig ist für die Propaganda der auf ihn projizierten psychotischen Anteile des Patienten (Sedlak 2016).

Ist der Analytiker mit diesem Wissen ausgerüstet, kann das Grauen tatsächlich in der analytischen Situation stattfinden, das Unvorstellbare, das, was man eigentlich nicht glauben will, wie Kreuzer-Haustein schreibt. Die geteilte Erfahrung, das Grauen zu erleben, wenn sich das Traumatische im analytischen Prozess aktualisiert, ihm Worte zu geben und es auf diese Weise zu überleben, ist vielleicht ein Weg, den »gewachsenen Fels« – die Wiederholung des Immergleichen – wenn nicht aufzulösen, so doch zu erkennen und vielleicht auch zu umschiffen. Auf diese Weise könnte der Analytiker dem Schicksal des Palinurus, dem Steuermann des Äneas in der mythischen Erzählung von Vergil entgehen, der, durch Somnus (den Gott des Schlafes) eingeschläfert (d. h. den Einflüsterungen und Sirenengesängen des psychotischen Teils) und durch die Winde von Bord gefegt (d. h. vom emotionalen Aufruhr, den die Handlungen und Mitteilungen des Patienten in ihm entfachen und von denen er mitgerissen wird), mit seinem Schiff (der Psychoanalyse) an der Küste Lukaniens (der traumatischen Realität) zerschellt war.

Anmerkungen

1 Nach einem Vortrag auf der DPG-Jahrestagung 2018 in Hamburg. Eine erweiterte Fassung dieser Arbeit für das »Jahrbuch der Psychoanalyse« ist in Vorbereitung.
2 Nach Schmithüsen (2017) hat Freud das Phänomen erstmals in seiner Arbeit *Aus der Geschichte einer infantilen Neurose* (1918b) als »passagere negative Reaktion« (S. 100) beschrieben.
3 Eine ausführliche Würdigung und Kritik des Konzepts der negativen therapeutischen Reaktion hat Schmithüsen (2017) vorgelegt, der für die Abschaffung dieses Konzepts

zugunsten einer feldtheoretischen Betrachtung von entgleisenden Dialogen und Kommunikationsabbrüchen zwischen Patient und Analytiker plädiert, die er für konstitutiv für den Prozess des Verstehens hält.

4   Z. B. in *Das ökonomische Problem des Masochismus* (Freud 1924c), wo Freud von der »Schmerzlust« spricht. Auch J. B. Pontalis (2003) hat sich eingehend mit dem psychischen Schmerz und dessen Verwandlung in eine seltsame Form des Genießens (*jouissance*) befasst, die mit einer originären Erfahrung des Lebendigseins verschmilzt (s. a. Gomez Mango 2015).

5   »Unsere Begriffe entstehen durch Vergleichung«, fügt Freud hinzu (ebd.).

6   E. Krejci (2012) schreibt, H. Racker zitierend, dass der Patient »die Wiederbelebung alter *Erfahrungen* weit mehr [fürchtet] als die Wiederkehr von *Erinnerungen*, [...] da sie die Wiederkehr unerträglich schmerzhafter Konflikte beinhaltet« (S. 172).

7   Ich gehe an dieser Stelle nicht auf das lebenstragende Element des Wiederholungszwangs ein, das in der Suche nach einem Container für das Nicht-Vergessbare, das Unsagbare, Traumatische besteht, damit dieses doch noch psychisch angeeignet werden kann (s. a. Senarclens 2017, S. 201).

8   Hier greift Meltzer beabsichtigt oder unbeabsichtigt die Wortwahl Freuds in der eingangs zitierten Arbeit über die Vergänglichkeit auf.

9   Rosenblum (2009) hat in ihrer Arbeit am Beispiel von Primo Levi und von ihr supervidierten psychoanalytischen Behandlungen von Überlebenden der Shoah allerdings auch auf die Gefahren hingewiesen, die mit dem Erinnern und Aussprechen von traumatischen Ereignissen einhergehen können, die bisher in »Krypten« der Psyche eingeschlossen waren.

10 In dem bereits erwähnten Buch von G. Agamben wird der Begriff der *Shoah* übrigens als »Ereignis ohne Zeugen« gedeutet, was die beschriebene Problematik in diesen Fällen auch sprachlich auf den Begriff bringt (ebd., S. 31).

11 Siehe dazu die Unterscheidung zwischen psychotischen und nichtpsychotischen Persönlichkeiten bei Bion (1957), Freuds Arbeit zur *Ich-Spaltung im Abwehrvorgang* (1940e) und den auf diese Arbeiten bezugnehmenden Beitrag von Krejci (2012).

Literatur

Agamben, G. (2003 [1998]): Was von Auschwitz bleibt. Das Archiv und der Zeuge. Frankfurt/M. (Suhrkamp).

Assmann, A. (2016): Formen des Vergessens. Göttingen (Wallstein).

Bion, W. R. (2013 [1957]): Zur Unterscheidung von psychotischen und nicht-psychotischen Persönlichkeiten. In: ders., Frühe Vorträge und Schriften mit einem nachträglichen Kommentar, Frankfurt/M. (Brandes & Apsel).

Bion, W. R. (2013 [1959]): Angriffe auf Verbindungen. In: ders., Frühe Vorträge und Schriften mit einem nachträglichen Kommentar, Frankfurt/M. (Brandes & Apsel).

Bion, W. R. (2005 [1963]): Elemente der Psychoanalyse. Übers. u. eingeleitet v. E. Krejci. Frankfurt/M. (Suhrkamp).

Britton, R. (2006 [2003]): Das Ich-zerstörende Über-Ich. In: ders., Sexualität, Tod und Über-Ich. Psychoanalytische Erfahrungen, Stuttgart (Klett-Cotta), S. 161–177.

Freud, S. (1910e): Über den Gegensinn der Urworte. GW 8, S. 213–221.

Freud, S. (1916a): Vergänglichkeit. GW 10, S. 357–361.

Freud, S. (1918b): Aus der Geschichte einer infantilen Neurose. GW 12, S. 27–157.
Freud, S. (1924c): Das ökonomische Problem des Masochismus. GW 13, S. 371–383.
Freud, S. (1937c): Die endliche und die unendliche Analyse. GW 16, S. 59–99.
Freud, S. (1940e): Die Ich-Spaltung im Abwehrvorgang. GW 17, S. 59–62.
Freud, S. (1950a): Entwurf einer Psychologie. GW Nachtragsband, S. 387–477.
Gómez Mango, E. (2015): Jean-Bertrand Pontalis, ein Denker der Psychoanalyse. In: Mauss-Hanke, A. (Hrsg.), Internationale Psychoanalyse, Bd. 10, Gießen (Psychosozial-Verlag), S. 157–168.
Grubrich-Simitis, I. (2008): Realitätsprüfung anstelle von Deutung. Eine Phase in der psychoanalytischen Arbeit mit Nachkommen von Holocaust-Überlebenden. Psyche – Z Psychoanal 62, 1091–1121.
Haas, E. (2000): Opferritual und Behälter. Versuch der Rekonstruktion von *Totem und Tabu*. Psyche – Z Psychoanal 54, 1110–1140.
Krejci, E. (2012): Zur Verleugnung von Spaltungen in der Übertragung/Gegenübertragung und zur »geheimen Verrücktheit« im analytischen Prozess. In: Nissen, B. (Hrsg.), Wendepunkte. Zur Theorie und Klinik psychoanalytischer Veränderungsprozesse, Gießen (Psychosozial-Verlag).
Kreuzer-Haustein, U. (2018): Geflüchtete und Traumata. Zum Artikel »Unser Verhältnis zu Flüchtlingen« von Sverre Varvin. Psyche – Z Psychoanal 72, 216–230.
Meltzer, D. & Harris Williams, M. (2006 [1988]): Die Wahrnehmung von Schönheit. Der ästhetische Konflikt in Entwicklung und Kunst. Frankfurt/M. (Brandes & Apsel).
Pontalis, J. B. (2003 [1977]): Zwischen Traum und Schmerz. Gießen (Psychosozial-Verlag).
Press, J. (2011): L'inoubliable, limite de l'analysable. In: Manzano, J. & Abella, A. (Hrsg.), Construction en psychanalyse. Récupérer le passé ou le réinventer? Paris (PUF), S. 172–193.
Riviere, J. (1996 [1936]): Beitrag zur Analyse der negativen therapeutischen Reaktion. In: Gast, L. (Hrsg.), Joan Riviere. Ausgewählte Schriften, Frankfurt/M. (Brandes & Apsel).
Rosenblum, R. (2009): Postponing trauma: The dangers of telling. Int J Psychoanal 90, 1319–1340.
Rosenfeld, H. (1998 [1987]): Narzisstische Patienten mit negativen therapeutischen Reaktionen. In: ders., Sackgassen und Deutungen, Stuttgart (Klett-Cotta), S. 113–140.
Scheuern, R. (2018): Leben unter der Tyrannei einer Mafia-Bande. Behandlungstechnische Überlegungen zum Umgang mit narzisstisch-omnipotenten Organisationen. Unveröffentl. Vortrag auf dem Herbert Rosenfeld-Symposium Berlin.
Schmithüsen, G. (2017): Gefürchtete Begegnungen. Kritik der »negativen therapeutischen Reaktion« und klinisch-konzeptionelle Perspektiven. Frankfurt/M. (Brandes & Apsel).
Sedlak, V. (2016): »The psychoanalyst's normal and pathological superegos«. Int J Psychoanal 97, 1499–1520.
Senarclens, B. de (2017): Zur Aneignung von »Unvergessbarem«. In: Schmid-Gloor, E. & Senarclens, B. de (Hrsg.), Psychoanalyse zwischen Archäologie und Architektur. Aktuelle Überlegungen zur klinischen Arbeit mit Grenzfällen, Gießen (Psychosozial-Verlag), S. 195–213.
Varvin, S. (2018): Unser Verhältnis zu Flüchtlingen: Zwischen Mitleid und Entmenschlichung. Psyche – Z Psychoanal 72, 194–215.
Williams, P. (2014): Orientations of psychotic activity in defensive pathological organizations. Int J Psychoanal 95, 423–440.

TEIL D

Transformation traumatischer Erfahrungen in Kultur, Gesellschaft und psychoanalytischen Organisationen

URSULA KREUZER-HAUSTEIN

Trauma und die innere Arbeit des Analytikers

Zur Verdinglichung des Traumabegriffs und zur Anerkennung des Traumas

Wenn der Analytiker traumatischen Erfahrungen seiner Patienten begegnet, wird er nicht nur mit behandlungstechnischen Turbulenzen, Stagnation und Sackgassen zu rechnen haben, sondern auch mit sehr belastenden Zuständen, Affekten und Körpersensationen (samt Abwehr), die entstehen, wenn sich Patient und Analytiker den schwer zugänglichen traumatischen Erfahrungen annähern. Darüberhinaus lässt die gut erforschte Transgenerationalität von Traumata vermuten, dass für die meisten Analytiker im europäischen Raum die »Risikozone« des Traumas (Baranger, Baranger & Mom 1988) damit verbunden ist, dem eigenen Trauma zu begegnen, nämlich in Gestalt der Spuren, die Eltern, Groß- und Urgroßeltern im Zweiten Weltkrieg erfahren und transgenerational weitergegeben haben: Gewalt, Tod, Massenmord, Vergewaltigung, Hunger und Flucht. Das Konzept der Transgenerationalität ermöglicht die Annahme einer unbewussten Weitergabe desaströser Erfahrungen, sowohl auf klinischem als auch historisch-gesellschaftlichem Terrain. Für die Individuen der Nachkriegsgenerationen in Deutschland können wir annehmen, dass die meisten etwas von den Erfahrungen der Eltern, Groß- und Urgroßeltern in sich tragen, die nicht anders konnten, als ihre Schuld und Scham in gefrorenem Schweigen an die nächste Generation weiterzugeben. Als deutsche Psychoanalytiker stehen wir in der Tradition der »Deutschen Psychoanalytischen Gesellschaft« (DPG), deren Mitglieder 1933 Max Eitingon als Vorsitzenden entließen und 2 Jahre später 42 (von insgesamt 56) in Deutschland lebende jüdische Kolleginnen und Kollegen zum Austritt aus der DPG aufforderten und damit die psychoanalytische Kultur in Deutschland zerstörten (vgl. Lockot 1994, S. 36 ff.). 23 jüdische Analytiker wurden ermordet oder »in den Tod getrieben« (Hermanns 2001, S. 46). Es geht dabei für alle heute lebenden Generationen um historische *Verantwortung*, nicht um Schuld.

Wenn die DPG 2018 ihren Jahreskongress zum Thema »Trauma und Transformation« in Hamburg ausrichtet, liegt es nahe, das sehr komplexe Thema nicht nur klinisch zu untersuchen, sondern über das klinische Terrain hinaus den Spuren nachzugehen, die das »Zerbrechen« (Kafka 2007) der psychoanalytischen Kultur im Nationalsozialismus bis heute hinterlassen hat. Beides konzeptuell miteinander zu verbinden, ist nicht leicht, doch nahe liegend, weil wir als deutsche oder in Deutschland lebende Analytiker in unserem klinischen und konzeptuellen Blick auf das, was wir ›Trauma‹ nennen, immer auch von den Spuren der unfassbaren Barbarei des Nationalsozialismus geprägt sind. Das führte zu einer Auseinandersetzung mit verschiedenen Konzepten zum Trauma, die maßgeblich im Rahmen von Forschungen über den Holocaust entstanden sind. Sowohl das Konzept der transgenerationalen Weitergabe als auch das der notwendigen Anerkennung des Traumas durch die Umwelt, durch einen Dritten z. B., sind in der Traumaforschung im Rahmen der Arbeiten über *child survivors* entstanden (Balint 1970; Grubrich-Simitis 1979; Keilson 1979; Bergmann, Jucovy & Kestenberg 1995 [1982]; Bohleber 2007).

Die basale Voraussetzung dafür, ein Trauma anzuerkennen, sind das Erinnern und Versuche der Rekonstruktion, beides komplexe, durch Abwehr und Deckerinnerungen überformte Prozesse (Bohleber 2007). So schwer und durch Deckerinnerungen überformt das Erinnern auch ist und so fragmentarisch Rekonstruktionen auch sein mögen, beides bietet auf klinischem Terrain einen »entlastenden Verstehensrahmen« (Bohleber 2007, S. 311). Wenn wir uns der Grenzen der analytischen Arbeit auf dem Terrain traumatischer Erfahrungen bewusst sind und deren Nachträglichkeit nicht aus dem Blick verlieren, so lässt sich mit aller Vorsicht sagen: Eine Rekonstruktion, ein ›So könnte es gewesen sein‹, kann helfen, aus Zuständen von Hilflosigkeit und Ohnmacht und einer Überflutung des Ich herauszufinden. Auf *historischem* Terrain (der deutschen Geschichte) stoßen wir

> »[…] auf einen komplexen Zusammenhang von Verbrechen, Krieg, Täterschaft, Trauma und Erinnerung. Wie wir heute wissen, sind Gefühlsstarre, Derealisierung der Vergangenheit und Verdrängung eigener Taten auch unmittelbare Folgen von Traumatisierungen, was die Fähigkeit, sich reflexiv mit der Vergangenheit auseinander zu setzen, beeinträchtigt. Das moralische Problem der Schuldabwehr ist hier mit einer Erinnerungspathologie traumatischen Ursprungs verbunden« (Bohleber 2007, S. 315).

So ist das Ringen um Erinnerung, um die Rekonstruktion eines unfassbaren Grauens bis heute von starken Abwehrbewegungen begleitet. Deshalb sind gesellschaftlich-öffentliche Erinnerungsräume von großer Wichtigkeit. Auch 2019 sprach ein Holocaustüberlebender, Prof. Dr. Saul Friedländer, im Deutschen Bundestag. Und es gab wie in den letzten Jahren auch eine Diskussion über die Frage, wie wir die Erinnerung wachhalten können, wenn diese Generation nicht mehr leben wird. Die Anerkennung des Holocaust ist angesichts persistierender Leugnungsversuche und Bagatellisierungen und einer besorgniserregenden Zunahme antisemitischer und rassistischer Hasstiraden und Gewalttaten nicht nur für die Opfer unabdingbar, sondern auch für die gegenwärtig von rechtsradikalen und populistischen Gruppierungen mitbestimmten gesellschaftlich-politischen Auseinandersetzungen in Deutschland und in Europa. *Klinisch* ist die Anerkennung der traumatischen Erfahrungen durch den Analytiker unerlässlich. Ich will zeigen, warum das so ist und worin seine innere Arbeit besteht, wenn er das Unglaubliche hört – oder erahnt –, es für wahr nimmt und sich davon erfassen lässt.

So werde ich mich in dieser Arbeit an der Trias Erinnern, Rekonstruktion und Anerkennung des Traumas und an dem Konzept der transgenerationalen Weitergabe des Traumas orientieren. Diese Elemente der Traumaforschung erweisen sich als geeignet, sowohl die je sehr eigene individuelle traumatische Lebensgeschichte als auch die deutsche Katastrophe, mit der das »Zerbrechen« der psychoanalytischen Kultur einherging, zu untersuchen.[1]

»Hier geht das Leben auf eine sehr merkwürdige Weise weiter« (Rittmeister, Oktober 1939) – Annäherungen der deutschen Psychoanalytiker an die Geschichte der Psychoanalyse im Nationalsozialismus

Eine Tagung zum Trauma 2018 in Hamburg legt nahe, historische Verbindungslinien zum Kongress der Internationalen Psychoanalytischen Vereinigung (IPV) 1985 zu ziehen, der ebenfalls in Hamburg stattfand. Er war der erste IPV-Kongress, der nach dem Krieg in Deutschland (von der Deutschen Psychoanalytischen Vereinigung (DPV)) ausgerichtet wurde. Mit dem Zitat aus einem Brief von John Rittmeister vom Oktober 1939, »Hier geht das Leben auf eine sehr merkwürdige Weise weiter«, organisierte die Projektgruppe der DPV zur »Geschichte der Psychoanalyse in Deutschland« eine Ausstellung und gab dazu einen Katalog heraus (1985). Karen Brecht, Volker Friedrich, Ludger Hermanns, Dierk Juelich und Isidor Kaminer haben unter Mitwirkung von Regine Lockot (DPG) mit dieser Dokumentation wichtige historische Dokumente über die kreativen Aufbruchszeiten der Psychoanalyse und über die Zerstörung der psychoanalytischen Kultur im nationalsozialistischen Deutschland zusammengestellt und zu kommentieren versucht, eine belastende und, wie Hans Keilson im Vorwort schreibt, mutige Aufgabe. Diese auch international vielbeachtete Ausstellung und Dokumentation, die auch in französischer und englischer Sprache erschien (mündl. Mitteilung von Ludger Hermanns), begleitete den ersten IPV-Kongress im Nachkriegsdeutschland. Sie ist das Ergebnis eines langen konflikthaften Prozesses in der DPV, deren Mitglieder bereits 1977 in Jerusalem einen Antrag gestellt hatten, einen IPV-Kongress in Deutschland auszurichten, und eine für die Mitglieder erschütternde Absage erhielten, die gleichzeitig eine konfliktreiche und schmerzliche Annäherung an die eigene Geschichte eröffnete. Die Herausgeber der Dokumentation beschreiben in ihrer kurzen Einleitung, dass den Mitgliedern der DPV durch diese Absage 1977 die »Illusion einer unschuldigen Tradition und Geschichte« (S. 7) genommen wurde, die darin bestand zu glauben, man habe allein durch das Verlassen der DPG und die Gründung einer neuen Gesellschaft mit der Teilhabe an den Prozessen im nationalsozialistischen Deutschland gebrochen. In ihrer sehr persönlichen Erinnerung an die IPV-Mitgliederversammlung in Jerusalem beschreibt Anne-Marie Sandler (2015) ihre Irritation und die der anderen jüdischen Emigranten, als de Boor, der damalige DPV-Präsident, in seiner Einladung vorschlug, den nächsten IPV-Kongress in Berlin auszurichten, und dabei die Zeit des Nationalsozialismus übersprang. Sie war »wie vor den Kopf gestoßen und aufgebracht von dem Ton der Einladung« (Sandler 2015, S. 264) und gab ihren Gefühlen in einem längeren Redebeitrag Ausdruck.

> »Ich muss sehr emotional geklungen haben [...] Er verlor kein Wort über die Nazizeit [...] War sich de Boor nicht bewusst, dass er zu einem Publikum sprach, das aus vielen Juden bestand, für die die Tatsache, dass die IPV Jerusalem als Ort für diesen Kongress gewählt hatte, eine besondere und tiefere Bedeutung hatte? Auf einmal wurde Dr. de Boor, dessen deutsche Art mir so vertraut gewesen war und den ich so sympathisch gefunden hatte, für mich zu einem unsensiblen Mann [...] Wie konnte er uns nach Deutschland einladen, ohne sich im Klaren zu sein, dass eine Reise nach Berlin für die Mehrheit des Publikums in diesem Saal tiefe innere Konflikte mit sich bringen würde. Es würde für die meisten jüdischen Mitglieder nicht einfach sein, das Land des Holocaust zu besuchen. Die Tatsache, dass *die Vergangenheit in keinster*

Weise erwähnt wurde, nur die Restaurants und der Charme Berlins, wirkte auf mich zutiefst verstörend. Zu meiner großen Überraschung erhielt ich *standing ovations* [...] Wir erfuhren später, dass die IPV-Leitung zu dem Schluss gekommen war, die *Einladung nach Deutschland sei verfrüht* und sollte verschoben werden. Erst 1985 fand der erste deutsche IPV-Nachkriegskongress in Hamburg statt. Es war ein bewegendes und wichtiges Ereignis für mich und viele jüdische Kollegen und Kolleginnen« (Sandler 2015, S. 265, Hervorh. U. K.-H.).

Ich zitiere diese Passage so ausführlich, weil sie eindrucksvoll eine noch 1977 vollständige Verleugnung der nationalsozialistischen Greueltaten auf Seiten der deutschen Analytiker deutlich macht, was für die jüdischen Emigranten unfassbar war. Diese Passage zeigt, dass die deutschen Analytiker nach der Befreiung 1945 wie die Mitglieder anderer Professionen auch noch drei Jahrzehnte später in einem dumpfen Zustand kompletter Verleugnung verharrten und ein weiteres Jahrzehnt brauchten, um sich der Barbarei des Holocaust anzunähern, sie zu erforschen und anzuerkennen. In der DPV folgten schwierige Jahre der Auseinandersetzung, die auch von einem tiefen Graben zwischen den Generationen begleitet war. Die Konflikte nach der Absage in Jerusalem entluden sich auf der Tagung der »Mitteleuropäischen Vereinigung« – der heutigen European Psychoanalytic Federation (EPF) – in Bamberg 1980, in der es um die »Wiederkehr von Krieg und Verfolgung in Psychoanalysen« ging. Versuche, sich auf die klinischen Fragen zu begrenzen und die Teilhabe der deutschen Psychoanalytiker am Zerbrechen der psychoanalytischen Kultur zu umgehen, scheiterten.

»Heftige Gefühle von Schmerz, Wut, Schuld und Scham brachen sich Bahn. Verleugnung und Verschweigen war nicht mehr aufrechtzuerhalten [...] Wenig später (1983) druckte die *Psyche* den Artikel von Carl Müller-Braunschweig über ›Psychoanalyse und nationalsozialistische Weltanschauung‹, den er 1933 in einem nationalsozialistischen Blatt publiziert hatte, nochmals ab. Damit war die Verwicklung des Gründervaters der DPV in den Nationalsozialismus offenbar. Die Idee, mit der Zugehörigkeit zur DPV, die sich 1950 von der DPG getrennt hatte, einer im Nationalsozialismus nicht kompromittierten Psychoanalyse zuzugehören, zerbrach als Illusion ebenso wie der Versuch, der DPG die NS-Vergangenheit zuzuschieben« (Bohleber 2010, S. 1259).

Die DPG befand sich zur Zeit des Hamburger Kongresses 1985 ganz am Anfang dieses schmerzlichen Reflexionsprozesses, was zum großen Teil der isolierten Situation außerhalb der IPV geschuldet war, deren Hintergründe ich nun skizzieren möchte. Im Oktober 1945 war die DPG nach der Auflösung im November 1938 neugegründet worden und erhielt jedoch in der IPV nur noch den Status einer »Provisional Society«. Auf dem Zürcher IPV-Kongress 1949, an dem viele Emigranten teilnahmen, außerdem auch 11 Mitglieder der DPG (vgl. Lockot 1994, S. 213), kam es zu einem Desaster, als Schultz-Hencke einen schwer verständlichen, in einer ganz eigenen Gedankenwelt versponnenen Vortrag zur »Psychoanalytischen Begriffswelt« hielt (Lockot 1994, S. 343–346) und dabei die traumatischen Erfahrungen der im Saal sitzenden Emigranten vollständig ignorierte. Müller-Braunschweig versuchte daraufhin, sich vor den IPV-Kollegen als ein in der Freud'schen Psychoanalyse beheimateter Psychoanalytiker zu profilieren, indem er den Vortrag Schultz-Henckes heftig kritisierte und Schultz-Hencke die Rolle des Dissidenten zuwies (vgl. Lockot 1994, S. 208–219; Pollmann 2013; Hermanns 2010, S. 116; Kreuzer-Haustein 2013, S. 715–734). Daraufhin kam es zum endgültigen Bruch zwischen den beiden Kollegen. In der Mitgliederversammlung der IPV in Zürich entstanden Kontroversen über die Zukunft der DPG. Der IPV-Vorstand hatte den Mitgliedern der neugegründeten DPG 1945 mit der provisorischen Anerkennung

> »zumindest den Eindruck erweckt, als sei die vollständige Anerkennung nur eine Formsache. Die Geschäftssitzung auf dem ersten Nachkriegskongress in Zürich am 17.08.1949 nahm dann einen anderen Ausgang: die provisorische Anerkennung wurde verlängert und mit Bewährungsauflagen versehen. Da sich Schultz-Hencke trotz Gründung einer eigenen neoanalytischen Arbeitsgruppe weigerte, aus der DPG auszutreten, gründete Carl Müller-Braunschweig mit wenigen Gleichgesinnten 1950 die DPV« (Hermanns 2010, S. 1156).

Acht Kolleginnen und Kollegen traten auf der Generalversammlung am 3.12.1950 aus der DPG aus. Sie hatten bereits im Juni des Jahres, ohne es bekannt zu geben, die Gründung einer eigenen Gesellschaft beschlossen.[2] Als die neu gegründete DPV 1951 die Anerkennung als IPV-Gesellschaft erlangte, geriet die DPG immer mehr in eine internationale Isolation. Sie orientierte sich weiterhin überwiegend an neoanalytischen Konzepten und hatte anders als die Mitglieder der DPV – z.B. über internationale Kongresse – kaum Kontakte zu jüdischen Emigranten. Werner

Schwidder, der 1959 Vorsitzender der DPG wurde, bemühte sich zwar um internationale Kontakte und gründete als Pendant zur IPV – ohne dass es mit ihr zum Bruch kommen sollte – eine eigene internationale Gesellschaft, die spätere IFPS (vgl. Lockot 2009, S. 14–19). Doch trotz all dieser Entwicklungen entstand in der DPG eine sich langsam entwickelnde Ahnung, dass diese Entwicklungen und die Erfolge auf klinisch-stationärem Terrain, auf die man stolz war, nicht darüber hinwegtäuschen konnten, dass die DPG sich durch ihr Haften an neoanalytischen Traditionen und durch ihre internationale Isolation von der Freud'schen Psychoanalyse und den international weiterentwickelten Theorien entfernt hatte. Etwa zur Zeit des Hamburger Kongresses ebnete der damalige DPG-Vorsitzende Friedrich Beese durch seine kritische Auseinandersetzung mit der Neo-Analyse (Beese 1978; vgl. dazu auch Focke 2010, S. 1190) den Weg für die dann stattfindenden Umwälzungen (vgl. Ermann 1986; Studt 1986; Diebel et al. 1986; Schulte-Lippern 1990). Seiner Ermunterung, sich auf den Weg zu machen, um internationale Diskurse kennen zu lernen, folgten einige Kolleginnen und Kollegen und begannen mit Supervisionen bei Psychoanalytikern in London und Paris oder machten eine weitere, hochfrequente Analyse. Hatte Keilson 1985 eine Einleitung zum Hamburger Katalog geschrieben, so folgte er vier Jahre später einer Einladung von Michael Ermann, dem damaligen Vorsitzenden der DPG, zu einer Tagung über »Psychoanalyse und Nationalsozialismus«. Keilson sprach in großer Offenheit über seine gebrochene Liebe zur deutschen Kultur. Für einige der Kolleginnen und Kollegen und für mich war seine Präsenz die erste persönliche Begegnung mit einem jüdischen Emigranten. Sie brachte mich in eine dumpfe Angst und Lähmung, ein Zustand, in dem vermutlich sehr viel Scham und Schuld, aber auch Spannung und Aggression verborgen war. Diese Tagung war für die Mitglieder der DPG ein bedeutsamer erster Schritt einer langen Auseinandersetzung mit der eigenen Geschichte[3]. 1990 folgte eine Tagung zum Thema »Hass und Versöhnung« (Herdieckerhoff, von Ekesparre, Elgeti, Marahrens-Schürg 1990), zu der Rafael Moses eingeladen wurde. Erste Kontakte zur DPV entstanden. Ab Mitte der achtziger Jahre erschienen wichtige historische Arbeiten von Regine Lockot, die wesentlich zu einer Auseinandersetzung mit der Geschichte der Psychoanalyse im Nationalsozialismus beigetragen haben (Lockot 1985, 1991, 1994, 2010, 2013).

Auf der Basis dieser Entwicklungen kam es Ende der neunziger Jahre, vorbereitet durch Michael Ermann, zu Gesprächen des damaligen DPG-Vorsitzenden Jürgen Körner mit Otto Kernberg, dem Präsidenten der IPV. Es folgte 2001 die Anerkennung der DPG als »Provisional Society of the Council« in Nizza, sodann die zehnjährige Arbeit mit fünf internationalen IPV-Analytikern im »Joint Steering Committee«. 2009 wurde die DPG mit Unterstützung der DPV »Full Member« der IPV (vgl. Focke 2010, Focke & Gutmann 2019, S. 129–132). Das Joint Steering Committee erarbeitete ein für die DPG und die IPV tragfähiges Modell, das Two-Track-Modell, das sowohl eine DPG- als auch eine DPG/IPV-Ausbildung ermöglicht (vgl. Focke 2010, Wellendorf 2007 und Focke & Gutmann 2019, S. 117–133).

Die Annäherungsschritte zwischen DPG und DPV nach Jahren wechselseitiger Anschuldigungen und Feindseligkeiten begannen etwa Mitte der neunziger Jahre. Sie waren meinem Eindruck nach erst möglich geworden, nachdem beide Gesellschaften zunächst getrennt voneinander ihren je spezifischen Weg gefunden hatten, sich mit ihrer Geschichte auseinander zu setzen[4]. Bis dahin war die Beziehung der beiden Gesellschaften von wirkmächtigen Projektionen, Frostigkeit und Herabsetzungen geprägt. Eine wichtige Etappe in dieser Annäherung sind mehrere 5-tägige Tavistock-Konferenzen zum Thema »Deutsche und Israelis. Die Vergangenheit in der Gegenwart«, die sogenannten »Nazarethkonferenzen«, die ab 1994 von der israelischen Gesellschaft, der DPV und der DPG ausgerichtet wurden (Erlich, Erlich-Ginor & Beland 2009). In gleichem Format fand 1996 eine DPG/DPV-Konferenz zur »Teilung der psychoanalytischen Gemeinschaft« in Seeon statt, in der es um die Hintergründe und um die Funktion der Spaltung 1950/1951 ging. Es war beeindruckend zu sehen, wie sich die wechselseitigen Klischees zwischen DPG und DPV erneut über mehrere Tage machtvoll und aggressiv inszenierten: Die DPG trage die Verantwortung für die Streichung der 4. Stunde aus der vertragsärztlichen Versorgung, letztlich sei das die »späte Rache Schultz-Henckes«, der sich dem Naziregime unterworfen habe, selber überzeugter Nazi gewesen sei, was er bekanntermaßen nicht war. Umgekehrt griffen Mitglieder der DPG die DPV als eine Gesellschaft an, die sich durch die frühe IPV-Aufnahme an der historischen Teilhabe von der Verantwortung »reinzuwaschen« versucht habe (Formulierung eines DPG-Teilnehmers). Die DPV wurde als »steril, puristisch, orthodox und elitär« beschrieben (vgl. Kreuzer-Haustein 1996 und 2010, S. 1183). Die DPG-Mitglieder wehrten sich außerdem gegen die Zuschreibungen, keine Psychoanalytiker, sondern Psychotherapeuten zu sein, und vor allem dagegen, allein in der Tradition des Göring-Instituts zu stehen und im Unterschied zur DPV die »Nazigesellschaft« zu sein. Ross Lazar (2004) hat in seinem Bericht über die Seeon-Konferenz an die bekannte Dynamik erinnert, dass es zwischen Gruppen gerade die Gemeinsamkeiten und nicht die Unterschiede sind, die ein hohes

Kränkungspotential mit sich bringen. Es sind die »Gemeinsamkeiten des Backgrounds, das gleiche Erbe, die [...] Wurzeln, die zu unüberbrückbaren Differenzen führen« (Lazar 2004, S. 148, Übers. U. K.-H.).

So war ein weiteres Ergebnis dieser Konferenz, die gemeinsame Verantwortung für das schwer erträgliche Nazi-Erbe in den Blick zu bekommen. Doch der Verlauf der Konferenz zeigt, wie machtvoll sich die beschriebenen feindseligen Streitrituale immer wieder inszenierten und erst nach mehreren zählebigen und gleichermaßen turbulenten Gruppenplenarsitzungen die Abwehrfunktion dieser Rituale wahrnehmbar wurde: die Abwehr gegen die schwer erträgliche Realität, die Lazar, der Leiter der Gruppenkonferenz, zu Beginn formuliert hatte: »Wäre Freud nicht rechtzeitig geflohen, wäre er mit großer Wahrscheinlichkeit in einem deutschen Konzentrationslager ermordet worden« (vgl. Kreuzer-Haustein 1996, S. 364).

Während dieser Konferenz kam es zu einer Inszenierung einer umherirrenden Gruppe, deren Mitglieder keinen Ort und kein Thema fanden, worüber sie sprechen wollten. Rafael Moses, Repräsentant der emigrierten jüdischen Analytiker, gab die Deutung: »Die heimatlosen Kinder sind auf der Suche nach den verloren gegangenen Vätern und Müttern. Sie sind so traumatisiert, dass sie ihre Möglichkeiten nicht nutzen können, auf gute Weise zu suchen« (vgl. Kreuzer-Haustein 1996, S. 368). Viele Teilnehmer waren sehr bewegt und entlastet. Diese Deutung eröffnete einen Raum für die Täter-Kinder, ihre eigenen Beschädigungen zu erleben. Schon in der ersten Nazarethkonferenz 2 Jahre zuvor war es um die Frage gegangen, ob die Deutschen mit ihrem transgenerationalen Erbe auch »Kinder des Holocaust« zu nennen seien. Nun sprach Raphael Moses von »traumatisierten Kindern«. *Damals* bestanden die Teilnehmer beider Gruppen auf einer klaren Grenze zwischen Opfern und Tätern und warnten vor einer falsch verstandenen Versöhnung zwischen Juden und Deutschen. Die Deutung von Rafael Moses zwei Jahre später half den deutschen Teilnehmern wahrzunehmen, dass *ihre* Last, die der Verantwortung für die eigene Geschichte, anerkannt wurde, und half außerdem, aus Gefahren masochistischer Schuldbezichtigungen herauszufinden. Hermann Beland (1996) hat ein Element der Beschädigungen der deutschen Psychoanalytiker mit dem Begriff des »Aneignungstabus« beschrieben (Beland 2001). Er meint damit das unbewusste Tabu, sich die Psychoanalyse mit einem lebendigen, berechtigten Interesse zu eigen zu machen und sie kreativ zu betreiben.

> »Vielleicht gab es tatsächlich so etwas wie ein Aneignungstabu. Die deutschen Analytiker fühlten sich nach dem Krieg unbewusst nicht berechtigt,

sich mit der Psychoanalyse als einem guten jüdischen Erbe in Freuds deutscher Sprache zu identifizieren, weil sie Deutsche waren« (Beland 2001, S. 122).

Die unbewussten Zweifel der Nachkriegsanalytiker an der eigenen professionellen Legitimität führten zu einer tiefen Beschädigung des Selbstverständnisses als Psychoanalytiker. Es ist bemerkenswert, dass sich transgenerationale Spuren von Schuld und Scham zwar inzwischen leiser und weniger häufig bemerkbar machen, doch noch während der Jahrestagung der DPG 2010 machte Anton Obholzer, der Leiter der Großgruppe, auf die ängstlich-zaudernde Stimmung aufmerksam, die deutlich zum damaligen Erfolg und gesamten Zustand einer lebendigen psychoanalytischen Gesellschaft kontrastierte.

Diese Lähmungen sind mit einem weiteren Element transgenerationaler Weitergabe verbunden: Die kollektive Verleugnung der Teilhabe an der NS-Geschichte führte in den Lehranalysen zu einer zentralen Leerstelle. Die »beschwiegene Schuld« (Schwan 2001), Freud und die Psychoanalyse verraten zu haben, führte zu einem folgenreichen blinden Fleck im Übertragungsgeschehen. Es ist bekannt, dass in dieser Zeit Übertragungen von Nazi-Imagines kaum wahrgenommen oder gar gedeutet wurden. In der Arbeit *Nationalsozialismus und Krieg in Berufsbiographien alter deutscher PsychoanalytikerInnen* (Wachtler & Ullrich 2013) sprechen mehrere Analytiker in den Interviews darüber, die Lehranalytiker geschont zu haben, z. B. in Bezug auf aggressive, rivalisierende Übertragungen, weil sie deren traumatische Erfahrungen ahnten (vgl. auch Kamm 2010). Das Thema des Holocaust blieb ausgespart. Ein Analytiker berichtet im Interview, er habe seine Lehranalyse abgebrochen, »nachdem der Lehranalytiker das Thema des Holocaust [...], mit lapidaren Worten abgetan hatte« (Wachtler & Ulrich 2013, S. 640). Die Verleugnungen und Spaltungen der ersten drei Jahrzehnte waren mit einer unbewussten Sehnsucht verbunden, in einer unbeschädigten Nachfolge von Freud zu stehen. Ein Hinweis darauf sind psychoanalytische Genealogien, die damals großes Interesse fanden: Wer war bei Freud und seinen Schülern in Lehranalyse? Ich erinnere mich an die Bemerkung eines Kollegen: »Eigentlich stammen wir alle von Freud ab«.

Diese sehr ausschnitthafte Zusammenfassung der Annäherungsschritte beider psychoanalytischen Gesellschaften an die eigene Geschichte zeigt sowohl die Macht der transgenerationalen Weitergabe traumatischer Erfahrungen als auch die große Bedeutung, die dem Erinnern und der Rekonstruktion für die allmähliche Anerkennung der Geschichte zukommt, ein Prozess, der von manchmal unaufhebbar erscheinendem Verleugnen, Spaltungen oder einem *turning a blind eye* begleitet ist. Auf klinischem Terrain haben wir es in der Begegnung mit dem Trauma mit einer »Risikozone« (Baranger, Baranger & Mom 1988) zu tun und der Analytiker wird in der Begegnung mit diesen Patienten ganz besonders mit eigenen Abwehrbewegungen rechnen müssen.

Analytisches Arbeiten in der Risikozone. Gefahren der Verdinglichung des Traumabegriffs

Auf der Tagung der European Psychoanalytic Federation (EPF) 2016 zum Thema »Das Eigene und das Fremde« hielt Sverre Varvin den Eröffnungsvortrag (Varvin 2017 und 2018). Ausgangspunkt meines Kommentars zu diesem Vortrag (Kreuzer-Haustein 2018) war sein psychoanalytisches Nachdenken über die Frage, warum die doppelte Stigmatisierung, nämlich ein Fremder zu sein und traumatische Erfahrungen in sich zu tragen, gesellschaftlich zu starker unbewusster Angst führt, die in Feindseligkeit, Gewalt und Mord umschlagen kann. Flüchtlinge und Asylsuchende sind mittlerweile die geborenen Fremdlinge der politischen Szene in Europa, die verkörperte Gefahr. Sie werden als Träger eines ›Traumas‹ wahrgenommen, und dieser Umstand wird dann wiederum naiv mit der simplen Redewendung assoziiert, die an Gewalt denken lässt: »Das Opfer von gestern kann zum Täter von morgen werden« (Varvin 2018, S. 195). Sie werden in den Köpfen der Menschen zu »angsteinflößenden Fremdlingen« (ebd.).

Hier ist der Schritt zu Ausstoßung bis hin zur Vernichtung nicht weit. Varvin formuliert überzeugend ein unbewusstes, gesellschaftlich wirksames Phänomen: Ein Fremder mit traumatischen Erfahrungen wird – einer pervertierenden Logik folgend – unbewusst zum Zerstörer, deshalb muss man ihn beseitigen.

In den klinischen Raum übersetzt, bedeutet das, damit zu rechnen, dass ein Patient im Unbewussten des Analytikers zu einem gefährlichen und ängstigenden Objekt wird, eine Dynamik, in der die empathischen Fähigkeiten des Analytikers angegriffen werden. Das kann z.B. mit einem unbewussten Wegwünschen des Patienten, mit Ungeduld oder Vorwürfen an ihn einhergehen. In vielen Arbeiten über die Behandlung mit diesen Patienten sind übereinstimmend Zustände von großer Angst, somatische Reaktionen, Depersonalisation, Leere und vor allem Ohnmacht, Hilflosigkeit und Vergeblichkeit beschrieben worden. Ich erwähnte bereits Baranger, Baranger & Mom (1988), die von einer Risikozone sprechen, »wo das Unheimliche regiert, wo die Gefahren keinen Namen haben, wo der Analytiker nicht ohne Angst um seine eigenen Aktionen weiter vorangehen kann« (S. 127).

In dieser Risikozone läuft der Analytiker Gefahr, sich zu schützen, indem er den emotionalen Kontakt zum Patienten und zu sich selbst verliert, eine Gefahr, die Varvin mit dem Begriff »Verdinglichung des Traumas« beschreibt. Verdinglichungen sind unbewusst wirksam und bieten einen situativen Schutz vor Hilflosigkeit, Reizüberflutungen und schwer erträglicher Angst. Das ist kein spezifisch für das Trauma beschriebenes Phänomen. Der Analytiker befindet sich *immer* in dem Spannungsfeld, auf der einen Seite empfänglich zu sein für den Schrecken und auf der anderen Seite Konzeptualisierungen wie gedankliche Anker zu brauchen, um nicht in den Turbulenzen der analytischen Beziehung unterzugehen. Doch Verdinglichungen sind etwas anderes: Es geht dann nicht nur um eine Schutzmembrane, sondern um einen Schutz*wall*. Der Analytiker greift zu Konzeptualisierungen, in denen traumatische Erfahrungen ihrer Dynamik, Vielschichtigkeit und Spezifität beraubt werden. Er verliert die Aufgabe aus dem Blick, sehr genau *dieses* Trauma *dieses* Menschen mit all seinen Überformungen und Verarbeitungsmodi zu untersuchen. *Das* Trauma gibt es nicht. Manche Patienten kommen zum Erstinterview und sagen »Ich habe eine posttraumatische Belastungsstörung« oder »Ich habe eine Borderline-Diagnose«, als sei damit alles gesagt. Diese klinische Nomenklatur kann dazu dienen, das Entsetzen zu bannen, das sich darin verbirgt. Der Analytiker läuft Gefahr, sich von einer solchen plakativen Diagnose leiten zu lassen und seine Aufmerksamkeit auf bestimmte Merkmale von Borderline-Störungen (wie Spaltung usw.) zu richten und sich dann nicht mehr gleichsam ›naiv‹ dem Patienten zuwenden zu können. Eine andere Variante ist, sich darauf zu beschränken, seinen emotionalen Zustand im Kontakt mit diesen Patienten auf das Trauma zurückzuführen: »Dieser Patient hat ein schweres Trauma, deshalb bin ich so müde und gelähmt« oder »Deshalb bin ich so aggressiv und gereizt«. Der Analytiker entzieht sich damit den weitergehenden Schritten einer Gegenübertragungsanalyse, die darin besteht, seinen Reverien, Körpersensationen und eigenen Erinnerungen nachzugehen, die manchmal etwas von den Zuständen und unbewussten Übertragungsbewegungen des Patienten erahnen lassen. Ich möchte dazu exemplarisch einige wenige Notizen heranziehen, die ich nach einer Stunde mit einer Patientin gemacht habe.

Trauma und die innere Arbeit des Analytikers – behandlungstechnische Gedanken

Es geht um eine Patientin, deren Mutter sich, als sie ein Baby war, in ihrem Beisein umzubringen versucht hatte. Schon vor der Schwangerschaft litt die Mutter an depressiven Zuständen, sodass ich eine abwesende, im Green'schen Sinn tote Mutter vermutete (Green 1993). Eine wesentliche Übertragungsdynamik bestand in einem bleiernen Schweigen, das mich oftmals in den Zustand eines hilflosen Kindes brachte, das die abwesende Mutter nicht erreicht. Die Patientin kam viermal die Woche. Wie so viele Stunden war auch diese Stunde von Schweigen geprägt.

Nach der Stunde schrieb ich: Ich hatte in der Stunde plötzlich eine schlimme Panik. Mein Herz raste, mir wurde schwindelig, mein ganzer Körper wurde von einer starken motorischen Unruhe erfasst, ich wollte nur noch raus. Dieser Zustand war schwer erträglich, weil er eine ganze Weile andauerte, bis ich mich etwas beruhigen konnte. Ich hatte dann eine Erinnerung aus meiner Pubertät: Was wäre, wenn ich ganz allein auf der Welt wäre, niemand wäre da? Jetzt, hier in der Stunde war das ein mit Todesphantasien verbundener großer Schrecken. Ich musste an den Film »Die Wand« denken, ein Film, den ich nie gesehen, aber über den ich viel gelesen und gehört hatte: eine Frau, die nur mit ihrem Hund und sonst ganz allein ist und die, wie durch eine Wand getrennt, die anderen nicht sieht. Ich konnte später eine Verbindung zwischen meinem Panikzustand und der Patientin herstellen. Sie hatte mir nämlich von ihrer schon lange bestehenden Gewohnheit erzählt, mit einem Strick im Rucksack in den Wald zu gehen. Sie sagte sich dann: »Wenn Du es nicht mehr aushältst, dann kannst Du Dich ja umbringen«, und dieser Gedanke beruhigte sie etwas. Auch wenn diese Suizidgedanken unbewusste Identifizierungen mit der lebensmüden Mutter vermuten lassen, die (u.a.) auf unbewussten Schuldgefühlen basieren, verstand ich ihre suizidalen Spaziergänge gleichzeitig als einen Versuch, dem Suizidversuch ihrer Mutter, dem sie hilflos ausgesetzt war, etwas entgegenzusetzen: Du bist es, die entscheidet, ob Du Dich umbringst. Ohnmacht und Hilflosigkeit, zentrale Elemente des Traumas, werden hier unbewusst in eine Inszenierung verwandelt, die zwar gefährlich ist, die aber im Erleben der Patientin aus der Ohnmacht herausführt.

Ich habe in einer späteren Stunde eine rekonstruktive Deutung versucht: »Sie müssen sich entsetzlich allein gefühlt haben im Wald. Aber vielleicht gibt es Ihnen trotz aller Verzweiflung eine gewisse Beruhigung, dass Sie es entscheiden können zu sterben oder weiterzuleben. Denn als Baby und kleines Mädchen waren Sie vollständig hilflos mit einer Mutter, die Ihnen Schutz und Sicherheit hätte geben sollen, die aber selber so verzweifelt war, dass sie nicht mehr leben wollte.«

Ich komme später auf die Bedeutung solcher Rekonstruktionen zurück.

Meine Notizen nach der Stunde verweisen auf bekannte behandlungstechnische Konzeptualisierungen. Es geht um die Empfänglichkeit des Analytikers für die projektiven Identifizierungen als eine frühe Form der Kommunikation, um Reverie und Alphafunktion und um das *container/contained*. Der Analytiker erlebt – oftmals in Form heftiger Affekte und (körperlicher) Zustände – Spuren vergangener Katastrophen und versucht sie mit den unbewussten Bewegungen des Patienten in Verbindung zu bringen. Diese Konzepte spielen in den meisten Arbeiten zum Trauma deshalb eine prominente Rolle, weil die traumatische Situation ähnliche Merkmale aufweist wie die angstvollen sehr frühen Zustände des Babys, wie sie Winnicott, Bion, später dann Ogden und Hurvich beschrieben haben. Alle Autoren verweisen auf angstvolle Zustände vollständiger Abhängigkeit und Hilflosigkeit im Säuglingsalter, die dann traumatisch werden, wenn ein ausreichendes Containment der Mutter ausbleibt. In diesem Sinn geht es bei Winnicott (1991) bei der *Angst vor dem Zusammenbruch* in laufenden Analysen um einen Zusammenbruch, der längst im frühen Entwicklungsstadium des Säuglings stattgefunden hat, der aber damals noch nicht erlebbar war: »archaische Seelenqualen« (Winnicott 1991, S. 1119). Hurvich spricht in einer jüngeren Arbeit (2015) von »Vernichtungsangst«, Bion von »namenloser Angst« (2002, S. 232). Diesen Zuständen begegnet eine ausreichend gute Mutter/ein ausreichend guter Analytiker mit emotionaler und körperlicher Empfänglichkeit und der Bereitschaft, diese Zustände in sich zu halten, zu verdauen und ihnen »eine Gestalt [zu geben]. Das bedeutet, dass der Analytiker sich darauf einlassen muss, mit dem Patienten in psychischen Regionen zu leben, die quälend bedeutungsleer und manchmal von Grauen erfüllt sind« (Varvin 2016, S. 840).

Damit beschreibt Varvin die psychovegetativen Zustände, wie ich sie in der skizzierten Stunde erlebte und wie sie viele Analytiker beschrieben haben. Seine Sprache hebt sich von einer leicht romantisierenden Rezeption des von Bion in die Diskussion gebrachten Reveriebegriffs ab (Bion 1988 [1962], S. 232), wie sie in manchen Passagen der Arbeiten von Ogden (1995, S. 45 f.) anklingt. In seiner Rezeption des Bion'schen Reverieverständnisses bekommt das Konzept meinem Eindruck nach eine beschönigende Schieflage, da er das, worauf Bion in seinen

Arbeiten immer *auch* zentriert, auslässt: die Wirksamkeit von Beta-Elementen wie unverdaute Aggression, Todesangst und vollständige Hilflosigkeit, Zustände, die in der Reverie der Mutter/des Analytikers auftauchen und, wenn es hinreichend gut geht, über die Alphafunktion verträglicher werden können. Auch die deutsche Übersetzung des Begriffs der *rêverie* in »Träumerei« oder die Übersetzungsausschmückung »träumerisches Ahnungsvermögen« suggeriert einen überwiegend spielerischen, halb wachend, halb träumenden Zustand, der die Mutter/ den Analytiker befähigt, die für das Baby nicht verdaubaren, aber ja doch meist wuchtigen und destruktiven Beta-Elemente aufzunehmen. Green hingegen hat sich in seinen Konzepten zur Macht des Todestriebs, zur »Arbeit des Negativen« und zur »Toten Mutter« Zuständen von Sinnlosigkeit, Todesbedrohung und Erstarrung angenähert. Er hat dabei das Entsetzen im Blick, das sich dem Hören und Verstehen gänzlich entziehen kann, und damit auf Grenzen verwiesen, solche Patienten analytisch zu verstehen. Einige seiner Arbeiten sind übrigens aus dem Nachdenken über eigene gescheiterte Analysen entstanden. Er beschreibt die Arbeit des Analytikers als einen »[...] permanenten Kampf[es] zwischen Zuhören, Missverstandenem, Nichtverstandenem, Unerhörtem und Unhörbarem, entweder, weil etwas nicht wahrnehmbar ist oder weil das Entsetzen über das Gehörte zu groß ist« (Green 2000, S. 246).

Neben Green hat Dori Laub (2000) auf die Macht des Todestriebs verwiesen, die die Grenzen analytischen Arbeitens mit traumatisierten Patienten markiert. Für Laub ist es unabdingbar, dass der Analytiker anerkennt, dass im »leeren Kreis« des Traumas (2000, S. 877) ein Zustand innerer Objektlosigkeit herrscht. Eingekapselte traumatische Erfahrungen sind ohne dem Ich zugängliche Repräsentanz. Das hat zur Folge, dass der Analytiker mit der Schwierigkeit, oft Unmöglichkeit, konfrontiert ist, mit dem Patienten zusammen zu Rekonstruktionen zu gelangen. Das in der Krypta des Ich verschwundene Entsetzen bricht allenfalls – und günstigenfalls – über zunächst unverstehbare Enactments in die analytische Beziehung ein. Green und Laub nehmen das Nichtverstehen, die Ohnmacht und Vergeblichkeit in den Blick und verweisen damit auf Zustände, die selbst zentrale Elemente traumatischer Erfahrungen sind. Dann bleibt dem Analytiker nur *anzuerkennen*, dass jetzt Leere und Sinnlosigkeit die Vorherrschaft über die analytische Situation übernommen haben. In einer Stunde mit der gerade erwähnten Patientin, in der Totenstille herrschte und ich von einem mächtigen Gefühl der Vergeblichkeit erfasst war und nichts zu sagen wusste, schrieb ich anschließend:

> »Vielleicht ist das ja der Sinn: Sie kommt, ich scheine ein sinnentleertes, nichtiges Objekt zu sein, so fühlt sie sich vielleicht annähernd sicher. Ich sage am Ende der Stunde: ›Worte machen heute keinen Sinn. Ich sage nichts, weil ich denke, ich erreiche Sie nicht. Und Sie sprechen nicht, weil Sie vermutlich überzeugt sind, dass ich Ihre Worte, Ihre Gefühle gar nicht hören will‹«.
> Die Patientin ging nach 2 Jahren in eine andere Stadt und brach, vordergründig aus beruflichen Gründen, die Behandlung ab. Ich war sehr enttäuscht und voller Zweifel und habe viel darüber nachgedacht, was unerhört geblieben und was unhörbar war und in einem »auditiven Loch« (Green 2000, S. 233) versunken sein mochte. Vom mangelnden Halt durch das mütterliche Objekt und dem dramatischen Suizidversuch hatte ich Kenntnis, hatte das Unfassbare anerkannt und ich hatte auch in manchen Stunden eine Spur des Schreckens und der Sinnlosigkeit erlebt, dem die Patientin ausgesetzt war. Mir ist jedoch erneut deutlich geworden, wie entscheidend, aber auch wie schwer es ist, Zuständen von Vergeblichkeit Raum zu geben und die Grenzen analytischer Arbeit anzuerkennen. Manchmal ist in klinischen Arbeiten von ›Sackgassen‹ die Rede, obwohl es vielleicht besser wäre, sich zu erlauben, vom Scheitern zu sprechen. Auch wenn diese Patientin in der anderen Stadt erneut einen Analytiker aufsuchte: Der Abbruch macht deutlich, wie fragil die analytische Arbeit in der »Risikozone« des Traumas ist. Dennoch sehe ich einen Sinn darin, es zu versuchen und empfänglich zu bleiben, auch und vor allem für Zustände von Sinnlosigkeit und Ohnmacht. Gerade diese Patienten sind auf ein Objekt angewiesen, das den ernsthaften Versuch unternimmt, Zeuge von frühen, auch sehr frühen traumatischen Erfahrungen zu werden.

Einige Arbeiten zur Traumaforschung lassen vermuten (Gaensbauer 1995, 2014; Coates 2018), dass Kinder mit Traumata im ersten Lebensjahr trotz ihrer noch nicht ausgebildeten Fähigkeit zur Symbolisierung diese Erfahrungen über das Spiel mitteilen können. »Das posttraumatische Spiel kleiner Kinder ist vom gewöhnlichen Spiel leicht zu unterscheiden. Es scheint einem zwingenden inneren Drang zu folgen und lässt sich als repetitives Nachspielen des Traumas begreifen« (Coates 2018, S. 998).

Zu ähnlichen Ergebnissen kommt Gaensbauer (1995, 2014), der im Rahmen seiner gerichtlichen Begutachtungen einem Mädchen begegnete, deren Mutter im Beisein des damals 12 Monate alten Mädchens von einer Briefbombe ermordet wurde. Gaensbauer hat die Entwicklung dieses Mädchens und jungen Erwachsenen über 2 Jahrzehnte, bis zu ihrem 24. Lebensalter begleitet und die entwicklungsspezifischen Ausdrucksformen beschrieben, in denen das Entsetzen Gestalt angenommen hat, und zwar (bereits) in den ersten 6 Lebensjahren. Es gelang diesem Mädchen, das traumatische Ereignis »explizit und bewusst zu repräsentieren« (Gaensbauer 2014, S. 997). Darüber hinaus ließen sich

> »die für eine posttraumatische Belastungsstörung und eine Unterbrechung seiner normalen Entwicklung charakteristischen Symptome [beobachten], also wiederkehrende Flashbacks und Alpträume, Ängste vor Reizauslösern, die mit dem Trauma assoziiert wurden, das Vermeiden von Erinnerungen an das Trauma, eine Übererregung, Störungen in ihrer Bindungsfähigkeit und intensive Trennungsängste« (ebd.; vgl. auch Coates 2018, S. 998).

Diese Ergebnisse zeigen, dass die These über die Unrepräsentierbarkeit sehr früher Traumata, wie Laub und andere sie annehmen, in dieser Generalität fragwürdig ist. Doch diese Kinder sind auf ein Objekt angewiesen, das ihre präsymbolischen Mitteilungen zu entziffern bereit ist. Gaensbauer beschreibt, dass das Mädchen durch die begleitende Unterstützung seiner Adoptiveltern in der Lage war, »mit seinen frühen traumatischen Verlusten in bemerkenswerter Weise fertig zu werden« (ebd.).

Erinnern und Rekonstruktion

Die von mir beschriebene Patientin hatte Kenntnis über ihre frühe traumatische Situation als Baby, sie war ihr vom Vater erzählt worden. Sie hat jetzt als Erwachsene keine konkreten Erinnerungen daran. Einige Träume jedoch, Geruchshalluzinationen und Zustände von Erstarrung lassen Spuren der dramatischen Situation erkennbar werden. Doch es wäre verfänglich, die Szene des Suizidversuchs der Mutter im Beisein des Babys in das Zentrum der Aufmerksamkeit zu rücken und zu meinen, *das Trauma* zu kennen. Der Suizidversuch kann eher als Ausdruck einer gesamten desaströsen Ohnmacht und eines mangelnden Halts durch eine abwesende oder lärmend-verzweifelte Mutter gelesen werden. Spuren dieser Gesamtsituation zeigten sich in einigen Träumen, in einer explosiven Hassliebe zum mütterlichen Objekt und in einem ohnmächtig-feindseligen Schweigen in der Übertragung. Und doch gab sie mir die Möglichkeit, Hilflosigkeit, Panik und Vergeblichkeit zu erleben und in einem emotionalen Kontakt mit ihr zu bleiben. Doch der Abbruch zeigt, wie fragil und risikoreich die analytische Arbeit mit ihr war.

> Eine andere, ebenfalls risikoreiche Situation entsteht, wenn Patienten mit der Vermutung kommen oder sie im Laufe der Behandlung entwickeln, dass da »etwas war«. Oft geht es um Vermutungen eines sexuellen Missbrauchs. Sie drängen den Analytiker, es herauszufinden. »Wenn ich am Ende hier immer noch nicht weiß, ob da was passiert ist, das macht mich wahnsinnig«, so eine meiner Patientinnen. Sie erlebt seit einiger Zeit panikartige Einbrüche, wenn sie berufsbedingt in einem verwahrlosten Haus einem beliebigen Mann begegnet. Die frühen traumatischen Erfahrungen bestehen in einer familiären Verwahrlosung durch eine schwer alkoholkranke Mutter, der die Patientin ohne Präsenz des Vaters von Beginn ihres Lebens ausgesetzt war. Eine Deckerinnerung für dieses mangelnde Containment ist eine dramatische Situation mit einem Sprungtuch der Feuerwehr, an das sie sich vage erinnert. Die Mutter hatte versucht, sich mit ihr als Dreijährige vom Balkon zu stürzen, so die Erzählung der Großmutter und einer Nachbarin. Wie viele Erinnerungen dieser kindlichen Frühzeit ist auch diese blande und ohne Affekte. Nun fordert sie mich auf, schnelle Antworten auf die Hintergründe ihrer *gegenwärtigen* Panik zu finden.

In solchen Situationen läuft der Analytiker Gefahr, dem Drängen des Patienten nachzugeben und *das* Trauma aufzuspüren, doch *das* Trauma gibt es nicht. Deshalb macht es therapeutisch keinen Sinn, die Patientin anzuregen, sich die Faktizität des Ereignisses – in diesem Fall die Sprungtuchszene – in Erinnerung zu rufen und daran mit ihr therapeutisch zu arbeiten. Der Therapeut liefe Gefahr, den Schutz der Abwehr zu überspringen, was zu einer erneuten Überwältigung führen kann. Ein solches Vorgehen basiert auf einem »statischen Modell der Traumatisierung« (Varvin 2016, S. 837), in dem suggeriert wird, dass *ein* traumatisches Ereignis stattgefunden hat und nun in der therapeutischen Situation wieder aufzuspüren ist.

In einem solchen invasiven therapeutischen Modus wird außerdem die Dynamik der Nachträglichkeit nicht zur Kenntnis genommen, d. h. die Überformungen und Umarbeitungen der überwältigenden traumatischen Zustände durch spätere Erfahrungen. Darauf verweist Freud nachdrücklich an verschiedenen Stellen seines Werks.

»Wenn man in der Beurteilung der Realität nicht irregehen will, muss man sich vor allem daran erinnern, dass die »Kindheitserinnerungen« der Menschen erst in einem späteren Alter (meist zur Zeit der Pubertät) festgestellt und dabei einem komplizierten Umarbeitungsprozess unterzogen werden« (Freud 1909d, S. 427).

An einer anderen Stelle spricht er von »Umschrift« und »Umordnung« (Freud 1895c, S. 217). So ist es eine Illusion zu meinen, man sei zur Faktizität des Traumas durchgedrungen. Rekonstruktionsarbeit ist etwas anderes als Faktensuche, weil es um das Erforschen psychischer *Verarbeitungen* der traumatischen Erfahrungen geht sowie um die Spuren, die sich im Hier und Jetzt der Übertragung und der Objektbeziehungen erkennen lassen.

> Die soeben erwähnte Patientin, deren Mutter schwer alkoholkrank war, kam zu mir mit heftigen seelischen Schmerzen und Schuldgefühlen wegen des Todes ihrer Hündin, die sie intensiv gepflegt hatte. Die Patientin ist trotz einer hoffnungslosen Diagnose der Tierärztin überzeugt, etwas übersehen zu haben, sonst würde die Hündin noch leben. Die Überzeugung, sie hätte die Hündin retten können, sehe ich als Ausdruck der Regression auf ein omnipotentes Denken, eine vielfach beschriebene Abwehr gegen Zustände von Hilflosigkeit und Ich-Überwältigung, denen diese Patientin als kleines Mädchen angesichts einer besinnungslos betrunkenen Mutter ausgesetzt war. Ich sage ihr: »Wenn Sie sich so schuldig fühlen, obwohl Sie ja wissen, dass Tina lebensbedrohlich krank war und Sie alles getan haben, was möglich war, dann ist da ja die Idee, dass Sie ihren Tod hätten verhindern können. Und dann müssten Sie sich nicht so ohnmächtig fühlen. Und das gibt uns vielleicht eine Spur zu Ihrer ganz frühen Hilflosigkeit und Schutzlosigkeit, in der Sie waren, zu Hause mit der alkoholkranken, willkürlichen Mutter, ganz allein.« Die Patientin sagt zu solchen Deutungen so etwas wie: »Vielleicht, ich verstehe, was Sie meinen, aber ich fühl das alles nicht. Immer wenn Sie von meiner Mutter sprechen, ich hab keine Gefühle dazu.« Manchmal sage ich dann: »Vielleicht ist das auch sehr schwer, damals jedenfalls war der Schrecken zu groß und Sie haben alles getan, um sich zu schützen. Und vielleicht auch Ihre Mutter.«

Diese Rekonstruktionen sind getragen von der Idee, dass die Patientin ihre Schuldgefühle und ihre Überzeugung eigener Omnipotenz einordnen kann, nämlich als verstehbare Versuche, aus ihrer frühen Ohnmacht und Überwältigung herauszufinden.

Ich will zum Schluss dieses Kapitels auf eine spezifische analytische Situation verweisen, in der Versuche der Rekonstruktion besonders hilfreich, manchmal sogar unverzichtbar sind. Ich meine damit Phasen oder Stunden, die durch destruktive Übertragungs-Enactments wie Wegbleiben, gefährliche Selbstschädigungen oder Abbruch geprägt sind. Wenn der Analytiker die Versuche des Patienten, die analytische Beziehung anzugreifen oder zu zerstören, zu deuten versucht, z. B. als Regulierung von Verzweiflung über seine Ohnmacht oder weil er seinen überwältigenden Trennungsängsten etwas Aktives entgegensetzen will, sollte der Analytiker damit rechnen, dass der Patient solche Deutungen als Vorwurf und Angriff erlebt. Das hat mit dem Zustand von Bedrohung und Hilflosigkeit zu tun, die paranoid verarbeitet werden. Deshalb ist mit einer Spirale erneuter Gegenangriffe des Patienten zu rechnen, die wiederum mit unbewussten Schuldgefühlen und Bestrafungswünschen einhergehen können, die das Ich des Patienten noch mehr schwächen und sich dann in selbstschädigenden Enactments oder Abbruch einen Weg bahnen.

Eine hilfreichere Möglichkeit des Deutens sehe ich darin, an den Gedanken von Balint in seiner Arbeit *Trauma und Objektbeziehung* (1970) anzuknüpfen. Balint beschreibt, dass traumatische Überwältigungen mit einer zerstörten Hoffnung auf ein schützendes Objekt verbunden sind, sodass in den Übertragungsbewegungen immer auch mit angstvollem Misstrauen oder aggressiven Angriffen zu rechnen ist. Eine Deutung, in der der Analytiker diese Übertragungen mit diesen frühen verlorenen Hoffnungen verbindet, gibt dem Patienten die Chance, seine Angriffe auf die Analyse einzuordnen und seine Schuld- und Schamgefühle zu begrenzen.

> In einer Stunde sage ich der überwiegend schweigenden Patientin: »Wenn Sie mir ein bisschen zu vertrauen beginnen, bekommen Sie große Angst und dann müssen Sie mich angreifen. Denn Sie wissen ganz und gar nicht, ob das gutgeht. Als kleines Kind haben Sie wie alle Kinder Ihrer Mutter vertraut und dann waren Sie einer kranken, verzweifelten Mutter ausgesetzt, die Ihnen keinen Halt geben konnte. Deshalb *müssen* Sie so auf der Hut sein und mir misstrauen und vielleicht auch wie im Moment unsere Arbeit angreifen.«

Die Anerkennung des Traumas durch den Analytiker

»Dass meine Mutter sich mit mir vom Balkon stürzen wollte – ich habe Angst, dass Sie das auch nicht glauben«, so meine Patientin in einem der ersten Gespräche. In den wegweisenden Arbeiten über *child survivors* (Keilson 1979, Bergmann et al.

1995) wird die Anerkennung des Traumas durch die Umwelt, durch einen Dritten, als ein entscheidender Faktor für die dann folgenden Verarbeitungswege des Traumas beschrieben. Der Analytiker muss anerkennen *und sich davon erfassen lassen*, dass das Grauen stattgefunden hat. In der Phase nach dem Trauma muss es einen Zeugen geben, der die Erzählung für wahr nimmt. Diese Notwendigkeit hat damit zu tun, dass sich im traumatischen Geschehen selbst ein vollständiger Zusammenbruch der Zeugenschaft vollzieht, weil Hilflosigkeit und Überwältigung das Ich zusammenbrechen lassen. Deshalb bedarf es eines Objekts, das diese Funktion, die Zeugenschaft, übernimmt. Das ist vor allem dann von großer Dringlichkeit, wenn es um eine spezifische, besonders grausame Form traumatischer Erfahrung von Kindern und Jugendlichen geht (vgl. Bohleber 2007, S. 307): Das Trauma wird von einem Objekt zugefügt, das Schutz garantieren sollte, d. h. von Primärobjekten oder anderen nahe stehenden Erwachsenen. Dann ist die nachträgliche Anerkennung des Traumas durch einen Dritten besonders wichtig, die durch ein *turning a blind eye* im sozialen Umfeld oftmals ausbleibt. Das wiederum kann dazu führen, dass viele Kinder und Jugendliche, die ohnehin mit Scham und Schuldgefühlen zu kämpfen haben, sich erst gar nicht mit ihren desaströsen Erfahrungen mitteilen. Deshalb sind die gesellschaftlichen Angebote nach schweren Traumatisierungen von großer Bedeutung.

So ist die Anerkennung des Traumas durch einen Dritten, durch eine fördernde Umwelt, die hört und gegen alle Widerstände auch hören will, was geschehen ist, unerlässlich. Für den Analytiker bedeutet das, sich zusammen mit dem Patienten durch das Labyrinth mächtiger Abwehr und Übertragungs-Enactments hindurchzuarbeiten, um zu möglichen Rekonstruktionen des Traumas zu kommen. Wenn der Analytiker anerkennt, dass das *Unvorstellbare* tatsächlich stattgefunden hat, das, was man eigentlich nicht glauben will, kann das dem Patienten die Erfahrung ermöglichen, dieses Mal, anders als *während* der traumatischen Überwältigung nicht alleingelassen zu werden. Und wenn es annähernd gut geht, gibt es eine Chance für die Erfahrung, dass beide die Aktualisierung dessen, was der Patient erlitten hat, überleben. Doch eine entscheidende, sehr häufig beschriebene Grenze auf diesem Weg wird durch eine starke, schützende Abwehr markiert, mit der der Analytiker rechnen sollte, auch in sich selbst.

Anmerkungen

1 Den Begriff »Zerbrechen« hat Kafka auf dem IPV-Kongress in Berlin 2007 in seinem Beitrag als Kontrastbegriff zum »Unterbrechen« verwandt und damit einen zentralen Unterschied in Bezug auf den Blick von Holocaustüberlebenden auf ihr Trauma formuliert: Das »Zerbrechen« zu akzeptieren ist im Unterschied zum »Unterbrechen« kaum möglich, weil etwas Zerbrochenes nicht wiederherzustellen ist. Er schreibt über sich selbst, dass seine Motivation, nach Deutschland zurückzukehren, »etwas damit zu tun [hat], dass ich dieses Zerbrechen nicht wahrhaben will« (S. 370).
2 Es waren Käte Dräger, Ingeborg Kath, Hans March, Ada und Carl Müller-Braunschweig, Gerhart Scheunert, Margarete Steinbach und Marie-Louise Werner. Vgl. Protokoll der Generalversammlung der »Deutschen Psychoanalytischen Gesellschaft« (in: Brecht et al. 1985, S. 197).
3 Rolf Vogt (1986) beschreibt ähnliche emotionale Erschütterungen einiger DPV-Kolleginnen und Kollegen durch die Begegnung mit dem jüdischen Emigranten Hillel Klein. Er schildert, wie die bis dahin vorherrschende Starre in der Atmosphäre von DPV-Versammlungen in »eine Erregung von ungeheurer emotionaler Brisanz (kippte), die das Plenum regelrecht erschütterte [... nämlich zu erkennen ...], dass wir nicht nur in historischer, sondern auch in psychologischer Hinsicht, d. h. in aktuell noch tief in unser Erleben eingreifender Weise die Erben Hitlers sind« (Vogt 1986, S. 435).
4 Ich habe während der Umarbeitung meines Vortrags in diesen Artikel zum ersten Mal versucht – immer noch mit einem leichten Zögern – eine Perspektive auf *beide* Gesellschaften in einer Art Synopse einzunehmen. Ich verstehe auch das als Ausdruck von Entspannung in der Beziehung beider Gesellschaften zueinander.

Literatur

Balint, M. (1970): Trauma und Objektbeziehung. Psyche – Z Psychoanal 24, 346–358.

Baranger, M., Baranger, W. & Mom, J. M. (1988): The infantile psychic trauma from us to Freud: Pure trauma, retroactivity and reconstruction. Int J Psychoanal 69, 113–128.

Beese, F. (1978): Psychoanalyse – Neopsychoanalyse. Abgrenzung und Synthese. Arbeitsgruppe der DPG Stuttgart. Vorträge 1974–1996, Bd. 1, intern veröffentlichte Sammlung (S. 9–56). Stuttgart (VT Medienverlag).

Beland, H. (2001): Gestillt mit Tränen – Vergiftet mit Milch. Bericht von den Nazareth-Gruppenkonferenzen »Germans and Israelis – The Past in the Present«. In: Bohleber, W. & Drews, S. (Hrsg.), Die Gegenwart der Psychoanalyse – die Psychoanalyse der Gegenwart, Stuttgart (Klett-Cotta), S. 120–127.

Bergmann, M. S., Jucovy, M. E. & Kestenberg, J. S. (Hrsg.) (1995 [1982]): Kinder der Opfer, Kinder der Täter. Psychoanalyse und Holocaust. Übers. E. Vorspohl. Frankfurt/M. (Fischer).

Bion, W. R. (2002 [1962]): Eine Theorie des Denkens. In: Spillius, E. B. (Hrsg.), Melanie Klein heute. Bd. 1: Beiträge zur Theorie, Übers. E. Vorspohl, 3. Aufl., Stuttgart (Klett-Cotta), S. 225–235.

Bohleber, W. (2001): Die Gegenwart der Psychoanalyse. Zur Entwicklung ihrer Theorie und Behandlungstechnik nach 1945. In: Bohleber, W. & Drews, S. (Hrsg.), Die Gegenwart der Psychoanalyse – die Psychoanalyse der Gegenwart, Stuttgart (Klett-Cotta), S. 15–34.

Bohleber, W. (2002): Kollektive Phantasmen, Destruktivität und Terrorismus. Psyche – Z Psychoanal 56, 699–720.
Bohleber, W. (2007): Erinnerung, Trauma und kollektives Gedächtnis – Der Kampf um die Erinnerung in der Psychoanalyse. Psyche – Z Psychoanal 61, 293–321.
Bohleber, W. (2010): Die Entwicklung der Psychoanalyse in Deutschland nach 1950. Psyche – Z Psychoanal 64, 1243–1267.
Brecht, K., Friedrich, V., Hermanns, L. M., Juelich, D. H. & Kaminer, I. J. (Hrsg.) (1985): »Hier geht das Leben auf eine sehr merkwürdige Weise weiter ...«. Zur Geschichte der Psychoanalyse in Deutschland. Hamburg (Michael Kellner).
Coates, S. W. (2018): Können Babys Traumata im Gedächtnis behalten? Symbolische Formen der Repräsentation bei frühkindlicher Traumatisierung. Psyche – Z Psychoanal 72, 993–1021.
Diebel, E., Ibenthal, M., Kind, J., Köhler-Haars, R., Rempp, B., Schlösser, A.-M., Wegehaupt, H. & Winkler, M. (1986): Der Analytiker und das Vergangene. Forum Psychoanal, 337–344.
Erlich, H. S., Erlich-Ginor, M. & Beland, H. (2009): Gestillt mit Tränen – Vergiftet mit Milch. Die Nazareth-Gruppenkonferenzen Deutsche und Israelis – Die Vergangenheit ist gegenwärtig. Gießen (Psychosozial-Verlag).
Ermann, M. (1986): Identität und Geschichte. Forum Psychoanal 2, 69–76.
Focke, I. (2010): Der Weg der DPG in die IPV. Wunsch und Ambivalenz. Psyche – Z Psychoanal 64, 1187–1205.
Focke, I. & Gutmann, B. (2019): Begegnungen mit Anne-Marie Sandler. Praxis und Theorie ihrer Behandlungstechnik. Gießen (Psychosozial-Verlag).
Freud, S. (1895): Entwurf einer Psychologie. GW Nachtragsband.
Freud, S. (1909d): Bemerkungen über einen Fall von Zwangsneurose. GW 7, S. 379–463.
Freud, S. (1986): Briefe an Wilhelm Fließ 1887–1904. Hrsg. von J. M. Masson, Bearbeitung der dt. Fassung M. Schröter, Transkription G. Fichtner. Frankfurt/M. (Fischer).
Gaensbauer, T. (1995): Trauma in the preverbal period: Symptoms, memories, and development. Psychoanal Study Child 50, 122–149.
Gaensbauer, T. J. (2014): Frühes Trauma und seine Repräsentation über die Lebensspanne vom frühkindlichen Stadium bis zum Beginn des Erwachsenenalters. Eine Falldarstellung. Psyche – Z Psychoanal 68, 997–1029.
Green, A. (2004 [1982]): Die tote Mutter. Psychoanalytische Studien zu Lebensnarzissmus und Todesnarzissmus. Übers. E. Wolff und E. Kittler. Gießen (Psychosozial-Verlag).
Green, A. (1993 [1983]): Die tote Mutter. Psyche – Z Psychoanal 47, 205–240.
Green, A. (2000 [1986]): Das Schweigen des Psychoanalytikers. In: ders., Geheime Verrücktheit. Grenzfälle der psychoanalytischen Praxis, Übers. E. Wolff, Gießen (Psychosozial-Verlag), S. 215–250.
Green, A. (2001 [1993]): Todestrieb, negativer Narzissmus, Desobjektalisierungsfunktion. Psyche – Z Psychoanal 55, 869–877.
Grubrich-Simitis, I. (1979): Extremtraumatisierung als kumulatives Trauma. Psyche – Z Psychoanal 33, 991–1023.
Herdieckerhoff, E., von Ekespparre, D., Elegeti, R. & Marahrens-Schürg, C. (1990): Hassen und Versöhnen. Psychoanalytische Erkundungen. Göttingen (Vandenhoeck & Ruprecht).
Hermanns, L. M. (2001): Fünfzig Jahre Psychoanalytische Vereinigung. Zur Geschichte der Psychoanalyse in Deutschland 1950–2000. In: Bohleber, W. & Drews, S. (Hrsg.), Die

Gegenwart der Psychoanalyse – die Psychoanalyse der Gegenwart, Stuttgart (Klett-Cotta), S. 35–57.
Hermanns, L. M. (2010): Die Gründung der DPV im Jahre 1950 – im Geiste der »Orthodoxie« und auf der Suche nach internationaler Anerkennung. Psyche – Z Psychoanal 64, 1156–1173.
Hurvich, M. (2015): Vernichtungsängste – traumatische Ängste. Psyche – Z Psychoanal 69, 797–825.
Kafka, J. S. (2007): Zerbrechen und Unterbrechen. Psyche – Z Psychoanal 61, 368–374.
Kamm, H. (2010): Kriegskinder als Psychoanalytiker. Forum Psychoanal 26, 335–350.
Keilson, H. (1979): Sequentielle Traumatisierung bei Kindern. Deskriptiv-klinische und quantifizierend-statistische follow-up-Untersuchung zum Schicksal der jüdischen Kriegswaisen in den Niederlanden. Unter Mitarb. von R. Sarphatie. Stuttgart (Enke).
Keilson, H. (1985): Vorwort zu Brecht, K., Friedrich, V., Hermanns, L. M., Juelich, D. H., Kaminer, I. J. (Hrsg.): »Hier geht das Leben auf eine sehr merkwürdige Weise weiter...«. Zur Geschichte der Psychoanalyse in Deutschland. Hamburg (Michael Kellner).
Kreuzer-Haustein, U. (1996): Die Teilung der psychoanalytischen Gemeinschaft in Deutschland und ihre Folgen. Forum Psychoanal 12, S. 363–369.
Kreuzer-Haustein, U. (2010): Die schwierigen Jahre. Brennpunkt Seeon – Ein Neubeginn. Psyche – Z Psychoanal 64, 1180–1186.
Kreuzer-Haustein, U. (2013): Die Beziehungsgeschichte von DPV und DPG 1945 bis 1967: Offene und verborgene Auseinandersetzungen mit der NS-Geschichte. Psyche – Z Psychoanal 67, 715–734.
Kreuzer-Haustein, U. (2015): Chronisches Schweigen und Redekur – Überlegungen zu einem Paradox. Psyche – Z Psychoanal 69, 685–713.
Kreuzer-Haustein, U. (2018): Geflüchtete und Traumata (Kommentar). Psyche – Z Psychoanal 72, 216–230.
Laub, D. (2000): Eros oder Thanatos. Der Kampf um die Erzählung des Traumas. Psyche – Z Psychoanal 54, 860–894.
Lazar, R. A. (2004): Experiencing, understanding, and dealing with intergroup and institutional conflict. In: Gould, L. J., Stapley, L. F. & Stein, M. (Hrsg.), Experiential Learning in Organizations. Applications of the Tavistock Group Relations Approach. Contributions in Honour of Eric J. Miller, London (Karnac), S. 153–171.
Lockot, R. (1985): Erinnern und durcharbeiten. Zur Geschichte der Psychoanalyse und Psychotherapie im Nationalsozialismus. Frankfurt/M. (Fischer).
Lockot, R. (1991): Die Nachwirkungen des Nationalsozialismus auf Gruppenbildungen der psychoanalytischen Organisation in Deutschland (1945–1951). Luzifer-Amor 4, Heft 7.
Lockot, R. (Hrsg.) (1994): Die Reinigung der Psychoanalyse. Die Deutsche Psychoanalytische Gesellschaft im Spiegel von Dokumenten und Zeitzeugen (1933–1951). Tübingen (edition diskord).
Lockot, R. (2009): DPV-DPG-Beziehungsgeschichte im Spiegel des DPG-Archivs (kurze Inhaltsangabe der relevanten Texte). Unveröff. Ms., DPG-Archiv.
Lockot, R. (2010): DPV und DPG auf dem dünnen Eis der DGPT. Zur Beziehungsgeschichte von Deutscher Psychoanalytischer Vereinigung (DPV) und Deutscher Psychoanalytischer Gesellschaft (DPG) innerhalb der Deutschen Gesellschaft für Psychotherapie und Tiefenpsychologie (DGPT) bis 1967. Psyche – Z Psychoanal 64, 1206–1242.

Lockot, R. (2013): Eine Dreigenerationenkorrespondenz zwischen Carl Müller-Braunschweig, Harald Schultz-Hencke und Alexander Mitscherlich. Ein Beitrag zur fragmentierten Tradierung der Psychoanalyse im Nachkriegsdeutschland. Psyche – Z Psychoanal 67, 735–758.

Müller-Braunschweig P. (1983 [1933]): Psychoanalyse und Weltanschauung [Aus dem Archiv der Psychoanalyse]. Psyche – Z Psychoanal 37, 1136–1139.

Ogden, T. H. (1995 [1989]): Frühe Formen des Erlebens. Übers. H. Friessner & E.-M. Wolfram. Wien, New York (Springer).

Pollmann, A. (2013): Eine textkritische Analyse der Protokolle zu den Mitgliederversammlungen der IPV in Zürich 1949 und Amsterdam 1951. Psyche – Z Psychoanal 67, 759–769.

Sandler, A.-M. (2015): Konflikt und Versöhnung. In: Hermanns, L. M. (Hrsg.), Psychoanalyse in Selbstdarstellungen, Bd. X, Frankfurt/M. (Brandes & Apsel), S. 221–286.

Schulte-Lippern, S. (1990): Harald Schultz-Hencke – Psychoanalytiker in Deutschland. Forum Psychoanal 6, 52–69.

Schultz-Hencke, H. (1994 [1949]): Zur Entwicklung und Zukunft der psychoanalytischen Begriffswelt. Vortrag auf dem Zürcher Kongress 1949. In: Lockot, R. (Hrsg.), Die Reinigung der Psychoanalyse. Die Deutsche Psychoanalytische Gesellschaft im Spiegel von Dokumenten und Zeitzeugen (1933–1951), Tübingen (edition diskord).

Schwan, G. (2001): Politik und Schuld. Die zerstörerische Macht des Schweigens. Frankfurt/M. (Fischer).

Studt, C. (1986): Psychoanalyse – Neopsychoanalyse. Forum Psychoanal 2, 215–227.

Varvin, S. (2016): Asylsuchende und Geflüchtete: ihre Situation und ihre Behandlungsbedürfnisse. Psyche – Z Psychoanal 70, 825–855.

Varvin, S. (2017): Unsere Beziehungen zu Flüchtlingen: Zwischen Mitgefühl und Dehumanisierung. EPF-Bulletin 71.

Varvin, S. (2018): Unser Verhältnis zu Flüchtlingen: Zwischen Mitleid und Entmenschlichung. Psyche – Z Psychoanal 72, 194–215.

Vogt, R. (1986): Beitrag Podiumsdiskussion: Psychoanalyse unter Hitler – Psychoanalyse heute. Psyche – Z Psychoanal 40, 435–436.

Wachtler, B. & Ullrich, P. (2013): Nationalsozialismus und Krieg in Berufsbiographien alter deutscher PsychoanalytikerInnen. Psyche – Z Psychoanal 67, 623–648.

Wellendorf, F. (2007): Zur Geschichte der DPG nach dem Zweiten Weltkrieg. Psyche – Z Psychoanal 61, 404–411.

Winnicott, D. W. (1991 [1974]): Die Angst vor dem Zusammenbruch. Psyche – Z Psychoanal 45, 1116–1126.

ALMUT RUDOLF-PETERSEN

Homosexualität in der Psychoanalyse

Vorbemerkung und Fragestellung

Im März 2017 veranstaltete die Europäische Psychoanalytische Föderation (EPF) in Brüssel ein Symposium mit dem Titel »Homosexuality: the practice of psychoanalytical societies in Europe and the experience of psychoanalysts in their daily practice«. Die Veranstalter*innen hatten bei der Vergabe der Plätze darauf geachtet, Mitglieder aller europäischen Fachgesellschaften zusammenzubringen. Zusätzlich war ein US-amerikanischer Kollege anwesend, der vermutlich eigens eingeladen worden war. Während einer Diskussion im Plenum erzählte er, wie er in den 70er- und 80er-Jahren in seiner therapeutischen Analyse 17 Jahre lang mit Hilfe seines Analytikers versucht hatte, heterosexuell zu werden, auch deshalb, weil er sich unbedingt zum Analytiker ausbilden lassen wollte und als schwuler Mann von vorneherein abgelehnt worden wäre. Schließlich, als vermeintliches Zeichen des Erfolgs der Analyse, heiratete er. Das Scheitern dieser Ehe, die nur kurze Zeit hielt, und sein Outing fielen in das Jahr 1991, das Jahr, in dem eine Antidiskriminierungserklärung der Amerikanischen Psychoanalytischen Vereinigung (APsaA) verabschiedet wurde, so dass er sich dann doch als schwuler Mann für die psychoanalytische Ausbildung bewerben und endlich Psychoanalytiker werden konnte. Erleichterung über diese glückliche Wendung mochte sich angesichts der unendlich langen, anscheinend im Sinne einer Konversionstherapie durchgeführten Analyse nicht einstellen; das Auditorium vernahm vielmehr die bedrückend-exemplarische Geschichte eines schwulen Mannes, der zu einer Zeit, die zunächst noch nicht reif dafür war, Psychoanalytiker werden wollte. Diese Geschichte, die schon lange zurücklag, hatte der Kollege vermutlich bereits mehrfach vor Publikum erzählt, trotzdem vibrierte seine Stimme und seine nachwirkende Erbitterung war deutlich zu spüren. Irgendwie kam es mir so vor, als wollten wir Zuhörenden diese Geschichte nicht wahrhaben und setzten dem vibrierenden Vorwurf Widerstand entgegen – es schien unfassbar, wie lange sich der Kollege mit Unterstützung seines Analytikers zu einem Wechsel seiner sexuellen Orientierung hatte drängen lassen. Unfassbar auch, dass das vereinzelt immer noch geschieht: Quindeau (2015) berichtet in ihrem Aufsatz mit dem pointierten Titel *Recovering from Iatrogenesis* von einem solchen Vorgang (S. 648).

Ob wie im Fall des amerikanischen Kollegen von einer individuellen und darüber hinaus auch von einer kollektiven Traumatisierung homosexueller Kolleg*innen im Sinne eines Gruppenphänomens gesprochen werden sollte, darauf werde ich noch eingehen sowie auf die Frage, wie weit der Genesungsprozess von der *Iatrogenese* sensu Quindeau seit der wegbereitenden Antidiskriminierungserklärung im Jahre 1991 fortgeschritten ist.

Kurzer Rückblick

Im Jahre 1973 wurde – angestoßen durch die Aktivitäten der Schwulen- und Lesbenbewegung und nach einer Neubewertung der damaligen Forschungsergebnisse – die Diagnose »Homosexualität« aus dem Klassifikationssystem der Amerikanischen Psychiatrischen Vereinigung gestrichen; nicht wenige Analytiker*innen votierten gegen diese Streichung. Sie blieben in der Minderheit. Lange Zeit war die Psychoanalyse zusammen mit der Kirche Diskursführerin in Sachen Sexualität gewesen – nach diesem Beschluss war ihr die fachliche Legitimation dafür entzogen, Homosexualität und Psychopathologie als untrennbar anzusehen.

1991, fast 20 lange Jahre später, verabschiedete die APsaA als erste psychoanalytische Fachgesellschaft weltweit die o.g. Antidiskriminierungserklärung[1], die – ganz im Gegensatz zu ihrer eminenten Bedeutung – wenig bekannt ist. Sie machte den Weg frei für die Zulassung homosexueller Bewerber*innen. Im Vorfeld hatte es mehrere vergebliche Anläufe, umsichtige Gremienarbeit und jahrelange kontroverse, hitzig geführte Debatten gegeben (vgl. Lewes 1988; Stakelbeck & Frank 2006). Eine Ergänzung ein Jahr später stellte unmissverständlich klar, dass die neu zugelassenen homosexuellen Psychoanalytiker*innen auch Lehranalytiker*innen werden konnten.

Recovering from Iatrogenesis ... – in der schon erwähnten Glosse untersucht Quindeau (2015) diese unterschiedlichen Tempi der Einstellungsveränderung psychoanalytischer Institutionen in den USA und in Europa vor dem Hintergrund der jeweiligen historischen Gegebenheiten. Die Formulierung hat sie vom US-amerikanischen Analytiker Shelby (Gelé et al. 2012) übernommen, der seinen Beitrag zu einer Tagung zu Ehren von Roughton, der noch zu Wort kommen wird, so genannt hat. Der Tagungsband (ebd.) ist ein spannendes Dokument: Die Teilnehmer*innen reflektieren die 20-jährige Geschichte der US-amerikanischen psychoanalytischen Fachgesellschaften nach der als Meilenstein empfundenen Antidiskriminierungserklärung der APsaA. Die ärztlich-psychoanalytisch verursachte Erkrankung – der jahrzehntelange Ausschluss von homosexuellen Bewerber*innen – wurde ab 1991 von einem Genesungsprozess abgelöst.

Im Jahre 2002 erst verabschiedete die Internationale Psychoanalytische Vereinigung (IPV) eine entsprechende Erklärung. Sie ist, obwohl 2014 eine Aktualisierung erfolgte, auf der Homepage der IPA nicht zu finden, aber, in der Fassung von 2002, bei Stakelbeck & Frank (2006, S. 135).

Die Zögerlichkeit der Einstellungsänderung an den europäischen Instituten indiziert eine Ambivalenz bis in die jüngere Geschichte hinein. Lingiardi & Capozzi (2004), die eine empirische Untersuchung unter italienischen Psychoanalytiker*innen durchgeführt haben, vermuten, dass das große Theoriekorpus der Psychoanalyse mit all seinen Falldarstellungen von psychisch kranken homosexuellen Patient*innen es Psychoanalytiker*innen bis heute schwer macht, sexuelle Orientierung und Psychopathologie als voneinander unabhängig zu verstehen. Die Autor*innen arbeiten heraus, dass in der zeitgenössischen Psychoanalyse vier theoretische Trends oder Positionen unterschieden werden können, die die klinische Praxis beeinflussen (vgl. auch Fonagy & Allison 2019, S. 163):

Die erste Gruppe, die Lingiardi & Capozzi ausmachen, sind Autor*innen, die sich auf Freuds psychosexuelles Modell beziehen und Homosexualität als Arretierung der Entwicklung verstehen. Die zweite Gruppe besteht aus (Post-)Kleinianer*innen, die keine expliziten Theorien über Homosexualität entwickelt haben, aber pathologisierende Zuschreibungen in ihre Veröffentlichungen einstreuen: Homosexualität wird verstanden als Ausdruck aggressiver Objektbeziehungen und/oder als Abwehr gegen frühe paranoide Ängste. Eine dritte weniger homogene Gruppe versammelt selbstpsychologisch orientierte Psychoanalytiker*innen und britische Relationalist*innen, die es mehr oder minder explizit für nicht sinnvoll halten, nach den Ursachen von Homosexualität zu suchen, und davon ausgehen, dass Homosexuelle zu reifen Objektbeziehungen fähig sind (z.B. Kohut 1996). Zur vierten Gruppe zählen Autor*innen, die annehmen, dass es eine unneurotische Homosexualität gibt (Mitchell 1978, 1981; Morgenthaler 1984; Isay 1989; Drescher 1997; Roughton 2002a). Insbesondere Mitchell hat schon sehr früh erstaunlich wenig bekannte Artikel in diesem Sinne veröffentlicht (vgl. auch Roughton 2002b).

Richter & Brosig (2017) führten eine methodisch eng an die italienischen Kolleg*innen angelehnte Befragung deutscher Psychoanalytiker*innen durch. Auch sie finden Reste einer ambivalenten Einstellung zu homosexuellen Analytiker*-innen, insbesondere zur Frage, ob sie zu allen Ausbildungsqualifikationen Zugang haben sollten.

Dass gerade dieser Schritt – die Ernennung zum/zur Lehranalytiker*in und damit der Zugang zum *inner circle* eines Ausbildungsinstituts – unreflektierte Homophobie zum Vorschein bringen kann, davon zeugt der Bericht Schons (2016, S. 66 f.) über seine Evaluation zum Lehranalytiker: Er – als schwul lebender Mann – hatte seine psychoanalytische Arbeit mit einer heterosexuellen Patientin vorgestellt und die Evaluation erfolgreich durchlaufen. Direkt danach teilte ihm eine der beteiligten Lehranalytikerinnen unter vier Augen mit, ihrer Auffassung nach könnten homosexuelle Analytiker ihre heterosexuellen Patientinnen psychoanalytisch nicht wirklich gut behandeln, da sie deren heterosexuelles Begehren nicht beantworten würden; in der vorgestellten Behandlung könne es – vor dem Hintergrund des frühen Todes ihres Vaters – durch die spezifische psychosexuelle Konstellation zu einer Retraumatisierung der Patientin kommen. Was, oberflächlich betrachtet, als Rücksicht gedacht war, befremdete Schon sowohl inhaltlich (wieso sollte es zwischen Homosexuellen und Heterosexuellen kein Begehren geben?) als auch durch die zeitliche Platzierung: Eine offene Diskussion im Rahmen der Evaluation war verpasst.

Zulassungspraxis gestern und heute

In den 80er- und 90er-Jahren hatte es mehrere Umfragen zur Zulassungspraxis psychoanalytischer Ausbildungsinstitute gegeben, z. B. von der Bundesarbeitsgemeinschaft Schwule im Gesundheitswesen (1985), später von Rauchfleisch (1993). Diese Untersuchungen hatten ergeben, dass eine »Im Prinzip Ja, aber …«-Haltung vorherrschte, wobei das *Aber* die Praxis dominierte. Gschwind (2015) spricht von »gewundenen, gedrechselten Formulierungen«, die diese Ablehnungen der Bewerbungen dann begründen sollten.

Da bekannt war, bei welchen Instituten eine Zulassung nicht von vorneherein ausgeschlossen war, nahmen homosexuelle Interessent*innen Umzüge in eine andere Stadt in Kauf, um eine Ausbildung beginnen zu können oder nach bereits erfolgter Ablehnung eine neue Chance zu bekommen.

Im Januar 2011 fand in Köln ein Symposium »Homosexualität und psychoanalytische Ausbildung« statt, veranstaltet vom Institut für Psychoanalyse und Psychotherapie Rheinland. Viele, die sich mit dem psychoanalytischen Diskurs zur

Homosexualität und der daraus folgenden Praxis beschäftigten, waren erleichtert über diese eigentlich überfällige Initiative. Erleichterung war allerdings nicht die vorherrschende Stimmung auf dem Symposium. Viele der Anwesenden nutzten dieses Forum als Raum, um – vielleicht das erste Mal in dieser fachöffentlichen Form – von ihren Diskriminierungserfahrungen durch psychoanalytische Institutionen zu berichten und ihrer Verletztheit und Empörung Ausdruck zu verleihen.

Roughton (2000a) berichtet von einem ähnlichen Erlebnis: Als er Anfang der 90er-Jahre einem schwul-lesbischen Arbeitskreis der Amerikanischen Psychiatrischen Vereinigung *good news* der neuen Antidiskriminierungspolitik der APsaA überbringen wollte, stieß er nicht auf Freude und Erleichterung über diese Mitteilung, sondern auf »pain and rage«. »You have to understand: people's lives were affected«, hielten ihm seine Kolleg*innen vor. Und in seinem Aufsatz »Rethinking psychoanalysis« ergänzt er: »Our profession was also affected« (ebd., S. 733).

Auf dem Kölner Symposium bezeichnete Ermann, der mit Poluda-Korte einer der beiden Hauptredner*innen war, die Veränderung der Zulassungspraxis an den deutschsprachigen psychoanalytischen Instituten als »stummen Wandel«. Später führt er aus:

> »Das Problem ist nicht die Praxis. Das Problem ist eine bisweilen unklare Motivation dieser Praxis. Geschieht sie aus politischer Korrektheit heraus, um gegenüber anderen Therapieschulen bestehen zu können und nicht ins Abseits zu geraten – oder beruht sie auf der reflektierten, erfahrungsbegründeten Überzeugung, dass Schwule – wie jeder andere – Psychoanalytiker werden und Ausbildungsfunktionen ausüben können?« (2017, S. 101).

Ähnlich äußert sich Gschwind (2015):

> »Der Ausschluss der Homosexuellen kann nicht ohne Konsequenzen geblieben sein für die Psychoanalyse als Wissenschaft und als Praxis, und es wäre naiv zu glauben, wir könnten die Lücke [...] schließen, ohne sie zu analysieren« (S. 633f.).

Damit spielt er auf die stillschweigende Streichung pathologisierender Passagen aus psychoanalytischen Lehrbüchern an. Er spricht von einem »extrem dicken Fell der institutionalisierten Psychoanalyse in Deutschland«, die bisher zielsicher jede Gelegenheit verpasst habe, sich »öffentlich und vernehmbar mit ihrem psychopathologisierenden Blick auf die Homosexualität auseinanderzusetzen« (S. 643).

Reiche (1997) hat sich schon vor mehr als 20 Jahren ähnlich geäußert: Die Psychoanalyse sei vom juristischen, psychiatrischen und gesellschaftlichen Diskurs überholt worden und deshalb als Diskursführerin in den Hintergrund getreten (S. 943 f.).

Anders als in den USA vollzog sich die Abkehr vom Ausschluss von Schwulen und Lesben in den europäischen Fachgesellschaften ohne vernehmbare interne oder öffentliche Kontroversen. Das Symposium in Köln schien ein Auftakt zu einem Prozess der Reflexion der bisherigen Praxis zu sein. Es blieb aber zunächst bei dieser Pioniertat des Rheinländer Instituts, die allerdings hinter den Kulissen auch andere Institute inspirierte, sich expliziter zu äußern, z. B. das Hamburger DPG-Institut.

Auch wenn das Bild immer noch uneinheitlich ist und die Zusammensetzung der Ausbildungsausschüsse eine große Rolle spielt, kann davon ausgegangen werden, dass heute die meisten europäischen Institute homosexuelle Bewerber*innen zulassen und diese dann auch Zugang zu den zentralen Ausbildungsfunktionen wie dem Lehranalytiker*innen-Status haben.

Anders ist die Situation für transsexuelle Interessent*innen. Weil klar ist, dass sie nicht zugelassen werden würden, gibt es meines Wissens an Instituten, die einer der großen deutschen Fachgesellschaft angehören, keine Bewerbungen von Transmännern oder -frauen, die sich als solche zu erkennen gäben. Vermutlich wären die entsprechenden Zulassungsgremien der Institute von einer solchen Bewerbung auch überrascht und überfordert.

»Es gibt transsexuelle Analytiker*innen und Ausbildungskandidat*innen in Europa offiziell nicht. Inoffiziell und vereinzelt schon, stets nach der Transition und dann ›incognito‹, d. h. nicht institutsöffentlich, sondern von Lehranalytiker*innen und Kolleg*innen stillschweigend akzeptiert« (Fahrenkrug 2018).

Von einer reflektierten Zulassungspraxis kann also noch nicht gesprochen werden. Und das verweist auf eine ganz grundsätzliche Frage, die mit dem binären Geschlechterkonzept der Psychoanalyse zusammenhängt. Denn die meisten, aber nicht alle transsexuellen Menschen positionieren sich eindeutig als Mann *oder* Frau. Und diese Non-Binarität findet sich – hier von Geburt an – auch bei intergeschlechtlichen Personen. Ihre spezifische geschlechtliche Verfasstheit – eine morphologische, gonadale oder chromosomale Mehrdeutigkeit – ist in den letzten Jahren durch die Aktivitäten von intergeschlechtlichen Menschen selbst und die

Arbeit von Wissenschaftler*innen (vgl. Richter-Appelt & Schweizer (2012) und Schweizer & Vogler (2019)) mehr in das gesellschaftliche Bewusstsein getreten, nicht zuletzt durch den Beschluss des Bundesverfassungsgerichts (10. Oktober 2017). Auch intergeschlechtliche Menschen, die genderqueer leben, finden sich meines Wissens nicht in den psychoanalytischen Ausbildungsgängen. Ihre geschlechtliche Mehrdeutigkeit stellt ebenfalls die aus medizinischer Sicht ohnehin problematische Grundannahme einer stets eindeutigen Geschlechterdichotomie in Frage. Quindeau (2012) versucht, dieses verbreitete Bestehen auf Eindeutigkeit in Zusammenhang mit gesellschaftlichen Grundannahmen zu verstehen:

»In Gesellschaften, in denen das Geschlecht eine zentrale Ordnungsfunktion einnimmt, werden geschlechtliche Transgressionen, sei es in Gestalt von Trans- oder von Intersexualismus, beinahe notwendig stigmatisiert, weil sie die dichotome Geschlechterordnung mit ihren heteronormativen Grundannahmen infrage stellen. Diese gesellschaftliche Stigmatisierung schlägt nicht selten auch auf die Theoriebildung durch; das polare Verhältnis von Männlichkeit und Weiblichkeit wird als ›natürlich‹ apostrophiert und theoretisch legitimiert« (S. 119).

Zur Frage der Traumatisierung

Roughton beschreibt auch seine eigene Geschichte, wenn er sagt:

»Wir sollten einen Moment innehalten und die Ungerechtigkeit und das Leid anerkennen, das wir Psychoanalytiker*innen ganzen Generationen von Schwulen und Lesben bereitet haben. Unzählige von ihnen wurden durch die Realität der Diskriminierung eingeschüchtert und bewarben sich nicht als Kandidat*innen; einige bewarben sich dennoch und wurden abgelehnt, wenn sie sich zu ihrer Homosexualität bekannten; andere meines Jahrgangs machten leidvolle innere Kompromisse, um Analytiker*innen zu werden« (2002a, S. 735, Übers.: A. R.-P.).

Es gibt viele Kolleg*innen, die von einer Ausbildung incognito berichten, von der Angst, aufzufliegen, von der Wut, wenn sie sich in Theorieseminaren Diffamierungen über Homosexuelle anhören mussten und alle Anwesenden diese Haltung zu teilen schienen, von der sozialen Isolierung in der Ausbildung, weil das Privatleben verborgen werden musste, vom Erleben, sich in die Weiterbildung eingeschlichen zu haben, vom Versuch, sich innerlich gegen pathologisierende Zuschreibungen zu wehren, das illegitime Gefühl aber nie ganz loszuwerden.

Dabei ist nicht in erster Linie die Psychoanalyse zu kritisieren – schließlich gibt es die Diffamierung und Kriminalisierung von Homosexualität schon seit Jahrhunderten wie auch die Pathologisierung von Transsexualität und die Horrifizierung von Intergeschlechtlichkeit. Aber der Psychoanalyse kommt eine besondere Verantwortung zu, weil sie bei allen Fragen der Identität und Sexualität als fachliche Instanz galt und den Diskurs zur Homosexualität entscheidend mitgeprägt hat. Die Wiener Philosophin und Psychoanalytikerin Hutfless merkt kritisch an:

»Die Psychoanalyse verkennt, dass sie selbst sexuelle und geschlechtliche Phänomene nicht bloß beschreibt, sondern an der diskursiven Hervorbringung von bestimmten Subjekten und deren Degradierung als pathologisch, entwicklungsgestört etc. ebenso maßgeblich beteiligt ist […]« (Hutfless & Zach 2017, S. 12).

Denn, so die Autorinnen weiter:

»[…] wissenschaftliche Theorien sind nie frei von Machtkonfigurationen und Ideologien. Auch die Psychoanalyse, die das Unbewusste adressiert, ist nicht Teil des Psychischen, sondern stellt einen wissenschaftlichen Diskurs dar, der durch äußere, politische, wissenschaftsgeschichtliche Strukturen beeinflusst ist, der aber zugleich auch von psychischen, triebhaften Elementen nicht unbeeinflusst ist« (ebd., S. 25).

Die Historikerin Herzog (2017) erinnert daran, dass die Psychoanalyse der Nachkriegszeit konservative Werte unter dem Label Gesundheit anbot, die sich durch eine ausgesprochene Verachtung von Homosexualität und weiblicher Sexualität außerhalb der Ehe auszeichneten.

»Einige Menschen konnten diese Norm mühelos erfüllen. Aber die Verschwendung von Leben bzw. Lebensentwürfen – die Traumatisierung von Homosexuellen, die einer unerbittlichen Missachtung und Konversionsversuchen ausgesetzt waren, und der Kummer in zahllosen, daraus folgenden heterosexuellen Ehen – war unermesslich« (S. 67, Übers.: A. R.-P.).

Herzogs Fokus liegt hier auf Psychoanalyse-Patient*innen, die im Sinne einer Konversionstherapie behandelt wurden, und so ist die Verwendung des Begriffs der Traumatisierung in einem objektbeziehungstheoretischen Sinne gerechtfertigt: Die Objektbeziehung selbst kann traumatogen wirken, wenn zum Objekt eine Abhängigkeitsbeziehung besteht, dieses Objekt etwas höchst Aufregendes oder Schmerzhaftes tut und sich danach abwendet (vgl. Bohleber 2000, S. 804 f.). Übertragen auf Konversionstherapien bedeutet dies: Das Objekt, von dem die Patient*innen abhängig waren, hat mit ihnen etwas gemacht, gegen das sie sich, auch wegen der eigenen internalisierten Homophobie und damit verbundenen Abwertung ihrer sexuellen Orientierung, nur schwer wehren konnten. Nach Erreichen des vermeintlichen Erfolgs, der Heterosexualität, oder bei deren Nichterreichen wurden sie vom Objekt allein gelassen – in einer Scheinlösung wie im Fall der kurzen Ehe des amerikanischen Kollegen oder im Scheitern, wenn Heterosexualität nicht erreicht wurde. Auch Vaughan (Gelé et al. 2012), eine US-amerikanische Psychoanalytikerin, verwendet den Begriff der Traumatisierung. Hier geht es nicht um eine Konversionstherapie, sondern um ihre Zulassungsgespräche für die psychoanalytische Ausbildung:

»Ich war zugelassen worden, als eine der beiden ersten offen homosexuellen Kandidat*innen, und konnte die Ausbildung im Herbst 1993 beginnen. Aber es war traumatisch gewesen. Und zwar so traumatisch, dass ich danach realisierte, dass ich zum ersten und letzten Mal dissoziiert hatte« (S. 961, Übers.: A. R.-P.).

Ihre Partnerin sei wütend gewesen, als sie niedergeschlagen und verwirrt nach Hause kam, und habe das psychoanalytische Institut mit der Methodisten-Kirche verglichen, als sie ihr vom Zulassungsinterview erzählte. »But the problem was, I really really wanted to be a psychoanalyst« (ebd.).

Vaughans Geschichte zeigt, dass es durch Identifikation mit einer Gruppe zu einer Art symbolischer Extension (vgl. Kühner 2008) auf alle Angehörigen – die Partnerin eingeschlossen – eines Kollektivs kommen kann. »Diese Identifikation ist im Spannungsfeld zwischen konkreter Erfahrung und kultureller Artikulation zu verorten […]« (S. 203). Nicht nur die sind betroffen, die in Konversionstherapien fehlbehandelt wurden, sondern auch diejenigen, die mit ihrem Wunsch, Psychoanalytiker*in zu werden, auf normativen Beton stießen und abgelehnt wurden, wie auch diejenigen, die eine Bewerbung erst gar nicht riskierten, wie auch diejenigen, die ihre Homosexualität verbargen, aber auch Partner*innen, Freund*innen, Kolleg*innen …

Kühner (2007) hält das »kollektive Trauma« für einen nicht unproblematischen Begriff, eben weil das Kollektiv aus mehreren Unter-Kollektiven mit ganz unterschiedlichen Erfahrungen bestehe. Sie schlägt zusätzlich zum Begriff des *kollektiven Traumas* den des *kollektivierten* und des *kollektiven symbolvermittelten Traumas* vor (S. 26 f.). Der erste Begriff betont das real erfahrene Ereignis, der zweite den Prozess, in dem etwas gemeinsam Erlebtes im kollektiven Gedächtnis einer Gruppe aufbewahrt wird, der dritte fokussiert auf den Teil des Kollektivs, der nicht direkt am Erlebten beteiligt war, aber durch die erfolgte Identifikation ebenfalls erschüttert ist.

Diese Begriffsdifferenzierung erleichtert die Sensibilisierung für das symbolvermittelte kollektive Trauma eines ganzen (uneinheitlichen) Kollektivs.

Mit dem Konzept der sequentiellen Traumatisierung bringt Keilson (1979) den Gesichtspunkt ein, dass die Zeit nach dem Trauma, also die Reaktion der Umgebung entscheidend für die Traumaverarbeitung ist. Kreuzer-Haustein (2018) spricht von der »Notwendigkeit für Menschen mit traumatischen Erfahrungen, eine Umwelt vorzufinden, in der das Trauma anerkannt wird«. Es muss, so die Autorin weiter, »in der Phase nach dem Trauma einen Zeugen geben […], der hört, was stattgefunden hat, und es für *wahr* nimmt« (S. 227, kursiv im Orig.).

Alle, die in der Zeit nach dem Trauma mit den Traumatisierten zu tun haben, sind in der Pflicht, auch Jahre später noch, und so können Auseinandersetzungen in der APsaA mit der daraus folgenden Einstellungsveränderung und der intensiven Publikationstätigkeit (s. u.) als Wahrhaben-Können des Geschehens und als reflexiver und versöhnender Akt verstanden werden. *Recovering from Iatrogenesis...*

Wichtig im Hinblick auf die Genesung erscheint auch das Arbeiten am Phänomen der Homophobie; sie ist als Symptom anzusehen, das entsteht, wenn ein verbotenes homosexuelles Verlangen in kollektive Verachtung von Homosexualität umgeformt wird, wenn also die Liebe zum Objekt in Hass umschlägt. Dieser Vorgang stabilisiert dann wiederum die Zugehörigkeit zu einer Gruppe, die Sicherheit gegen die Bedrohung homosexueller Sehnsüchte verspricht, während sie diese projizierten, verbotenen Sehnsüchte durch das Verbot gleichzeitig permanent befriedigt (vgl. Moss 1997).

»In diesem Sinn ist die ›eigentlich wahre‹ lesbische Melancholikerin die streng heterosexuelle Frau, und der ›eigentlich wahre‹ schwule Melancholiker ist der streng heterosexuelle Mann« (Butler 2005, S. 138).

Diese zunächst überraschende Hypothese stammt von Butler, einer der bekanntesten Protagonist*innen der Queer Theory. In ihrem Konzept der »Melancholie des Geschlechts« geht die Autorin von dem frühen verleugneten und damit unbetrauerbaren Verlust des verbotenen homosexuellen Liebesobjektes aus, den sie als bedeutsam für die Annahme einer streng heterosexuellen Geschlechtsidentität ansieht. Butler begreift »starre Formen der Geschlechtszugehörigkeit und der sexuellen Identifizierung, gleich ob hetero- oder homosexuell, als Folgeformen der Melancholie« (ebd., S. 135). Für Butler sind die Folgen des »wechselseitigen Ausschlusses« für die Subjektwerdung und die »Kosten« der Artikulation einer kohärenten Identität durch Erzeugung, Ausschluss und Verleugnung hoch, und deshalb plädiert sie für das Risiko der Inkohärenz der Identität (ebd., S. 140). In diesem Sinne versteht Quindeau (2019) auch die kasuistische Arbeit des transsexuellen Analytikers Hansbury (2019): Er interessiere sich für die gegengeschlechtlichen »Überlebsel« (Quindeau 2019, S. 621) und stelle die Frage, »[…] was mit den geschlechtlichen Identifizierungen passiert, die im Zuge der Ausbildung einer eindeutigen Geschlechtsidentität ins Unbewusste verfallen. Damit sind sie ja nicht einfach verschwunden, sondern drängen zu einer Ausdrucksgestalt« (ebd.).

Können oder müssen wir ohne Binarität auskommen? Ich folge Quindeau (2019), wenn sie vorschlägt, der Binarität die Dekonstruktion zur Seite zu stellen:

»Ein solcherart de-konstruierter, hinterfragter Körper sucht das binäre Identitäts- und das fluide Vielfaltsmodell in eine dialektische Spannung zu bringen. Diese Konzeptualisierung erscheint mir vielversprechend; sie überwindet die problematische Spaltung von binärer vs. fluider Geschlechtsidentität und macht deutlich, dass beides nötig ist, Geschlechtsidentität und geschlechtliche Vielfalt: Menschen können sowohl in einem Moment stabile, kohärente und einheitliche Subjekte sein, als auch in einem anderen Moment multipel, dynamisch und fragmentiert […]. Diese Gleichzeitigkeit von Identität und Vielfalt, von Eindeutigkeit und Ambiguität scheint mir die geschlechtliche Positionierung vieler Menschen und ihr Erleben sehr zutreffend zu beschreiben« (S. 619).

Reflektierte Subjektivität

»Für die meisten heterosexuellen Analytiker ist vielleicht die Abwesenheit offen homosexueller Stimmen nicht weiter bemerkenswert und wird als Form des normalen psychoanalytischen Lebens verstanden. Für schwule

Psychoanalytiker ist dieses Schweigen ohrenbetäubend« (Drescher 1997, S. 205, Übers.: A. R.-P.).

Und Drescher weiter:

»Über Homosexualität in einem psychoanalytischen Zusammenhang zu sprechen ist durch die Abwesenheit von offen schwulen Psychoanalytikern begrenzt worden. Exklusives heterosexuelles Theoretisieren über Homosexualität ist so bedeutungsvoll wie exklusives männliches Theoretisieren über weibliche Sexualität« (ebd., S. 214, Übers.: A. R.-P.).

Roughton (2002a) beklagt, der psychoanalytische Diskurs habe durch den Ausschluss vieler Kolleg*innen selbst Schaden genommen (S. 757). Hat es heuristische Relevanz für die psychoanalytische Theorieentwicklung, dass sich das geändert hat und inzwischen Lesben und Schwule in Ausbildung sind und selbst als Lehranalytiker*innen ausbilden?
Vermutlich waren oder sind psychoanalytische Theorien so durchtränkt von heteronormativen Ideen, dass die Kolleg*innen, die selbst eine nonkonforme psychosexuelle Entwicklung durchlaufen haben, die durch Normativität verursachten Bias in der psychoanalytischen Theorie eher erkennen und neue Akzente setzen können. In der Sprache der Qualitativen Forschung ausgedrückt: Die »reflektierte Subjektivität« ist unerlässlich, um zu validen Erkenntnissen zu kommen.
Die Antidiskriminierungserklärung der APsaA vor 25 Jahren jedenfalls war eine Art Startschuss: Es entstanden quasi auf der Stelle eine ganze Reihe von Arbeiten homosexueller Analytiker*innen. In diesen Arbeiten wird die psychoanalytische Dauerfrage nach dem *Warum*, nach der Psychogenese einer homo- oder heterosexuellen Entwicklung selbst in Frage gestellt. Lange Zeit hatte die Psychoanalyse ihre diskursive Relevanz aus der Annahme gezogen, dass die Frage nach dem *Warum* der sexuellen Orientierung, auch der transsexuellen, psychoanalytisch beantwortet werden könne. Stattdessen erscheint es Autor*innen wie Phillips (1998), Corbett (2001) und Ermann (2009) wichtiger, sich mit dem *Wie* der homosexuellen Entwicklungen, die spezifische innere Konflikte mit sich bringen können, zu befassen. Fahrenkrug (2019) und Preuss (2019) zeigen, wie diese Haltung für transsexuelle Entwicklungen fruchtbar gemacht werden kann.
Interessant sind auch Arbeiten zu behandlungstechnischen Fragen. »A new analytic dyad« – so überschreibt Phillips (1998) eine Publikation. Neu nennt er die Dyade deshalb, weil es vor 1991 offiziell keine lesbischen oder schwulen Analyti-

ker*innen gab. 1998, in dem Jahr, in dem Phillips seinen Artikel publizierte, beendeten die ersten offen homosexuellen Analytiker*innen, zu denen er auch gehörte, ihre psychoanalytische Ausbildung. Jetzt erst konnte es einen offenen Diskurs darüber geben, ob die Homosexualität des/der Analytiker*in (wie auch andere Parameter – Geschlecht, Alter, kulturelle Zugehörigkeit etc.) einen spezifischen Einfluss auf die Behandlung haben könnte. Das sich aus dieser Beeinflussung ergebende Material kann, das ist Phillips Hypothese, der Vertiefung der Analyse dienen, verweist aber auch auf eine Begrenzung des inneren Spielraums der/des Analytiker*in, weil der (Erfahrungs-)Fundus immer spezifisch und somit eingeschränkt ist.

Seit an manchen Instituten in den USA Trans*Personen und Transfrauen und -männer zur psychoanalytischen Ausbildung zugelassen werden, gibt es eine ganze Reihe von Publikationen zu behandlungstechnischen Fragen (Hansbury 2017, 2019; Pula 2017) – vielleicht ein Zeichen der Produktivität, die von der inneren Notwendigkeit herrührt, diese neue (denn auch hier entstehen *new analytic dyads*, z. B. transsexueller Analytiker – transsexueller Patient) subjektive Position als Analytiker*in zu reflektieren. Quindeau (2019) führt weiter aus:

> »Die Analytiker_in stellt einen Raum bereit, in dem bestimmte Phantasien zum Ausdruck kommen können und andere nicht. Gerade eine queere, geschlechtlich nicht eindeutig einzuordnende Person löst vermutlich mehr ambigue, mit beiden Geschlechtern zu verbindende Körperphantasien bei den Analysand_innen aus als eindeutige cis-gender Analytiker_innen. Dies zeigt wieder einmal, wie wichtig geschlechtliche und sexuelle Vielfalt in der analytischen Community ist« (S. 618).

Ausblick

Die jahrzehntelange Praxis der psychoanalytischen Fachgesellschaften und Institutionen, lesbische und schwule Bewerber*innen abzuweisen, ist fallen gelassen worden.

Die Folgen dieser Praxis sollten in einem intensiven Reflexionsprozess aufgearbeitet werden. Dazu gehört das Bewusstsein darüber, dass Identitätskategorien wie »schwul«, »lesbisch«, »homosexuell« usw. selbst wieder normalisierend wirken und neue Ausschlüsse, Abwertungen und Pathologisierungen produzieren können (vgl. Hutfless 2016, S. 102).

Nach der Antidiskriminierungserklärung der APsaA in den 90er-Jahren wurde das Committee on Issues of Homosexuality (später Gender and Sexuality) ins Leben gerufen. Ziel war es, die Folgen von Bias und Diskriminierung bewusst zu machen und das Monitoring der vorzunehmenden Veränderungen zu begleiten. Bolognini, seinerzeit Präsident der IPV, hat in seiner Neujahrsansprache 2017 die Neugründung eines IPA Sexual and Gender Diversity Studies Committee bekanntgegeben, das ähnliche Ziele verfolgt, und in allen psychoanalytischen Fachgesellschaften entstehen produktive Arbeitskreise, die von einem großen Bedürfnis zeugen, die psychoanalytischen Theorien zu Geschlecht und Sexualität zu überprüfen und den Anschluss an Nachbardiskurse zu erreichen.

Die Geschichte habe gezeigt, sagt Roughton (2002b), dass Wahrheit allein nicht ausreiche, um festgefahrene Einstellungen zu verändern. Es seien »[…] neue Ideen, deren Wiederholung und vielfältige Aktivitäten notwendig, um einen Wandel herbeizuführen« (S. 79, Übers.: A. R.-P.). Eine dieser Aktivitäten könnte auch eine Entschuldigung sein, wie sie der Präsident der APsaA Jaffe anlässlich des 50. Jahrestags der Stonewall-Proteste formuliert hat: »While our efforts in advocating for sexual and gender diversity since are worthy of pride, it is long past time to recognize and apologize for our role in the discrimination and trauma caused by our profession and say ›we are sorry‹« (zit. nach Drescher 2019).

Anmerkung

1 Stakelbeck & Frank haben sie im *Jahrbuch für Schwule-Lesben-Psychologie* übernommen: »Die APsaA lehnt jede öffentliche oder private Diskriminierung männlicher und weiblicher homosexuell orientierter Menschen ab und verurteilt sie. Es ist die Position der APsaA, dass die Institute unserer Fachgesellschaft Ausbildungskandidat*innen wegen ihres Interesses an der Psychoanalyse, wegen ihrer Begabung und ihrem Bildungshintergrund, ihrer persönlichen Integrität und Analysierbarkeit auswählt und nicht wegen ihrer sexuellen Orientierung. Von den Instituten ihrer Fachgesellschaft erwartet die APsaA, dass sie diese Standards bei der Auswahl ihrer Kandidat*innen anwenden, auch bei der Ernennung zu allen Lehrqualifikationen, incl. Lehranalytiker*in und Supervisor*in« (Stakelbeck & Frank 2006, S. 122, Übers.: A. R.-P.).

Literatur

Bohleber, W. (2000): Die Entwicklung der Traumatheorie in der Psychoanalyse. Psyche – Z Psychoanal 54, 797–839.

Bolognini, S. (2017): Neujahrsansprache des Präsidenten der IPV https://www.youtube.com/watch?v=scwqT-oXY4s&list=PLhxiwE76eoQZB19LbrFMWUncf8BYMZ3lT&index=4 [23.06.19].

Bundesarbeitsgemeinschaft Schwule im Gesundheitswesen (1985): Psychoanalyse in Schwulitäten. Psyche – Z Psychoanal 39, 553–560.

Bundesverfassungsgericht (2017): Personenstandsrecht muss weiteren positiven Geschlechtseintrag zulassen. https://www.bundesverfassungsgericht.de/SharedDocs/Pressemitteilungen/DE/2017/bvg17-095.html

Butler, J. (2005 [2001]): Psyche der Macht. Das Subjekt der Unterwerfung. Frankfurt/M. (Edition Suhrkamp).

Corbett, K. (2001): Nontraditional family romance. Psychoanal Quart LXX, 599–624.

Drescher, J. (1997): From preoedipal to postmodern. Gender and Psychoanal 2 (2), 203–216.

Drescher, J. (2019): A long overdue apology. https://www.psychologytoday.com/us/blog/psychoanalysis-unplugged/201906/stonewall-s-50th-anniversary-and-overdue-apology [10.08.19].

Ermann, M. (2009): Das homosexuelle Dilemma. Zur Entwicklungsdynamik der normalen männlichen Homosexualität. Forum Psychoanal 25, 249–261.

Ermann, M. (2017): Männliche Homosexuelle in der psychoanalytischen Ausbildung. Die Institution, der Kandidat und seine Patient(inn)en. Forum Psychoanal 33, 99–108.

Fahrenkrug, S. (2018): Transsexualität in der Psychoanalyse – Das Entweder-Oder von Leibhaftigkeit und Seele. Unveröffentlichtes Typoskript des Vortrags zur Jahrestagung der DPG 2018 in Hamburg.

Fahrenkrug, S. (2019): »Am ehesten bin ich wahrscheinlich eine Frau«. Fragmente einer Identitätssuche zwischen den Geschlechtern. Kinderanalyse 27, 65–84.

Fonagy, P. & Allison, E. (2019): Eine wissenschaftliche Theorie der Homosexualität für die Psychoanalyse. In: Lemma, A. & Lynch, P. E. (2019 [2015]), Psychoanalyse der Sexualitäten – Sexualitäten der Psychoanalyse. Frankfurt/M. (Brandes & Apsel), S. 161–177.

Gelé, K., McNamara, S., Phillips, S. H., Shelby, R. D., Grossman, G., Vaughan, S. C. & Roughton, R. (2012): Emerging views on gender and sexuality: Celebrating twenty years of new perspectives on lesbian, gay, bisexual, and trans people. J Am Psychoanal Ass 60/5, 949–967.

Gschwind, H. (2015): »Manif[est] Homos[exuelle] wären – einstweilen – grundsätzlich abzuweisen. Sie sind ja meist zu abnorm« – Zum Verhältnis von Psychoanalyse und Homosexualität. Psyche – Z Psychoanal 69, 632–647.

Hansbury, G. (2017): King Kong und Goldlöckchen: Transmännlichkeiten vor dem Hintergrund der Trans-Trans-Dyade. In: Hutfless, E. & Zach, B. (Hrsg.), Queering Psychoanalysis, Wien (Zaglossus), S. 559–588.

Hansbury, G. (2019): Das männliche Vaginale. Die Arbeit mit der Körperlichkeit queerer Männer an der Transgender-Schwelle. Psyche – Z Psychoanal 73, 557–583.

Herzog, D. (2017): Cold War Freud. Psychoanalysis in an Age of Catastrophes. Cambridge (University Press).

Hutfless, E. (2016): Wider die Binarität – Psychoanalyse und Queer Theory. Journal f Psychoanalyse 57. Heterosexualität und Homosexualität revisited. Zürich (Seismo Verlag), 99–115.

Hutfless, E. & Zach, B. (2017): Queering Psychoanalysis – Vorwort. In: dies. (Hrsg.), Queering Psychoanalysis, Wien (Zaglossus), S. 9–30.

Isay, R. (1989): Becoming Homosexual. Gay Men and Their Development. New York (Farrar, Straus and Giroux).

Keilson, H. (1979): Sequentielle Traumatisierung bei Kindern. Stuttgart (Enke).

Kohut, H. (1996 [1974/75]): The Chicago Institute Lectures. Edition M. & P. Tolpin. Hillsdale (The Analytic Press).
Kreuzer-Haustein, U. (2018): Geflüchtete und Traumata. Zum Artikel »Unser Verhältnis zu Flüchtlingen« von Sverre Varvin. Psyche – Z Psychoanal 72, 216–230.
Kühner, A. (2007): Kollektive Traumata. Konzepte, Argumente, Perspektiven. Gießen (Psychosozial-Verlag).
Kühner, A. (2008): Trauma und kollektives Gedächtnis. Gießen (Psychosozial-Verlag).
Lewes, K. (1988): The Psychoanalytic Theory of Male Homosexuality. New York (Simon & Schuster).
Lingiardi, V. & Capozzi, P. (2004): Psychoanalytic attitudes towards homosexuality: An empirical research. Int J Psychoanal 85 (1), 137–158.
Mitchell, S. (1978): Psychodynamics, homosexuality, and the question of pathology. Psychiatry, 41, 254–263.
Mitchell, S. (1981): The psychoanalytic treatment of homosexuality: Some technical considerations. Int Rev Psycho-Anal 8, 63–80.
Morgenthaler, F. (1984): Homosexualität Heterosexualität Perversion. Frankfurt/M., Paris (Qumran Verlag).
Moss, D. (1997): On situating homophobia. J Am Psychoanal Assoc 45, 201–216.
Quindeau, I. (2012): Geschlechtsentwicklung und psychosexuelle Zwischenräume aus der Perspektive neuerer psychoanalytischer Theoriebildung. In: Schweizer, K. & Richter-Appelt, H. (Hrsg.), Intersexualität kontrovers. Grundlagen, Erfahrungen, Positionen, Gießen (Psychosozial-Verlag), S. 119–130.
Quindeau, I. (2015): »Recovering from Iatrogenesis ...« Vom Umgang mit dem homophoben Erbe. Psyche – Z Psychoanal 69, 648–660.
Quindeau, I. (2019): Jenseits von Geschlechterbinarität und -vielfalt. Kommentar zu Griffin Hansburys »Das männliche Vaginale«. Psyche – Z Psychoanal 73, 613–623.
Phillips, S. (1998): A new analytic dyad: Homosexual analyst, heterosexual patient. J Am Psychoanal Ass 46/4, 1195–1219.
Preuss, W. (2019): Trans*-Jugendliche brauchen Zeit, um Frauen und Männer zu werden. Kinderanalyse 27(1), 85–104.
Pula, J. (2017): Gender aus der Perspektive der Transgender-Erfahrung. In: Hutfless, E. & Zach, B. (Hrsg.), Queering Psychoanalysis, Wien (Zaglossus), S. 589–629.
Rauchfleisch, U. (1993): Homosexualität und psychoanalytische Ausbildung. Forum Psychoanal 9, 348–366.
Reiche, R. (1997): Gender ohne Sex. Geschichte, Funktion und Funktionswandel des Begriffs »Gender«. Psyche – Z Psychoanal 51, 926–957.
Richter-Appelt, H. & Schweizer, K. (Hrsg.) (2012): Intersexualität kontrovers. Grundlagen, Erfahrungen, Positionen. Gießen (Psychosozial-Verlag).
Richter, C. & Brosig, B. (2017): Homosexualität und Psychoanalyse. Eine Umfrage bei Psychoanalytikern in Deutschland. Forum Psychoanal 33, 77–97.
Roughton, R. (2002a [2001]): Rethinking homosexuality. What it teaches us about psychoanalysis. J Am Psychoanal Ass 50 (3), 733–763.
Roughton, R. (2002b): Opportunities missed. Studies in Gender and Sexuality 3 (1), 73–82.
Schon, L. (2016): Homophobie und Heterophobie – Schwierigkeiten unterschiedlicher psychosexueller Konstellationen des analytischen Paars. Journal f Psychoanalyse: Heterosexualität und Homosexualität revisited, 57. Zürich (Seismo Verlag), 66–81.

Schweizer, K. & Vogler, F. (Hrsg.) (2019): Die Schönheiten des Geschlechts. Intersex im Dialog. Frankfurt/M., New York (Campus Verlag).

Stakelbeck, F. & Frank, U. (2006): Kommen die neuen psychoanalytischen Theorien zur männlichen Homosexualität nur noch aus Amerika? In: Biechele, U., Hammelstein, P. & Heinrich, T. (Hrsg.), Anders ver-rückt?! Lesben und Schwule in der Psychiatrie. Jahrbuch Lesben – Schwule – Psychologie, Berlin (Pabst), S. 121–137.

DOMINIC ANGELOCH

»A sense of disaster, past and impending«

Wilfred Bions Jugend und Schulzeit 1905–1915

»Trauma« und Erfahrung

Das Wort »Trauma«, und erst recht sein inflationärer Gebrauch der letzten Jahre in der Psychologie wie in der Öffentlichkeit, produziert den Anschein, es mit etwas klar Umrissenem, Greifbarem zu tun zu haben. Dieser Anschein könnte falscher nicht sein.

Die emotionale Erfahrung, die einem Trauma zugrunde liegt, ist so überpräsent und zugleich so unerträglich, dass sie sich selbst löscht, zu einem – wie Maria Torok und Nicolas Abraham (2001, S. 551) es beschrieben haben – »intrapsychischen Geheimnis« in dem Sinne wird, dass sie nicht in kommunizierbare Verbildlichungen überführt, nicht mit Bedeutung versehen, nicht symbolisiert werden kann. »Trauma« ist etwas, das sich weder benennen noch aussprechen lässt; es ist irreversibel und lässt sich nicht heilen.[1] Es ist unmöglich, es irgend dingfest zu machen oder zu beweisen, ebenso wenig, wie »das Unbewusste« sich dingfest machen oder beweisen lässt.

Doch wenn das Trauma auch nicht direkt mitgeteilt werden kann, so teilt es und teilen sich die emotionalen Erfahrungen, auf denen es basiert, doch indirekt mit: in der *Form* des Sprechens bzw. Schreibens, als Zwischenton, zwischen den Zeilen, unter der Hand, unausgesprochen, in Residuen, flüchtigen Spuren. Traumatisches kann man nur erfahren, und als Erfahrenes *zeigt* es sich. Dazu aber müssen wir versuchen davon abzusehen, die Bedeutung des Geschriebenen oder Gesagten starr auf der Aussageebene festzumachen – und stattdessen auf das hören, was *in und mittels der Sprache beredt* wird, in ihren Mikrostrukturen und dazwischen.

Bions Autobiographiefragment *The Long Week-End 1897–1919. Part of a Life* (Bion 2005 [1982]) entwickelt ein mimetisches Verfahren der Darstellung von Brüchen und Widersprüchen im Erzählten und im Prozess des Erzählens, in einer an Kants und Humes philosophischer Reflexion, Shakespeares und Joyces literarischen Techniken und Freuds und Kleins psychologischer Methodik geschulten, zur Meisterschaft vorangetriebenen Form.

Bions Kindheit im nordwestindischen Mathura, wo er 1897 geboren worden war, wird eingangs von *The Long Week-End* im Abschnitt »India« erzählt; dieser Abschnitt umfasst lediglich 23 Seiten. Der daran anschließende Abschnitt »England« ist dreimal so lang: Seine Jugend und Schulzeit im englischen Internat von 1905 bis 1915 erzählt Bion auf 70 Seiten.

Das hat – auch – objektive Gründe: Um seine individuellen Erfahrungen erzählen zu können, muss Bion den Rahmen mitverhandeln, innerhalb dessen sie stattfanden. Bezogen auf seine Schulzeit sind das die spezifischen Bedingungen, die im englischen Erziehungssystem herrschten. Es sind Bedingungen, die nicht nur Bions Mentalität prägten, sondern das Klima einer ganzen Nation. Die Schilderung des Umgangs mit einem Lehrer, dessen junge Frau kurz nach der Heirat in eine Nervenheilanstalt eingewiesen worden war, beschließt Bion an einer Stelle mit dem Kommentar: »What was done to him by the laws of his time seems to me to be the outcome of the unspeakable cruelty of a nation dominated by a prepschool mentality« (S. 85).

In einem 1994 gesendeten Rundfunk-Essay über Bions *The Long Weekend* schreibt Caroline Neubaur (2018, S. 237):

> »Aus Bions Autobiographie erfahren wir viel über die Innenansicht des für uns immer noch exotischen Kontinents England. Zunächst und vor allem über die libidinöse englische Jugendgesellschaft, die zwischen Homoerotik, Literatur und Weltreich-Meisterung ihre Berührungstabus so weit treibt, daß sie gar nicht mehr erzogen zu werden braucht, sondern sich selbst erzieht. […] Wir haben viel zu wenig Einsicht in diese homoerotische Halbwüchsigengesellschaft, in deren halb sportlicher, halb militärischer Schulatmosphäre eine Jungmännergesellschaft mit starken Liebesbeziehungen und beträchtlichem, teils offenem, teils verdecktem Sadismus heranwächst. Später saß dann der eine in Burdschistan, der andere in Patschistan, fünfhundert Kilometer Wüste trennten sie, und zwischen beiden spannte sich ein libidinöser Bogen.«

Erfahrung generell hat es an sich, im Moment des Erzählens oder Niederschreibens ihr Wesen zu verändern; die Akzente verschieben sich unmerklich, die Fassung in Sprache – zumal in einer falschen – nimmt von der Dringlichkeit und

Schärfe der Ereignisse. Eine traumatische Erfahrung aber zeichnet sich dadurch aus, dass ihr Wesen, ihr Auslöser und Verlauf, durch schlechterdings kein Erzählen und kein Niederschreiben benannt oder auch nur beschrieben werden kann. Bion schreibt über die Erfahrungen seiner Schulzeit: »Such cataclysmic disasters cannot be described. They haunt me still; even now I am impelled to write of them, but what I have written is, as soon as it is written, a boring triviality of the lives of over-privileged brats« (Bion 2005, S. 51).

Als Bion 1905, im Alter von acht Jahren, von seinen Eltern zum Besuch der »Preparatory School« nach England geschickt wird, erfüllt ihn der Abschied von Indien mit großer Trauer. Es wurde ein endgültiger Abschied, zeitlebens sollte er nicht mehr nach Indien zurückkehren; das Heimweh nach dem verlorenen Land seiner Kindheit aber begleitete Bion ab diesem Moment bis an sein Lebensende. 9000 Kilometer weit weg in ein Land expediert zu werden, das er noch nie zuvor gesehen hatte und in dem völlig andere Bedingungen herrschten als die, die er kannte, war schon für sich genommen eine extrem schmerzhafte Erfahrung für den Achtjährigen. Die Schilderungen der Geschehnisse im Abschnitt »England« sind von diesem Schock, seinen unmittelbaren Wirkungen und seinen subkutan arbeitenden, erst über lange Zeit allmählich sichtbar werdenden Konsequenzen ausgerichtet. Die vielfältigen Erschütterungen, die diese Erfahrung in Bion auslösten, werden dabei nicht so sehr explizit-direkt erzählt, sondern vor allem via der Form im Leser evoziert. Die Form, in der von der schockhaften Erfahrung erzählt wird, bildet die Schocks und Erschütterungen mimetisch nach, gibt sie als Erschütterungen im Akt des Lesens selbst an den Leser weiter und bringt sie so als ihrerseits schockhafte, sich unmittelbar *und* erst allmählich auswirkende Leseerfahrungen in ihm unter. Die dabei zur Anwendung kommenden Erzählverfahren und Textstrategien möchte ich nun in einem *close reading* des ersten Kapitels des »England«-Abschnitts aus *The Long Week-End* so genau wie möglich nachzeichnen.

Lektüre: The Long Week-End: »England«, Kapitel I

»Delhi, motor cars, rich people, English women with loud voices – ›fancy! the Kingdom of Heaven filled with people like …‹ like my ayah and my friend Dhunia the sweeper? I hoped so, but in fact I knew it would not be low caste, untouchables, like *that,* but ›untouchables‹ like that beautiful, laughing English Lady. Now I know that they were unspeakables too, but that I learned too late to be much help. Not even Miss Whybrow and Mrs Thompson could

teach me that; I had another twelve years to go before I would even have a chance to learn.
But Delhi: New Delhi! Isn't it splendid? If only I hadn't got to go to school« (S. 33).

Bion lässt den Leser unvermittelt in eine fremde Perspektive gleiten. Vor unseren Augen zieht eine Reihe von Dingen, Orten, Menschen, Namen, Gedankenfetzen und Gebetsversatzstücken vorbei, die kaum untereinander verbunden sind. Ihr Zusammenhang wird lediglich durch den Duktus hergestellt: In diesem inneren Monolog, der nicht gleich als solcher identifizierbar ist, bildet die erlebte Rede die atemlose Erzählweise eines aufgeregten Kindes nach, das einer mehr oder weniger vertrauten Person in schneller Folge ein schwer verständliches Durcheinander aus Geschehnissen und Gedanken und Gefühlen, inneren und äußeren Wahrnehmungen herbeiplappert. In einer Mischung aus Ellipsen und assoziativen Verweisen, die der Leser auch vor dem Hintergrund seiner Kenntnis des bisher Gelesenen nur zum Teil einordnen und dechiffrieren kann, prasseln die unverdauten Gedanken samt den sie begleitenden angeschnittenen, immer gleichsam mit einem Drall versehenen Kommentierungen auf den Leser ein wie die Eindrücke, die auf der Reise von Mathura über Delhi nach Bombay und von dort aus nach England auf das Kind einstürmen.

Zusätzlich kompliziert wird die Verweisstruktur durch das unvermittelte Aufeinanderprallen von Segmenten, die sich nicht nur im Sprachregister, sondern auch in der Perspektive grundsätzlich voneinander unterscheiden: In den atemlosen inneren Monolog des Kindes, das seinen eigenen Gedanken ständig mit neuen Gedanken ins Wort fällt, in denen das Echo von Aussagen von Erwachsenen – vermutlich der Eltern – anklingt, an das sich das Kind erinnert, schiebt sich mitten im Satz immer wieder die Perspektive des achtzigjährigen Mannes, der sich an die Perspektive, die er als Achtjähriger hatte, erinnert und sie, während sie erzählt wird, zugleich mit Vor- und Rückgriffen in erzählter Zeit und Erzählzeit anreichert und kommentiert.

Der Fortgang der Reise wird zunächst aus der Perspektive des Achtzigjährigen erzählt, in der sich Erzählung, Erinnerung, Reflexion und Kommentar in eigentümlicher Weise mischen:

»The train worked steadily, sometimes painfully over the stiffer gradients of the Western Ghats till it drew in to the terminus at Bombay. The railway station, like other architectural monuments of the British Raj, was a mixture of tawdry provincialism and Imperial domesticity which even in retrospect can evoke in me nostalgic feelings of great poignancy. I came in time to believe that these feelings were the substitute for what others called ›homesickness‹. But I had no home for which I could feel sick – only people and things« (ebd.).

Wir erfahren hier aus dem Mund des Achtzigjährigen, dass sich dem Achtjährigen, der er einmal war, das Bahnhofsgebäude, das er auf seiner Reise in die Fremde durchquerte, so tief einprägte, dass allein die Erinnerung an die Architektur auch 72 Jahre später intensive, schmerzliche Gefühle in ihm auszulösen imstande ist. Aber auch mit diesen Gefühlen hat es mehr und Problematischeres auf sich, als der Ausdruck *nostalgic feelings* es erwarten lassen würde.

Die beiden folgenden Sätze scheinen Erklärungen und Spezifizierungen der genannten Gefühle zu bieten. Tatsächlich aber heben sie das Gesagte stufenweise in sich auf. Die wehmütigen Gefühle, die die Erinnerung an die »kitschig-provinzielle, imperial-häusliche« Architektur des Bahnhofsgebäudes in Bombay in dem Achtzigjährigen auslöst, der sich an die schmerzlichen Gefühle des Achtjährigen erinnert, der auf seiner Reise in die Fremde in diesen Bahnhof einfuhr, waren nicht einfach nur schmerzliche Gefühle, sondern Gefühle, die bereits zu dieser Zeit *an die Stelle von* Gefühlen traten, die von anderen, die unproblematischer zu fühlen imstande sind als der achtjährige Bion, schlicht als »Heimweh« bezeichnet werden. Der Junge aber hatte keinen Ort, den er sicher als »Heim« bezeichnen und empfinden, nach dem er sich zurücksehnen konnte, sondern »nur Menschen und Dinge«. Heimweh ohne Heim jedoch – das ist nur Schmerz.

Um diesen Abschied von einem Heim, das keines war, und das Gefühl der Ortlosigkeit des achtjährigen Wilfred auf der Reise zum Beginn seiner Schullaufbahn näher zu verstehen, muss man zweierlei in Betracht ziehen: Die soziale Lage der Klasse, der Bion entstammte, und den Stellenwert der schulischen Ausbildung in England.

Die schulische Ausbildung in England folgt einem anderen System und nimmt einen weitaus höheren gesellschaftlichen Stellenwert ein als anderswo. Die typische Schullaufbahn der Kinder von Angehörigen der oberen Klassen in England umfasst den Besuch einer *preparatory school* ab dem Alter von etwa fünf bis elf Jahren, anschließend einer *public school*, die für gewöhnlich im Alter von 18 Jahren abgeschlossen wird. Während dieser Zeit, die mit Ausnahme der Ferien ständig in der (Internats-)Schule verbracht wird, werden den Kindern mit der Effizienz einer 1400 Jahre alten Tradition, die weltweit ihresgleichen sucht, die sozialen Haltungen, die sie einnehmen, und die Verhaltensweisen, denen sie folgen sollen, eingeprägt und eingedrillt, implantiert und injiziert. Was dort anerzogen wird, begleitet die Schüler ihr ganzes Leben.[2] Die schulische Ausbildung war – und ist es bis heute – entscheidende Zukunftsinvestition, Statussymbol und Voraussetzung für den Zugang zu allen gehobenen beruflichen und sozialen Bereichen; als maßgebliche Voraussetzung für gesellschaftliche Stellung und berufliche Karriere determiniert sie Laufbahn und Leben. Die Schule ist das enge Trichterende, durch das alle Angehörigen der mittleren bis oberen Klassen in England, auch die Adeligen, müssen – nicht bloß zur Verbesserung, sondern auch zum *Erhalt* eines erreichten sozialen Standes.

Das gilt insbesondere für die *lower-upper-middle class* (Orwell 2014, S. 113) der spätviktorianischen Zeit, der Bions Eltern zugerechnet werden können. Die gesellschaftliche Position dieser Klasse, in die Bion geboren wurde, ist durch einen relativen Wohlstand gekennzeichnet, der ihren Angehörigen die Möglichkeit einer recht weitgehenden sozialen Mobilität nach oben eröffnet. Diese Möglichkeit aber ist an Einschränkungen und Entbehrungen gebunden und hat eine Kehrseite: die stets präsente Drohung des sozialen Abstiegs. Eingeklemmt zwischen der wohlhabenden »echten« Bourgeoisie und der Arbeiterklasse muss dieser Drohung durch die fortwährende Anstrengung der Produktion und Aufrechterhaltung eines gewissen Anscheins begegnet werden. Diese Anstrengung ist erheblich, denn die Klassenzugehörigkeit manifestiert sich in der britischen Gesellschaft auf augenfällige wie auf subtilste Weise, verschafft sich in Kleidung, Manieren, Sprache (Akzent/Dialekt; verwendetes Vokabular) bewussten wie unbewussten Ausdruck. Die innere Haltung der Angehörigen der *lower-upper-middle class* ist so durch eine grundsätzliche Zerrissenheit charakterisiert: Theoretisch gehören sie zu den oberen Klassen, praktisch aber gelingt es ihnen nicht, die materiellen Voraussetzungen für diese Zugehörigkeit jemals vollauf und sicher abdecken zu können.

Das Gefühl der »Heimatlosigkeit« und eines Heimwehs ohne wirkliches »Heim«, das Bion beschreibt, hat also nicht nur eine psychisch-individuelle, sondern auch eine ganz konkrete historisch-gesellschaftliche Seite. Zu Beginn des Abschnitts »England« sehen wir den achtjährigen Wilfred die relative Sicherheit verlassen, die aus der komplexen sozialen Konstellation folgte, in der er aufwuchs, und die wiederum auf der spätviktorianischen imperialen Situation basierte. Wilfred reist also mit einem Auftrag, und dieser Auftrag, der ihm von seinen Eltern unausgesprochen auf die Reise mitgegeben wird, ist, die schulische Laufbahn erfolgreich zu absolvieren, um den Verbleib in der gesellschaftlich-sozialen Position, in die er geboren wurde, zu sichern.

Die mannigfaltigen sozialen und historischen Determinanten, die der Erzählperspektive hinterliegen, machen den Blickpunkt, den Bion uns zu Beginn des Abschnitts »England« einnehmen lässt, schon für sich genommen kompliziert: Ob wir uns der historischen und sozialen Voraussetzungen im Lesen bewusst sind oder nicht, sie prägen unsere Sicht auf alles, was uns erzählt wird, und richten sie explizit und implizit aus.

Zusätzlich aber ist die Perspektive, in die Bion uns am Anfang dieses Kapitels gleiten lässt, vielfach erzählstrategisch durchbrochen und psychologisch und emotional hochkomplex durchwirkt. Die Geschehnisse auf der Reise nach England zum Eintritt ins Internat und das, was der achtjährige Wilfred auf dieser Reise wahrnahm und empfand, wurden uns nicht lediglich nach ihrem chronologischen Ablauf faktual berichtet, sondern angereichert durch Kommentierungen und in der Zeit vor- und zurückgreifend, bereits in sich vielfach gebrochen erzählt – gesehen durch die Augen des sich erinnernden achtzigjährigen Bion. Doch auch diese komplexe Erzählperspektive wird sogleich wieder von einer anderen abgelöst, ebenfalls ohne Markierung durch einen Absatz o. ä.:

> »Thus, when I found myself alone in the playground of the Preparatory School in England where I kissed my mother a dry-eyed goodbye, I could see, above the hedge which separated me from her and the road which was the boundary of the wide world itself, her hat go bobbing up and down like some curiously wrought millinery cake carried on the wave of green hedge. And then it was gone« (Bion 2005, S. 33).

Das Bild dieser Abschiedsszene zwischen Mutter und Kind ist so sonderbar wie eindrücklich: Der Junge sieht dabei zu, wie seine Mutter, von der er sich ohne Tränen verabschiedet hat, auf der anderen Seite einer Hecke davongeht, die so hoch ist, dass sie den gesamten Körper der Mutter verdeckt und das Kind nur ihren Hut im Rhythmus ihrer Schritte davonhüpfen sieht. So verschwindet nicht nur der ortlose Ort seiner Heimat, sondern auch jene Person, in der man eigentlich – wüsste man es aus den vorhergehenden Kapiteln über Bions Kindheit nicht besser – seine engste Bezugsperson vermuten würde, in einem mehr seltsamen als traurigen, schief-surrealistisch anmutenden Bild: »And then it was gone« – nicht »she«, die Mutter, sondern »it«, der Hut, ein von allen Beziehungen und Bezugsgrößen entferntes, entfremdetes, seltsam gewordenes Ding. Der Hut hat sich durch Abspaltung in ein aus dem Wahrnehmungsapparat ausgestoßenes Fragment, ein »bizarres Objekt« verwandelt.

In seinem theoretischen Werk *Second Thoughts* behandelt Bion an mehreren Stellen die Herausbildung »bizarrer Objekte« in der Psyche (siehe Bion 2007 [1967], S. 38f.). Ich kann das Konzept hier nicht genauer besprechen; stattdessen zitiere ich aus *Learning from Experience*, dem ersten seiner theoretischen Hauptwerke, wo Bion das Ende dieses Prozesses der Herausbildung »bizarrer Objekte« so beschreibt:

> »In practice it means that the patient feels surrounded not so much by real objects, things-in-themselves, but, by bizarre objects that are real only in that they are the residue of thoughts and conceptions that have been stripped of their meaning and ejected« (Bion 1962, S. 99).

»Heimat«, Lebenswelt, Mutter – alles Dinge, deren (emotionale) Bedeutung dem achtjährigen Wilfred verloren gegangen waren. Was war zuerst: der psychische oder der reale Verlust?

Das ist letztlich unentscheidbar. Aus der poetischen Darstellung aber erfahren wir, dass sich das Kind mit dem Verlust der äußeren und inneren Objekte nirgends mehr in der realen Welt lokalisieren konnte, während es sich doch in ihr befand, irgendwo in ihr existierte, jedoch ohne einen festen Bezug zu ihr oder zu einem verlässlichen Teil in ihr. Weil es sich nicht verorten kann, kann es sich und die es umgebende Welt auch nicht empfinden, kreist in einem abstrakten Interimsraum, fühlt sich weder lebendig noch tot, während die Umwelt ihm gegenüber einen fremden bis geradewegs feindseligen Charakter annimmt. Von den realen Objekten bleiben nur »bizarre« übrig, Rückstände von Gedanken und emotionalen und kognitiven Konzeptionen, die ihrer Bedeutung entledigt und ausgestoßen wurden.

Vor dem Hintergrund seiner lebenslang entwickelten theoretischen Konzepte und durch die Arbeit an der literarischen Form, in der Dinge des Lebens wahr zum Ausdruck gebracht werden können, vermag der achtzigjährige Bion die existenzielle Verlorenheit des Kindes, das er einmal war, mit poetisch-literarischen Mitteln konkret zum Ausdruck zu bringen und uns fühlbar zu machen.

Die Abschiedsszene hebt die sonderbare Kühle, die die Beziehung der Mutter zu ihrem Sohn geprägt haben muss, noch einmal hervor. Dass der Abschied ohne Tränen vonstatten ging, ist, wie aus dieser Szene und vorhergehenden zu vermuten steht, nicht einer wie auch immer gearteten ›Tapferkeit‹ des in der Fremde zurückgelassenen Jungen zuzuschreiben, sondern vielmehr der Art der Beziehung(-slosigkeit), die die Mutter ihrem Sohn entgegenbringt.

Die Orts- und Orientierungslosigkeit, die sicher nicht nur, aber ebenso sicher auch daraus resultieren, sind bodenlos: Nicht nur geht dem achtjährigen Bion die Heimat verloren, sondern diese Heimat war niemals wirklich eine. Menschen verschwinden, Dinge verändern sich, gewinnen ein unheimliches Eigenleben, bevor sie ebenfalls verschwinden ... Was bleibt da zurück, außer einem Schwindel angesichts solcher Orts- und Bindungslosigkeit (»But I had no home for which I could feel sick – only people and things«)?

Bion schließt abermals einen Perspektivenwechsel an, wie er radikaler kaum sein könnte: »Numbed, stupefied, I found myself staring into a bright, alert face« (Bion 2005, S. 33), steht da nach einem Absatz – es ist die erste reale Begegnung mit der Wirklichkeit des britischen Internatssystems, das er in den folgenden zehn Jahren durchlaufen sollte.

»›Which are you – A or B?‹ it said. Other faces had gathered« (ebd.).

»It« spricht, nun ist es ein Gesicht, entkörperlicht und entindividualisiert wie der Hut, der soeben als »bizarres Objekt« mit der Mutter verschwand – und stellt im Kreise von rasch hinzukommenden anderen Gesichtern eine Frage, die mehr eine Forderung als eine Frage ist, weil es auf diese Frage nur eine richtige Antwort zu geben scheint. Der kleine Wilfred beeilt sich, der Forderung gerecht zu werden: »›A‹, I said hurriedly in response to the urgency I felt in their curiosity« (ebd.).

Die Strategie, rasch irgendeine Antwort zu geben, hat Wilfred – wie wir aus den vorangehenden Kapiteln von *The Long Week-End* erschließen können – in der Interaktion mit seinem Vater entwickelt, um dessen Ungeduld zu begegnen und dessen jähem Zorn zu entgehen: Besser irgendeine Antwort als rat- und hilflos zu erscheinen, und nur keine Frage zuviel! Doch bereits beim Vater funktionierte die Strategie nicht recht und konnte sehr leicht Ärger und Verwirrung bei ihm auslösen, was wiederum zu unvermittelten Kontaktabbrüchen dieses stets volatilen Manns führte oder Wilfred Prügel einbrachte. Der Erfahrungsschluss, den Wilfred zog, war: Wie man es macht, man macht es falsch. Und schuldig ist man immer, selbst wenn man nicht das Geringste vom Grund dieser Schuld ahnt – vielleicht sogar gerade dann.

Auch in der Internatssituation führt Wilfreds Strategie, sich möglichst keine Blöße zu geben, nicht zum Erfolg – sondern zu ungeahnten weiteren Verwerfungen:

»›You're *not!* You jolly well say ›B‹. You know nothing about it!‹
This was only too true.
›B‹, I said obediently.

>You dirty little liar!< said the first one. Appealing passionately to the rest, >He just said he was A. Didn't he?< That I had to admit.
>You can't go back on that<, said the advocate of B. >You must stay B or you'll be a beastly little turn-coat!< he cried heatedly.
>All right. I'll stay B.<
A fight developed. I heard the first one shouting, >He *is* a beastly turn-coat; and a liar anyway. We don't want him. Do we chaps?< The crowd had grown to formidable proportions, say, six or seven. >No<, they shouted« (S. 33 f.).

Unwissen schützt nicht davor, stets die passende Antwort parat haben zu müssen. Und da Wilfred ja gewillt ist, sich anzupassen, übernimmt er spontan die Antwort, die als »richtige« anscheinend von ihm erwartet worden war. Nur findet er sich dadurch unversehens noch tiefer im Problem: Vom Ahnungslosen wird er plötzlich zum Lügner erklärt, dann zum Wendehals, und mit Lügnern und Wendehälsen kann erst recht keiner wollen.

Der Gegenstand des Problems und damit auch der Grund für alle diese Bezichtigungen klärt sich, wie wir nun erfahren, für Bion erst »viel später« auf; wir erfahren es an dieser Stelle in Form einer nachgelieferten Erläuterung:

»»Don't mind them«, said the second boy. >You stick to B.< And I did – for the rest of my life – though it took a long time before I discovered, and even then did not understand, that the main school was divided into Houses. School House, being bigger than all others, was divided into School House A and School House B-rivals. That was the immediate issue which had been solved by my becoming for ever B.
The storm subsided as if it had never been of the slightest interest to anyone. B, *not* A; not A – B; *that* was what I had to remember« (S. 34).

Das Fragespiel um »A« oder »B«, das wie für den ahnungslosen Neuankömmling auch für den Leser wie ein abstraktes mathematisch-(a-)logisches Mysterium anmutete, hatte also tatsächlich etwas Existenzielles zum Gegenstand, nämlich die Klärung einer Gruppenzugehörigkeit, auf welcher der – allesamt falschen – Seiten sich Bion wiederfinden würde, von anderen auf alle Zeiten darauf festgelegt.

Doch auch damit ist das Problem nicht gelöst. Die Büchse der Pandora enthält alle nur erdenklichen Übel, und diese Übel zeigen sich erst mit der Zeit, in der Ruhe der nahenden ersten Nacht im Internatsschlafsaal:

»At last the ghastly day ended and I was able to get under the bedclothes and sob.
›What's the matter?‹ asked one of the three boys who shared the dormitory with me.
›I don't know‹, I wailed. He seemed sympathetic. He considered the matter for a moment.
›Are you homesick?‹
›Yes.‹ At once I realized what an awful thing I had done. ›No, B‹, I hurriedly said. He got into bed. This time the day *was* over« (ebd.).

Das Kind weiß nicht, wohin mit seinen Gefühlen, die Umwelt scheint es auch nicht zu wissen. Dabei aber folgt diese Umwelt Gesetzen, die das Kind nicht kennt und nicht kennen kann, doch bei Strafe des Untergangs befolgen muss. Das ist von außen besehen absurd – und von innen gefühlt eine Qual.

Bions multiperspektivisches Erzählen erlaubt uns, beide Perspektiven einzunehmen: ganz im aktuellen Geschehen zu sein und es zugleich in seiner Dynamik zwischen den Akteuren zu beobachten. Nichts anderes geschieht, sofern der Psychoanalytiker seine Arbeit gut macht, auch in einer Psychoanalyse. Das Eigentümliche an Bions Erzählweise ist, dass in den Erzählstrategien, die Bion zur Darstellung seines Gegenstandes anwendet, diese analytische Arbeit bereits enthalten ist: Im Lesen von Bions Erzählung vollziehen wir nicht bloß ein Szenario nach, das fix und fertig im Text für uns vorliegt, sondern wir *verstehen* überhaupt nur, was uns da eigentlich erzählt wird, indem wir es und die in ihm wirksamen Dynamiken *erkennen*, *während* es uns erzählt wird.

Trivialliteratur bietet klischeehafte Szenarien von der Stange, intellektuelle und emotionale Topoi prêt-à-porter. Bions Literatur funktioniert in gerade entgegengesetzter Weise: Hier gibt es keinerlei Narrations- und keine Rezeptions-*ready mades*, sondern ein Erzählen, dessen Reflexivität und Multiperspektivität die Erkenntnis des Erzählten bereits in die Wahrnehmung des Erzählten eingesenkt enthält, sozusagen prêt-à-penser. Dies ist, was ich *Bions Erkenntnispoetik* nenne.

Zu ihr gehört integral, dass uns die emotionale Erfahrung des Erzählten nicht erspart wird. Im Text enthaltene Kommentierungen des Geschehenen und Reflexionen des Geschilderten erfüllen nicht, wie etwa im traditionellen Roman, die Funktion einer Orientierung und Entlastung des Lesers von der im Text verhandelten emotionalen Erfahrung, sondern diese Kommentierungen ergeben für den Leser überhaupt erst Sinn, wenn er die emotionale Erfahrung, die intratextuell zu diesen Kommentierungen und Reflexionen führte, in der Text-Leser-Beziehung nachvollzogen und zu Bausteinen der Erkenntnis gemacht hat – der des Textes und seiner eigenen.

Die innere Struktur der Kommentare und Reflexionen in *The Long Week-End* ist zudem weitaus komplizierter als die in sonstigen Autobiographien oder Romanen, sie enthält Rückgriffe auf bereits Gesagtes in Form von Andeutungen, bisweilen nur undeutlich verweisende Assoziationen, Vorgriffe auf etwas, das der Leser an den betreffenden Textstellen nicht wissen kann und sich als »leerer Verweis« in seine Lesewahrnehmung einschreibt. Bions Erzählweise erzählt nichts aus; vielmehr lässt sie die »Leerstellenbeträge« regelmäßig so ansteigen, dass »die ausgesparten Anschlüsse in eine ständige Irritation der Vorstellungstätigkeit des Lesers umschlagen« (Iser 1994 [1976], S. 286).

Das könnte leicht dazu führen, dass der Leser sein Interesse verliert, weil er sich überfordert oder verschaukelt fühlt, sein Bündnis mit dem Text kündigt und schlicht zu lesen aufhört. In *The Long Week-End* führt es genau umgekehrt dazu, dass die Text-Leser-Beziehung sich *intensiviert*. Die auf ständige Irritationen der Vorstellungs- und eben auch der Reflexionstätigkeit des Lesers orientierten Erzählstrategien von *The Long Week-End* bewirken insgesamt eine Steigerung der Produktivität in der Bildung von Vorstellungen, Hypothesen, Gedanken und verhalten ihn in einer gespannten Erwartung und gesteigerten Aufmerksamkeit – gar nicht unähnlich der Haltung des achtjährigen Kindes Wilfred gegenüber der ihm fremden und sich immer wieder entfremdenden Welt. Bions Schreibstrategien bringen uns als Leser so planmäßig in jene Haltung von ›Aufmerksamkeit‹ gegenüber dem Text-Geschehen, wie er sie vom Analytiker für das dynamische Interaktionsgeschehen in der analytischen Situation gefordert hatte – und übrigens auch ganz explizit vom Leser seiner (theoretischen) Schriften. So schreibt Bion in *Attention and Interpretation*, dem vierten und letzten seiner theoretischen Hauptwerke:

> »the reader must disregard what I say until the O of the experience of reading has evolved to a point where the actual events of reading issue in his interpretation of the experiences. Too great a regard for what I have written obstructs the process I represent by the terms ›he becomes the O that is common to himself and myself‹« (Bion 2007 [1970], S. 28).

Wie der Analytiker in der analytischen Sitzung kann – und soll – auch der Leser beim Lesen des Textes nicht »wissen«, was gesagt wird, sondern *erfahren*, was von Moment zu Moment *geschieht*, oder, noch genauer: *wie* es geschieht. Dazu muss er sich auf das aktuelle Geschehen, das Hier-und-Jetzt des Prozesses der Bildung von Vorstellungen, Phantasien, Sinn und Bedeutung so weit einlassen, dass er das *wird*, was ihm erzählt wird. Denn die Realität des Textes liegt nicht irgendwo ›hinter‹ dem Text oder in seiner ›Tiefe‹, wie es der Furor des Deutens will, sondern an der Oberfläche des Textes, direkt vor den Augen des Lesers. Aller ›Sinn‹, alle ›Bedeutung‹ entwickelt sich immer nur im aktuellen Prozessgeschehen der dynamischen Interaktion zwischen Text und Leser. Doch weiter in der Lektüre unseres Kapitels:

»I learned to treasure that blessed hour when I could get into bed, pull the bedclothes over my head and weep. As my powers of deception grew I learned to weep silently till at last I became more like my mother who was *not* laughing, and was *not* crying. It was a painful process; I failed often in my attempts to climb each step of the ladder. Sometimes the problem was familiar – as with lying. ›I'm not lying!‹ I had said brightly, hoping for my father's approval of my floral arrangement. My mother would have known at once that such a mess could have been made by no one else; my father, though a brilliant engineer, was curiously dense when it came to Electric City and Simply City. So, in a luckless moment, my greed for reiterated admiration had led me to add ›I'm not lying‹. In that moment the glorious morning was obscured, the sun stopped glowing, became darkened and scorching, his words a torrent flowing over, beyond and below me. Tears did not cool and refresh – they scalded. Where had I got such an ideal I did not know. I had plucked them in the garden; I thought they would be nice« (Bion 2005, S. 34 f.).

Die Situation ist klar: Am Abend nach seiner Ankunft im Internat geht der achtjährige Wilfred ins Bett, denkt an die gescheiterten Interaktionen und versucht sie irgend zu ordnen, emotional und rational. Wir bekommen jedoch nicht bloß erzählt, was in der ersten Nacht geschah, wie wir erwarten würden; die Erzählung greift aus der Erinnerung an diese eine Situation aus auf *alle* vergleichbaren Situationen, in denen Wilfred von Kummer und Trauer erfüllt unter die Decke seines Bettes kriecht, um, wie er nach und nach lernt: geräuschlos zu weinen. An einer anderen, späteren Stelle im Buch erfahren wir, dass Wilfred nicht der einzige ist, den die innere Realität im Schlafsaal einholt: »Night in the dormitory was a time when things happened. Boys talked in their sleep, they sobbed, they cried out. In the morning, as likely as not, they knew nothing about it« (S. 89 f.). Wird der

Schmerz sichtbar, ist der Überlebenskampf, den der Schulalltag mit sich bringt, virtuell schon verloren. Und so übt sich Wilfred wie die anderen Schüler in einem selbst wiederum schmerzvollen Prozess, den Schmerz zu kontrollieren. Diese Schmerzen, ein komplexes Gemisch aus Heimweh, Angst, Beklemmung u. a., sind omnipräsent und betreffen jeden Schüler, müssen aber dennoch um jeden Preis verheimlicht werden. Alle wissen zu gut, um was es geht, weil jeder selbst damit zu kämpfen hat. Und weil die Schüler anderen nicht gönnen können und wollen, was sie sich selbst verbieten müssen, unterhalten sie ein System wechselseitiger Überwachungen. Dieses System funktioniert so gut, dass die Schüler sich selbst und einander erziehen, *bevor* die Erziehungsmaßnahmen der Erzieher einsetzen.

Erstes Vorbild dieses Verfahrens des Versteckens von Emotionen ist bei Wilfred aber seine Mutter, von deren Gesicht er offensichtlich ablesen konnte, welche Emotionen sich *nicht* darin zeigten. Für Wilfred ist diese Übung in Unterdrückung und Verdrängung des Schmerzes eine selbst über die Maßen schmerzvolle Angelegenheit – und wir erfahren, dass er es darin, anders als seine Mutter, nicht zur Meisterschaft bringen sollte.

An diese Information schließt sich eine Überlegung zu ähnlich ineinander verschachtelten Interaktionsformen an, hier in Bezug auf tatsächliches oder angebliches Lügen als einer möglichen Form des Versteckens subjektiver Wahrheit. Im Rückgriff auf im vorhergehenden »India«-Abschnitt erzählte Interaktionsszenen mit seinem Vater und Wiederaufnahme von an diesen Stellen angestellten Überlegungen zum Umgang des kleinen Wilfreds mit seinen Eltern kommentiert Bion seine eigenen Interaktionsformen; das Argument lautet, stark verkürzt: Wenn der kleine Wilfred versuchte, die Wahrheit zu sagen, zog er Unmut oder den Verdacht seiner Eltern auf sich, dass er lüge. Wilfred erspürte Unmut und Verdacht in seinen Eltern und versuchte dem durch die hilflose Beteuerung zu begegnen, *nicht* zu lügen – was alles immer nur noch schlimmer machte. Der sich anbahnende Zorn des Vaters wurde von dem Kind als so bedrohlich erlebt, dass sich ihm selbst die helle indische Morgensonne verdunkelte und die Äußerungen des Vaters zu einem Strom wurden, der es mit sich riss. Und weil es für die Verzweiflung, die das Kind in einer solchen Ausweglosigkeit empfand – und nun, im Schlafsaal des Internats, wieder empfindet –, kein Ventil gibt, staut sich die Verzweiflung nur immer weiter an. Die hervorquellenden Tränen bringen keine Erleichterung, sondern brennen und verbrühen.

Der nächste Absatz bietet abermals einen Perspektivenwechsel:

»Experiences – ›déjà vu‹ phenomena – had provided me with a vocabulary thus:
Q What *have you* been doing?
A Nothing.
Q Where have you been?/Where are you going?
A Out/Nowhere (discrimination required)« (S. 35).

Mit dem Sprachregister wird auch der Modus geändert; wir befinden uns nun tief in der Sprache und den Konzeptionen, die Bion im Rahmen seiner theoretischen Hauptwerke entwickelt hat. Die Passage spielt auf *Learning from Experience* und die dort entwickelte Theorie der Verarbeitung emotionaler Erfahrung zu Gedanken an. Sie ironisiert zugleich aber auch das dort verwendete theoretische Vokabular und die wissenschaftliche Form, die Bion zu der Zeit, als er *The Long Week-End* verfasste, bereits zugunsten der ungebundenen Entwicklung von Gedanken während des freien Sprechens in seinen Seminaren und Supervisionen aufgegeben und kritisiert hatte. Die ironische Form der Anspielung – Stichwort: (Pseudo-)Dialogizität – treibt die Selbstkritik in diesem Kapitel also noch einmal ein ganzes Stück weiter und dehnt sie auf seine schriftlich dargelegten theoretischen Konzepte und Konzeptionen aus, die Bion am Ende seines Lebens zu starr vorkamen.

Der Rest des Kapitels geht die Bewegung, die die Erzählung genommen hat, in umgekehrter Reihenfolge zurück: Über Erinnerungen an Interaktionen mit seinen Eltern in Indien, das höhnische Lachen seines Vaters und an aus Missverständnissen und Ängsten entstandenen imaginären Figuren, vor denen sich der kleine Wilfred in Indien ängstigte und nun in England, in seinen Mitschülern als Wiedergängern manifestiert, wieder ängstigen muss, kehren wir wieder in die Erzählgegenwart zurück, die Situation im Internatsschlafsaal. Angereichert um die Reflexionen und das Wissen über die emotionale Erfahrungswelt des acht- wie des achtzigjährigen Bion können wir diese Situation nun allerdings multiperspektivisch sehen und in ihrer traurigen Ironie betrachten.

»In my new world, peopled with Nickell Sehns, Hodsons, Havelocks, all disguised as little boys, the questions – like the questioners – were often deceptively familiar or incomprehensible, like ›Are you A or B?‹ Sometimes the questions could not be met by my armoury of answers, and my improvised answers led to further troubles.
›What's your sister's name?‹
›Edna.‹

›Edna?‹ repeated with bleak incredulity, followed immediately by a gale of scornful and contemptuous laughter, not quite ›arf, arf‹ but pitched in a sharper higher key – Havelock with a touch of jackals at night-time.
›What does your father do?‹
›Engineer.‹ As I braced myself for the response I was deflated by sudden and unexpected tones of respect.
›No! Really? You lucky swine! You mean he really drives an engine?‹
Fool that I was; why, oh why did I have to explain? The splendour faded from his face. Canals? Water? Obviously as wet as his job and as anyone who produced me could be.
›Never mind‹, he said generously as he realized we had now touched bottom and could sink no lower. ›Have a sweet?‹ I was to discover *he* was B too – a friend for life. It was painful to discover, an hour or two later, that he had forgotten me. For some time I continued to hope he would remember he had offered me a sweet; I don't think he ever did« (ebd.).

So schiebt Bion die Zeiten, Lebensalter, Situationen, Erzählungsinhalte ebenso wie die miterzählten oder auch nur angedeuteten, übereinandergeschichteten Emotionen und daran anschließenden Reflexionen ineinander wie die Segmente eines Teleskops. Das entstehende Amalgam ist so dicht und poetisch, so reich an intratextuellen Verweisen und Auslösern von Assoziationen im Leser als Resonanzraum, dass eine Explikation, die auch nur einen Bruchteil der im Text verschmolzenen Inhalte, seinen latenten Gehalt erläutern wollte, ein Vielfaches des Raumes einnehmen und doch nicht annähernd an den rationalen und emotionalen Erfahrungsgehalt des manifesten Textes reichen würde.[3]

Die hohe Komplexität des Verweis- und Assoziationsmusters, das Bions Text buchstäblich mit jedem Wort weiterwebt und vorantreibt, aber ist so gemeistert, dass der Leser zwar in einer ständigen Irritation verhalten, aber nicht verwirrt, auf ständige Aufmerksamkeit hin orientiert, aber nicht abgestoßen wird. Die vielfältigen Perspektiven kollidieren nicht, sondern ergänzen sich gegenseitig und ergeben zusammengenommen ein Kaleidoskop, dessen Vielfalt ständig erweitert werden kann und sich im Gang der Lektüre noch immer weiter anreichert. So ergibt sich eine ähnliche Struktur, wie sie Wolfgang Iser für James Joyces *Ulysses* – ein für Bion überaus wichtiges Werk – aufgewiesen hat: Die Vielfalt der Perspektiven und Stile ergeben ein »Gliederungsschema der Beobachtung, das die Möglichkeit ständiger Erweiterung in sich aufgenommen hat. Im Reichtum der Blickpunkte vermittelt sich die Reichhaltigkeit der beobachteten Welt« (Iser 1994 [1972], S. 344).

Die Reichhaltigkeit, wäre in Bezug auf Bions Autobiographie hinzuzufügen, der beobachteten äußeren *und inneren* Welt.

Und nicht zuletzt lernen wir so aus der Form des Textes etwas Entscheidendes darüber, wie Erinnerung überhaupt funktioniert (zumal eine traumatische). Die autobiographische Erinnerung, um die es geht, wird nur durch Rückgriff auf andere Erinnerungen erzählbar, die sich in den Moment des erinnerten Erlebens und den Moment des Erzählens dieses Erinnerns schieben. So entsteht ein Gerüst von ineinandergeschobenen Erinnerungen, die in ihrer Struktur den Prozess des Erinnerns selbst nachbilden und eine Perspektive weniger auf die Realität selbst denn auf die Weise der emotionalen Erfahrung der Realität eröffnen. Denn dies ist, genau besehen, der eigentliche Inhalt von Autobiographie, überhaupt aller Literatur: Weisen der emotionalen Erfahrung der Realität und ihrer Erkenntnis. Und durch das Panoptikum der multiperspektivisch dargestellten Interaktionsformen der handelnden Figuren im *Text* ergeben sich auch Perspektiven auf Erfahrung und Erkenntnis der Realität des *Lesers*.

Schluss: »England at War. Myself with nothing but my tiny little public school soul«

Das den Schulalltag untermalende Lebensgefühl beschreibt Bion als eine diffuse Mischung aus einem vergangenen oder drohenden großen Unglück, einem so konstanten wie unberechenbaren tagtäglichen Leid und Elend: »I can now think only of a sense of disaster, past and impending, in which either my companion, or more probably I, was being shaken by sobs. Misery at school had a dynamic quality« (Bion 2005, S. 89 f.).

In welcher Weise sich die über Jahre in den Körper eingeschriebenen Erfahrungen des Internatsschulalltags und die dem britischen Schulsystem nach Bions Verdikt innewohnende Grausamkeit auswirken, ist zu erforschen erst begonnen worden. Sicher aber ist, dass sie tiefer reichen und mehr und irreversiblere Schäden anrichten, als man gemeinhin annahm. So schreibt der Psychologe Nick Duffell eingangs seines Buches *The Making of Them: The British Attitude to Children and the Boarding School System*:

> »The book proposes that children who board are compelled to ›survive‹ psychologically – sometimes to their great cost. It argues that in order to cope with their loss of family and to adapt to their school environment, children

unconsciously construct a ›Strategic Survival Personality‹, and that such a personality structure invariably becomes counter-productive in adult life« (Duffell 2000, S. X; siehe dazu auch Duffell & Basset 2018).

Das metaphorische »Überleben« des Internats sollte sich für Bion schon kurz nach seinem Schulabschluss als eine Einübung in ein tatsächliches Überleben erweisen. Hinter den Sportaktivitäten in der Schule stand, wie sich Bion im Rückblick auf diese Zeit zeigt, nicht bloß der Ernst der Kämpfe um einen Platz in der sozialen Hierarchie, sondern auch der Todernst des Krieges, auf den der Sport, pars pro toto für die gesamte Internatserziehung, vorbereitete wie ein Präludium auf das eigentliche Stück: »No one had told us that the games were a prelude to war« (Bion 2005, S. 93).

Bion schließt die Schule 1915 ab. Der Erste Weltkrieg ist schon in vollem Gange. Im Militär, in den Medien und in der Öffentlichkeit Englands glaubt man noch an einen schnellen Sieg, die Möglichkeit eines jahrelangen Stellungskrieges mit Millionen Toten ist jenseits aller Vorstellbarkeit. Krieg ist noch etwas, in dem Ruhm und Ehre zu holen war, wie es die Vorstellungen in jenen Liedern vermittelten, die in den Internaten in den Gottesdiensten und Unterrichtsstunden gesungen wurden.

Der siebzehnjährige Wilfred meldet sich freiwillig beim Rekrutierungsbüro des Inns of Court Officers' Training Corps – und wird abgelehnt. Erst durch Intervention seines Vaters, der sich bei einem Freund für seinen Sohn einsetzt, sollte er einige Monate später als Offiziersanwärter angenommen werden. Nach einer kurzen Grundausbildung wird Bion 1916 als Oberstleutnant in ein Regiment eintreten, um Kommandant in einer ganz neuen Wunderwaffe zu werden, mit der sich zu dieser Zeit große Hoffnungen verbanden: den *tanks*, wie der Codename für die gepanzerten, tonnenschweren und schwerfälligen, mit umlaufenden Kettenlaufwerken betriebenen Fahrzeuge lautete.

In seinen Aufzeichnungen aus dem Krieg wird Bion beschreiben, wie der »armour of faith« (Bion 2005, S. 93), der die von nicht selten inkompetenten und verantwortungslosen Offizieren vorangetriebenen Soldaten vor der Realität schützen soll, inmitten eines tödlichen Chaos von feindlichem Maschinengewehr-Sperrfeuer, Granateneinschlägen, Kampfgas, Flammenwerfern, Stacheldrahtbarrieren, verstümmelten Kameraden und im Matsch faulenden Leichen für immer zerbricht. Diese tief traumatischen Erfahrungen, die ihn zeitlebens nicht mehr losließen, hatte Bion zum Zeitpunkt der Niederschrift seiner Erinnerungen bereits gemacht (dazu: Angeloch 2017a, b). Beides, seine Schilderungen über die

Schulzeit in England und seine Berichterstattung aus dem Krieg, sind Darstellungen von so grundlos grausamen wie irrsinnigen Farcen: Kindheit und Jugend erscheinen als ein einziger Schauplatz so erbitterter wie endloser innerer und äußerer Kämpfe, und Spiele und Schulsport erscheinen als perverses Präludium zum Krieg, der sich dann seinerseits als schmutziges, unendlich trauriges Spiel zeigt. Es ist, als ob die Wunden und Traumata von Kindheit, Schulzeit und Krieg ineinanderfielen, sich miteinander verstrickten und sich gegenseitig verstärkten, bis sie ein *pain continuum* (Brodkey 1988) bilden.

Anmerkungen

1 In einer sehr berührenden Weise zeigt das etwa Díaz 2018.
2 Zu den lebenslangen Auswirkungen des britischen Schulsystems auf seine ehemaligen Zöglinge siehe z. B. Brendon 2009 (zu Bion S. 65 ff.) sowie Schaverien 2015.
3 Meine eigene Lektüre des Textes illustriert genau dies: Die Erläuterung von Details vermag, so aufwendig sie betrieben wird und so viel internes und externes Material sie auch heranzieht, doch immer nur Bruchteile des manifesten Textes aufzuhellen.

Literatur

Abraham, N. & Torok, M. (2001): Trauer oder Melancholie. Introjizieren – inkorporieren. Psyche – Z Psychoanal 55, 545–559.
Angeloch, D. (2017a): »Sub-thalamic fear«. Über Wilfred Bions »War Memoirs 1917–1919«. Psyche – Z Psychoanal 71, 586–616.
Angeloch, D. (2017b): »Psychological Impossibilities«. Über Wilfred R. Bions »The Long Week-End« und George Orwells »Such, such were the Joys«. In: Freiburger literaturpsychologische Gespräche. Jahrbuch für Literatur und Psychoanalyse Bd. 36, Würzburg (Königshausen & Neumann), S. 107–131.
Bion, W. (1962): Learning from Experience. London (Karnac) [dt: Lernen durch Erfahrung. Übers. und eingeleitet durch E. Krejci. Frankfurt/M. (Suhrkamp) 1992].
Bion, W. (2007 [1967]): Second Thoughts. Selected Papers on Psycho-Analysis. London, New York (Karnac) [dt: Frühe Vorträge und Schriften mit einem kritischen Kommentar: »Second Thoughts«. Übers. E. Vorspohl. Frankfurt/M. 2013 (Brandes & Apsel)].
Bion, W. (2007 [1970]): Attention and Interpretation. London, New York (Karnac) [dt.: Aufmerksamkeit und Deutung. Übers. E. Vorspohl. Tübingen (edition diskord) 2006].
Bion, W. (2005 [1982]): The Long Week-End 1897–1919. Part of a Life. London, New York (Karnac).
Brendon, V. (2009): Prep School Children: A Class Apart over Two Centuries. London (Continuum).
Brodkey, H. (1988): The pain continuum. In: ders., Stories in an Almost Classical Mode, New York (Alfred A. Knopf), S. 299–321.

Díaz, J. (2018): The silence: The legacy of childhood trauma. The New Yorker, Ausgabe vom 16.4.2018 (online abrufbar unter: https://www.newyorker.com/magazine/2018/04/16/the-silence-the-legacy-of-childhood-trauma [zuletzt abgerufen am 6.3.2019]).

Duffell, N. (2000): The Making of Them: The British Attitude to Children and the Boarding School System. London (Lone Arrow Press).

Duffell, N. & Basset, T. (2018): Trauma, Abandonment and Privilege: A Guide to Therapeutic Work with Boarding School Survivors. New York (Routledge).

Iser, W. (1994 [1972]): Der implizite Leser. Kommunikationsformen des Romans von Bunyan bis Beckett. München (Fink).

Iser, W. (1994 [1976]): Der Akt des Lesens. Theorie ästhetischer Wirkung. München (Fink).

Neubaur, C. (2018): The Long Weekend. Der radikale Anti-Teleologe Wilfred R. Bion als Autobiograph. In: ders. (2018), Der Psychoanalyse auf der Spur III. Essays und Radiovorträge, Berlin (Vorwerk 8), S. 232–241.

Orwell, G. (2014 [1937]): The Road to Wigan Pier. London (Penguin).

Schaverien, J. (2015): Boarding School Syndrome: The Psychological Trauma of the »Privileged« Child. London (Routledge).

LUTZ GARRELS

Die Macht der Narbe

Über Verletzen, Reparieren, Wiederaneignen oder Was der
Künstler Kader Attia der Psychoanalyse zu zeigen hat

> Scars have the strange power to remind us that our past is real.
> (Cormac McCarthy)

Herr N.

Herr N. ist ein junger Mann, den ich zwei Mal die Woche sehe. Er ist gekommen, weil Depressionen ihm sein Leben zunehmend aus der Hand gleiten lassen haben. Unsere Beziehung ist von Anfang an positiv und dicht, allerdings in der ersten Zeit immer wieder von paranoiden Einschüben unterbrochen, in denen mein Gesicht für kurze Zeit zu einer bösen Fratze wird. Die Therapie verläuft rasch positiv, und es gibt viele Fortschritte. Herr N. hört nicht auf mir mitzuteilen, wie stark sein Vertrauen in mich geworden ist. Es klingt dankbar und beschwörend zugleich. Allerdings gibt es immer wieder eine gespannte Atmosphäre, sobald es still wird. Es entstehen Druck und Beklemmung, was nur schwer auszuhalten ist und Fluchtmechanismen in Gang setzt. Ein neues Thema wird oft zu einem Rettungsanker.

In einer späteren Phase der Behandlung kommt es zu einem tiefen depressiven Einbruch, der stärker ist als alle depressiven Auslenkungen zuvor. Herr N. wird antriebslos, starrt stundenlang gegen die Wand. Eine Strenge breitet sich in ihm aus – mit schweren Über-Ich-Angriffen, Selbstentwertung und Selbsthass. Besonders verurteilt er sich dafür, so schwach und ohnmächtig zu sein. Schließlich versinkt er in einem tiefen, schwarzen Loch. Die Verbindungen zur Außenwelt begrenzen sich nun auf ein Minimum, und der Faden zu mir wird dünn, droht zu reißen, wird gleichzeitig immer mehr zum letzten Hoffnungsschimmer. Herr N. ist jetzt in einer verzweifelten Depression und unfähig, einen Zugang zu seinen Gefühlen und Empfindungen zu finden. Paradoxerweise lässt sich das Schweigen in den Stunden besser aushalten als zuvor. In

> einer Sitzung ahne ich Suizidgedanken und spreche ihn darauf an. Herr N. schweigt zunächst, wendet den Kopf zur Seite und beginnt zu weinen. Die vielen Jahre, in denen er nicht weinen konnte, erscheinen uns jetzt als Verhärtung und Panzerung, mit denen er sich von früh an umgeben hatte. Wir sind beide berührt und teilen diesen intimen und zugleich erschöpfenden Moment.
> In den folgenden Sitzungen suchen wir beide miteinander nach Bildern, um den sprachlosen inneren Zustand kommunizierbar zu machen. Wir bewegen uns dabei in dunklen Räumen, im Keller, in Katakomben. Mal geht es noch tiefer, dann wieder ein Stück aufwärts. Ein Berg taucht auf, unbezwingbar. Dann findet sich ein Weg, geht wieder verloren. Zeitweise gibt es in all der Dunkelheit ein fernes Licht. Irgendwo scheint ein Ausgang auf, der wieder verschwindet. Dann blitzt die Todesfuge Celans auf: Die inneren Räume werden von *schwarzer Milch* geflutet. Gibt es einen Abfluss, gibt es ein Gegenmittel, gute, nährende, weiße Milch?

Die Depression wird noch anhalten. Nur dass sich jetzt die Katakomben, in denen wir uns seit geraumer Zeit aufhalten, immer mehr mit der traumatischen Lebensgeschichte verbinden und dass wir immer mehr Sprache zur Verfügung haben, um uns über sein Erleben und Fühlen auszutauschen. Wir können die Katakomben jetzt als den inneren Ort begreifen, an dem sich traumatische Lebensgeschichte eingeschrieben hat. Der gemeinsamen Erkundung dieser Räume entspricht auf einer anderen Ebene die Lockerung der dissoziativen Abwehr.

Narbe

An dieser Stelle möchte ich der Leserin und dem Leser einen assoziativen Sprung zumuten und sie bitten, sich eine Fotografie vorzustellen. Vor dem Hintergrund einer Naturlandschaft ist der Ausschnitt eines Baumstammes zu sehen. In dessen Mitte befindet sich eine flächige Einkerbung, die durch Entfernen der Baumrinde entstanden sein muss. Auf der planen Rückwand dieser Einkerbung finden sich reliefartige Zeichen, die vor langer Zeit eingraviert und mit dem Baum mitgewachsen zu sein scheinen. Die Zeichen selbst sind undeutlich und unleserlich. Die Fotografie zeigt offensichtlich das Resultat eines menschlichen Eingriffes an einem Baum. Jemand hat von einem damals noch jüngeren Baum ein Stück Rinde entfernt und eine Botschaft in die Tiefe des Baumstammes geritzt. Für den Urheber dieses Ritzens dürften die Zeichen noch dechiffrierbar sein, für uns nicht mehr. Wir können spekulieren, dass vielleicht ein junges Paar seine Liebe beschwören und verewigt wissen wollte. Für den Baum war dieser Eingriff eine Verletzung, eine einstmals frische Wunde. Wir sehen, wie der Baum die ihm zugefügte Wunde verschlossen hat und wie sich der menschliche Eingriff verwachsen hat. Wir können das als eine Narbe begreifen, in der die Spuren der ursprünglichen Verletzung verkörpert geblieben sind. »Jede Reparatur [...] ist eine ›Erzählung‹, ist Zeichen einer Geschichte« (Görner 2016, S. 20) – was uns für einen Moment an Herrn N. denken lässt.

Die beschriebene Fotografie stammt vom Künstler Kader Attia. Sie verweist auf einen Eingriff in einen natürlichen Vorgang, mit dem Kultur geschaffen worden ist und in dem sich Kultur (Verewigung, ›Erzählung‹) und Natur (Vernarbung, Verholzung) untrennbar miteinander verwoben haben. Der Titel dieser Fotografie heißt: »Scars have the strange power to remind us that our past is real«. Es handelt sich um ein Zitat des US-amerikanischen Autors Cormac McCarthy aus seinem wunderbaren Buch *All die schönen Pferde*. Im Buch geht das Zitat so weiter: »The events that cause them can never be forgotten« (McCarthy 1992, S. 135). Und in der deutschen Übersetzung: »Narben können uns auf seltsame Weise daran erinnern, dass die Vergangenheit real ist. Sie lassen uns nie die Ursache vergessen« (McCarthy 2013, S. 152).

Die vernarbte Wunde als Körper gewordene Geschichte von Verletzung ist ein zentrales Bild Attias und umreißt die Essenz seines gesamten Werkes. Kader Attia wurde 1970 als Sohn algerischer Eltern in einem Vorort von Paris geboren. Seine künstlerische Arbeit bewegt sich im Feld von Philosophie, Psychoanalyse und Anthropologie und ist durch und durch politisch. Attia greift auf verschiedene Methoden zurück. Er sammelt fertige Gegenstände, er gestaltet Objekte, er fotografiert, und er schreibt auch Texte. Vieles davon stellt er auf seiner Homepage zur Verfügung: www.kaderattia.de.

Das hauptsächliche Thema Attias sind Verletzung und Reparatur – physische wie psychische. In einer Reihe von Installationen hat er Gruppen von Beinprothesen als Readymades arrangiert und ausgestellt. In verdichteter Form repräsentieren sie sowohl die vorangegangene Verletzung wie auch deren Reparatur. Nach Attia besteht aber nicht nur das Menschsein, sondern die ganze natürliche und dingliche Lebenswelt aus einer zyklischen Bewegung von Verletzung und Reparatur. Es existiert eine Fotografie, auf der verfallene Gebäude in einer trostlosen Szenerie dargestellt sind. Ganz vorne ist als Reminiszenz eines untergegangenen Hauses ein Betonpfahl zu sehen, der über und über von Schnecken besiedelt ist: Schnecken führen die Reste zivilisatorischen Niedergangs in den Kreislauf der

Natur zurück. Attia sieht den Wechsel von Verletzen und Reparieren als ein grundlegendes Prinzip und als einen fortwährenden Zyklus. Dabei geht es ihm um die großen genauso wie um die kleinen Wunden, um Zerstörung und Traumatisierung wie um alltägliche Kränkungen. Auf Verletzungen folgen reparative Vorgänge. Das ist der Lauf der Welt. Das ist unser Lebensschicksal.

Kolonialismus

Das zweite große Thema Attias ist der Kolonialismus. Kolonialismus besteht aus Handlungen, die andere Menschen und/oder andere Länder enteignen, sie ihrer Räume und allen, was sich darin befindet, berauben. Kolonisatoren eignen sich die enteigneten Räume nach ihren Vorstellungen an. Kolonisierte Menschen hingegen finden sich in Räumen wieder, die nicht mehr als die eigenen kenntlich sind, sondern entfremdet und enteignet worden sind. Natürlich ist auch Kolonialismus eine Verletzung und setzt reparative Bemühungen in Gang. Eine solche ist die Wiederaneignung verlorener und kolonisierter Räume. Für diese Wiederaneignung gibt es sowohl im Französischen wie im Englischen ein gemeinsames Wort: *reappropriation*. Die oben erwähnten Schnecken, die sich daran gemacht haben, Bauruinen in Natur zurückzuführen, wären beispielhafte Akteure in Sachen Wiederaneignung.

Für Attia sind die Folgen und die Spuren westlicher Hegemonie als nicht verheilte Wunden in einem gesellschaftlichen Gefüge allgegenwärtig. Reappropriation ist deshalb ein wichtiger Ausdruck von Widerstand gegen die Kolonisierung. In einer künstlerischen Arbeit mit dem Titel *Injury reappropriated* hat er historische Postkarten zusammengetragen, die das westliche Klischee von schwarzen Afrikanern abbilden. Auf den ersten Blick scheint es um Aneignung/Appropriation zu gehen. Kolonisatoren haben stereotype Fotografien von z. T. leicht bekleideten jungen Afrikanerinnen, vollgehängt mit großen Schmuckstücken, zu Postkarten gemacht und in die europäische Heimat geschickt und so das westliche Stereotyp vom afrikanischen ›Neger‹ kultiviert und bedient. Aber auf den zweiten Blick und nur bei genauer Betrachtung lässt sich erkennen, dass die Ketten und Ohrringe der schwarzen Frauen aus französischen Centimestücken hergestellt worden sind. Das Geld der Kolonisatoren, das ja real wie symbolisch ein zentrales ökonomisches Element von Kolonisierung ausmacht, ist von den Kolonisierten, quasi ›hintenherum‹, zweckentfremdet worden. Es ist nicht, wie von den Herrschern vorgesehen, für den kolonial organisierten Warenaustausch verwendet worden, sondern als Rohstoff für die traditionelle Herstellung von Schmuck. Darin erkennt Attia einen stillen Widerstand gegen die Kolonisierung, der klandestin daherkommt und dessen konspirativer Charakter sich leise und fast unbemerkt nur eingeschlichen hat. Widerstand und Wiederaneignung fallen zusammen, wobei die Wiederaneignung hier nicht nur in einem symbolischen, sondern auch in einem ganz konkreten Sinne zu sehen ist. Das ist die ureigene Form, in der Attia Reappropriation aufspürt.

In einer anderen Arbeit, überschrieben mit *Intifada*, findet sich ein weiteres Beispiel für einen solchen Widerstand. Es handelt sich dabei um eine große Rauminstallation, die aus einer Gruppe von artifiziellen Bäumchen besteht. Die Äste der Bäume werden von Steinschleudern gebildet: ein Wald von Intifada.

Die koloniale Thematik kann für Psychoanalytiker aus verschiedenen Gründen bedeutsam sein. Ein wichtiger Punkt ist dabei, dass Kolonialisierung nicht nur zu Traumatisierung führt, sondern dass sich in ihr auch Analogien zu individueller Traumatisierung erkennen lassen. Ein Aggressor tut einem anderen Menschen Gewalt an, dringt in ihn ein und schreibt sich ihm ein. Es wird gewaltsam enteignet und gewaltsam besetzt. Bei Herrn N. haben wir die Folgen schwerer, langjähriger Gewalt gesehen. Die Gewalt und der Gewalttäter sind in den Patienten eingedrungen und haben das Über-Ich mit verfolgenden und entwertenden Zügen ausgefüllt. Auf diese Weise haben sich die traumatischen Erfahrungen in den lange nicht begehbaren Katakomben ausgebreitet. Herr N. hat diesem Geschehen mit Beklemmung und Ohnmacht gegenübergestanden. Unsere therapeutische Arbeit ist auch eine Begehung und Rückeroberung dieser enteigneten und mit Fremdem gefluteten Räume gewesen – der Versuch, schwarze, toxische Milch wieder in weiße, nährende Milch umzuwandeln.

Bei aller Würdigung von Reappropriation ist allerdings anzuerkennen, dass die traumatische Lebensgeschichte nicht auflösbar ist. Traumatische Verletzungen heilen unter Narbenbildung ab. Erinnern wir uns an das, was Cormac McCarthy über Narben gesagt hatte: »The events that cause them can never be forgotten«. Traumatische Geschichte kann nicht aufgelöst, kann nur angeeignet werden. Wiederaneignung, Reappropriation ist dabei auch ein Widerstand gegen den introjizierten Aggressor und ein Remedium gegen Ohnmacht, Ausgeliefertsein und Sprachlosigkeit: kurzum ein reparativer Vorgang.

Reparatur

Eine der ersten großen Ausstellungen Attias gab es 2012 auf der Documenta 13 in Kassel unter dem Titel: »The Repair from Occident to Extra-Occidental Cultures«, einer der Höhepunkte der damaligen Documenta (Vogel 2015). Attia präsentierte dort einen großen, abgedunkelten Raum, der eine Vielzahl von Gegenständen und Bildern beherbergte. Der Raum wurde zum Archiv einer ungewöhnlichen Kollektion. In einfachen Regalen und Vitrinen standen Bilder, Bücher, Skulpturen und vieles mehr. Der Betrachter musste sich aufmachen, diesen Raum zu erkunden und die Gegenstände zu entdecken. Dabei wurde schnell deutlich, dass es auch hier um Verletzungen ging. Im Zentrum dieser Ausstellung standen Abbildungen v. a. aus medizinischen Lehrbüchern aus der Zeit des Ersten Weltkrieges, in denen Gesichtsverletzungen von Soldaten vor und nach plastischen Operationen gezeigt wurden. Im Französischen gibt es dafür einen Namen: *Gueules cassées*, wörtlich übersetzt zerschossene oder noch genauer, zerschlagene ›Fressen‹. Wir müssen uns die Atmosphäre auf der Documenta als schwer und bedrückend vorstellen, wobei der Horror, wie so oft, auch hier seinen Reiz ausspielte: Die Zuschauerinnen und Zuschauer waren zugleich abgestoßen wie auch gefangen, fasziniert und in den Bann gezogen. Es war nahezu ausgeschlossen, sich dieser zu Leibe rückenden Erfahrung zu entziehen.

Attia sieht den Ersten Weltkrieg als einen historischen Wendepunkt. Es war der erste hochtechnisierte Krieg mit dementsprechend monströsen Folgen. Es war ein Krieg auch von Kolonialmächten, der sich auf die kolonialisierten Länder Afrikas ausgedehnt und die dortige Bevölkerung in Kriegshandlungen hineingezwungen hatte. Zugleich war er aber auch ein Wendepunkt für die plastische Chirurgie: Während die Operationen von Gesichtsverletzungen zu Beginn des Krieges noch komplett simpel und notdürftig waren, entwickelten sich die operativen Techniken mit der Dauer des Krieges weiter, und die Verletzungen wurden bald immer weniger sichtbar. Attia sieht darin das Auftauchen eines neuen kulturellen Ideals, das in der westlichen Welt bestimmend werden würde: Verletzung soll unsichtbar gemacht werden – aus der Perspektive der Psychoanalyse ein Fall von Ungeschehenmachen. Attia aber beauftragte nun für seine Ausstellung afrikanische Holzschnitzer, nach den Vorlagen aus den historischen medizinischen Büchern lebensgroße Skulpturen dieser *Gueules cassées* anzufertigen. Damit verbindet er die Themen von Reparatur und Kolonialismus. Er verweist nicht nur auf die Ausdehnung des Ersten Weltkrieges auf afrikanische Länder, sondern stellt auch unterschiedliche kulturelle Konzepte von Reparatur gegenüber (siehe dazu auch Dagen

2016). Dabei bezieht er sich darauf, dass in nichtwestlichen Kulturen Verletzungen einen völlig anderen Stellenwert haben. Oft sogar werden sie rituell hergestellt, etwa in Piercings oder in Körpermutilationen. In Krankenmasken wird Versehrtheit dar- und ausgestellt. Damit kontrastiert Attia zwei Arten des Umgangs mit Verletzungen: auf der einen Seite die Zurschaustellung und auf der anderen Seite das Verschwindenlassen.

»Das moderne westliche Ideal der Reparatur zielt im Wesentlichen auf eine Auslöschung ihrer Spur« (Reinhardt 2014, S. 151). Die Verletzung oder Beschädigung soll aufgehoben und ausgelöscht werden. In unserer konsumorientierten Welt wird eine kaputte Kaffeemaschine entsorgt und nicht etwa repariert. In traditionellen Kulturen existiert ein komplett anderer Umgang mit Reparatur. Verletzung und Beschädigung bleiben sichtbar, werden manchmal sogar herausgestellt. So gibt es chinesisches Porzellan, das aufwendig mit goldenen Nähten repariert wird und dadurch einen ganz besonderen Wert bekommt. Das Objekt wird dadurch wertvoll, dass ihm nun eine Geschichte, eben auch eine Geschichte von Verletzung und Reparatur eingeschrieben ist.

Wir können die Reparaturnaht wieder als eine Narbe sehen und die Narbe als die sichtbare Hinterlassenschaft einer ausgeheilten Verletzung. Die Verletzung ist deswegen aber nicht verschwunden und aufgelöst. Wenn sich Haut über einer tieferen Wunde geschlossen hat, dann ist das durch eine Art schnell wachsender zweiter Haut geschehen, in der sich die bindegewebigen Fasern anders angeordnet haben als in der primären Haut – was als Narbenbildung mehr oder weniger sichtbar und fühlbar wird. Narbenhaut ist weniger elastisch und kann mit Kontrakturen einhergehen. Sie bleibt so ein Verweis auf ein früheres Ereignis: »Scars have the strange power to remind us that our past is real«.

Verletzung führt also zu Reparatur und Narbenbildung, was ich versucht habe für Herrn N. aufzuzeigen. »Wenn Zeit nicht alle Wunden heilt…« war der Titel der Jahrestagung der DPG 2018. Die Zeit aber heilt keine Wunden, wenn es um Traumata geht. Heinz Weiß hat das in seinem neuen Buch so beschrieben, »dass eine Beschädigung eingetreten ist und etwas nie mehr so sein wird, wie es zuvor einmal gewesen ist« (Weiß 2017, S. 17). Er spricht von einem Verlust, der anerkannt werden muss, damit Wiedergutmachungsprozesse in Gang gesetzt werden können. Psychotherapie will dabei helfen, ungünstige Reparaturversuche, d. h. solche, die Entwicklung blockieren, durch andere zu ersetzen, die das Trauma anerkennen und annehmen, nicht aber die Kolonisierung. Psychotherapie will dabei helfen, enteignete Räume wieder anzunehmen. In diesem Sinne hat sie eine integrierende Kraft und kann helfen, innere Freiheit, Identität und Lebendigkeit zurückzugewinnen. Die traumatische Erfahrung selbst aber ist konstitutiv für das Selbst und die darauf folgende Persönlichkeitsentwicklung. In der Behandlung von Herrn N. hat sich das in einem schmerzhaften Prozess gezeigt: Der Verlust besteht darin, dass es eine Urerfahrung von Heil, eine das Leben tragende heile Geschichte nicht gegeben hat und auch nie mehr geben wird. Wenn die Geschichte, die sich in die Narbe eingeschrieben hat, anerkannt wird, kann es aber dennoch zu einem Gewinn kommen: Der besteht in eben dieser Geschichte, die zu einem Identitätskern werden und Tiefe und Bewusstheit mit sich bringen kann. Je mehr es gelingt, den Verlust zu akzeptieren und die spezifische Geschichte zu integrieren, desto geringer fällt die Narbenkontraktur aus. Integrieren ist Sichtbarmachen, ist Narbenbildung und steht im Gegensatz zu Dissoziieren.

Psychoanalyse

Nun, Reparatur ist ein schwieriger Begriff für die Psychoanalyse. Am häufigsten taucht er in der kleinianischen Schule auf. Hier geht es zuvorderst um die aggressiven Seiten der Patientinnen und Patienten: um Gier, Neid und Wut und um Reparation als Wiederherstellung oder Wiedergutmachung, eine Fähigkeit, die in der depressiven Position zum Einsatz kommt. Ostendorf (2012) hat mit Verweis auf Henri Rey einen schönen Aufsatz geschrieben, in dem sie zwei Arten von *Repair* auf Seiten ihrer Patientin unterscheidet: eine als manisches Abwehrverhalten, um die Analytikerin auf Distanz zu halten, und eine, die die eigene Destruktivität erkennt und um Wiedergutmachung ringt. Ostendorf beschreibt auch einen Repair-Analytiker im schlechten Sinn: Er ist in ihrer Terminologie ein Analytiker, der dem Konflikt ausweicht und der Abwehrbewegung der Patientin folgt und sich in harmonischem Schein-Miteinander einrichtet, statt den Widerstand zu deuten.

So wichtig die inhärente Aggressivität ist, die die kleinianische Schule beschrieben hat, der Repair-Begriff von Attia ist weiter gefasst und viel enger mit dem Konzept von Verletzung verbunden. Seine Ideen können für die Psychoanalyse auf verschiedene Weise befruchtend sein. Als anthropologische Vorstellung können sie unsere Sichtweise erweitern, dass das Gewordensein unserer Patienten mitsamt ihrer Symptome nicht nur auf Prozesse zurückzuführen ist, die mit Verletzungen verbunden sind, sondern auch mit Reparaturversuchen. So wie Reparatur gelingen und hilfreich sein kann, so kann sie scheitern und böse Wunden zurücklassen. Das bedeutet, dass Verletzung, die immer Gefahr und Risiko darstellt, gleichzeitig auch Chance sein kann, weil sie Reparatur in Gang setzt und darüber zu etwas Neuem, zu Entwicklung und Wachstum und auch zu (einer) Geschichte und damit überhaupt zu Kultur führen kann. Vielleicht können wir sogar all unsere Symptome am Ende auch als eine Folge von komplexen Vorgängen im Zusammenhang mit Verletzung und Reparatur ansehen.

Wir müssen nicht dabei stehen bleiben, diese Vorgänge an Patientinnen und Patienten zu untersuchen. So wie die Patientinnen und Patienten diesem Kreislauf von Verletzung und Reparatur unterworfen sind, gilt das natürlich in gleicher Weise für Psychoanalytikerinnen und Psychoanalytiker und auch für die intersubjektive Beziehung und last not least für die psychoanalytische Behandlung. Die Psychoanalyse ist eben nicht nur ein reparativ-heilender Vorgang, sondern auch einer, der selber Verletzungen setzt. Wir müssen dabei nicht nur auf die großen ideologisch getönten Verfehlungen schauen. Es genügt anzudeuten, wie psychoanalytische Sexualvorstellungen über viele Jahrzehnte Frauen oder auch Menschen mit abweichender Sexualität diskriminiert haben (Gschwind 2015, Heenen-Wolff 2015, Quindeau 2015, Sigusch 2013). Auch zeigt die Geschichte der Psychoanalyse, wie abweichende Meinungen verfolgt wurden, wie oft Psychoanalytikerinnen und Psychoanalytiker oder Kandidatinnen und Kandidaten durch Verdikte und Verletzungen zu Anpassungshandlungen gebracht wurden. Wahrscheinlich hat sich der Satz ›Das ist keine Psychoanalyse!‹ generationenlang in das Über-Ich von Psychoanalytikerinnen und Psychoanalytiker eingeschrieben. Auch das ist eine Form von Kolonisierung.

Es geht aber um noch viel mehr: Es geht auch um die vielen ungewollten kleinen Verletzungen, die sich in jeder Analyse abspielen und die so oft außerhalb unserer Wahrnehmungsschwelle bleiben. Bion sagte in einem Tavistock-Seminar: »Mir wurde die Vorstellung vermittelt, daß die Psychoanalyse dem Patienten keine Gewalt antue – und daß es ihm mit der Zeit immer besser gehen werde. Das ist meiner Meinung nach völlig falsch« (Bion 2007, S. 9). Er führt das an gleicher Stelle weiter aus: »Ich habe lange gebraucht, um zu erkennen, daß die reale Erfahrung, psychoanalysiert zu werden, traumatisch ist und daß es lange dauert, bis man sich davon erholt hat« (ebd.).

Unsere Behandlung besteht demnach – und das vielleicht sogar in entscheidender Weise – auch aus Verletzungen, die in der Psychoanalyse hergestellt werden (Slavin 2005). Das ist wohl nur im ersten Moment überraschend. Aber so wie alle Eltern – und nicht nur die – wissen, dass sie nur bemüht sein können, in der Erziehung keine zu großen Fehler zu machen, und so wie kein Kind unverletzt groß werden kann, so kann keine Kandidatin und kein Kandidat ganz ohne Verletzungen durch eine analytische Ausbildung gehen und keine Patientin und kein Patient durch eine Analyse. Als Analytikerinnen und Analytiker können wir viel lernen, wenn wir uns bewusstmachen, dass wir beständig kleinere und auch größere Verletzungen setzen – durch fehlendes, falsches oder eingeengtes Verstehen, durch zu starkes oder auch zu geringes *attunement*, durch zu viel oder zu wenig Aktivität, durch zu langes oder zu kurzes Schweigen usf. In unserem Berufsstand ist es außerdem nicht einfach, über eigene Fehler und über den Umgang damit zu berichten. Es gibt aber einige offene Beschreibungen von eigenen Fehlern in analytischen Behandlungen (z. B. Frankel 1997; Levy 2017).

> An dieser Stelle möchte ich ein eigenes Beispiel aus meiner Behandlungspraxis berichten. Es ist die letzte Stunde vor meinem Urlaub. Vor der Sitzung hatte ich versucht allen elektronischen Überhang wegzuarbeiten und hatte mich dabei über die Mail eines Kollegen geärgert. Im Verlauf der Sitzung gerate ich auf Abwege, bin nur halb da und fange innerlich an, meine Koffer zu packen. Herr O. bemerkt, dass ich abwesend bin. Ich erwische mich dabei zu sagen: »Nur weil ich länger geschwiegen habe? Ich höre Ihnen doch zu«. Dabei spüre ich einen Ärger über den Vorwurf und kann mir noch nicht eingestehen, dass ich mich ertappt gefühlt habe. Herr O. sagt darauf: »So hat es sich aber nicht angefühlt!« Er hakt, jetzt immer ärgerlicher werdend, nach: »Ich hab mich allein gefühlt! Mutterseelenallein!«. Die Spannung wird zu einer aggressiven Stimmung, und es hat sich schon unlösbar zwischen uns verkeilt. Ich spüre zwar, wie ich mich trotzig verhärte, will mir das aber nicht eingestehen, was unter dem Druck des Patienten auch immer schwerer wird. Ich denke, wie empfindlich Herr O. ist, und rationalisiere, dass er auch einige Minuten Schweigen ertragen müsse. Die Stunde ist endlich zu Ende, Herr O. geht Türen schlagend, und mein Urlaub hat mit Ärger und Schuldgefühlen den denkbar schlechtesten Anfang genommen.
>
> Die erste Stunde nach meinem Urlaub beginnt mit Schweigen, langem Schweigen. Herr O. sagt: »Ich hab noch den Konflikt von letzter Sitzung im Kopf. Wie ich mich allein gelassen gefühlt habe«. Ich sage jetzt: »Sie haben sich allein gelassen gefühlt. Und ich hatte Sie ja auch allein gelassen. Aber ich glaube, das Schlimmere war, dass ich es Ihnen in dieser Sitzung nicht eingestehen konnte«. Der Patient: »Ja. Das stimmt. Wenn Sie gesagt hätten: ›Sorry, ich war gerade weg!‹, dann wäre es erledigt gewesen«. Ich sage: ›Ja. Ich habe Sie zwei Mal allein gelassen. Einmal, als ich weg war, und dann noch einmal, als ich das nicht zugeben konnte«. Herr O.: »Und das zweite Mal war das schlimmere Mal«. Ich:

»Aber jetzt sage ich: Sorry, ich war weg!«. Herr O.: »Entschuldigung angenommen!«. Während ich noch zwei Steine plumpsen höre, erwische ich mich kurz bei der Frage, ob ein Psychoanalytiker sich entschuldigen darf. Entlastung liegt in der Luft. Versöhnung und Annäherung sind spürbar entstanden. Dann wird mir klar, dass der Patient, der sonst sehr nachtragend sein kann, schon mit einer Vorstellung von Versöhnung in die Stunde gekommen ist – wie ich selbst auch. Das lässt mich an Bions Präkonzeption denken: Es gibt etwas, das schon da ist, aber es braucht etwas Weiteres, ein Realereignis, das hinzukommen muss, damit beides zusammen Konzeption werden kann. Genau in diesem Moment ist mit dem Patienten etwas entstanden: ein besonderer Moment, eine Konzeption, ein Vollzug, vielleicht auch eine Transformation. Ich möchte jetzt sagen: ein bedeutsamer reparativer Moment nach einer schmerzhaften, für den Fortgang aber auch letztlich hilfreichen Verletzung. Unnötig zu sagen, dass wir in der Folge mehrere Stunden lang an diesem Ereignis gearbeitet haben und Verbindungen zu früheren Verletzungen zwischen uns, zu solchen mit den Eltern und mit einem früheren Psychoanalytiker gezogen haben.

Was also ist die Macht der Narbe?

»Scars have the strange power to remind us that our past is real«. Die Narbe ist Folge und Ergebnis des Prozesses, in dem eine Verletzung verarbeitet wird. Sie ist verkörperte Geschichte, Speicher und Spiegel von Verletzung und von Reparatur. Sie ist Widerstand und Resilienz. Die Narbe kann uns auf seltsame Weise daran erinnern, dass unsere Geschichte wirklich stattgefunden hat. Sie gibt uns Unverwechselbarkeit und Identität. Lässt sich das besser ausdrücken als mit der Fotografie vom vernarbten Baum, die Kader Attia uns sehen lassen hat?

Literatur

Attia, K. (2018): www.kaderattia.de.
Bion, W. (2007): Die Tavistock-Seminare. Tübingen (edition diskord).
Dagen, P. (2016): Zerstörung und Reparatur. In: Gaensheimer, S. & Görner, K. (Hrsg.), Kader Atta. Sacrifice and Harmony, Bielefeld, Berlin (Kerber), S. 85–88.
Frankel, S. (1997): The therapist's role in the disruption and repair sequence in psychoanalysis. Contemporary Psychoanalysis 33, 71–87.
Görner, K. (2016): Sacrifice and harmony. In: Gaensheimer, S. & Görner, K. (Hrsg.), Kader Attia. Sacrifice and Harmony, Bielefeld, Berlin (Kerber), S. 20–22.

Gschwind, H. (2015): »Manif[est] Homos[exuelle] wären – einstweilen – grundsätzlich abzuweisen. Sie sind ja meist zu abnorm«. Zum Verhältnis von Psychoanalyse und Homosexualität. Psyche – Z Psychoanal 69, 632–647.

Heenen-Wolff, S. (2015): Normativität in der Psychoanalyse – eine Kritik. Psyche – Z Psychoanal 69, 585–602.

Levy, R. (2017): Intimacy: drama and beauty of encountering the other. Int J Psychoanal 98, 877–894.

McCarthy, C. (1992): All the Pretty Horses. New York (Alfred A. Knopf Inc.); dt. (2013 [1992]), All die schönen Pferde. Übers. H. Wolf, 5. Aufl., Reinbek (Rowohlt Taschenbuch).

Ostendorf, U. (2012): Repair oder Reparation? Bewegungen zwischen trügerischer Hoffnung und realistischer Veränderung. Jahrb Psychoanal 65, 37–58.

Quindeau, I. (2015): »Recovering from iatrogenesis …«. Vom Umgang mit dem homophoben Erbe. Psyche – Z Psychoanal 69, 648–660.

Reinhardt, T. (2014): Die Kannibalisierung des Anderen. In: Blumenstein, E. (Hrsg.), Kader Attia. Transformations, Leipzig (Spector Books), S. 147–153.

Sigusch, V. (2013): Sexualitäten. Eine kritische Theorie in 99 Fragmenten. Frankfurt/M. (Campus).

Slavin, M. & Kriegman, D. (1998): Why the analyst needs to change: toward a theory of conflict, negotiation, and mutual influence in the therapeutic process. Psychoanalytic Dialogues 8, 247–284.

Vogel, S. (2015): Kader Attia. Ein Künstler, ein Werk. Kunstforum November 236, 192–193.

Weiß, H. (2017): Trauma, Schuldgefühl, Wiedergutmachung. 2. Aufl., Stuttgart 2018 (Klett-Cotta).

SUZANNE KAPLAN

Überlebende Kinder des Völkermords in Ruanda von 1994 – Extreme Traumatisierung, Rachephantasien und Gegenkräfte

Ausgehend von meiner Praxiserfahrung als Psychoanalytikerin habe ich Überlebende des Holocaust sowie des Genozids 1994 in Ruanda beforscht – Überlebende, die während der Völkermorde Kinder gewesen waren (Kaplan 2010). Diese Präsentation befasst sich mit Ergebnissen einer Interview-Untersuchung von Waisen, die nach dem Völkermord in Ruanda als Straßenkinder lebten.

Während zweier Forschungsaufenthalte in Ruanda 2003 und 2004 führte ich Video-Interviews, Nachbereitungsinterviews und weitere Beobachtungen durch. Hier möchte ich davon berichten, wie 12 Jungen im Teenageralter mit ihren jeweiligen Erinnerungen und Affekten umgingen. Seit 2002 erhielten diese Jungen Hilfe in einem Pflegeheim mit einem Arzt als Betreuer, den sie ›Daddy‹ nannten. Dieses Arrangement ermöglichte eine einzigartige Möglichkeit, die Jungen innerhalb eines sicheren Umfeldes und innerhalb einer relativ kurzen Zeitspanne nach dem Völkermord zu interviewen. Durch die Beteiligung des Arztes war die Möglichkeit gegeben, nach der Beendigung des Interviewprozesses auch verzögerte Reaktionen auf diese Interviews beobachten zu können und auf diese in unterstützender Weise zu reagieren. Alle Jungen hatten den unerträglich schmerzhaften Verlust erfahren, dass ihre Eltern sowie die meisten Geschwister ermordet worden waren. Es gab viele Beispiele demütigender Erfahrungen, mit denen der Verlust eigener Werte einherging, wie von Menschen betrogen zu werden, die für Freunde gehalten worden waren, als rassisch minderwertig oder als Tier charakterisiert zu werden und gezwungen zu werden, entwürdigende Aufgaben zu erledigen. Wesentliche Ergebnisse meiner Untersuchung betreffen die Themen der Retraumatisierung, des Bemühens zu vergessen und der Rachephantasien.

Ich begann die Interviews mit den Jungen, indem ich fragte:

> »An welche Art von Gedanken erinnerst Du Dich wieder, wenn Du allein mit Dir bist?«
>
> Jean[1], 17 Jahre alt, verhielt sich, als begrüße er die Gelegenheit erzählen zu können, was ihm durch den Kopf ging. Er wand sein Gesicht wie in Rage und hielt sich die Fingerspitzen an die Stirn, während er zu erzählen begann:
>
> »Die Sache, die immer wieder durch meinen Kopf geht, ist die Art, wie meine Schwester starb […] Während ich in Kigali so rumwanderte, irgendwo schlief, über tote Körper sprang und sowas, und als ich dabei an meine Schwester dachte und wie ich sie nicht finden konnte […] ich fühlte mich so schlecht. Sie war noch nicht alt, als sie starb, weil wir meistens auf dem Weg zur Kirche noch zusammen spielten. Sie haben mir erzählt, wie sie starb. Ihr wurde mit einem Hammer auf den Kopf geschlagen und dann wurde sie auf ein Motorrad getan und sehr weit weggebracht und dort hingeworfen. Was mich am meisten schmerzte, war, dass der Mann, der sie umbrachte, unser Nachbar gewesen war, ein Freund meines Vaters, einer, der sonst in der Nähe unseres Zuhauses Fleisch briet. Ich denke immer, dass, wenn ich ihm nur wiederbegegnen würde, ich ihn auch umbringen würde – das ist das, was mich am meisten um den Verstand bringt. Ich fühlte, dass sogar, wenn sie mich da draußen erwischen würden und mich umbrächten, dann hätte ich aber wenigstens Rache genommen für meine Schwester, und das war, was zählte.«
>
> Am Ende seiner Aussage, nachdem er sich auch an Gespräche mit freundlichen und hilfsbereiten Menschen auf den Straßen erinnert hatte, wirkte er auf einmal wesentlich entspannter und sagte diesen wichtigen Satz:
>
> »Ich denke nicht länger wie früher. Weil die, die tot sind, können nicht in dieses Leben, das wir leben, zurückkommen. Ich hoffe nur auf eine bessere Zukunft mit einer Frau und Kindern. Ich werde ihnen erzählen von den Dingen, die mir passiert sind.«

Fonagy (2005) hebt hervor, dass das allgemein gültige fremde Selbst, welches in uns allen existiert, dann am gefährlichsten wird, wenn traumatische Ereignisse in der Familie oder der nahen Umgebung das Kind zwingen, zu dissoziieren. Der Schmerz wird so stark, dass er auf einen aggressiven Teil der Persönlichkeit verschoben wird, im Sinne von ›Angriff ist die beste Verteidigung‹. Die Wahrscheinlichkeit, psychische Schäden und Beschämung zu überleben und von Racheakten abzusehen, kann steigen, wenn Unterstützung für die Entwicklung seelischen Raums vorhanden ist. Jeans Geschichte ist hierfür ein Beispiel (Kaplan 2007).

> Im Gegensatz dazu berichtete Fred[2] von einem nicht erfolgreichen Versuch, seine Rachephantasien zu bewältigen:
> »Die Tage, an denen ich mich glücklich fühle, sind die, an denen ich mit ›Daddy‹ glücklich zusammen bin. Wenn ein Monat vorübergeht, ohne dass er böse auf mich ist, dann werde ich so glücklich. Aber wenn er verärgert ist, dann wird mein Herz wie das eines Tieres. Ich könnte dann jemanden umbringen. Mein Leben hängt von ihm ab, und deinen eigenen Vater zu verärgern ist nicht sehr nett. Besonders wenn er verantwortlich für dich ist.« Trotz dieser Bedenken stahl er dem Arzt Dinge.

Der Völkermord in Ruanda 1994

Kernziel des Genozids 1994 in Ruanda war die Vernichtung eines ganzen Volkes, der Tutsi. Die Hutu-Extremisten in Ruanda haben ihre ethnische Propaganda zunächst hauptsächlich durch das Radio verbreitet (Mamdani 2001). Unter den Hutu entwickelte sich eine Ideologie der ›Hutu-Power‹, die Angst und Entwertung von Tutsi intensivierte. Eine Reihe von entwertenden und dehumanisierenden Bezeichnungen bereiteten den Weg hin zur Verfolgung. Zum Beispiel wurden Tutsi-Kinder in den Medien als ›kleine Ratten‹ beschrieben. Die Täter verwendeten auch Ausdrücke wie ›das schlimme Unkraut an den Wurzeln ausreißen‹ in Bezug auf das Töten von Frauen und Kindern (Gourevitch 1999). Jede Möglichkeit zur Entstehung einer neuen Generation von Tutsi sollte ausgelöscht werden. Von April bis Juli 1994 töteten Hutu-Extremisten ungefähr 700 000 Menschen, überwiegend Tutsi, sowie ungefähr 50 000 politisch moderat eingestellte Hutu.

Extrem schwere Traumata

Menschen, die extrem schweren Traumata ausgesetzt sind, empfinden zunächst und überwiegend ein komplettes Zu-Tode-Erschrecken. Ich habe das Konzept des *Perforierens* benutzt, um die ›Durchlöcherung‹ des psychischen Schutzschildes zu beschreiben. Das Konzept des Perforierens verbindet sich mit der Theorie Anzieus (1996 [1985]), die Freuds fruchtbare Metapher einer Wunde, eines Durchstechens des psychischen Schutzschildes betont, mitsamt einem inneren Bluten als Folge des psychischen Traumas. Die psychische Membran wird im übertragenen wie im konkreten Sinne ›durchlöchert‹, zum Beispiel durch das Eindringen einer Angst erregenden Stimme oder eines Geräusches. Im Falle von Ruanda durch das Pfeifen, welches die Täter benutzten, um untereinander in der Dunkelheit zu kommunizieren. Ein Geräusch, das bis heute Horror auslöst. Etwas wird weggenommen (Familienmitglieder, bedeutsame Objekte oder Alltagsgewohnheiten) und der Körper wird gebrandmarkt (sowohl konkret als auch symbolisch, z. B. durch ein eingedrucktes ›T‹ für Tutsi im Personalausweis und dadurch, das Objekt konstruierter rassischer Unterschiede zu sein) (Kaplan 2007, 2010). Das Individuum fühlt ein intensives, unmittelbar dringendes Bedürfnis, Kontrolle über das Leben zurückzugewinnen, und entbehrt gleichzeitig der Fähigkeit, mit der Intensität der Gefühle zurechtzukommen. Die traumatischen Ereignisse werden als Panikgefühle – als Angst – im Körper abgespeichert. Diese körperlich gespeicherten Erinnerungen können im Laufe des Lebens der betroffenen Person als sogenannte Blitzlichterinnerungen aktiviert und wieder erfahren werden (Schore 2007). Während der Interviews mit traumatisierten Menschen können wir erfahren, wie deren Konzeption von Zeit und zeitbezogener Erinnerungsfunktion beschädigt ist. Es scheint, als wäre das Trauma nicht vor langer Zeit geschehen, sondern als spielte es sich vielmehr Tag für Tag immer und immer wieder ab (Laub & Auerhahn 1993). Es zeigt sich ein Riss im Selbst als Folge der Schwierigkeiten mit Furcht und Angst umzugehen. Die Dissoziation weist auf eine Abschottung von Erfahrenem hin, was im Gedächtnis als voneinander isoliert gehaltene Fragmente, sensorische Wahrnehmungen, Affektzustände oder Verhaltens-(Re)-Enactments abgespeichert wird (van der Kolk & Fisler 1994).

Aus meiner Arbeit mit verschiedenen, durch Geografie und Zeitraum getrennten Populationen – im Holocaust in Deutschland und im Völkermord in Ruanda – folgere ich, dass extreme Traumatisierung, die aus unerwarteten und abnormen Ereignissen hervorgeht, in ähnlicher Weise erfahren wird, unabhängig vom kulturellen Hintergrund. Jedoch haben persönliche Verletzbarkeit eines jeden Individuums, Lebensgeschichte, kulturelle Faktoren und der Nachbarschafts- bzw. Nähestatus zum Täter einen Einfluss darauf, wie er oder sie Angst in Verbindung mit dem traumatischen Moment und seinen Nachwirkungen regulieren kann.

> Eine schwer depressive ruandische Frau, nun Nachbarin des freigelassenen Täters, sagte zu mir: »Morgens das Fenster aufzumachen und dann diejenigen zu sehen, die meine Familie ermordet haben …«. Sie berührt ihren Handrücken und fährt fort: »Da sind offene Wunden … was gerade in der Haut getrocknet war … wird wieder geöffnet. Du weißt nicht, wie Du reagieren könntest … jetzt habe ich die Macht etwas zu tun.«

Es braucht Zeit, damit Wunden heilen können – sie müssen genügend verheilen, um in der Lage zu sein, auf Rache zu verzichten. Für viele Überlebende des Holocaust, die danach in anderen Ländern leben, erfolgt Rache in sublimierterer Form. Es ist wesentlich, dass der traumatisierte Mensch einen sicheren psychischen Raum hat, in dem über die Angst und die destruktiven Phantasien, die der traumatischen Erfahrung folgen können, reflektiert werden kann. Die häufig festgestellte, vertiefte Beschäftigung der Kinder mit dem Gesichtsausdruck der Erwachsenen stellte wahrscheinlich – ebenso wie die räumliche Orientierung – ein Überprüfen dar, ob es möglich war, Raum zu schaffen und das Leben zurückzuerobern, so wie es war, als ›es normal war‹. Meine Konzeption des *Raumschaffens* (Kaplan 2007) nimmt Bezug auf einen psychischen Raum, den sich ein Mensch, auch ein Kind, gemäß seinen Bedürfnissen herstellt. Dieses Phänomen kann eine Verbindung zu einem konkreten Raum haben, in dem sich die Kinder für kurze Zeit verstecken oder mit ihrer Möglichkeit zu phantasieren wieder in Berührung kommen konnten. Trotz der eingeengten Lebensbedingungen und einer Situation voller Angst wurden flüchtige Einblicke aus der Phantasietätigkeit der Kinder in Verbindung mit den traumatischen Erfahrungen in den Lebensberichten assoziativ wiedererzählt. Diese Erfahrungen waren wahrscheinlich eine Grundvoraussetzung, um überhaupt weiter existieren zu können, und schufen sinnstiftende Themen für die eigene menschliche Existenz – eine ›Flickarbeit‹ am Trauma.

> Die Holocaust-Überlebende Edith[3] phantasierte als Kind – und kreierte somit eine Geschichte –, in der Ferne, durch ein kleines Loch in der Wand des Waggons, mit dem die Opfer zu den Lagern gebracht wurden, einen Baum sehen zu können. Auf diese Weise konnte sie sich selbst aus der furchtbaren Situation ›herausbewegen‹ und sich für einen Moment ›lebendig‹ fühlen.
> Der ruandische Junge Phil[4] sprach mit Schmerz von seinem Überleben zur Zeit des Völkermords, als sein Boot im Kivusee sank. Er versuchte durch seine Wortwahl dieses furchtbare Geschehen zu symbolisieren: »Ich schwamm für drei Stunden (wiederholt biss er sich in die Lippen). Ich kam weinend heraus, auch froh überlebt zu haben […]. Ich hatte Angst und ein Teil von mir war tot, so als ob die Hälfte meines Körpers empfindungslos war, dann wurde ich langsam wieder normal […]. Ich denke ständig darüber nach. Das hat eine Bedeutung, dass ich nicht gestorben bin. Ich glaube, dass Gott etwas für mich hat.«

Solche Momente hervorzuheben, ermöglicht uns, ein Gefühl dafür zu bekommen, wie die Interviewten mentale Strategien verwendet haben könnten, um Verbindungen zu inneren Bildern wichtiger Personen und Ereignisse herzustellen und so Perforation und Todesangst abzuwehren.

Ein wichtiges Ereignis, das während des zweiten Interviews mit den Jungen stattfand, hatte einen bedeutsamen Einfluss: am 7. April 2004 fand die zehnte Gedenkfeier zum Genozid statt. Die Erinnerung an den Völkermord wird in Ruanda durch diese jährliche Gedenkfeier lebendig gehalten. Es scheint jedoch einen Widerspruch zwischen Einheitsstreben und Gedenkfeier zu geben (Dona 2010). Für die meiste Zeit des Jahres wird von den Ruandern eine Art von Unterdrückung ihrer Emotionen erwartet und die Arbeit an Einheit, Versöhnung und Wiederaufbau des Landes erhält Priorität.

> Der Fernseher im Nebenraum übertrug aus dem Kigali-Stadion. Die Jungen waren sehr betroffen und etwas unruhig während des Interviews. Jean sagte: »So vieles kommt mir in den Sinn. Ich erinnere mich, wie sie Menschen mit Macheten in Stücke schnitten, manchmal auf sie schossen, sie in Grubenlatrinen warfen oder sie lebendig begruben. All das habe ich mit meinen eigenen Augen gesehen.« Dies sind die schrecklichsten aufgezeichneten Szenen. »Dies ist alles so weit jenseits der Tragödien des Alltagslebens, dass wir dazu neigen, uns selbst zu sagen, dass wir diese Geschehnisse niemals werden vollständig verstehen können, weil wir uns nicht vorstellen können, diese selbst zu erfahren« (Bauer 2001, S. 18). Im weiteren Verlauf dieses Interviews spricht Jean über seinen Wunsch zu studieren, um Arzt werden zu können. Der Gedenkfeiertag retraumatisierte die Jungen und brachte ihre Wünsche hervor, »aus Ruanda weggebracht zu werden«. Flucht und die Bemühungen zu vergessen waren für sie an diesem speziellen Tag von besonderer Bedeutung. Die Jungen sagten: »Ich kann hier nicht bei dem Fernseher bleiben ... ich gehe raus aus dem Raum, damit ich nicht so viel nachdenken muss ..., ich habe beschlossen nicht weiterzuschauen, weil es mich zum Erinnern bringt«. »Dies ist ein furchtbarer Tag ... Er erinnert einen an das, was man schon für vergessen gehalten hat. Wenn möglich, sollte die Regierung diesen Gedenkfeiertag wieder abschaffen ... Er erinnert mich an alle meine verstorbenen Verwandten (hustet)«. »Wenn man versucht, den Völkermord zu vergessen, fangen sie an im Radio zu verkünden, dass sie anfangen, offiziell zu trauern ... Das erlaubt mir nicht, zu vergessen« (Kaplan 2013, S. 105). Ein Junge sagte ganz einfach: »Ich tanze um zu vergessen«.

»Das Scheitern, vergessen zu können, kann unter Umständen sogar unfähiger machen als das Vergessen selbst« (Schacter 1999, S. 38). Diese Aussagen sind schmerzhafte und mächtige Beispiele für ungewolltes Erinnern sozialer Traumata. Traumatische Erfahrung, selbst wenn es sich um Völkermord handelt, muss nicht notwendigerweise zu einer schweren Psychopathologie für den Überlebenden führen. Ob und wie Kinder traumatische Erfahrung bewältigen, hängt von den im sozialen Umfeld gegebenen Resilienz-Faktoren ab. Aber dennoch überleben viele dem Völkermord ausgesetzte Kinder nicht ohne psychische Beschädigung (Kaplan & Hamburger 2017).

Affekte

Menschen, die keinen Zugang zu ihren Affekten haben, scheinen nicht fähig, ihre Erfahrungen zu einer zusammenhängenden Erfahrung ihrer eigenen Lebensgeschichte und ihres Selbst zu integrieren. Die Fähigkeit zu symbolisieren wird als grundlegend für Denken und Kreativität angesehen (Segal 1990). Trauma beginnt mit Ereignissen außerhalb des Kindes. Sobald diese stattgefunden haben, kommt es zu inneren Veränderungen, die bleibend sein können und oft eine Schädigung des jungen Opfers bedeuten (Terr 1991). Überlebende Kinder zeigen oft mehr und länger anhaltende Symptome als solche, die im Rahmen der Posttraumatischen Belastungsstörung (PTBS) beschrieben sind. Insbesondere dann, wenn das Trauma kein singuläres Ereignis ist, sondern ein anhaltender Umstand, der die unmittelbare soziale Umgebung des Kindes betrifft. Van der Kolks (2005) Beschreibung der Entwicklungsbezogenen Trauma-Folgestörung (DTD) in der Kindheit nimmt Bezug auf die »signifikanten Zerrüttungen von beschützender Betreuung und Versorgung«, welche eine dauerhafte Fehlregulation von Affekten verursachen können (Kaplan & Hamburger 2017). Wenn Kinder die traumatische Erfahrung nicht in die Entwicklungsphase, in der sie sich gerade befinden, übertragen können, wird das Trauma nicht assimiliert (Emde 1999). Der Erfahrung kann dann keine Bedeutung zugeschrieben werden und sie kann daher vom Individuum nicht aufgenommen und gehalten werden. Die wahrscheinliche Folge ist die Wiederholung innerhalb der nächsten Entwicklungsphase. Im Ergebnis besteht dann einerseits ein Wiederholungserleben intrusiver Erinnerungsfragmente, die mit körperlichen Empfindungen und Affekten assoziiert sind – die durch auslösende Reize in der Gegenwart hervorgerufen werden können. Und andererseits gibt es einen Erinnerungsprozess, der darauf aufbaut, dass es dem traumatisierten Menschen gelungen ist, in Verbindung mit dem traumatischen Ereignis zu symbolisieren und dabei Sinneswahrnehmungen zu assimilieren und in psychische Repräsentanzen umzuwandeln, was aber bei Überlebenden selten der Fall ist. Pösténvi argumentiert, dass »Menschen, die ein extremes Trauma überlebt haben, die Gesamtheit ihres verbleibenden Lebens brauchen um zu begreifen, was ihnen tatsächlich wiederfahren ist« (Pösténvi 1996, S. 9). Der etablierte Begriff der »überwältigenden Erinnerung« *(invading memory)* wird damit widersprüchlich; es ist vielmehr eine Angelegenheit »überwältigender Affekte« (Kaplan 2007). Die Bedeutung der Diagnose Posttraumatische Belastungsstörung (PTBS) wurde als feststehende Bezeichnung zunehmend in Frage gestellt. Vom Krieg betroffene Kinder sollten nicht als dauerhaft gestört stigmatisiert werden (Summerfield 1998). Das Affektpropeller-Modell (vgl. unten, S. 273, und Abbildung 1, S. 274) fokussiert auf die Affektregulation. Es kann Möglichkeiten eröffnen, auf die fortlaufenden, dynamischen Prozesse innerhalb jedes Einzelnen hinzuweisen.

Affektregulation spielt ebenfalls eine große Rolle bei der Rachespirale (vgl. unten, S. 276, und Abb. 2, S. 277). Ein Kind mit einem psycho-biologisch fehlregulierenden Elternteil, welcher schamassoziierte Fehlabstimmungen initiiert und nur unzureichend wieder ausgleicht, hat dieses Versagen in seinem Gedächtnis abgespeichert, größtenteils jenseits bewusster Wahrnehmung, als Prototyp für alle zukünftigen Interaktionen (Schore 2007). Darum ist das Scheitern der frühen Bindung ein wichtiger Faktor traumatischer Kindheitserfahrungen. Eine weitere Konsequenz aus Bindungsfehlregulationen ist, dass die kindliche Fähigkeit zur Mentalisierung beeinträchtigt werden kann. Wenn dies der Fall ist, wird das Kind außerdem Schwierigkeiten haben, Wörter zur Bezeichnung emotionaler Erfahrungen zu lernen. Die möglichen Auswirkungen früher Traumata auf die Bindungsentwicklung könnten auch einige Mechanismen der intergenerationalen Weitergabe von Traumata erklären. Eine Schwangerschaft kann erhebliche Angst auslösen. Anna[5], die den Holocaust überlebte, schrie während des Interviews heraus: »Ich hatte zwei Abtreibungen, weil ich selbst noch ein Kind war«. Überlebende Kinder drücken ein Gefühl aus, sich nicht ihrem chronologischen Alter entsprechend zu erleben – weder als Kinder noch als Erwachsene, was dann die eigene Schwangerschaft verkomplizieren kann. Sie waren gezwungen, vorzeitig erwachsen zu werden. Sie hatten keinen Zugang zu elterlicher Fürsorge, die sie hätten internalisieren können, um sie dann der nächsten Generation auf eine bessere Weise zu übertragen (Kaplan 2000, 2010). Ein Elternteil kann Bedeutungen auf das Kind übertragen, ohne sich dessen bewusst zu sein. Darüber hinaus entwickeln Kinder während ihrer Kindheit ihre eigenen Vorstellungen darüber, was die Eltern durchgemacht haben (Fonagy 2005).

Der »Affektpropeller«

Die Affekte sowie auch der Mangel an ausgedrücktem Affekt dienen als Signale und Wegweiser. Affektregulation scheint der grundlegende Aspekt des Kernprozesses – des *generationalen Zusammenbruchs* – zu sein. Im Folgenden werde ich zwei Richtungen beschreiben, die der psychische Prozess für traumatisierte Menschen einschlagen kann: *Traumabindung und Generationales Einbinden*. Diese Konzeptionen wurden während meiner Forschung zu überlebenden Kindern entwickelt. Den theoretischen Rahmen für diese Analyse setze ich mit dem »Affektpropeller«-Modell, einem theoretischen Modell der Affektregulation (Kaplan 2007). Die Form eines Propellers veranschaulicht und betont die verschiedenen dynamischen Prozesse der Affektregulation jedes Einzelnen in Bezug zur Traumatisierung. Jeder Flügel repräsentiert eine Hauptkategorie der Prozesse, auf die ich verweise: *Affekteinströmung, Affektisolierung, Affektaktivierung* und *Affektsymbolisierung*. Die Propellerflügel drehen sich um den zentralen Punkt, die *Affektregulierung*.

Traumabindung bedeutet, dass traumatische Erfahrungen sowohl im Interview als auch durch Ereignisse im Alltag leicht assoziativ hervorgerufen werden können. Eine Form der Traumabindung ist das *Affekterleben* (auf das Trauma bezogen sein), die andere Form ist der destruktivere Prozess, genannt *Affektevakuierung* (das Trauma zurückweisen, wie bei der Rache). *Generationales Einbinden* ist ein konstruktiver Prozess und weist darauf hin, dass die Interviewten ihre Aufmerksamkeit auf bedeutsame Personen und Dinge in der Vergangenheit und in der Gegenwart richten. Dies ermöglicht das Gefühl, in einem sicheren sozialen Zusammenhang mit weniger Angst zu leben. Jean, ein Junge im Teenageralter, zeigte während seiner Interviews eine schnelle Fluktuation von Emotionen – von Rachegedanken beim Modus der Affektevakuierung zu Affekterleben beim Modus der Traumabindung, bis hin zu konstruktivem generationalem Einbinden, als er Pläne für seine Zukunft machte.

Einbindung weist auf assoziative Verbindungen zwischen Affektzuständen und bedeutsamen narrativen Elementen des individuellen Berichts hin. Zusammenfassend bedeutet dies:

1. Perforieren und Raumschaffen konstituieren Elemente der Erzählungen;
2. Traumabindung und Generationales Einbinden lassen wiederum assoziative Verbindungen zu diesen Elementen entstehen; und
3. diese Verbindungen basieren auf durch das Individuum regulierten Affekten.

Die Hauptkategorie *Affekteinströmung* bezieht sich auf wortlose Emotionen – so wie eine körperliche Bewegung oder ein Schrei, die Inhalten traumatischer Erinnerungen vorausgehen. Paul[6] weinte und imitierte die Stimme seiner Mutter, als er seinen Kopf zwischen seine Knie absenkte und sagte: »Nachdem Mama ent-

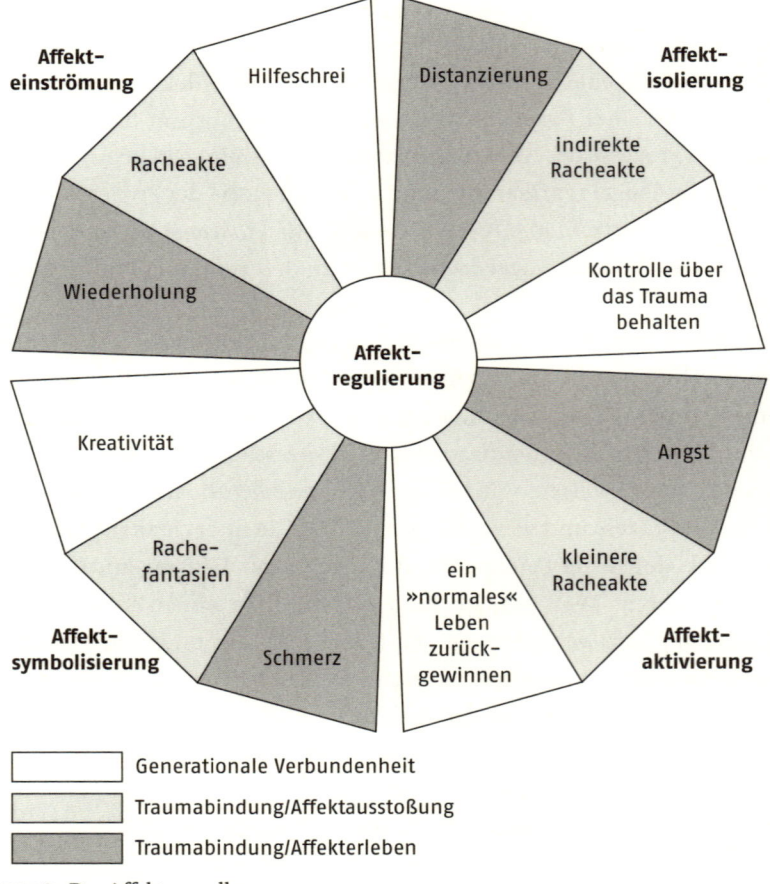

Abbildung 1: Der Affektpropeller
Modifiziert nach S. Kaplan (2010): Wenn Kinder Völkermord überleben – Über extreme Traumatisierung und Affektregulierung. Gießen (Psychosozial-Verlag)

deckt hatte, dass ihr Baby tot war, fing sie an zu schreien ›*Oh mein lieber Gott, mein Baby ist tot*‹ ..., und als ich aus dem Haus ging ... fand ich auch meine Mutter tot daliegen.« Diese starken Äußerungen von Emotionen – Affekterleben – können durch einen Wiederholungszwang charakterisiert sein und gleichzeitig ein Hilfeschrei im Rahmen generationaler Einbindung sein – ein Wunsch gehört zu werden. Dabei besteht die Gefahr, von unerträglichen Gefühlen überwältigt zu werden, was dann *Racheakte* zur Folge haben kann. *Affektisolierung* ist gekennzeichnet durch ein distanziertes, manchmal aufgenommenes und gehaltenes Narrativ in einem verschlossenen Bereich des Selbst. Die Überlebenden erzählen dann die sogenannte ›bekannte Geschichte‹, die man gewöhnlich erzählt, wenn jemand fragt. Alain[7] sagte: »Für mich ist es OK. Ich gehe zur Schule, ich habe ein normales Leben, ich habe keine Probleme.« Dies steht im Einklang mit früheren Untersuchungen, die zeigten, dass traumatisierte Kinder Schwierigkeiten haben zu wissen, wie man Gefühle ausdrücken kann (van der Kolk 1993). Dies kann als vollständig verschlossene Position erscheinen, aber es kann auch – wie beim *Generationalen Einbinden* – ein Aufrechterhalten von Kontrolle über das Trauma bedeuten und somit einen gewissen Handlungsspielraum ermöglichen. Man kann jedoch darüber reflektieren, was eigentlich mit den vollkommen eingekapselten Affekten geschieht – welche Konsequenzen daraus erfolgen können, zum Beispiel bei chronischen Zuständen. Vielleicht manifestieren sich die Affekte als körperliche Symptome. In ähnlicher Weise beschreibt Hopper (1991), wie man sich den Prozess der Einkapselung zu Nutze machen kann, z. B. indem man sich unbewusst in einer phantasierten Kapsel versteckt, um Angst vor Vernichtung abzuwehren. Die Dynamik zwischen Affekteinströmung und Affektisolierung entspricht auch Hermans (2003) Beschreibung der beiden gegensätzlichen Reaktionen von Eindringen und Einschnürung, die einen oszillierenden Rhythmus im Nachgang zu überwältigendem Trauma etablieren, den sie die »Dialektik des Traumas« nennt. *Affektaktivierung* bezieht sich auf ein Offensein gegenüber dem Risiko, berührt zu werden und möglicherweise Angst zu erleben, wenn man über die traumatische Erfahrung spricht. So kann ein Überlebender zum ersten Mal wieder in die Stadt reisen, in der er vor dem Völkermord lebte, um sich daran zu erinnern, was einmal das Zuhause war. Das Bestreben, ein ›normales‹ Leben zurückzugewinnen, mit einer dann bestehenden Hauptidentität als Überlebender, ist hier dominierend. Bei der *Affektsymbolisierung* kann sich die betroffene Person sogar noch freier in Bezug auf die Vergangenheit fühlen. Das Trauma bleibt nicht länger dissoziiert und in einem abgeschlossenen Teil des Selbst bewahrt, sondern es ist zu einem gewissen Grad in das Leben des Einzelnen integriert. Man kann Erfahrungen dann möglicherweise über kreative Aktivitäten wie Kunst, Schreiben, Vorträge halten etc. ausdrücken. Es mag einen rachsüchtigen Wunsch geben, eine größere Zuhörerschaft zu erreichen, z. B. ein Buch über die eigenen Erfahrungen zu schreiben, um sich damit im eigenen Erleben an die Täter zu richten. Gleichzeitig können solche Handlungen eine andere Seite haben. Es kann ein Weg sein, ›den Schmerz zu teilen‹ mit der Betonung, dass ›alle Menschen involviert sind‹ in dem Völkermord, der sich abspielt – das bedeutet, Genozid ist ein globales Problem. Es kann im Überlebenden eine Art gesunder Erleichterung geben – dass es Menschen gibt, die zuhören wollen und Zeugen der gemachten Erfahrungen werden. Dies stellt dann einen Gegensatz zur Rache dar, einen Schritt in der Bestrebung, in einem Zusammenhang zu leben, eine generationale Einbindung.

Das Affektpropeller-Modell legt dar, dass die Regulierung von traumabezogenem Affekt als eine Oszillation zwischen den vier Hauptkategorien erfolgt. Während Individuen zu jeder gegebenen Zeit zwischen den Flügeln oszillieren, unterscheiden sich Menschen individuell in Bezug auf die Frage, wie stark sie jeweils von dem einen oder anderen Flügel angezogen werden. Deshalb können sich die Propellerflügel überlappen oder separat liegen, auf ähnliche Art und Weise, wie Emotionen fluktuieren. Manchmal dominiert die eine Affektkategorie, manchmal eine andere und manchmal gibt es Mischformen. Einige Ausdrucksformen können aufgegeben werden, weil sie nicht länger notwendig sind und andere, adaptivere Modi vorherrschen. Es zeigt sich, dass eine Beratung oder Therapie an jedem Flügel und auf jedem Niveau ansetzen kann. Die Trauma-Affektausstoßung, die ich hier etwas detaillierter ansprechen will, ist hervorgehoben, um die *unterschiedlichen Wege* aufzuzeigen, *die Rache einschlagen kann.*

Rache

Die *Rachespirale* wird ausgelöst, wenn eine Person sich Gewalt ausgesetzt fühlt. Die Verletzung kann entweder faktisch sein, wenn jemand gezwungen wird, eine Misshandlung zu ertragen. Oder sie kann ihre Ursprünge in subjektiv erlebten Gefühlen haben, verletzt worden zu sein. Der Grad bestehender innerer Verletzlichkeit spielt eine wesentliche Rolle. Es gibt immer eine Wechselwirkung zwischen *innerer Verletzlichkeit* und äußeren Verletzungen, da bestimmte Personen aufgrund früherer Erfahrungen und/oder Persönlichkeitsstörungen empfindsamer auf Verletzungen reagieren. Gedanken an Rache entstehen aus der Angst heraus, nachdem man in eine untergeordnete Position gebracht wurde – d. h. nach

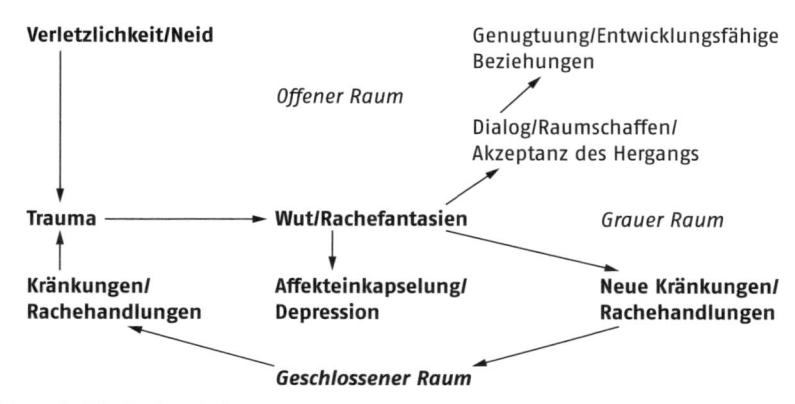

```
Verletzlichkeit/Neid              Genugtuung/Entwicklungsfähige
    |                             Beziehungen
    |         Offener Raum           ↗
    |                             Dialog/Raumschaffen/
    |                             Akzeptanz des Hergangs
    ↓                                ↗
Trauma  ──────→  Wut/Rachefantasien      Grauer Raum
    ↑                  |
    |                  ↓
Kränkungen/       Affekteinkapselung/    Neue Kränkungen/
Rachehandlungen   Depression             Rachehandlungen
    ↖                                       ↙
              Geschlossener Raum
```

Abbildung 2: Die Rachespirale
Modifiziert nach T. Böhm & S. Kaplan (2009): Rache – Zur Psychodynamik einer unheimlichen Lust und ihrer Zähmung. Gießen (Psychosozial-Verlag)

einem traumatischen Ereignis durch äußere Gewalteinwirkung und bestehender innerer Verletzbarkeit (Böhm & Kaplan 2009). Wir wollen aus unserer Position der Schwäche wieder herauskommen und durch die Wiederherstellung unseres Selbstwertgefühls ein inneres psychisches Gleichgewicht zurückgewinnen. Die Rachephantasie ist ein wesentlicher Bestandteil des psychologischen Wechselspiels zwischen Opfer und Täter. Die Bedeutung von Demütigung ist bei von Menschen verursachter traumatischer Erfahrung maßgeblich (Lindner 2001). Der ruandische Junge Phil fragte: »Wie seht ihr Europäer uns? Als eine Art verrückter Tiere?« Menschen, die gezwungen wurden, extreme Traumatisierung zu ertragen, drücken oft Gefühle von *Angst, Rache* und *Scham* aus und es besteht die ständige Angst, dass die Täter wiederauftauchen könnten. Wurmser (1990) spricht von der Schamerfahrung als einem Spektrum von Emotionen, welches von ganz leichten Anflügen von Peinlichkeit bis hin zum brennenden Schmerz der Demütigung reicht. Der Einzelne spürt zunächst ein intensives, dringliches Bedürfnis, Kontrolle über sein Leben zurückzugewinnen. Zugleich kann ihm die Fähigkeit fehlen, überhaupt die Intensität dieser Gefühle zu bewältigen. Manche kapseln sich ein oder ziehen sich in sich zurück. Sie können Angst vor ihren eigenen, sehr starken Affekten erfahren, was dann zu einer weiteren Abwärtsbewegung auf der Spirale führen kann. Übergeneralisierte Erinnerungen, welche die Vergangenheit in unspezifischer und hochgradig negativer Weise repräsentieren, können durch depressive Stimmung verstärkt werden oder zusätzlich zur Depression beitragen, so dass es zu einer Abwärtsspirale kommt, die zum Selbstmord führen kann (Schacter 1999). Darüber hinaus können sich Überlebende mit den Toten oder den Verwundeten identifizieren und auf diese Weise leblos oder depressiv werden, um der Überlebensschuld entkommen zu können. Freud unterstreicht in *Trauer und Melancholie* (1917) den Unterschied zwischen dem Trauern über den Verlust einer Person und der Identifikation mit der verlorenen Person, wie sie sich bei Depressionen findet. Ein Widerstand zu trauern, der vermutlich den am meisten verbreiteten Grund für Entwicklungsstillstände nach einem Trauma darstellt, kann auf verschiedenen Wegen verschleiert werden. Am häufigsten versuchen Menschen einen solchen Widerstand zu verbergen, indem sie ihn in Racheakte verkehren. Insofern kann das Eintauchen in Hass und konkrete Rachepläne als Methode verstanden werden, den notwendigen Trauerprozess hinauszuschieben. Es scheint, als könnte die psychische Wunde auf magische Weise auf den Täter übertragen und somit vom eigenen Selbst ferngehalten werden. Die Grenze zwischen Phantasie und Handlung – ebenso wie zwischen Opfer und Täter – kann schmal sein, und eine destruktive Spirale von *Rachephantasien* kann in *Racheakte* übergehen. Dies stellt einen Weg dar, Denken vermeiden zu können und stattdessen der Rache freien Lauf zu lassen. Ein solches Verhalten ist destruktiv, sowohl für denjenigen, den der Racheakt trifft, als auch für denjenigen, der die Rache ausagiert. Obwohl Letzterer nicht in diesen Kategorien denkt. Sobald Phantasien in die Tat umgesetzt werden, wird der Handelnde scheinbar zu einer ›anderen Person‹ – zu einem Täter –, und die Rachespirale eskaliert (Böhm & Kaplan 2009).

Das Opfer attackiert den Anderen, um sich nicht hilflos und minderwertig fühlen zu müssen. Außerdem wird häufig eine zusätzliche Wucht in die eigene Gewalt hineingegeben, während man heimzahlt – um die Oberhand behalten zu können. Menschen haben oft Restbestände grausamer Impulse, oder Grausamkeitsnester (Igra 2004), die die dünne Grenze zwischen Grausamkeit und Fürsorge leicht durchbrechen können und die ohne wirksame Gegengewichte nicht immer beherrschbar sind. Zulueta (2006) beschreibt in ihren Texten über missbrauchte Kinder den Prozess vom Schmerz zur Gewalt und betont, dass das Kind dabei entweder Opfer oder Aggressor werden kann, je nach Kontext. Die internalisierte Beziehung zwischen Selbst und dem Anderen, so wie z. B. die Mutter-Kind-Beziehung, wird zu einem Arbeitsmodell des Selbst in der Interaktion mit anderen. Dies erklärt die häufig berichtete Tendenz missbrauchter Personen, sich mit dem Aggressor zu identifizieren, eine Rolle, die ihnen zumindest eine gewisse Kontrolle über die Ereignisse sichert, die aber gleichzeitig das Risiko birgt, Racheakte zu begehen.

Demnach kann der Grad an Rachsucht in einem Menschen oft zu Verletzungen im Selbstbewusstsein zurückverfolgt werden, die in frühen Jahren von Eltern verursacht wurden, die zu kontrollierend oder zu selbstbezogen waren. Rachephantasien richten sich ursprünglich an solche Eltern und sind ein Versuch, die Würde wiederherzustellen. Als Kind hat der Einzelne versucht, seine Gefühle, seelisch ausgenutzt zu werden, zu adaptieren und zu unterdrücken, so z. B. das Gefühl, die Bedürfnisse der Eltern befriedigen zu müssen, vernachlässigt, oder im Gegenteil, zu zwanghaft kontrolliert worden zu sein. Durham (2000) nennt ›den erwachsenen Erben‹ dieses Kindes die *unterdrückt-ausgenutzte Person,* welche zu einer übermäßigen Anpassung greifen kann, um ihre Scham darüber zu verbergen, dass sie sich nicht verteidigen konnte. Ihre Rachsucht ist unbewusst und wird indirekt durch seelische Symptome ausgedrückt, wie zum Beispiel durch übermäßige Abhängigkeit. Die *unterdrückt-ausgenutzte Person* ist auf ihre eigene Wiederherstellung fokussiert, obwohl es sich als sehr schwierig erweist, diese zu erreichen. In manchen Fällen sind Kinder noch ernsteren Misshandlungen durch ihre Eltern oder Betreuer ausgesetzt. Das Kind wächst dann mit einer sich immer weiter intensivierenden Lust auf Rache auf, wobei der Fokus auf den Unterdrücker gerichtet bleibt. Durham nennt diese Person den *rachsüchtigen Charakter.* Statt ihre Rachewünsche zu unterdrücken und zu verstecken, will eine solche Person diese durch Handlungen wie Heruntermachen, Verletzen oder Zerstören des Anderen ausdrücken.

Da Wut ein starkes und primitives Gefühl ist, kann es schwierig sein, sie in optimaler Weise im Inneren zu halten und davon abzusehen, sie auszuagieren. Bestimmte Menschen sind weniger verletzbar und müssen nicht so schnell auf der Grundlage ihrer Rachephantasien reagieren. Andere sind aufgrund früherer Kindheitserfahrungen stärker verletzbar und es bedarf nur eines milden Verstoßes, um ihre Rachephantasien auszulösen. Je nachdem, über welche Ressourcen wir verfügen, um mit starken Gefühlen umzugehen, können wir feststellen, dass unsere Rachephantasien entweder in destruktive Racheakte übergehen oder dass sie einen konstruktiveren Ausgang nehmen können – wie zum Beispiel ein Treffen zwischen Täter und Opfer.

Verletzungen können unerträgliche Gefühle in unserer Psyche hervorrufen, mit denen wir nur schwer allein zurechtkommen können. Deshalb versuchen wir, sie zu verzerren, unter Kontrolle zu halten oder zur Seite zu schieben. Rachephantasien und Rachehandlungen können als der Weg eines Menschen verstanden werden, zu projizieren und Gefühle, die man loswerden will, auf den Anderen abzuladen. Ein Mensch kann sich von Hass befreien wollen, indem er andere als böse ansieht und sie attackiert. In ›unschuldigeren Fällen‹ kann es darum gehen, Vergeltung zu üben, indem man dem Anderen etwas Geringschätziges sagt. In vielen Fällen jedoch kann Rache den Rächer dem Risiko aussetzen, Gewalt auf sich zu ziehen und mit ernsten Verletzungen bestraft zu werden. Die Rachespirale kann als destruktive Spirale beschrieben werden, durch die Opfer zu Tätern werden, die dann mit all ihrer Macht vergelten, neue Opfer schaffen und so weiter.

Voraussetzungen, um die Rachespirale zu verlassen

Wesentlich für das Aufrechterhalten der Funktionsfähigkeit in einem traumatisierten Zustand ist die Bewahrung des Vermögens, zumindest zu einem gewissen Grad weiter *reflektieren* zu können. Diese Möglichkeit kann dann als größer bezeichnet werden, wenn die frühen Bindungserfahrungen mit den Eltern zufriedenstellend verlaufen sind. Die Möglichkeit steigt demnach in Abhängigkeit davon, wie weit eine Person in ihrer persönlichen Entwicklung gekommen ist. Es gibt eine gesunde Aggression, die unsere Integrität schützt, ohne den Anderen zu schädigen. Sie ermöglicht einen Weg heraus aus der Spirale – eine Möglichkeit, von Rache abzusehen – durch die einer Person eigenen Gegenkräfte. Im besten Falle ist es möglich, einen geistigen Bereich für Reflexion zu erhalten – einen Dialog mit den Fertigkeiten, Kompromisse bilden zu können sowie außerdem die eigene Integrität und Würde stärken zu können. In einem ›offenen‹ geistigen Raum gibt es eine Grundlage für *Wiederherstellung*. Indem man etwas tut, das gut ist, das man für sich selbst entwickelt – ohne dem Anderen gegenüber destruktiv zu werden –, erhebt man sich aus der minderwertigen Position. Man verzichtet auf den Austausch der Minderwertigkeit gegen eine neue Überlegenheit, die dann im weiteren Verlauf zur Rachespirale führen würde. Die Wahrscheinlichkeit seelische Beschädigung und Demütigung zu überleben steigt, wenn als Ergebnis sicherer Bindung während der ersten Lebensjahre eine Fähigkeit für reflektierendes Funktionieren vorhanden ist (Fonagy, Gergely, Jurist & Target 2004). Mentalisierung – die Fähigkeit zur Empathie; versuchen zu können, die Gefühle und Sichtweisen Anderer zu verstehen – ist eine Grundvoraussetzung. Vergeben ist nicht möglich, aber der Versuch, das historische Narrativ zu (re)konstruieren, kann die Chance beinhalten, zum Beispiel in der Lage zu sein, im gleichen Land weiterzuleben. Der Täter könnte, im besten Falle, starke Schuldgefühle verspüren. Wenn der Täter darüber hinaus mit Reue ringt, dann könnte in der Begegnung zwischen Täter und Opfer etwas geschehen, das es etwas einfacher macht, die ängstigende Phantasie hinter sich zu lassen, dass es ›wieder geschehen kann‹. Misstrauen und das Gewaltrisiko von beiden Seiten kann nachlassen (Gobodo-

Madikizela 2013). Auf individueller Ebene basieren Wiederherstellungsprozesse darauf, Selbstbewusstsein und menschliche Würde wiederherzustellen und zu stärken sowie Grenzen für die eigene Integrität zu setzen und eigene Interessen zu schützen. Wiederherstellung erfordert einen fortlaufenden inneren Dialog, um Impulse zu Rachehandlungen zu besiegen oder zu zähmen. Mit den Worten von van der Kolk (1993): »Angst muss gebändigt werden, bevor angemessene Integration von Erfahrenem erfolgen kann [...], so dass Menschen in der Lage sind zu denken und sich ihrer gegenwärtigen Bedürfnisse bewusst zu sein.« Auf gesellschaftlicher Ebene ist der nächste Schritt Versöhnung, ein Prozess, der gegenseitige Anerkennung zwischen Opfer und Täter sowie ein »Konflikt-Ethos« erfordert (Bar-Tal 2000). Bei der Wiederherstellungs- und Versöhnungsarbeit können professionelle und andere Helfer als Zuhörer eine wesentliche Rolle spielen. Eine besondere Herausforderung für Zuhörende besteht darin, aufmerksam für den Ausdruck von Gefühlen zu sein, wenn Worte dafür fehlen (Laub & Auerhahn 1993). Um ein Rollenvorbild für Affekttoleranz sein zu können und somit zu zeigen, dass es möglich ist, starke Gefühle zu ertragen, ohne zu zerbrechen, muss der Zuhörende in der Lage sein, den Betroffenen zu erfassen und zu halten. Um angstgetriebenes Verhalten und Gruppenregressionen zu vermindern, ist Symbolisierung notwendig.

Häufig ist ein Missbrauch in der frühen Kindheit von Schamerleben und Demütigungsgefühlen begleitet, die als interpersonelle Matrix für abgespaltenen Hass fungieren. Wenn die Affektregulation bei Kindern, die Beschädigungen in den frühen Beziehungsmustern erlitten haben, gestört ist, können sich deren ungezügelte Affekte nach der Adoleszenz hin zu frustriertem Hass und betonter Aggression entwickeln (Schore 2007). In bestimmten Fällen können Kinder, wie erwähnt, sowohl frühe Bindungsschäden als auch noch schwerwiegendere spätere Misshandlungen durch ihre Eltern oder Erziehungsberechtigten erlitten haben und so mit einem immer stärker werdenden Rachewunsch aufwachsen. Von Menschen mit unzureichenden Mentalisierungsfähigkeiten oder einem Mangel in der Reflexionsfunktion werden häufig Verbrechen verübt (Zulueta 2006). Wir können leicht nachvollziehen, wie Menschen mit Misshandlungserfahrungen im Kindesalter dann in dieser Gruppe enden können. Dieser bösartige Kreislauf zeigt sich besonders im Falle von genozidalem Trauma, da unaufgelöste Scham und Demütigung im sozialen Umfeld fortbestehen, was dazu führt, dass der potentielle Täter das potentielle Opfer für seine eigene innere Konfusion verantwortlich macht. Wenn Demütigung Affekteinströmung auslöst, die aus frühen Lebensstadien herrührt, kann der Einzelne, der sich in der Spirale zur Täterschaft befindet, leicht zu sich selbst gehörige Elemente, die als schamhaft und abwertend erfahren werden, auf andere projizieren. »Ich bin nicht der, der minderwertig und verletzt ist; die werden schon zu spüren bekommen, was sie versuchen, mir anzutun« (Varvin 2009, S. 79). Die meisten durch Scham erzeugten Konflikte haben traumatische Ursprünge, bei denen das Trauma oder die Abwehr dagegen immer und immer wieder wiederholt werden (Wurmser 1990). In einer solchen Rachespirale wächst die Verfolgungsschuld. Wenn diese quälenden primitiven Emotionen – bei denen der Täter das Opfer als ihn von innen verfolgend wahrnimmt – zu gewichtig werden, um sie noch ertragen zu können, werden sie auf das Opfer projiziert. Das Opfer wird dann gehasst, weil es dem Täter seine zurückliegenden gewalttätigen Handlungen vorhält. Der Täter erlebt dann die Menschen, die er attackiert, und nicht seine eigenen gewalttätigen Akte als Grund für sein inneres Unwohlsein. Diese fehlerhafte Wahrnehmung führt zu gesteigerter Gewalt, da sie Bedauern, Empathie, Sühneleistungen und Versöhnung blockiert. Auf einem Gemeinschaftstreffen sprach ein Täter, nachdem er freigelassen worden und zurückgekehrt war. Er sagte der Frau, deren Familie er attackiert hatte: »Ich habe Angst davor, was Du mir antun könntest ... *aber ich habe genauso viel Angst davor, was ich Dir antun könnte*, um zu verhindern, dass Du etwas gegen mich machen kannst.« Als er seine Angst mit Worten ausgedrückt hatte, konnte ein Gespräch zwischen den beiden beginnen.

In einer totalitären und gewalttätigen Gesellschaft oder in einer Gesellschaft, die sich im Krieg befindet, haben die Menschen eine erhöhte Empfänglichkeit für Demütigungen und primitive Racheantriebe. Wir können von der Betrachtung von Demütigung auf der individuellen Ebene des missbrauchten Kindes auf die Gruppenebene übergehen. Die Demütigung kann mit Armut zusammenhängen oder mangelnden Möglichkeiten sich auszudrücken oder Einfluss zu nehmen. Dies kann zu kompensatorischem narzisstischem Stolz führen sowie zu Schwierigkeiten, mit Kompromissen und Dialog einen Umgang zu finden. In Staubs (2011) Beschreibung des Wechselspiels zwischen Gruppenidentität und Deprivation zeigt sich, wie ein Kreislauf von Neid und Idealisierung entstehen kann. Diejenigen, die sich entrechtet und benachteiligt fühlten, neigten dazu, andere auf ein Podest zu stellen. Entweder diejenigen, auf die sich ihr Neid richtete, oder die, von denen sie erhofften, dass sie sie aus ihrer Demütigung herausführen könnten (Böhm & Kaplan 2009). In einer Gesellschaft, in der die Menschen daran gewöhnt sind, starken, autoritären, zerstörerischen Führern zu folgen, wird das Risiko massenhafter Gewalt steigen. Völkermord bildet sich oftmals aus anhaltenden Gruppenkonflikten heraus (Staub 2011). Freud (1921) verglich die Beziehung der Gruppe zu ihrem Führer mit der Beziehung eines Einzelnen zu einem Hypnotiseur. Der Einzelne übergibt dabei seine Kritikkräfte an einen anderen und verliert seine bewusste Wahrnehmung. Bei Gruppen werden die Gedanken und das Verhalten des Einzelnen an die Haltungen der Gruppe angepasst. In solchen Fällen wird die Rachespirale immer weiter gehen, wenn sie nicht durch eine äußere Macht zum Stillstand gebracht wird. Die Menschen werden durch den Racheprozess selbst auf eine zerstörerische Weise verändert. Die ruandischen Berichte illustrieren diese Dynamik. Die ruandischen Jugendlichen waren anfangs zögerlich, ihre Berichte mitzuteilen. Dabei zeigten sie, wie sie die Angst vor Repressalien durch die Gruppe verinnerlicht hatten und wie sehr sie durch ihre unvorstellbaren Verluste überwältigt waren. Aber nachdem sie sich entschieden hatten, an dem Interview teilzunehmen, beschlossen die Jungen, sich einzeln interviewen zu lassen, um nicht durch die Gedanken der anderen beeinflusst zu werden und wahrscheinlich auch, um einander keine sehr persönlichen und verletzlichen Gefühle preisgeben zu müssen. Darüber hinaus wurden sie ernst – als sie sich von spielenden Kindern in junge Erwachsene verwandelten und mit ihren Traumata in Kontakt kamen.

Menschen wie Jean, die darum ringen, seelisch zu überleben, laufen Gefahr von politischen Extremisten aufgegriffen zu werden, weil ihnen die Zugehörigkeit zu einer Gruppe Gelegenheit zur Entwicklung einer Pseudoidentität gibt. Gruppendruck und destruktive Führer haben das Potential, Teenager zu drängen, sich Gruppen potentieller Täter anzuschließen – dies kann auch das Ergebnis von individueller und von Gruppenregression hin zu primitiveren Formen der Affektregulation sein, wie zum Beispiel ›Schwarz-Weiß-Denken‹. Jean und andere Jugendliche waren glücklicherweise von guten Führungsfiguren, Helfern und einer am Wiederaufbau arbeitenden Gesellschaft umgeben. In diesem ganzen Bericht über Trauma und Gewalt ist es offensichtlich, dass Bindung, Mentalisierung und Affektregulation grundlegende Bedeutung haben. Neuere Erkenntnisse zu Affektregulation stammen aus neurowissenschaftlichen Studien über Emotion und Gedächtnis. Der wesentliche Punkt ist, dass alle Gefühle – die bewusste Wahrnehmung von Affekten – eine Form von Regulierungsfunktion erfüllen, die dem Einzelnen zu Gute kommt (Damasio 2000). Wenn bedeutsame Andere das Trauma leugnen anstatt bei der Integration schmerzhafter Erfahrung zu helfen, werden dissoziative Tendenzen verstärkt (Van der Hart, Nijenhuis, Steele & Brows 2004, in Kaplan & Hamburger 2017). Der Verlust der Fähigkeit, die Stärke von Gefühlen und Impulsen zu regulieren, ist der vielleicht weitreichendste Effekt von Trauma und Vernachlässigung (Van der Kolk & Fisler 1994). Wenn ein Mensch nicht trauern kann und von den unfassbaren Verlusten durch den Völkermord überwältigt ist, und darüber hinaus entsetzliche Erinnerungen nicht auslöschen kann, dann kann der sich daraus ergebende Hass einen Drang zu töten auslösen, so wie im Falle von Jean, der letztlich in der Lage war, seine Rachephantasien Phantasien bleiben zu lassen. Rachephantasien dienen dazu, die innere psychische Balance wiederherstellen zu können, aber es besteht das Risiko der Weitergabe an die nächste Generation, die dann den ›Staffelstab‹ ungelöster Traumata erhält und Rachephantasien ausagieren kann. Es erscheint wichtig, eine haltend-aufnehmende Umgebung für alle Arten von Gedanken und Affekten zu schaffen – um dem Einzelnen zu ermöglichen, generationales Einbinden fortzusetzen –, in der sich das Opfer in Bezug zur Vergangenheit frei genug fühlen kann, um ein Bild des Erlebten zu entwickeln. Jean will seiner zukünftigen Frau und den Kindern erzählen, was er durchgemacht hat, und wir können darauf vertrauen, dass er – wenn er es tut – seine Mentalisierungsfähigkeiten benutzen wird. Er mag dann seinen Schmerz weiterhin in sich haben, aber er wird besser in der Lage sein, ihn zu regulieren. Bei dem Bedürfnis, unsere innere psychische Balance halten zu können, um nicht Desintegration und Todesangst erfahren zu müssen, schwingt die Rolle mit, die die Affektregulation in der Dynamik zwischen Traumabindung und generationaler Einbindung spielt.

Diskussion

Die Interviews zeigen, dass Affektregulation einen wichtigen Faktor in der Nachwirkung extremer Traumata darstellt. Der Affektpropeller erlaubt uns, einige dieser affektiven Reaktionen zu systematisieren und zu verstehen. Während der Interviews sind sowohl destruktive als auch konstruktive Dynamiken deutlich geworden. Die Hoffnung ist, dass traumabindende Prozesse, samt ihrer begleitenden Versuchungen, Rache zu nehmen, schrittweise durch Prozesse generationalen Einbindens überdeckt werden, die dann die dominierenden Verbindungen werden. In diesem Stadium fühlt der Einzelne eine größere Ganzheit des Seins, hat Wiederherstellung erreicht, Würde wiedererlangt und hat demzufolge keinen Drang mehr, Rache zu nehmen.

Die Jungen, die in der Lage waren, die Erwartungen des Arztes zu erfüllen, hatten sehr wahrscheinlich einen guten emotionalen Start in ihr Leben. Jedoch sollte die Rolle der Angst nach traumatischen Ereignissen nicht unterschätzt werden. Man kann annehmen, dass die starken emotionalen Äußerungen der Jungen – verbal und körperlich – die Tatsache widerspiegelten, dass sie jung waren. Sie waren verletzbare Teenager, die noch fürsorgende Erwachsene brauchten, während sie über ihre Zukunft nachdachten. Darüber hinaus waren sie wieder Nachbarn der Täter und es wurde von ihnen erwartet, Teil eines vereinigten Volkes – ›der Ruander‹ – zu sein, während gleichzeitig alltägliche Ereignisse die Erinnerungen an den Völkermord auslösten (Kaplan 2013). Unterstützende Hilfe, innerhalb einer geschützten Umgebung, vor allem ein soziales Netzwerk, ist von unschätzbarem Wert. Aber die Helfer sollten keine unrealistischen Erwartungen haben und die anhaltende traumatische Erfahrung der Jungen bei der Rückkehr in ein ›normales Leben‹ unterschätzen. Dieser Prozess braucht Zeit, vielleicht Generationen. Sie brauchen die Möglichkeit, über ihr Trauma zu sprechen, um ihre Verluste betrauern zu können, während sie gleichzeitig versuchen, ein neues Leben in einem vereinten Land aufzubauen. Das Bestreben der Jungen, ihre Bildung zu erweitern sowie ihre Bereitschaft, ihre Erfahrungen in den beiden Interviews mitzuteilen, können als Gegenkraft gegenüber weiterer Retraumatisierung und auch als Zeichen von Resilienz verstanden werden. Die Kenntnis von Phänomenen wie Traumabindung und generationalem Einbinden kann bei der Ausrichtung therapeutischer Arbeit mit traumatisierten Menschen hilfreich sein. Jedes der beiden Bindungsphänomene kann bei diesen Personen vorherrschend sein. Indem er Themen aufgreift, die mit den Phänomenen generationalen Einbindens verbunden sind, und sie hervorhebt – auch wenn ihre Präsenz subtil und nicht offensichtlich ist –, kann der Helfer den Einzelnen bei der Hinwendung zu Kreativität und Widerstandskraft unterstützen (Kaplan 2010).

Alle 12 Jungen zeigten, graduell verschieden, Hinweise für reflexive Kapazität – über ihre Selbst-Bilder nachdenken zu können –, wie es auch durch Pauls Kommentar zum Gedemütigtwerden ersichtlich wird: »Es ist ein doppelter Konflikt, weil ich auch nicht wütend werden will«. Oder durch Freds Kommentar übers Stehlen: »Dies ist kein Charakter, mit dem ich geboren wurde«. Diese Art von Kommentierungen macht Hoffnung. Die Möglichkeit, in einem geschützten Raum über Emotionen sprechen zu können, kann zu einem ruhigeren inneren Zustand führen und das Risiko der Ausbreitung von Panik verringern. Sich mit anderen auszutauschen, kann den Prozess der Befreiung von Schamgefühlen befördern. Der Prozess der Mentalisierung, also über seine Erfahrungen nachzudenken, kann das Selbstbild sowie Haltungen verändern und angstgesteuertes Verhalten abschwächen. Die Sozialisierung von Kindern in Richtung inklusiver Fürsorge ist äußerst wichtig (Staub 2011). Wie sollen die Menschen in Ruanda zurechtkommen, mit dem durch den Gedenkfeiertag zugemuteten Gegensatz, einer kollektiven Trauma-Krise gedenken zu sollen und während des restlichen Jahres die Notwendigkeit von Einheit und Versöhnung betonen zu müssen? Wenn der Gegensatz zwischen Sprechen und Nichtsprechen über den Völkermord nicht so hervorgehoben würde, wenn es mehr Offenheit geben könnte, auch im Laufe des Jahres in organisierten Gruppendiskussionen über die Vergangenheit zu sprechen, dann könnte das Gedenken weniger zu einem Ausnahmezustand werden. Es lohnt sich, wenn wir uns auch vergegenwärtigen, dass Vergebung gewöhnlich ein Prozess in eine Richtung ist. Versöhnung dagegen ist wechselseitig, was bedeutet, dass sowohl Täter als auch Opfer beteiligt sind. Bestimmte Taten sind unentschuldbar und bedürfen der Anerkennung, um Versöhnung möglich zu machen. Die historischen Zusammenhänge zu akzeptieren, ist vielleicht das bessere Konzept. Alain sagte: »In meinem Herzen (er machte eine Geste in Richtung seiner Brust) werden die Traurigkeit und die Wut immer da sein. Ich werde mich nicht versöhnen können, aber ich kann es annehmen«. Der Schwerpunkt verlagerte sich vom Begehen zerstörerischer Handlungen zur Rückgewinnung eines Gefühls von Würde.

Übersetzung aus dem Englischen: Klaus Poppensieker

Anmerkungen
1 Kaplan, S., Interview, Kigali 2003.
2 Kaplan, S., Interview, Kigali 2004.
3 Kaplan, S., Interview, Stockholm 1996, Survivors of the Shoah Visual History and Education, int code 8855.
4 Kaplan, S., Interview, Kigali 2003.
5 Kaplan, S., Interview Stockholm, 1997, Survivors of the Shoah Visual History and Education int code 35338.
6 Kaplan, S., Interview, Kigali 2003.
7 Kaplan, S., Interview, Kigali 2003.

Literatur
Anzieu, D. (1996 [1985]): Das Haut-Ich. Übers. M. Korte u. M.-H. Lebourdais-Weiss. Frankfurt/M. (Suhrkamp).
Bar-Tal, D. (2000): From intractable conflict through conflict resolution to reconciliation: Psychological analysis. Political Psychology 21, 351–365.
Bauer, Y. (2001 [2000]): Die dunkle Seite der Geschichte: Die Shoah in historischer Sicht. Interpretationen und Re-Interpretationen. Übers. C. Wiese. Frankfurt/M. (Jüdischer Verlag im Suhrkamp Verlag).

Böhm, T. & Kaplan, S. (2009): Rache – Zur Psychodynamik einer unheimlichen Lust und ihrer Zähmung. Gießen (Psychosozial-Verlag).
Damasio, A. (2000 [1999]): Ich fühle, also bin ich. Die Entschlüsselung des Bewusstseins. München (List).
Dona, G. (2010): Collective suffering and cyber-memorialisation in post-genocide Rwanda. In: Broderick, M. & Traverso, A. (Hrsg.), Trauma, Media, Art: New Perspectives, Newcastle on Tyne (Cambridge Scholars Press), S. 16–35.
Durham, M. (2000): The Therapist's Encounters with Revenge and Forgiveness. London (Jessica Kingsley).
Emde, R. N. (1999): Moving ahead: Integrating influences of affective processes for development and for psychoanalysis. Int J Psychoanal 80, 317–339.
Fonagy, P. & Target, M. (1997): Attachment and reflective function: Their role in self-organization. Development and Psychopathology 9, 679–700.
Fonagy, P. (2005 [1998]): Bindung, Holocaust und Ergebnisse der Kinderpsychoanalyse: Die Dritte Generation. Übers. von Karin Bell u. Jennifer Neuhann. In: Fonagy, P. & Target, M., Frühe Bindung und psychische Entwicklung. Beiträge aus Psychoanalyse und Bindungsforschung, 2. Aufl., Gießen (Psychosozial-Verlag), S. 161–193.
Fonagy, P., Gergely, G., Jurist, E. L. & Target, M. (2004 [2002]): Affektregulierung, Mentalisierung und die Entwicklung des Selbst. Übers. E. Vorspohl. 6. Aufl., Stuttgart 2018 (Klett-Cotta).
Freud, S. (1917): Trauer und Melancholie. GW 10, S. 428–446.
Freud, S. (1920): Jenseits des Lustprinzips. GW 13, S. 1–69.
Freud, S. (1921): Massenpsychologie und Ich-Analyse. GW 13, S. 71–161.
Gobodo-Madikizela, P. (2013): Acting out and working through traumatic memory: Confronting the past in the South African context. In: Linden, M. & Rutkowski, K. (Hrsg.), Hurting Memories and Beneficial Forgetting: Post-Traumatic Stress Disorders, Biographical Developments and Social Conflicts, Newnes (Elsevier), S. 217–226.
Gourevitch, P. (1999 [1998]): Wir möchten Ihnen mitteilen, daß wir morgen mit unseren Familien umgebracht werden. Berichte aus Ruanda. Übers. M. Büning. Berlin (Berlin Verlag).
Herman, J. (2003 [1992]): Die Narben der Gewalt: Traumatische Erfahrungen verstehen und überwinden. Paderborn (Junfermann Verlag).
Hopper, E. (1991): Encapsulation as a defense against the fear of annihilation. Int J Psychoanal 72, 607–624.
Igra, L. (2004 [2001]): Die dünne Haut zwischen Fürsorge und Grausamkeit. Nierstein (IATROS Verlag).
Kaplan, S. (2000): Child survivors and childbearing: memories from the Holocaust invading the present. Scandinavian Psychoanalytic Review 23, 2, 249–282.
Kaplan S. (2007 [2006]): Kinder im Völkermord. Extreme Traumatisierung und der »Affektpropeller«. In: Junkers, G. (Hrsg.), Schweigen. Ausgewählte Beiträge aus dem Int J Psychoanal 2, Frankfurt/M. (Brandes & Apsel), S. 207–240.
Kaplan, S. (2010 [2008]): Wenn Kinder Völkermord überleben – Über extreme Traumatisierung und Affektregulierung. Gießen (Psychosozial-Verlag).
Kaplan, S. (2013): Child survivors of the 1994 Rwandan genocide and trauma-related affect. Journal of Social Issues, Vol. 69, No. 1, 92–110.
Kaplan, S. & Hamburger, A. (2017): The developmental psychology of social trauma and violence: The case of the Rwandan genocide. In: Laub, D. & Hamburger, A. (Hrsg.), Psy-

choanalysis and Holocaust Testimony, Unwanted Memories of Social Trauma, London, New York (Routledge).
Laub, D. & Auerhahn, N. C. (1993): Knowing and not knowing massive psychic trauma: Forms of traumatic memory. Int J Psychoanal 74, 287–302.
Lindner, E. G. (2001): Humiliation and human rights: Mapping a minefield. Human Rights Review, 2, 46–63.
Mamdani, M. (2001): When Victims become Killers. Princeton, NJ (Princeton University Press).
Pösténgi, A. (1996): Hitom lustprincipen: Dröm, trauma, dödsdrift. Divan 3, 4–15.
Schacter, D.-L. (1999): The seven sins of memory: Insights from psychology and cognitive neuroscience. American Psychologist 54, 182–203.
Schore, A. N. (2007 [2003]): Affektregulierung und die Reorganisation des Selbst. Übers. E. Rass. 2. Aufl., Stuttgart 2009 (Klett-Cotta).
Segal, H. (1990 [1957]): Bemerkungen zur Symbolbildung. Übers. E. Vorspohl. In: Spillius, E. B. (Hrsg.), Melanie Klein Heute, Bd. 1, München, Wien (Verlag Internationale Psychoanalyse), S. 202–227.
Staub, E. (2011): Overcoming Evil: Genocide, Violent Conflict and Terrorism. New York (Oxford University Press).
Summerfield, D. (1998): Children affected by war must not be stigmatised as permanently damaged [Letter]. British Medical Journal 317, 349.
Terr, L. (1991): Childhood traumas: An outline and overview. American Journal of Psychiatry 148, 10–20.
Van der Hart, O., Nijenhuis, E., Steele, K. & Brows, D. (2004): Trauma-related dissociation: conceptual clarity lost and found. Australian and New Zealand Journal of Psychiatry 38, 906–914.
Van der Kolk, B. A. (1993): Biological considerations about emotions, trauma, memory, and the brain. In: Ablon, S. L., Brown, D., Khantzian, E. & Mack, J. E. (Hrsg.), Human Feelings: Explorations in Affect Development and Meaning, Hillsdale, NJ (Analytic Press), S. 221–240.
Van der Kolk, B. A. (2005): Developmental trauma disorder. Psychiatric annals 35 (5), 401–408.
Van der Kolk, B. A. & Fisler, R. E. (1994): Childhood abuse and neglect and loss of self-regulation. Bulletin of the Menninger Clinic 58, 145–168.
Varvin, S. (2009 [2004]): Dissociation, unowned experience, trauma and the mind. Vortrag, EPF Kongress, Helsingfors, Finnland. In: Böhm, T. & Kaplan, S. (2009), Rache – Zur Psychodynamik einer unheimlichen Lust und ihrer Zähmung, Gießen (Psychosozial-Verlag).
Wurmser, L. (1990 [1981]): Die Maske der Scham. Die Psychoanalyse von Schamaffekten und Schamkonflikten. Übers. U. Dallmeyer. Berlin, Heidelberg (Springer).
Zulueta, F. de (2006): From Pain to Violence: The Traumatic Roots of Destructiveness. West Sussex (John Wiley & Sons Ltd.).

KLAUS POPPENSIEKER

Kann das Subjekt bestehen, wenn Erzählungen fehlen?

Überlegungen zur Bedeutung sinnstiftender Narrative in der globalisierten Welt

Viele Menschen beklagen ein wachsendes Unbehagen in ihrer sozialen und kulturellen Umwelt. Auch ich spüre – als Bürger, als Vater, als Analytiker, der mit Worten umgeht und arbeitet, der sich mit Tiefe beschäftigt – ein deutliches, manchmal ohnmächtiges Gefühl, zeitweise auch einen Druck. Gravierendes spielt sich ab. Etwas scheint aus den Fugen zu geraten. Angst und Unruhe nehmen zu. Viele scheinen nach etwas zu suchen, woran sie sich festhalten können? Als Analytiker und Analytikerinnen schauen wir mit unseren speziell geschulten Wahrnehmungsmöglichkeiten auch auf die Welt, auf die Zeit, in der wir leben. So begann ich zu recherchieren und zu schreiben über Narrative, Sinnstiftung, Globalisierung. Das erste Ergebnis dieses Prozesses enthielt – wie mir widerwillig auffiel – einen polemischen, leicht anklagenden Unterton. Bewusst geht es mir nicht um Globalisierungskritik oder um das bekannte Klagen über schädliche Wirkungen der sozialen Medien. Ich sehe Globalisierung und Digitalisierung eher als herausfordernde Entwicklungen, die man gestalten muss und die viel Gutes enthalten.

Was macht also den Druck, das Unbehagen? Wie konnte ich mein Polemisieren, diesen etwas missmutigen Sound verstehen? Bin ich selbst Teil der verärgerten, überrollten, vielleicht sogar klagend-jammernden Fraktion privilegierter, liberaler Kosmopoliten und habe Druck, Dampf abzulassen? Gegen Dummheit, Pegida, AfD, Trump-Unterstützer? Je undifferenzierter ich diesen Dampf ablasse, desto eher trifft es die Falschen bzw. bin ich selbst nur Teil der zunehmenden Polarisierung. Bin ich als Analytiker genervt, dass wir gesellschaftlich so wenig erreichen können? Sind nüchterne Aufklärung und Dekonstruktion zu wenig? Wie können Nachdenkliche, Schreibende in den Zeiten von Tweets überhaupt nach außen wirken?

Sinnstiftende Erzählung und Glaubensbedürfnis

Wenn man Glück hat, bekommt man als Kind Geschichten erzählt. Man erhält von Menschen, mit denen man hoffentlich ausreichend gut und resonant emotional verbunden ist, immer wieder Bezeichnungen, Wörter und schließlich Erzählungen, die unter anderem einen gewissen Halt geben, die an etwas glauben lassen, die offenbar Sinn stiften. Das, was man durchmacht, was man erlebt, diffus oder konkret ersehnt oder fürchtet – auch das, was man noch gar nicht denken oder wissen kann –, wird innerhalb von Bindung in Erzählungen verflochten. Manches davon nähert sich so gut es geht einer objektiven Wahrheit an. Manches davon ist schlicht Märchen – wunscherfüllend oder gruselig. Oft sind es tradierte, von Menschen geschaffene Mythen, die die tiefsten Bedürfnisse, Wünsche, Ängste und Illusionen der jeweiligen Erzähler oder Gruppen repräsentieren. Für den Einzelnen wie für Gruppen tragen diese tradierten Narrative zu einer Halt gebenden Umwelt bei. Ängste werden dadurch gebunden, Struktur, Identifikation und Zugehörigkeit entsteht. Für die Mehrheit der Menschen stellt die Verinnerlichung von Narrativen über Stamm, Familie und kulturelle Heimat etwas Wesentliches und Sinnstiftendes dar.

Durch Erfahrung bzw. Nichtvermeidung von Realität sowie durch Bildung und eigene Bemühung erfolgt zu sehr unterschiedlichen Graden eine relative Emanzipation von diesen Erzählungen. Reflexion wird möglich, und dadurch etwas Distanz zur Erzählung, zur Phantasie – und eine Annäherung an die Realität. Aus der global verinnerlichten Narration wird ein Narrativ. Ansatzweise und immer gegen massive innere Widerstände. Viele Geschichten sind einfach schöner als die Realität. Glauben erleichtert und entlastet. Realität ist oft grausam, mit Trauer und Schmerz belastet, mit Grenzen. Ambivalenz muss dann ausgehalten werden. Die humanistischen Wissenschaften, Hermeneutik, Vernunft und Aufklärung führen zu einer stärkeren Annäherung an die Realitäten des Lebens und der Welt. Im Falle der Reflexion auf das eigene Selbst kommen wir näher heran an eine realitätsgerechte Wahrnehmung, können freier werden von krankmachenden Abwehrmodi, Verstrickungen und Illusionen. Mit unseren Patienten arbeiten wir in diesem Sinne an den *Facts of Life* (Money-Kyrle 1968). Indem wir uns empathisch und beharrlich langsam durch Widerstände arbeiten, bringen wir dem Menschen auf der Couch näher, dass Abhängigkeit, Ausgeschlossenheit und die Endlichkeit des Lebens Grundtatsachen des menschlichen Lebens sind. Freud wusste, dass die Psychoanalyse diesbezüglich mit der heftigsten Abwehr würde rechnen müssen. »Illusionen empfehlen sich uns dadurch, dass sie Unlustgefühle ersparen und uns an ihrer Statt Befriedigungen genießen lassen« (Freud 1915, S. 331). Analytiker und Analytikerinnen wissen, wie viel Abwehrüberwindung, wie viel Zeit es gekostet hat, sich in unseren eigenen Analysen zu entwickeln und sich den Realitäten etwas stärker anzunähern. Viel Toleranz und Kraft sind nötig, um diese Welt zu erfahren, ihre Widersprüche und ihre Vielfalt auszuhalten – so z. B. die Polarität zwischen Liebe und Hass und insbesondere die sich häufig gegenseitig ausschließenden Ansichten und Glaubenssätze der Menschen.

Die Befassung mit Realität, dem Neuen, dem Fremden, der Gleichzeitigkeit des anderen Glaubens sowie mit komplexen Zusammenhängen überhaupt wird von vielen Einzelnen, Gruppen, Nationen und Glaubensgemeinschaften nicht ausgehalten. Dann können sich Dogmen bilden, Sekten und Regressionen. Dann verfestigt sich die geliebte Erzählung unter Umständen zum Wahn oder zum Kriegsgrund.

Viele Menschen haben aufgrund guter Bedingungen in ihren Herkunftsfamilien sowie durch jahrelange aufklärerische Bildung, persönliche Reifung mit Gewöhnung an das Nichtwissen, an die Widersprüchlichkeit der Welt, an die Begrenztheit von eigener Bedeutung und von eigenem Sinn eine gewisse fragile Toleranz der nüchternen, komplexen Realität gegenüber entwickelt. Materiell abgesicherte, humanistisch gebildete, aufgeklärte, säkulare Menschen haben es oft etwas leichter mit dem Aushalten von Realität. Typischerweise tun sie dies mit nüchterner Klarheit. Oder auch mit mittelgradiger Dysphorie. Diejenigen, die in den frühen Entwicklungsphasen ihre Halt gebenden Narrative im Rahmen von guter und resonanter Bindung erhalten haben, können später vermutlich etwas leichter tolerieren, wenn diese Narrative als solche erkannt und relativiert werden. Aber selbst für diese Menschen mit guten verinnerlichten Bindungserfahrungen bleibt ein Offensein für Verwandlung schwer. Offensein bedeutet neugierig und tolerant zu bleiben, für Transformation durch das erfahrene Neue, Fremde, Andere. Insbesondere dann, wenn es uns verstört, unheimlich ist oder liebgewonnene Klarheit und Struktur wieder auflöst oder in Frage stellt. Analytiker und Analytikerinnen kommen ebenfalls vom Weg der Erkenntnis ab. Wir können uns verhärten, können dogmatisch werden – und wir pochen gelegentlich auf unsere Narrative. Es scheint, als glaubten wir dann zu sehr an unsere bevorzugte und Halt gebende analytische Denkschule oder an unsere große Metaerzählung. Der Philosoph Christoph Türcke zum Beispiel bezeichnet sowohl in seinem Buch *Erregte Gesellschaft* als auch während seines Vortrages auf der DPG-Jahrestagung 2011 in Hannover große Teile von Freuds Metatheorie als Abwehrmythos und als psychoanalytische Märchenerzählung. »Sonst wäre die gesamte sexualitätszentrierte, auf dem ödipalen Konflikt basierende psychoanalytische Arbeit erschüttert« (Türcke 2010, S. 157).

»[...], daß Freud auch in seinen Spätschriften eisern an der Vorstellung festhalten kann, Kultur verdanke sich einem kapitalen Sexualverbrechen und seiner Abbüßung. Weiterhin erzählt er den Mythos vom mächtigen Urvater, der alle Frauen der Horde für sich beanspruchte, alle Söhne wegscheuchte, die an ihnen ihre Brust kühlen wollten, sein Ende fand in einer Empörung der Söhne, die sich gegen den Vater vereinigten, und gleichwohl über die Söhne posthum siegte« (Türcke 2010, S. 158).

Das betretene Schweigen der Zuhörerschaft während Türckes Vortrag wirkte auf mich wie eine Spannung zwischen Nachdenklichkeit und dem Wunsch nach sofortigem Ausblenden des gerade Gehörten: *Na ja, ein Philosoph – kein Analytiker.*

Wie steht es aber um all die Menschen, die keine ausreichend guten, primären Bindungserfahrungen gemacht haben, die unzureichend materiell abgesichert sind, die wenig Bildungs-, Reifungs- und Entwicklungsmöglichkeiten hatten? Um all diejenigen also, die ihren jeweiligen Glauben oder ihre Halt gebenden Narrative stark brauchen, um sich nicht vom Einbruch der Realität oder von der plötzlichen Konfrontation mit ganz anderen Narrativen bedroht oder überwältigt zu erleben. Die französische Analytikerin Julia Kristeva sieht in diesem Zusammenhang das religiöse Glaubensbedürfnis als zugehörig zur conditio humana: »Es ist eine anthropologische Konstante« (Kristeva 2017, S. 11).

Informationsflut und Verwandlungsdruck relativieren Halt gebende Narrative

Angriffe auf unsere jeweiligen Narrative und Anpassungsdruck durch kulturelle, industrielle oder historische Umwälzungen und Revolutionen bestanden auch zu anderen Zeiten. Die enorme Spannung zwischen Erkennen-Müssen und Glauben-Wollen ist gesetzt. Was heute aber als wesentliche Bedingung dazukommt, ist die ungeheure Wucht und Geschwindigkeit, mit der bestehende, psychische und soziale Kohärenz fördernde Narrative, scheinbare und tatsächliche Gewissheiten und bisher anerkannte Fakten durch Globalisierung und Digitalisierung relativiert werden. Die für alle durch nur zwei Klicks zugängliche Vielfalt und Parallelität an Narrativen ist so umfassend, dass dies im Sinne einer Halt erschütternden Tiefenwirkung auf die menschliche Psyche einwirkt. Je nach Primärpersönlichkeit natürlich mehr oder weniger. Hält es der Mensch nur schwer aus, so viel Wahl zu haben? Die innerhalb einer guten Bindung gegebene Erzählung hat Halt gebende Wirkung – auch dadurch, dass sie oft als Verbot oder Einschränkung unendlicher Wahlfreiheit gegeben wird. Unter dem Druck der Gegen- und Parallel-Narrative wirken viele Einzelne und Gruppen entweder orientierungslos, beliebig in ihren Haltungen, oder sie scheinen auf einen Wahrheitsanspruch für etwas zu pochen. Verführbarkeit nimmt zu. Viele Menschen greifen zur Stabilisierung ihres Selbst zu laut verkündeten, einfachen Wahrheiten, zu alternativen Fakten – und neu scheint auch der Umfang, in dem häufig eben nicht nur ein Recht auf eigene Meinung, sondern auch ein Recht auf eigene Fakten trotzig eingefordert wird. Expertenwissen steht dann scheinbar gleichgestellt oder marginalisiert neben Meinungsäußerungen und Bloggerkommentaren mit Hunderttausenden *likes*. Das Resonanzbedürfnis der Menschen scheint stärker als der Wunsch nach Befassung mit Realitäten, mit Wahrheitssuche. Inzwischen gibt es nicht mehr nur intellektuelle Elfenbeintürme, sondern auch immer mehr Echokammern. Zur Mitgliedschaft in der Echokammer einer Partei oder eines religiösen Vereins konnte man sich immer schon entschließen. Das Internet jedoch ermöglicht blitzschnellen Zugang zu Informationen aus aller Welt. Das ist einerseits Freiheit – man kann sich ganz schnell ein breiteres Bild verschaffen –, andererseits kann alles Störende auch schnell weggeklickt werden. Man kann sich so Resonanzerlebnisse verschaffen, sich in einer Gruppe bestärkt fühlen und sich die bevorzugte Lesart der Geschichte von Gleichgesinnten fortlaufend bestätigen lassen. Dann entsteht häufig Flachheit statt Tiefe, Verleugnung ersetzt wissenschaftliche Erkenntnis. *Fake News* – wird geschrien, statt so manche Wahrheit überhaupt noch hören zu wollen.

Wenn gewohnte Narrative relativiert werden und dadurch manchen Menschen und Gruppen Verunsicherungen und Identitätskrisen drohen, kommt es häufig zur Abwertung anderer, zur Sündenbocksuche und zu Überlegenheitsphantasien, die eigene Kerngruppe oder den Stamm betreffend. In vielen Ländern spüren Einzelne wie auch große Untergruppen in allen sozialen Schichten seit Jahren unterschwellig eigentlich einen Niedergang oder durch die globalen Umbrüche verursachte Abwertungen ihrer Biographien und Leistungen. Sie versuchen häufig dies auszublenden und sich an den alten Erzählungen oder Realitäten festzuhalten. Über den Globalisierungsdruck, die Flut der Veränderungen und der Informationen drängt sich dennoch immer mehr eine ganz andere Realität auf. Derzeit ist weltweit zu beobachten, wie manche Interessengruppen sowie talentierte Demagogen und Verführer daraus politisches Kapital schlagen. Komplexe Probleme, schwierige Themen, die eigene Lebensweise oder die eigenen Werte betreffend, sowie eine globale Verantwortung werden geschickt lächerlich gemacht und negiert. Auf vernunft- und faktenorientierte Diskurse wird dann im Rahmen vor allem von Großgruppenregressionen gern verzichtet. In vielen westlichen Gesellschaften florieren gerade rassistische, frauenfeindliche, homophobe und xenophobe Strömungen. Dies erscheint wie ein trotziger Rückgriff auf alte Mythen und Narrative von Überlegenheit und Anspruch auf Einlösung phantasierter Rechte. Einzelne Menschen können dabei fundamentalistisches Gedankengut und Verhalten zeigen. Gruppen können auf Grundannahmen-Niveau regredieren. Bion beschrieb Grundannahmen als regressive Muster unbewussten Funktionierens innerhalb von Gruppen. »So entsteht eine Maschinerie der zwischenmenschlichen Kommunikation, die dazu bestimmt ist, sicherzustellen, daß das Gruppenleben in Übereinstimmung mit den Grundannahmen funktioniert« (Bion 2001, S. 65). Weitverbreitet erleben wir eine Zunahme primitiver Abwehrmechanismen wie Polarisierung, Spaltung und Externalisierung. Aggressiv gefördert werden diese Tendenzen durch populistische Bewegungen und Menschenfischer-Politiker, die insbesondere über die geschickte Nutzung gekaufter Medien und manipulierter sozialer Medien Propaganda, polarisierte Vereinfachungen und Scheinlösungen massenhaft im Sinne neuer sinnstiftender, Halt gebender Narrative in die Welt setzen. Dabei haben derzeit die rechten Populisten und Ideologen einen Ton gefunden, mit dem sie eine ungeheure unbewusste Dynamik auslösen. Für die Mahner mit den nachdenklicheren, komplexeren, realitätsgerechteren Narrativen ist es schwerer. Sie haben nüchterne, schwierige Realität zu bieten und scheinen darüber hinaus nicht so schamlos vereinfachen zu können wie die AfD-Populisten hier, die Islam- und Europahasser in Frankreich, die Brexit-Apostel, die America-First-Rufer. Aber sind wir, die wir mit Worten und Aufklärung arbeiten, zusätzlich auch noch beleidigt, ohnmächtig, in unserem Humanismus und Intellekt gekränkt? Ich meine, dass es den intellektuellen Eliten derzeit an Personen fehlt, die mit guter Autorität laut, klar und Halt gebend sprechen und ähnlich wie gute Eltern beruhigen können.

Jean-François Lyotard beschrieb 1979 in seiner Studie *Das Postmoderne Wissen* das Ende der gesellschaftlichen Metaerzählungen (Lyotard 2012). Vermehrt wurden, mit zunehmendem kritischem Bewusstsein, Narrative als solche erkannt. Manche Vertreter der postmodernen Denkschulen dehnten das sehr aus und dekonstruierten fast alles. Jegliche Sinnstiftung wurde misstrauisch betrachtet und verdächtig. Der westliche intellektuelle Denker sieht sich überhaupt gern als überlegen und immunisiert gegen Narrative. Tatsächlich werden wir – entgegen unserer aufgeklärten Erwartung – zur Zeit machtlos und schmerzhaft überrollt von der Wiederkehr alter und längst besiegt geglaubter Geschichten, Imagines und von Führungsfiguren, die gelegentlich wie Karikaturen anmuten.

Philosophen und Sozialwissenschaftler beschreiben seit Langem die Beschleunigung, den *rasenden Stillstand* (Virilio 1992), *die erregte Gesellschaft* (Türcke 2002), *die flüchtige Moderne* (Bauman 2003). Kann das Subjekt im Globalisierungsdruck bestehen, wenn Erzählungen fehlen bzw. allzu schnell relativiert werden? Globalisierungsdruck bedeutet – man muss eigentlich immer mehr aus seiner nationalen oder Stammes-Nische heraus. Globale Probleme lassen sich nicht mit regionalen Lösungen oder identitären Verhärtungen beantworten. Tatsächlich besteht eine schnell zunehmende Anforderung, sich neuen Bedingungen und neuem Wissen gegenüber anzupassen, für Wandlung und Diversifizierung offen zu bleiben und vermehrt Spannung auszuhalten zwischen sehr unterschiedlichen individuellen und kollektiven Bedürfnissen: Realitätsanerkennung, Selbsterweiterung, Freiheit, Komfort, Rückzug, Sicherheit, Abgrenzung, Aggression. Wie soll es gelingen, diese divergierenden Bedürfnisse zu integrieren, wenn viele Menschen sich durch die Schnelligkeit und Dynamik der Veränderungen überfordert fühlen und archaische Ängste von Haltverlust in ihnen geweckt werden? Dabei spielt dann nicht nur das Fehlen der Halt gebenden Erzählungen als Folge defizitärer Eltern-Kind-Beziehungen eine Rolle. Es kommt auch einem Fehlen von Erzählungen gleich, wenn diese beliebig neben andere Erzählungen und Werte gestellt erscheinen, die ursprünglich wichtige Erzählung plötzlich nichts mehr gilt, die Menschen sich als bedroht oder deklassiert erleben und die Erzählung nicht mehr mit entsprechenden Affekten integriert bleibt. Wenn vormals bestehende und identitätsstiftende Narrative immer weiter ausgehebelt und immer schneller relativiert werden, hat das Folgen. Wenn man an nichts mehr glauben kann oder will, bleiben nur Rückzug, Aktivismus, manische Abwehr – und erhöhte Verführbarkeit. Nach Christopher Bollas können viele Menschen ihre eigene Zukunft nicht mehr träumen, weil potentielle Phantasie und Imagination nicht mehr fließen oder sich gar nicht erst genügend entwickeln. Dann entwickeln diese Personen statt möglicher Kreativität und Eigenheit eher Abspaltung von Fühlen und Bedeutung. Bollas nimmt an, dass wir es durch die drastisch zunehmende Möglichkeit zur Unterhaltung und Ablenkung in der Konsequenz bereits mit veränderten Menschen zu tun haben. »Die Gefahren einer solchen Annahme erscheinen offensichtlich dadurch, dass wir an der Schwelle dazu stehen könnten, eine Welt von

Menschen zu erschaffen, die ›haben‹, und von solchen die ›nicht haben‹: das heißt, Menschen, die die Fähigkeit haben, über ihre inneren Welten nachzudenken, und Menschen, die diese Fähigkeit nicht haben« (Bollas 2015, S. 547; Übers.: K. P.). Neil Postman warnte schon vor geraumer Zeit vor den Gefahren der zunehmenden medialen Ablenkungsmöglichkeiten. *Wir amüsieren uns zu Tode* war damals sein Buchtitel (Postman 1985).

Auswirkungen auf das Subjekt und auf Großgruppen

Christopher Bollas zeigt, wie die Digitalisierung sich auf das Subjekt und auf Gruppen auswirkt. In seinem Beitrag *Psychoanalysis in the Age of Bewilderment* beschreibt er, wie sich im Rahmen der modernen Kommunikationsformen in sozialen Medien ein virtuelles Selbst entwickelt, engagiert in schneller und flacher Sprache. »Kryptische Sprache hält Menschen im Kontakt miteinander, aber bringt sie nicht in eine Nähe. Vom Selbst wird wenig offenbart, vom anderen ist wenig beteiligt. Anstelle der Tiefe von Kommunikation erleben wir Spektakel mentaler Flachheit« (Bollas 2015, S. 540 f.; Übers.: K. P.). Die seelischen Werte eines zeitgenössischen Analysanden seien weniger geprägt durch unmittelbare Erfahrung als vielmehr über indirekte Wahrnehmungen, die über die Informationsrevolution verbreitet würden. Es scheine, als lebten zahlreiche Menschen mehrere Schritte entfernt von einem realen Engagement in der Welt. Bollas sieht den Menschen – wegen seiner Ängste vor einem Leben außerhalb virtueller und realer *gated communities* – als sich von unmittelbarer Erfahrung mehr zurückziehend, »[…] ironisch Schutz suchend über die technologisch vermittelte, mediale Erfahrung« (Bollas 2015, S. 541; Übers.: K. P.). So sei das Selbst des 21. Jahrhunderts in eine *Fastnet*-Welt hineinprogrammiert, welche Geschwindigkeit auf Kosten von Reflexion verlange, tatsächlich um den Preis der Möglichkeit zu eigenem Urteilen. Bollas sieht hier, dass wir unter den Bedingungen von Globalisierung und digitaler Revolution kulturübergreifend einer Mischung aus Geschwindigkeitsforderung, Evidenzwahn und einem unreflektierten Zwang zur schnellen Problemlösung ausgesetzt sind. Er beschreibt, wie er Deutungen gibt und merkt, wie diese verpuffen. Und wie es für manche Patienten nicht möglich ist, zu reflektieren – sie müssen durch die analytische Erfahrung erst darin gefördert werden. Er spricht von der Ära des *Spektakels*, vermittelt über die superschnelle Zugänglichkeit zu allem Möglichen, was man im medialen Universum ansehen kann. Auf diese Weise mögen wir visuell informiert sein, d. h. wir haben Erinnerungen an das

Gesehene, jedoch relativ wenig Einsicht. All dies geschehe, um die verwirrend-verstörende Einsicht eines ablaufenden Subjektizids unter Kontrolle zu bringen. »Der Subjektizid eliminiert jegliches Bedürfnis in Richtung eines tatsächlichen Suizids, da wir nun mit vielen Möglichkeiten ausgestattet sind, den Schmerz vermeiden zu können, den man als Subjekt hat« (Bollas 2015, S. 546; Übers.: K. P.). Insofern seien wir Zeugen zweier differenter Denk- und Seinsformen.

Aus meiner Sicht spricht vieles dafür, dass unsere Zeit von einer zunächst unmerklichen, aber kumulativen Destruktivität mitgeprägt ist. Durch Globalisierungsdruck und digitale Revolution hat sich ein herausfordernder, unbewusst wirksamer, für viele Menschen krisenhafter äußerer Einfluss auf die Psyche entwickelt.

Auf der äußeren Ebene zeigt sich dies im Gefolge der beschleunigten technologischen und sozialen Entwicklungen zunehmend durch die schmerzhafte Erkenntnis, dass durch die zunächst bejubelten und oft tatsächlich grandiosen neuen Möglichkeiten auch etwas zerstört wird. Und zwar etwas Wesentliches. Fundamentaler Halt ist keine Kleinigkeit! Man wacht im Silicon Valley sozusagen mit einem Kater auf. Was haben wir da gebaut? Hastig werden Ethikkurse für Studierende in den Computerwissenschaften eingerichtet. Mittlerweile gibt es eine Reihe von Tech-Aussteigern, die Facebook, Google, YouTube und Snapchat Moral beibringen wollen. Die Kritik fokussiert darauf, dass die großen Technologiekonzerne ein Rennen – bisher ausschließlich – um unsere Aufmerksamkeit führen. Die Nutzer werden systematisch verführt, dass sie bleiben sollen, mehr Zeit auf der jeweiligen Seite oder beim jeweiligen Anbieter verbringen sollen. Die Algorithmen sind so ausgelegt, dass – zur Maximierung von Gewinn – immer präziser und immer schneller vorgeschlagen wird, was wir als Nächstes ansehen, kaufen oder aufnehmen sollen.

In psychischer Hinsicht werden dadurch Top-down-Prozesse massiv befeuert und übermächtig. Für die seelische Gesundheit sind Bottom-up-Vorgänge – als Gegengewicht zu Top-down-Prozessen – von großer Wichtigkeit. Sich-Spüren, Brachliegen, Nichtstun, Nicht-Wissen werden weggedrängt, aufgefüllt, gar nicht mehr zugelassen. Somit wird die Urheberschaft für manche unserer Impulse, Handlungen und letztlich die Chance auf Kreativität verschoben – weg von uns selbst, oder sie wird zunehmend zu einem reaktiven Prozess. Wir entwickeln Ideen als Resonanz auf Impulse von außen. Über die bekannte Interaktivität zwischen Subjekt und Umwelt hinaus ist das Ausmaß der Verschiebung in Richtung der Impulse von außen mittlerweile so gewaltig, dass viele Individuen sich diesem Modus, bei ohnehin vorhandenen Tendenzen, sich ablenken oder steuern zu lassen, immer mehr überlassen. Und wie gesagt – ein Mensch mit guten Bindungserfahrungen und Abgrenzungsfähigkeiten mag all dem noch einigermaßen widerstehen. Aber welche Auswirkungen hat diese Entwicklung auf Menschen, deren innerer Halt fragil ist oder die bei materiell und bildungsmäßig schlechten Bedingungen überhaupt nicht wissen, wie ihnen geschieht?

Diese Einwirkungen von außen, samt der beschriebenen psychischen Folgen für viele Menschen, bereiten – neben anderen Faktoren – den Boden für gesellschaftliche und soziale Verwerfungen und die politischen Folgen.

Ulrich Beck sprach im letzten Buch vor seinem Tod von einer Metamorphose, in der wir uns befinden. Eine Metamorphose, die wir nicht sehen und nicht spüren könnten (Beck 2017). Gegen diese in der Tiefe dynamisch wirksame Angst und Unsicherheit stellt sich der agierte Hass, die Wiederkehr der scheinbar starken Männer, der Demagogen. Leitartikler verschiedener Nationalitäten wittern das Ende der Demokratien, des Westens, des positiv sich entwickelnden Kulturprozesses. Es herrscht an der Oberfläche viel Angst. Die Kriegsgefahr scheint zu wachsen.

Vamik Volkan arbeitet heraus, wie u. a. unter ökonomischem Druck in der globalisierten Realität Großgruppen-Regressionen stattfinden, mit einem erhöhten Maß an Externalisierungen und Projektionen, die wiederum negative Vorurteile befördern. Er beschreibt »[…] die Zunahme narzisstischer Besetzungen in Richtung von Großgruppenidentitäten einschließlich des Tötens im Namen dieser Identitäten« (Volkan 2018, S. 14).

Widerspruch gegen die These eines Niedergangs und rasant wachsender Gefahr findet sich auch, nicht nur von Ideologen oder Interessengruppen, sondern von Intellektuellen und Wissenschaftlern. Die Kritik wird häufig mit dem Vorwurf versehen, dass sei alles nur Meinung oder nur gefühlt. Steven Pinker zum Beispiel – Harvard-Professor für Kognitionswissenschaften und Linguist – hat in seinem letzten Buch *Aufklärung jetzt: Für Vernunft, Wissenschaft, Humanismus und Fortschritt. Eine Verteidigung* (Pinker 2018) eine beeindruckende Datenmenge zusammengetragen, die belegt, dass Aufklärung eine Erfolgsstory ist, dass es uns allen immer besser geht. Er will auf durchaus erfrischende Weise für die Aufklärung eintreten, auch und gerade vor dem Hintergrund des aktuellen Aufwinds der fundamentalistischen Religiösen, der Evolutionsleugner, der Untergangsapostel und Apokalyptiker in der amerikanischen Gesellschaft und Administration. Seine Arbeit wirkt aber fast verzweifelt optimistisch, bleibt an der Oberfläche und damit einseitig. Die menschliche Destruktivität als Konstante kommt nicht vor. Das Unbewusste kommt nicht vor – als Reservoir archaischer und mächtiger Kräfte, die im Rahmen von Großgruppenregressionen wiedererweckt werden und mächtige Dynamiken verursachen, gegen die das gesprochene Wort oder der rationale Gedanke nicht anzukommen scheinen: vulgäres Verhalten, Hass, Rassismus, Frauenverachtung, Dehumanisierung von Minoritäten. Ähnliche Phänomene spielen sich – wieder – auch in Deutschland ab. Sie erscheinen verdeckter, stärker eingebettet in den deutschen Sozialstaat und durch die Folgen unserer weltpolitischen Nischenexistenz nach den Kriegen des letzten Jahrhunderts verhaltener. Auf den Merkel'schen ethischen Grundimpuls ›Wir schaffen das!‹ folgte eine rasche Pseudointegration des Fremden und ein Unvermögen, dies zu diskutieren. Es entfaltete sich eine Polarisierung zwischen einer weitgehenden und unkritisch erscheinenden Begrüßungskultur und dem rassistischen Abwehraufschrei derer, die ihre Identität, ihre Leitkultur oder ihren Stamm in Gefahr wähnten.

Ich meine, dass die gewaltigen gesellschaftlichen Veränderungen im Rahmen von Digitalisierung und Globalisierung eine starke, in der Tiefe wirksame Herausforderung für die individuelle und die Großgruppenpsyche darstellen. Diese Tiefenwirkung kann im Winnicott'schen Sinn zum Erleben eines kumulativen Versagens Halt gebender Umwelt beitragen. Tiefe Angst wird mobilisiert und durch Abspaltung und Verleugnung vom Bewusstsein ferngehalten. Sie wird aktivistisch, manisch, gewalttätig oder hysterisch agiert. Sei es nun Angst vor Vermischung, Überwältigung durch Fremde, Bevölkerungsaustausch, Angst vor der Kraft des Weiblichen, Angst vor Abhängigkeiten, Angst vor notwendiger Verwandlung, Entwicklung, Transformation. Belegt wird diese These aus meiner Sicht durch die für uns alle beobachtbare gravierende Zunahme an individuellen und kollektiven frühen Abwehrmodi und an Angst- und Erregungssymptomatik. Wir erleben derzeit auf schockierende Weise, wie stark verbreitet regressive Bewegungen und primitive Abwehrmodi florieren. Überall sind nationalistische und autoritäre Führer wieder im Kommen. Einfache Wahrheiten und Erzählungen haben Konjunktur. Die britische *Sun* titelte am Tag vor dem Brexit-Referendum: *Independence!* – mit dem Bild einer aufgehenden Sonne. Wer möchte das nicht in Zeiten einer Ahnung unserer Abhängigkeit von so vielem.

Lösungsansätze lassen sich in neuen, zeitgemäßeren Erzählungen denken. Wir haben alle schon darüber gelesen. Europa fehle eine Vision, eine große und gemeinsame Erzählung. Die Deutschen müssten mal mehr raus aus ihrer Gehemmtheit, aus der Rolle als moralische Großmacht, die aber kaum Verantwortung übernehme. Die Amerikaner müssten ihre destruktive Geschichte samt Sklaverei und Genozid an den Native Americans anerkennen und sich verabschieden von der Erzählung vom amerikanischen Exzeptionalismus, von *God's Chosen Country*, von der Reagan/Thatcher-Truggeschichte der Wohltaten des freien, deregulierten Marktes. Es bräuchte dazu integrierende, beruhigende Stimmen und Bewegungen, die mit den alten Geschichten aufräumen und neue Erzählungen entwickeln – idealerweise realitätsgerecht und Halt gebend. Aber welche neue sinnstiftende Erzählung bräuchte ein Pegida-Anhänger aus Sachsen, ein Redneck aus dem US-Süden? Wer könnte und wollte welche Art von Erzählung geben? Und wie? Womit wir bei der Frage wären, wie wir als Analytiker in die Gesellschaften hineinwirken könnten.

Ich komme dazu noch einmal zurück auf Julia Kristevas Aussage, dass sie das religiöse Glaubensbedürfnis als zugehörig zur conditio humana ansieht: »Es ist eine anthropologische Konstante« (Kristeva 2017, S. 11). Sie fährt in dem zitierten Interview fort und beschreibt ein Versagen des Humanismus. Die Humanisten hätten nichts Haltgebendes anzubieten: »Humanismus und Aufklärung haben den Missbrauch und die Degenerierung der Religionen völlig zu Recht kritisiert. Es gelang ihnen aber nicht, die Wohltaten, die die Menschen aus religiöser Erfahrung schöpfen, zu retten oder anderswo neu zu erschaffen. Wir Humanisten haben als Antwort auf die großen Sinnfragen nur dürre Formeln.« Wir müssten eigentlich so etwas leisten wie »psychospirituelle Arbeit« (ebd.).

Der New Yorker Analytiker Joel Whitebook kommt in seiner Arbeit *Imagine – Zur Verteidigung des Säkularismus in der Psychoanalyse* zu einer ähnlichen Formulierung. Er stimme mit Freud und Winnicott überein, dass »die Aufgabe von Entwicklung darin besteht, die Allmacht zu überwinden und in ausreichend guter Weise die Realität zu akzeptieren« (Whitebook 2014, S. 1190). Das gehe jedoch nicht ein für alle Mal. Mit Winnicott sieht Whitebook die Schwierigkeit bei diesem Entwicklungsziel darin, dass es einen Bereich brauche, »in den wir uns regelmäßig zurückziehen können und in dem wir uns von der Anstrengung, Subjekt und Objekt auseinander zu halten, erholen können« (Whitebook 2014, S. 1190). Die Aufgabe der Mutter sei von Winnicott u. a. darüber beschrieben, dass sie ihr Kind desillusionieren müsse. »Gewiss muss sie sich aber zunächst der Magie bedienen, um ihrem Kind zur Illusion zu verhelfen« (Winnicott 1974, S. 20 f.). Dies geschehe, um letztendlich die Desillusionierung überhaupt zu ermöglichen. Whitebook meint, »dass Freuds auf die Endlichkeit gegründete Theorie der menschlichen Natur eine Sphäre bereitstellen muss, um unsere Allmachtswünsche und Illusionen unterzubringen – und einen Aufenthaltsort für die alten Götter und deren Magie« (Whitebook 2014, S. 1192) Er schließt seine Überlegungen mit einer Formulierung, die m. E. der von Julia Kristeva durchaus ähnelt:

»Wenn die Psychoanalytiker zu den heutigen Kontroversen um die Religion einen besonderen Beitrag zu leisten haben, dann ist meiner Meinung nach hier sein Ort. Wir sollten unser spezifisches Wissen von der Realität des Psychischen, von der Gemeinschaftsbildung, von den symbiotischen Bestrebungen sowie vom Wesen der Autorität dazu einsetzen, in einer säkularen Gesellschaft nach einem ›funktionalen Äquivalent‹ der Religion zu suchen« (Whitebook 2014, S. 1192).

Weder Kristeva noch Whitebook stellen dar, wie man denn *psychospirituelle Arbeit* oder *funktionale Äquivalente für Religion* schaffen könnte. Aus meiner Sicht geht es dabei keinesfalls darum, dass Analytiker nun anfangen sollten zu predigen. Ein Hauptaspekt unserer klinischen Arbeit liegt zwar im Bereich des Schweigens, Zuhörens und Aufnehmens; doch unsere Potentiale liegen auch im Sich-in-Beziehung-Setzen, im Nichtwissen-Aushalten, in der Anerkennung von Traumatischem. Der Schlüssel für jede Art von Wirksamkeit unseres »unmöglichen Berufs« (Freud 1937) liegt in der Art der Verbindung, die wir mit einem Individuum oder einer Gruppe haben. Inhalte können nur sekundär als Halt gebend fungieren. Ähnlich wie unsere psychoanalytischen Behandlungen nur dann erfolgreich verlaufen können, wenn wir unsere Aufmerksamkeit und unsere Deutungen im Rahmen ausreichend guter Verbindung zu unseren Analysanden geben, können wir, wenn wir nach außen, in die Gesellschaft hineinsprechen oder handeln, nur durch die Qualität der Verbindung wirksam werden. Das geht – seit es Psychoanalyse gibt – nur sehr begrenzt. Man braucht einen Rahmen, Zeit, Raum, um fühlbar zu machen, wie wir als Personen dafür einstehen, was wir sagen. Dann kann es gelingen, dass der andere oder die zuhörende Gruppe uns Glauben schenkt – ganz säkular gemeint. Dann kann es gelingen, dass dem Austausch von Erzählungen, dem sprachlichen Handeln vertraut wird. Die virtuell, über soziale Medien erreichbare Resonanz sowie die darüber vermittelten Erzählungen, Fakten oder Narrative sind – wenn sie ohne emotionale, real erlebte, viszerale Bindung erfolgen – kraft- und wirkungsloser, austauschbar, nicht nachhaltig, narzisstisch. Die medial und virtuell vermittelten Narrative kommen jedoch häufig druckvoll, aufregend, massenhaft, in hoher Geschwindigkeit und Abfolge von Demagogen, Vereinfachern oder Interessengruppen. Es mangelt dann an der Qualität und Reife der Bindung zwischen Absender und Empfänger. Diese Art der Verbindung ist häufig illusionär, symbiotisch, scheinbar ideal und rein. Tatsächlich herrschen Spaltung, Verleugnung, primitive Idealisierung und Entwertung vor.

Gute und gelingende analytische Prozesse tragen dazu bei, dass Menschen andere Narrative bilden, neuen Halt empfinden und auch Sinn und Bedeutung in ihrem jeweiligen Leben entwickeln können. Analytiker und Analytikerinnen sind keine Sinnstifter. Nach meiner Auffassung sollten sie dennoch – besonders in schwierigen Zeiten, wie den heutigen – in ihrem Umgang mit der Öffentlichkeit stärker an einer geeigneten Sprache und Kommunikation arbeiten. Sie können aus ihrem analytischen Wissen heraus Zusammenhänge schildern – mit Autorität, ruhig und verbunden, ohne Belehrung oder Arroganz. Es geht um das angemessene Sprechen über Realität, über Grenzen, Fakten und Illusionen. Sprechen ist besser, als nichts zu sagen.

Literatur

Bauman, Z. (2003 [2000]): Flüchtige Moderne. Frankfurt/M. (Suhrkamp).
Beck, U. (2017): Die Metamorphose der Welt. Frankfurt/M. (Suhrkamp).
Bion, W. (2001 [1961]): Erfahrungen in Gruppen und andere Schriften. 5. Aufl., Stuttgart 2018 (Klett-Cotta).
Bollas, C. (2015): Psychoanalysis in the age of bewilderment: On the return of the oppressed. Int J Psycho-Anal 96, 535–551.
Freud, S. (1915): Zeitgemäßes über Krieg und Tod. GW 10.
Freud, S. (1937): Die endliche und die unendliche Analyse. GW 16.
Kodalle, K.-M. & Rosa, H. (Hrsg.) (2008): Rasender Stillstand: Beschleunigung des Wirklichkeitswandels: Konsequenzen und Grenzen. Kritisches Jahrbuch der Philosophie. Würzburg (Königshausen und Neumann).
Kristeva, J. (2017): Land auf der Couch. Süddeutsche Zeitung vom 27. Juni 2017.
Lyotard, J.-F. (2012 [1979]): Das postmoderne Wissen. Wien (Passagen Verlag).
Money-Kyrle, R. E. (1968): Cognitive development. Int J Psycho-Anal 49, 691–698.
Pinker, S. (2018): Aufklärung jetzt: Für Vernunft, Wissenschaft, Humanismus und Fortschritt. Eine Verteidigung. Frankfurt/M. (S. Fischer).
Postman, N. (1985): Wir amüsieren uns zu Tode. Frankfurt/M. (S. Fischer).
Türcke, C. (2010): Erregte Gesellschaft. Philosophie der Sensation. München (C. H. Beck).
Virilio, P. (1997 [1992]): Rasender Stillstand. Essay. Frankfurt/M. (S. Fischer).
Volkan, V. (2018): Vorwort zu: Tomas Böhm and Suzanne Kaplan: Revenge. On the Dynamics of a Frightening Urge and Its Taming (Routledge).
Whitebook, J. (2014): Imagine – Zur Verteidigung des Säkularismus in der Psychoanalyse. Psyche – Z Psychoanal 68, 1167–1195.
Winnicott, D. (1974 [1971]): Übergangsobjekte und Übergangsphänomene. Vom Spiel zur Kreativität. 15. Aufl., Stuttgart 2018 (Klett-Cotta).

Autorinnen und Autoren

Dominic Angeloch
Dr. phil., Redaktionsleiter der *Psyche*, Autor, Übersetzer. Mitherausgeber des *Jahrbuchs für Literatur und Psychoanalyse*. Letzte Buchveröffentlichung: *Die Beziehung zwischen Text und Leser. Grundlagen und Methodik psychoanalytischen Lesens* (Gießen 2014). Weitere Veröffentlichungen unter www.literaturport.de/ Dominic.Angeloch/Kontakt: d.angeloch@psyche.de

Luise Bringmann
Dr. med., Fachärztin für Psychosomatische Medizin und Psychotherapie, als Psychoanalytikerin niedergelassen in Berlin, Lehranalytikerin (DPG, IPV). Vorträge zu spezifischen Aspekten narzisstischer Problematik, Thinking under fire, den Schwierigkeiten seelischer Aneignungsprozesse sowie analytischer Komfortzonen (DPG-Jahrestagungen, UCL London).

Joshua Durban
Psychoanalytiker, Lehranalytiker, Supervisor und Dozent der Israelischen Psychoanalytischen Gesellschaft, Institut Jerusalem. Fakultäts-Mitglied der Sackler School of Medicine/Universität Tel Aviv, Mitglied des IPA Inter-Committee for the prevention of child abuse. Private Praxis in Tel Aviv für Kinder, Jugendliche und Erwachsene, spezialisiert in der Psychoanalyse von Autismus-Spektrum-Störung und Psychose bei Kindern und Erwachsen. Er war einer der Ersten in Israel, der Kinder mit Autismus-Spektrum-Störung psychoanalytisch behandelt hat.

Lutz Garrels
Dr. med., Psychoanalytiker in eigener Praxis in Frankfurt am Main. Lehranalytiker (DPG, IPV) und derzeit Institutsleiter am Institut für Psychoanalyse Frankfurt. Publikationen zu sexualwissenschaftlichen Themen und zu Kunst und Psychoanalyse.

Klaus Grabska
Diplom-Psychologe, Psychoanalytiker in eigener Praxis in Hamburg; Lehranalytiker und Supervisor (DPG, IPV, DGPT). Vorsitzender der DPG seit 2017. Veröffentlichungen zu Behandlungstechnik, Objektbeziehungstheorie, Narzissmus, dem interpsychischen Austausch und zum Verständnis von Terrorismus.
Kontakt: Klaus.Grabska@t-online.de

Norma Heeb
Diplom-Psychologin, Psychoanalytikerin in eigener Praxis (DPG, IPV), Lehranalytikerin (DPG). Walkmühlstraße 41, 65195 Wiesbaden. Kontakt: norma-heeb@posteo.de

Wulf Hübner
Diplom-Psychologe, Dr. phil., MA, Studium der Literaturwissenschaft, Soziologie und Philosophie in Hamburg und Konstanz, Hochschulassistent für Philosophie in Hamburg, Zweitstudium Psychologie; Lehranalytiker (DPG), Psychotherapeut in freier Praxis in Hamburg; Buchveröffentlichung (2018): *Sprache und Leib. Eine Epistemologie der psychoanalytischen Praxis*, Frankfurt/M. (Brandes & Apsel).

Suzanne Kaplan
Außerordentliche Professorin für Erziehungswissenschaften und ehemalige Forscherin am Hugo Valentin Centre/Holocaust and Genocide Studies, Universität Uppsala, Schweden. Psychologin, Kinderanalytikerin und Lehranalytikerin. IPA Hayman-Preis für veröffentlichte Arbeiten über traumatisierte Kinder und Erwachsene (2001 und 2007). Veröffentlichungen: *Wenn Kinder Völkermord überleben – Über extreme Traumatisierung und Affektregulierung* (2010) und *Rache – Zur Psychodynamik einer unheimlichen Lust und ihrer Zähmung* (mit T. Böhm, 2009), Gießen (Psychosozial-Verlag).

Ursula Kreuzer-Haustein
Dr. disc. pol. (Soziologie und Germanistik), Psychoanalytikerin in eigener Praxis in Göttingen, Lehranalytikerin (DPG, IPV). Mitherausgeberin der *Psyche* von 2011 bis 2018. Publikationen zur Behandlungstechnik, zu Aggressionstheorien und zur Psychoanalyse in Deutschland nach dem Holocaust.

Joachim Küchenhoff

Prof. Dr. med., Facharzt für Psychiatrie, Psychosomatische Medizin und Psychotherapie, Psychoanalytiker (IPV). Direktor der Erwachsenenpsychiatrie Basel-Land bis Juli 2018, seither in freier Praxis tätig. Professor em. der Universität Basel und Vorsitzender des Aufsichtsrates der Internationalen Psychoanalytischen Universität Berlin. Neueste Buchpublikationen: *Verständigung und Selbstfindung. Psychoanalytisch-philosophische Gedankengänge* (2019), *Sich verstehen im Anderen. Erkenntniswege der Psychoanalyse* (2019). Auf der Homepage www.praxis-kuechenhoff.ch finden sich weitere Informationen und die Liste aller Publikationen. Kontakt: Prof. Joachim Küchenhoff, Hohe Winde-Strasse 112, CH 4059 Basel, Joachim.Kuechenhoff@unibas.ch

Eckehard Pioch

Diplom-Psychologe, Psychoanalytiker in eigener Praxis, Lehranalytiker und Supervisor (DPG, IPV, DGPT). Vorsitzender des Psychoanalytischen Instituts Berlin. Zusammen mit Ingo Focke und Sylvia Schulze Herausgeber des Buches: *Neid. Zwischen Sehnsucht und Zerstörung*, 2. Aufl., Stuttgart 2018 (Klett-Cotta). Kontakt: eckehard.pioch@t-online.de

Klaus Poppensieker

Dr. med., Lehranalytiker (DPG, IPV), Supervisor und Dozent am DPG-Institut für Psychoanalyse und Psychotherapie Hamburg. Von 2010 bis 2014 Vorsitzender des Hamburger DPG-Instituts. Mitglied der Amerikanischen Psychoanalytischen Vereinigung (APsaA). Faculty Member am San Francisco Center for Psychoanalysis. Kontakt: kp@poppensiekerconsulting.com

Ilka Quindeau

Prof. Dr. phil., Dipl.-Psych., Dipl.-Soz., Psychoanalytikerin und Lehranalytikerin (DPV/IPA). Präsidentin an der Internationalen Psychoanalytischen Universität in Berlin. Arbeitsschwerpunkte: Geschlechter-, Biographie- und Traumaforschung. Zuletzt erschienen: *Der Wunsch nach Nähe – Liebe und Begehren in der Psychotherapie*, Göttingen 2017 (Vandenhoeck & Ruprecht; zusammen mit Wolfgang Schmidbauer); *Sexualität*, Gießen 2014 (Psychosozial-Verlag); *Männlichkeiten – Wie männliche und weibliche Psychoanalytiker Jungen und Männer behandeln*, Stuttgart 2014 (Klett-Cotta; zusammen mit Frank Dammasch); *Verführung und Begehren – Die psychoanalytische Sexualtheorie nach Freud*, Stuttgart 2008 (Klett-Cotta).

Thomas Reitter

Dr. med., Facharzt für Psychotherapeutische Medizin, Psychoanalytiker und Lehranalytiker (DPG, IPV, DGPT) und Gruppenanalytiker in Heidelberg, Co-Leiter der Hofstettener Bion-Seminare, Mitglied im Beirat der Buchreihe *Internationale Psychoanalyse*. Seit 2018 Vorsitzender des Instituts für Psychoanalyse Heidelberg der DPG (IPHD). Vorträge und Veröffentlichungen zur negativen therapeutischen Reaktion, Verstehen und Nichtverstehen in psychoanalytischen Behandlungen und zu Störungen der Urteilsfunktion bei der Wahrnehmung psychischer Realität.

Almut Rudolf-Petersen

Diplom-Psychologin, Psychoanalytikerin in eigener Praxis in Hamburg, Lehranalytikerin, Dozentin und Supervisorin (DPG, DGPT). Arbeitsschwerpunkt und Veröffentlichungen zu weiblicher Homosexualität und behandlungstechnischen Fragen bei nonkonformen psychosexuellen Entwicklungen. Zuletzt: »Neue Übertragungskonstellationen«. In: Hutfless & Zach (2017): *Queering Psychoanalysis*, Berlin (zaglossus).

Ralf Scheuern

Diplom-Psychologe, Psychoanalytiker (DPG, IPV), Wilhelmshöher Straße 2, 12161 Berlin. r.scheuern@gmx.de

Die Herausgeberinnen und der Herausgeber

Jutta Baumann, Dipl.-Psych., ist Psychoanalytikerin (DPG, DGPT) in eigener Praxis in Hamburg.

Klaus Grabska, Dipl.-Psych., ist Psychoanalytiker und Lehranalytiker (DPG, IPV, DGPT) in eigener Praxis in Hamburg. Seit 2017 ist er Vorsitzender der DPG.

Gudrun Wolber, Dipl.-Psych., ist Psychoanalytikerin und Lehranalytikerin (DPG, IPV, DGPT) in eigener Praxis in Hamburg.